2005

中国百强县(市)发展年鉴

CHINA TOP 100 COUNTIES YEARBOOK

国家统计局农村社会经济调查总队
中　国　信　息　报　社　编

中国统计出版社
China Statistics Press

(京)新登字 041 号

图书在版编目(CIP)数据

2005 中国百强县(市)发展年鉴/
国家统计局农村社会经济调查总队,中国信息报社编.
—北京:中国统计出版社,2005.11
ISBN 7-5037-4816-8

Ⅰ.中…
Ⅱ.①国… ②中…
Ⅲ.①县—经济发展—中国—2005—年鉴
②县—社会发展—中国—2005—年鉴
Ⅳ.F127—54

中国版本图书馆 CIP 数据核字(2005)第 129077 号

2005 中国百强县(市)发展年鉴

作　　者/国家统计局农村社会经济调查总队　中国信息报社
责任编辑/陈悟朝
装帧设计/艺编公司
出版发行/中国统计出版社
通信地址/北京市西城区月坛南街 75 号　邮政编码/100826
办公地址/北京市丰台区西三环南路甲 6 号
电　　话/(010)63459084、63266600—22500(发行部)
印　　刷/北京中科印刷有限公司
经　　销/新华书店
开　　本/880×1230mm　1/16
字　　数/639 千字
印　　张/29.5
版　　别/2005 年 11 月第 1 版
版　　次/2005 年 11 月北京第 1 次印刷
书　　号/ISBN 7-5037-4816-8/F·2181
定　　价/203.00 元

《2005中国百强县(市)发展年鉴》
编辑委员会

前　言

2004年，全国各地以落实科学发展观为指导，实践十六大以来提出的“统筹城乡发展，壮大县域经济，建设全面小康，构建和谐社会”战略目标，将全国县域经济发展水平推上了一个新的历史高度。作为全国县域经济优秀代表的百强县，更是率先发展、全面发展、协调发展、快速发展，为全国县域经济发展提供了生动而具体的示范。

有关统计资料分析表明，百强县在全国县域经济中占有重要地位。2004年，百强县的生产总值达到2万亿元，占全国县域的24.1%；财政总收入达到1960亿元，占31.3%；出口总额950亿美元，占69.4%；城乡居民存款额1.1万亿元，占23%；规模以上工业企业4.6万个，占34.8%；规模以上工业产值3.4万亿元，占46.8%。

百强县在工业化和城镇化进程中处于领先位置，其非农产业比重已达到90.4%，从事二、三产业的劳动力约占70%，城镇建成区面积约占行政区划面积的10%。而作为衡量投资环境的重要指标，百强县平均实际利用外资金额2004年达到1.7亿美元，是全国县域平均水平的10倍。百强县的生活水平已接近全面小康社会的标准，其农民人均纯收入5966元，是全国县域平均水平的2.2倍；城镇在岗职工人均工资17988元，是平均水平的4倍；电脑普及率是平均水平的6.2倍。

凭借雄厚的经济基础，百强县近年来还在农村基础设施和社会保障体系建设方面取得了突出成就。到2004年底，百强县60.4%的农民参加了农村合作医疗，14.5%的农民参加了农村养老保险，分别比全国县域平均水平高43个百分点和10个百分点；有85%的村通自来水，91.8%的村通有线电视，分别比全国县域平均水平高32个百分点和44个百分点；全部村都通了公路和电话。

领先者的成绩喜人，开拓创新的经验启发人。我们希望通过百强发展年鉴这一平台，能为全国各地的县域经济决策者们提供一些借鉴与启迪，为全国县域经济水平的整体提升做出贡献。

目 录

第四部分 百强风采

第五部分　年度发展之星

第六部分　榜上有名

附录:

1

第一部分 代序言

率先落实科学发展观 努力建设社会主义新农村

——在2005中国最发达县域经济论坛上的讲话

◆邱晓华

今天，我非常高兴能与大家相聚在一起，就县域经济问题进行一年一度的研讨和交流，以达到互相学习、互相促进、互相提高的目的。中国经济正处在一个关键的发展阶段，对在座的各位领导、专家、同事、朋友来说，我们确实应当把更多的眼光放到县域经济发展上来，确实应当用更大的精力去研究县域经济的发展，确实应当用更大的力量去支持县域经济的发展。县域经济发展程度和发展水平如何，直接影响到宏观经济的发展，直接影响到社会的和谐稳定，也直接影响到全面小康社会的建设，更直接影响到广大老百姓生活水平的改善。所以，重视和研究县域经济发展，探索县域经济发展规律，是摆在每一位关心中国经济发展的人士面前的一项重要任务。要研究县域经济的发展，非常有必要研究最发达县域经济的发展，研究这些最发达县域经济的成长经历、成功经验、遇到的挫折和对未来的思考。我们只有把这些排头兵、领头羊的经验总结好，才能为县域经济的发展提供更有力的支持，才能有更好的借鉴。

一、十强县的基本情况、特点和经验

十强县是全国县域经济走在最前列，也是最发达县域经济的代表。据我们对全国2000多个县(市、区)经济社会发展指数的测算，2004年前十位分别是江苏昆山、广东顺德、江苏江阴、江苏张家港、江苏常熟、广东南海、浙江萧山、江苏武进、浙江绍兴、江苏太仓。这十个县域经济单位是2004年走在全国县域经济最前列的十强，十强中最多的是江苏(占6个)，其次是广东和浙江(各2个)。我们对最发达县域作了对比分析，2001年以来，这些最发达县域总体比较稳定，但也略有变化，其中十强县里面有7个连续5年都在十强之列，即顺德、南海、昆山、江阴、张家港、常熟、萧山，绍兴和武进分别从2002年和2004年开始进入十强，福建的晋江和上海南汇退出了十强，江苏的吴江和太仓也在不同年份占据一席之地。2003年以来，按省份来分，广东、江苏、浙江三省包揽十强；按区域来划分，十强县都集中于长三角和珠三角地区，其中苏南板块是十强中最突出的区域，无论是总量指标，还是人均指标，他们都是走得最快的。当然，从全国100强县来衡量的话，浙江在全国是占有非常重要地位的，百强当中浙江占30强；其次是山东，百强当中占20强，特别是近年来山东经济突飞猛进，有长足的发展；江苏也不落后，占18强；广东占10强，这四个省共占全国百强的78强。由此可见，这四个省的经济发展实力确实可观。百强的其他22强则分布在其他12个省(市)。

到去年年底，十强县人口924万，占全国人口的0.7%；行政区域面积9802平方公里，约占全国国土面积的0.1%，但十强县地区生产总值总量占全国GDP的3.6%，占全国县域总量的6%；财政总收入占全国县域总量的10%。如果百强县都能达到十

强县目前的水平，百强县的经济总量就将达到5万亿元，那么我国的经济总量就可以在目前的基础上扩大1/3；如果有200个县达到十强县目前的水平，那么我国的经济发展水平和人民生活水平都能再上一个新台阶。

和其他县域相比，十强县有以下几个突出的特点：

*一是经济规模巨大，为我国的经济发展作出了突出贡献。*去年十强县地区生产总值总量接近5000亿元，财政总收入606亿元，上缴中央财政349亿元，成为国家财政重要的收入来源。十强县还吸纳了大批外来务工人员，其中部分县的外来人口还超过本地人口。去年十强县为其他地方的劳动力创造了500万个就业岗位。所以说，十强县既是经济的强县，又是财政的强县，还是解决就业的重要领域。同样，十强县出口达到394亿美元，占全国的6.6%，占县域经济的30%，也是国家外贸顺差的重要来源。由此可见，十强县的地位在全国来讲不可小视，其份量、作用、贡献是非常突出的。

*二是发展水平在国内遥遥领先，部分指标直追世界先进水平。*十强县平均每个县的地区生产总值接近500亿元，超过了全国大部分省的地级市，是百强县平均水平的2.5倍，是全国县域平均水平的5倍；十强县本地户籍人均地区生产总值已经超过50000元，是百强县的1.9倍，是全国县域的3.6倍；十强县人均地方财政收入2900元，是百强县的2.2倍，是全国县域平均的4.1倍。这说明，十强县在县域经济当中是遥遥领先的。在其他方面，如汽车拥有量、电话拥有量也是在全国县域中遥遥领先。按现行汇率测算，十强县人均地区生产总值达到6000美元，已经率先在全国达到全面小康水平，与世界中等收入以上的国家相比也毫不逊色。十强县每千人因特网用户、每千人家用计算机拥有量、每万人拥有的病床数和医生数，都超过了中上等国家的水平，电话拥有量等部分指标还接近甚至超过发达国家水平。

*三是经济活力最强，发展势头十分强劲。*十强县最大的特点之一就是以外资和民营经济为主体，顺德、南海、昆山的外资经济，江阴、萧山、绍兴的民营经济，都具有无比的活力。十强县5年来的经济平均增长速度为18%，财政收入平均增长21%，可以说"全国走一步，十强县走两步"。

*四是投资环境比较良好，发展潜力很大。*十强县位于长三角、珠三角核心经济圈之中，与上海、南京、广州、杭州等大城市距离都在1小时之内。在十强县里面，高等级公路都是四通八达，每100平方公里高等级公路里程达到67公里，网络和现代通讯手段覆盖全程，每百人拥有专业技术职称的人员超过6人。劳动力素质也普遍比较高，在9年义务教育普及的基础上，基本普及了高中教育，其他如城市建设、工业排污、环境治理等方面也搞得很好。可以说，无论你走到十强县中的哪个县，都能感觉到环境优美、交通设施完善、人文环境积淀很深，如今天会议所在地的绍兴县，名人特别多，历史文化积淀很厚，环境也很优美。短短5年就把新县城建设得如此出色，说明绍兴县城是创新之城、发展之城、和谐之城，也是希望之城。十强县的市场经济也都比较发达，已经成为投资者最具投资价值的地区，是一块投资的乐园、创业的福地。去年，十强县平均实际利用外资达4.2亿美元，人均基本建设投资4280元，比百强县和全国县域经济水平要高数倍、数十倍。

*五是全面、均衡、协调发展。*无论是从经济总量、人均水平，还是百姓收入来看，我们可以切身感受到，十强县不仅是经济发展的排头兵，也是社会进步的排头兵，还是人民生活显著改善的排头兵。去年，十强县农民人均收入7900元，是全国的2.7倍；城镇在岗职工平均工资21000元，是百强县的1.2倍，是县域经济平均水平的1.8倍；人均居住水平、恩格尔系数等处于中等发达国家水平；卫生、教育事业也比较发达。

以上就是十强县五个非常显著的特点，如果从一般意义上来看十强县，可以这么说：十强县既是实力最强的县，也是市场化程度最高的县，也是民营化程度最高的县，还是外向度最高的县，同样也是和谐度最高的县。一句话，十强县真正体现了民富县强这一基本的特点。这些特点反过来又告诉我们，十强县之所以成为最发达的县，成为全国县域经济的排头兵、领头羊，其最基本的经验就是市场化改革的步子迈得最大，发展多种所有制经济的步子迈得最大，发展对外经济步子迈得最大，处理各种关系走均衡协调发展路子的步子迈得最大，在改善人民生活方面的步子迈得最大。同样，县域经济要成为最发达县域经济，走在全国前列，就必须在以上五个方面去努力工作、去下更大的功夫，靠改革、靠开放、靠激活经济活力、靠妥善处理各种关系、靠切实改善人民生活，就一定能够变落后为发达，变贫困为富裕。

二、十强县发展面临的矛盾和出路

目前，十强县与其他县域一样，都在经历发展的烦恼，遇到了资源环境等方面的挑战，遇到了社会人才等方面的挑战。如何解决这些问题与挑战，不仅关系到十强县能否继续走在全国前列，也关系到他们在现有的基础上能否再上新台阶、再创新辉煌。

第一，要处理好加强资源与环境保护的关系，为可持续发展赢得更大的空间。十强县资源的约束已不是远期的矛盾，而是现实的矛盾，是目前制约经济发展突出的矛盾。具体表现为：(1)土地资源紧缺是十强县面临的最突出问题。如何在有限的土地资源上把经济继续做大、做强、做优，所要做的就是要化解土地资源制约的矛盾。与改革初期相比，十强县人均耕地面积减少的程度超过 2/3，即使在 2004 年国家宏观调控严格控制土地的情况下，十强县平均每个县耕地面积还是减少了 5000 多亩。发展起步较早的广东顺德 806 平方公里行政区域，耕地面积仅仅剩下 13000 公顷；广东南海 1074 平方公里行政区域，耕地面积剩下不到 20000 公顷。可以说，土地已经成为最稀缺的资源，也是经济社会发展最大的瓶颈。(2)电力紧张在十强县也较为普遍存在，水资源紧缺等矛盾也比较突出。(3)十强县又普遍面临劳动力紧缺的矛盾。“民工荒”最突出地表现在这些最发达的地区，虽然是结构性的“民工荒”，但确实劳动力成本上涨的压力、劳动力短缺的压力正成为十强县面临的新困难和新矛盾。所以，针对这些情况，对十强县和广大县域来说，要精心规划土地的使用，重新审视建设规划、城市发展规划，真正下大力气把每分土地创造的价值在现有的基础上再提高，从而缓解土地的制约。在土地集约利用方面，绍兴县创造的经验也好，其他县创造的经验也好，集中表现在一点，就是让那些低附加值的产业退出最发达县域经济的土地，腾挪出新的空间发展高新技术产业，发展高附加值产业。其次是向空间寻求新的发展机会，向山丘地等非耕地寻求新的土地资源，在规划、重组、调整等基础上把土地制约解决好，真正使发达地区的土地创造的价值能够和发达国家(地区)土地创造的价值那么高。这就需要十强县优化产业结构，转变经济增长方式，同时也要切实改善农民工的生活环境，把农民工面临的困难和矛盾解决好，积极加大劳动力培训力度，切实在技术工人的培训方面走在全国前列。

第二，要重视技术进步和创新能力的提高，提升经济核心竞争力。发达县域经济面临的主要矛盾已经不是数量问题，而是品种、结构、效益方面的矛盾。要解决这些方面的问题，关键要靠技术的创新，靠存量资源的重组，靠核心竞争力的提高。当前，整个国家也好，发达县域经济也好，最突出的问题就是缺乏核心技术、知名品牌和发达的营销网络。目前，十强县大多数是以制造业为主的发达县域，大都面临核心竞争力在新时期如何进一步提高的问题。所以，作为最发达县域经济，应当在这方面下更大的力气，应当在这方面走在前列，加快经济增长方式的转变，加快产业结构的升级和优化。有统计数据显示，2001 年以来十强县规模以上的劳动生产率(扣除物价影响因素)几乎没有太明显的提高，去年十强县每个从业人员所创造的利税总额还有所下降，十强县每年申请的专利总量 1.2 万件，挪威、丹麦、新西兰等国家的专利都在 3—10 万件/年，瑞士、瑞典、葡萄牙等国每年申请的专利超过 12 万件/年，可以看到，十强县在技术创新方面差距还是很大的。广东顺德去年申请专利 4000 多件，还算比较高的，但是其他有的县只有 200 件左右。同时，在十强县里世界知名的品牌特别是民族品牌更是微乎其微。所以，我们需要正视这方面的困难，长期走粗放增长的道路、长期忽视技术创新和知名品牌的培育，是我们国家经济发展的薄弱环节，也是发达县域经济发展的薄弱环节。因此，需要在鼓励创新方面有新的举措，需要在加快引进、消化、创新方面有更大的动作，需要在保护知识产权方面有更好的环境，需要更好地与科研机构、研发中心保持更密切的合作关系。与此同时，我们也要看到，我们在管理方面也需要创新，管理创新可能是新时期新阶段发达县域经济要继续前进，需要做更多工作的一个方面。有人曾经这么说：“如果中国与世界比较，我们的生产成本确实很低，但是我们的管理成本、行政成本是非常之高的。”大家知道，交易成本高低是一个地区竞争力高低的重要方面，管理、行政的成本就是交易成本。美国有个研究表明，中国生产成本比美国至少低 50%，但是如果把交易成本考虑在内，在中国的投资回报就要降低 30%。交易成本高是我国普遍存在的一个问题，管理环节和层次比较多，各种各样的隐性收费和关系成本比较高，如果把这些统统折算在内，我们的管理成本比发达国家要高得多，甚至比周边的发展中国家也要高。这就需要我们改进管理，既要降低生产成本，也要降低交易成本，特别是要在降低交易成本上做更多的工作。

第三，要在落实科学发展观、构建和谐社会方面走在前列，走得更快。十强县在这方面做得很好，不仅创造了经济的奇迹，也积累了丰富的精神财富，其中的开放精神、包容精神、改革精神、创新精神、吃苦耐劳与勤俭节约精神，都是十强县比较突出而宝贵的精神财富。当前，我们需要继续发扬这些精神，同样也要根据中央新的政策要求，在落实科学发展观、构建和谐社会方面有更完整的战略和更完善的措施，把这方面的工作做得更好。这就需要在转变政府职能、提高政府效率，构筑新的社会价值体系，提供更多公共服务，维护困难群体基本利益等方面处理得更和谐、更协调、更全面。对发达县域来讲，尤其需要把外来劳动力与当地劳动力，外来人口与当地人口，农村人口与城市人口尽可能地做到一视同仁。

第四，要在加快社会事业发展、增加公共服务产品供给、改善人与社会经济协调发展等方面提供更好的物质保证。当前，十强县已基本完成了工业化，基本达到了经济现代化。但我们确实也看到，我们还有发展的不足与薄弱环节，主要是政府在提供公共服务、强化社会事业发展、提高人民群众工作生活环境方面还有不少不足与欠账，特别是在发达地区也还有贫困现象和弱势群体。这就需要我们构筑新的利益调节机制，在进一步做好社会治安，加强公共卫生，改善人居环境，发展文化事业等方面要有新的举措和新的投入，以尽快地消除繁荣背后的贫穷，消除经济发展中的非均衡现象。这样，发达县域才能继续创造新的辉煌，继续走在全国前列。

三、县域发展中要加快社会主义新农村建设

今天的会议主要是探讨县域经济发展，总结最发达县域经济发展经验的会议，同样也是探讨建设社会主义新农村的重要会议。胡锦涛总书记在前一时期视察江西等地时，明确提出建设社会主义新农村的要求，这表明社会主义新农村建设已经列入了党的重要方针政策。之所以要把建设社会主义新农村作为当前我们国家现代化的一个重要方面来规划发展，就是因为就整个国家来说，最薄弱的环节还是农村，最困难的群体来自农村，最多的隐患也来自农村。如何解决农业、农村、农民问题，不仅影响到经济的持续稳定健康发展，也影响到和谐社会的构建，更直接关系到全面小康社会的建设。所以，我们有理由把加快农村发展放在更加突出的位置，也有能力在今后一段时间里在解决农民问题上取得更大的进展。

我们要把发展县域经济与建设社会主义新农村紧紧联系在一起。当前，建设社会主义新农村存在的最突出问题是什么，最需要把握住什么，解决之道又在哪里等一系列问题都需要我们一起来分析、探讨。

当前农村发展最突出的问题表现在三个方面：一是基础设施严重不足。农村的交通、通讯、自来水、农田水利设施等都严重不足。二是文化、教育、卫生等社会事业发展严重不足。农民看病难、子女上学难，农民负担重没有彻底解决，也就是说社会事业发展严重不足是农村的又一个突出矛盾。三是农民收入水平明显偏低，增收难度明显偏大。农村的群众贫困问题最为突出，若以国家标准来算，我国农村有2610万绝对贫困人口，4977万相对贫困人口，两者加在一起近8000万；若以国际标准来算，中国农村的贫困人口就不是以千万来计，而是以数亿来计。所以说，农村最穷也是最突出的矛盾。

可以看到，农业不稳、农民不富、农村不强势必影响国民经济的持续稳定发展。基础设施的不足，社会事业的不足，收入水平的低下，也直接带来城乡矛盾、工农矛盾的进一步加剧，从而影响社会和谐稳定。

全面建设小康社会，难点在农村，关键也在农村，我们必须把农村的问题解决好。如何解决这些问题，最近我一直在作这样的思考与呼吁，也就是国家在发展经济的大思路方面似乎可以做些大的调整，即城市经济转入市场主导，通过市场机制促进资源节约和技术创新，全面提升企业核心竞争力；农村经济转入政府主导，显著加大政府公共财政资源对农村的投入力度，努力缩小城乡在基础设施和社会事业方面存在的差距，为经济提供新的增长点，为构建和谐社会提供有利条件。具体而言，在统筹城乡经济发展的前提下，把城市经济更多地纳入市场调节轨道，发挥市场主导性的基础作用，而政府对城市经济发展更多地是提供公共服务，做好规划，维护秩序，保持稳定，保障安全。首先，城市经济中市场经济的作用越来越大，市场经济已经在城市经济各个方面发挥作用，已经形成了市场经济起主导性基础作用的机制；其次，无论是企业，还是劳动者个人，对市场的认识和适应度也有明显的提升，企业的生产和个人的生活越来越感到离不开市场，与市场的关系非常密切，具备市场起主导作用的微观基础；第三，城市经济已经有相当的规模，已经进入了比较稳定发展的阶段，具备抵御市场经济风险的基本条件。所以，我们完全有可能也有条件做到城市经济的主导力量让给市场，让市场发挥基础性作用。与此同时，我们确实应当在农村经济发展当中构筑起政府主导的新格局。从理论上讲，市场经济不同情弱者，而农业、农村、农民都是弱者，市场经济不会去同情他们，所以政府有必要给予他们更多的关注，社会应给予更多的关爱。从实际上讲，政府是最广大人民利益的代表，拥有更雄厚的财力，对于农村经济发展的各种困难和问题，有义务花更大力量去解决，也有责任帮助农民去解决问题。中国革命的首要问题是农民问题，同样中国建设的首要问题也是农民问题，而解决农民问题的关键在政府。

农民也好，农业也好，农村也好，有发展的巨大潜力，不仅大量的劳动力资源在农村，而且土地资源在农村，市场潜力也在农村。要推动经济的发展，贯彻扩大内需的基本国策，我们也只有把基点建立在农村。因此，政府不仅可以大有作为，也应当大有作为，也能够大有作为。如果我们能够在大的方向上形成共识，真正在改革发展战略上作出重大调整，那么我们可以设想，政府可以在今后一段时间把特别国债的主要部分、把国家政策性金融的主要部分、把社会公共资源的相当部分集中投向农村，用来解决两方面的突出矛盾：一方面，通过加大对农村交通、道路、通讯、能源、环境、生活等基本设施方面的投入力度，使农村在基础设施方面与城市的差距有明显缩小，这就为创业和发展提供了广阔的空间，为农民潜在购买力转变为现实购买力创造了条件，同时也为农民增加收入拓宽了渠道。同样，可以把这些国家投入的相当部分用来改善农田水利设施，建立农业产前、产中、产后的服务体系，使农业真正摆脱靠天吃饭的被动局面。可以说，这是“一举多得”的好事情，应当加大投入。另一方面，政府把这些公共资源用来解决农村教育、农村医疗、农村文化、农村社会保障等方面的问题，使农民能享受与城市居民差距不大的公共服务，全面提升农民的综合素质。在实际操作上，可以通过采取切实有效的政策措施，一个乡镇一个村做好规划，一个乡镇一个村逐步建设，用10年或更长的时间，我们不仅能够使大量的工业品有新的市场，使扩大内需这个国策有真正落到实处的地方，同样我们还能够在解决地区之间、城乡之间的不均衡方面起到很好的作用。如果能够达到这样一个目标，市场空间明显拓宽，经济空间明显拓展，经济的活力明显增强，这样，我们就能够真正在未来5—10年里把重要的战略机遇期抓在手上，并用到最好。我们国家就一定能够在“十一五”、“十二五”甚至更长的时间内继续保持经济的平稳较快发展，真正把以人为本为核心的科学发展观落到实处，真正构筑起民主法制、公平正义、诚信友爱、充满活力、安定有序、人与自然和谐相处的和谐社会。

以上看法，是我的一些很粗浅想法，借这次中国最发达县域经济论坛与大家一起讨论，权当一家之言，不对之处，请大家批评。

谢谢大家！并祝大家在今后工作中取得更大成绩，为国家经济建设作出更大贡献！

2

第二部分　骄人业绩

江苏昆山市主要社会经济指标

指　　标	单位	2003年	2004年	2004年为2003年%
一、基本情况				
年末总人口	万人	62	63.7	102.8
乡村人口	万人	38	38.2	100.5
年末单位从业人员数	人	145003	148763	102.6
乡村从业人员数	人	213300	223000	104.5
行政区域土地面积	平方公里	865	864.9	100
境内公路里程	公里	1083	1159	107
民用汽车拥有量	辆	35178	47650	135.5
本地电话年末用户	户	366271	546044	149.1
二、综合经济				
地区生产总值	万元	4303674	5713281	132.8
第二产业增加值	万元	2909742	3890000	133.7
第三产业增加值	万元	1293674	1710000	132.2
财政总收入	万元	662489	607524	91.7
地方财政一般预算收入	万元	369078	315368	85.4
地方财政一般预算支出	万元	342366	329541	96.3
各项税收	万元	231867	300089	129.4
年末金融机构各项存款余额	万元	3939978	5166762	131.1
城乡居民储蓄存款余额	万元	1488977	1827811	122.8
年末金融机构各项贷款余额	万元	2515802	3055742	121.5
规模以上工业总产值(现价)	万元	9389353	14101475	150.2
限额以上批发零售贸易商品销售总额	万元	448001	548210	122.4
基本建设投资完成额	万元	219874	204026	92.8
当年实际使用外资金额	万美元	120076	95534	79.6
城镇职工平均工资	元	17601.9	20099	114.2
农村居民人均纯收入	元	6819	7655.5	112.3
非农产业比重	%	97.7	98	100.4
农业劳动生产率	元/人	21938.3	29577.3	134.8
工业劳动生产率	元/人	394952	442171.7	112
耕地产出率	元/公顷	10480.7	17394.4	166
三、社会发展				
小学在校学生数	人	43565	41836	96
普通中学在校学生数	人	38746	40037	103.3
每万人拥有医院、卫生院床位数	床	25.8	28.2	109.5
每万人拥有医院、卫生院技术人员数	人	33.4	37.3	111.9
每万人拥有社会福利院床位数	床	14.2	17.7	124.5
参加基本养老保险的职工数	人	285557	299017	104.7
参加基本医疗保险的职工数	人	357028	465514	130.4

广东顺德区主要社会经济指标

指　　标	单位	2003 年	2004 年	2004 年为 2003 年%
一、基本情况				
年末总人口	万人	112	114.9	102.6
乡村人口	万人	100	102.3	102.3
年末单位从业人员数	人	154435	160452	103.9
乡村从业人员数	人	510309	519660	101.8
行政区域土地面积	平方公里	806	806	100
境内公路里程	公里	1543	1558	101
民用汽车拥有量	辆	101599	120261	118.4
本地电话年末用户	户	551295	811609	147.2
二、综合经济				
地区生产总值	万元	5094636	6193597	121.6
第二产业增加值	万元	2892935	3667698	126.8
第三产业增加值	万元	1974341	2289224	115.9
财政总收入	万元	793700	895554	112.8
地方财政一般预算收入	万元	349800	322691	92.3
地方财政一般预算支出	万元	436160	444147	101.8
各项税收	万元	871495	1066547	122.4
年末金融机构各项存款余额	万元	9279083	10527595	113.5
城乡居民储蓄存款余额	万元	5961905	6832240	114.6
年末金融机构各项贷款余额	万元	6327137	6616326	104.6
规模以上工业总产值(现价)	万元	10446704	14424280	138.1
限额以上批发零售贸易商品销售总额	万元	2659225	5804654	218.3
基本建设投资完成额	万元	230469	273510	118.7
当年实际使用外资金额	万美元	35500	53021	149.4
城镇职工平均工资	元	16560.3	18285.4	110.4
农村居民人均纯收入	元	8376	8819	105.3
非农产业比重	%	95.5	96.2	100.7
农业劳动生产率	元/人	20697.9	27024.8	130.6
工业劳动生产率	元/人	363840.7	333722.3	91.7
耕地产出率	元/公顷	63800.6	73715.2	115.5
三、社会发展				
小学在校学生数	人	135006	140760	104.3
普通中学在校学生数	人	89747	92454	103
每万人拥有医院、卫生院床位数	床	39.6	40.6	102.7
每万人拥有医院、卫生院技术人员数	人	52.7	55.9	105.9
每万人拥有社会福利院床位数	床	23.1	24.9	108
参加基本养老保险的职工数	人	425248	459091	108
参加基本医疗保险的职工数	人	495682	528340	106.6

江苏江阴市主要社会经济指标

指　　标	单位	2003 年	2004 年	2004 年为 2003 年%
一、基本情况				
年末总人口	万人	116	117.8	101.5
乡村人口	万人	89	88.1	99
年末单位从业人员数	人	88518	93270	105.4
乡村从业人员数	人	516000	517000	100.2
行政区域土地面积	平方公里	931	987.5	106.1
境内公路里程	公里	1444	1110	76.9
民用汽车拥有量	辆	43098	56870	132
本地电话年末用户	户	516835	640166	123.9
二、综合经济				
地区生产总值	万元	5080200	6379375	125.6
第二产业增加值	万元	3096000	3931000	127
第三产业增加值	万元	1815000	2295200	126.5
财政总收入	万元	686118	815469	118.9
地方财政一般预算收入	万元	380546	375408	98.6
地方财政一般预算支出	万元	386882	386058	99.8
各项税收	万元	241455	304344	126
年末金融机构各项存款余额	万元	5117245	5752800	112.4
城乡居民储蓄存款余额	万元	2079800	2439000	117.3
年末金融机构各项贷款余额	万元	3951762	4714400	119.3
规模以上工业总产值(现价)	万元	10661117	16545462	155.2
限额以上批发零售贸易商品销售总额	万元	1855667	2225764	119.9
基本建设投资完成额	万元	432818	413910	95.6
当年实际使用外资金额	万美元	57257	55102	96.2
城镇职工平均工资	元	18527	21188.3	114.4
农村居民人均纯收入	元	6823	7673.2	112.5
非农产业比重	%	96.7	97.6	101
农业劳动生产率	元/人	18593.4	16981.7	91.3
工业劳动生产率	元/人	441992.2	563372.5	127.5
耕地产出率	元/公顷	23161.6	16411.1	70.9
三、社会发展				
小学在校学生数	人	95345	91751	96.2
普通中学在校学生数	人	95568	92607	96.9
每万人拥有医院、卫生院床位数	床	36.4	32.6	89.4
每万人拥有医院、卫生院技术人员数	人	39.2	30	76.6
每万人拥有社会福利院床位数	床	23.2	18.5	80.1
参加基本养老保险的职工数	人	122800	115800	94.3
参加基本医疗保险的职工数	人	154600	194400	125.7

江苏张家港市主要社会经济指标

指　　标	单位	2003年	2004年	2004年为2003年%
一、基本情况				
年末总人口	万人	86	86.9	101
乡村人口	万人	58	58.3	100.5
年末单位从业人员数	人	85246	93796	110
乡村从业人员数	人	303500	306000	100.8
行政区域土地面积	平方公里	772	772.4	100.1
境内公路里程	公里	930	1048	112.7
民用汽车拥有量	辆	38919	45722	117.5
本地电话年末用户	户	366004	495950	135.5
二、综合经济				
地区生产总值	万元	4750600	5762039	121.3
第二产业增加值	万元	2999100	3706300	123.6
第三产业增加值	万元	1640500	1931900	117.8
财政总收入	万元	669800	724129	108.1
地方财政一般预算收入	万元	369215	316380	85.7
地方财政一般预算支出	万元	342600	337245	98.4
各项税收	万元	224667	279297	124.3
年末金融机构各项存款余额	万元	4139625	4870904	117.7
城乡居民储蓄存款余额	万元	1989168	2285995	114.9
年末金融机构各项贷款余额	万元	3437325	4056045	118
规模以上工业总产值(现价)	万元	8610559	12470707	144.8
限额以上批发零售贸易商品销售总额	万元	1206660	1269543	105.2
基本建设投资完成额	万元	162170	400973	247.3
当年实际使用外资金额	万美元	60218	27761	46.1
城镇职工平均工资	元	17081.5	20226.2	118.4
农村居民人均纯收入	元	6646	7503.5	112.9
非农产业比重	%	97.7	97.9	100.2
农业劳动生产率	元/人	16716.9	18820.5	112.6
工业劳动生产率	元/人	420410.8	533590.6	126.9
耕地产出率	元/公顷	18428.4	15490.5	84.1
三、社会发展				
小学在校学生数	人	53411	49907	93.4
普通中学在校学生数	人	61744	58353	94.5
每万人拥有医院、卫生院床位数	床	29	33.1	114
每万人拥有医院、卫生院技术人员数	人	32.2	31.9	99.1
每万人拥有社会福利院床位数	床	16	24.1	150.6
参加基本养老保险的职工数	人	159041	176327	110.9
参加基本医疗保险的职工数	人	156783	211341	134.8

江苏常熟市主要社会经济指标

指　　　标	单位	2003 年	2004 年	2004 年为 2003 年%
一、基本情况				
年末总人口	万人	104	104.3	100.3
乡村人口	万人	83	82.2	99
年末单位从业人员数	人	98594	100015	101.4
乡村从业人员数	人	499600	492400	98.6
行政区域土地面积	平方公里	1094	1094	100
境内公路里程	公里	1241	1420	114.4
民用汽车拥有量	辆	42806	52889	123.6
本地电话年末用户	户	467543	623984	133.5
二、综合经济				
地区生产总值	万元	4749964	5671658	119.4
第二产业增加值	万元	2857169	3388200	118.6
第三产业增加值	万元	1754455	2121300	120.9
财政总收入	万元	656585	657279	100.1
地方财政一般预算收入	万元	409749	300598	73.4
地方财政一般预算支出	万元	284839	272511	95.7
各项税收	万元	210452	225710	107.3
年末金融机构各项存款余额	万元	5082079	5759712	113.3
城乡居民储蓄存款余额	万元	2791462	3187039	114.2
年末金融机构各项贷款余额	万元	3097589	3646370	117.7
规模以上工业总产值(现价)	万元	5571061	7520464	135
限额以上批发零售贸易商品销售总额	万元	1063898	1533834	144.2
基本建设投资完成额	万元	286025	357176	124.9
当年实际使用外资金额	万美元	95119	55396	58.2
城镇职工平均工资	元	18063.3	20326.9	112.5
农村居民人均纯收入	元	6762	7516.7	111.2
非农产业比重	%	97.1	97.1	100.1
农业劳动生产率	元/人	10600.8	15637.2	147.5
工业劳动生产率	元/人	260684.4	323066.2	123.9
耕地产出率	元/公顷	13238.5	15676.2	118.4
三、社会发展				
小学在校学生数	人	68845	68194	99.1
普通中学在校学生数	人	57072	53913	94.5
每万人拥有医院、卫生院床位数	床	30.5	32.8	107.4
每万人拥有医院、卫生院技术人员数	人	34.3	36.4	106
每万人拥有社会福利院床位数	床	14.3	20	140.1
参加基本养老保险的职工数	人	178764	172478	96.5
参加基本医疗保险的职工数	人	222978	238234	106.8

广东南海区主要社会经济指标

指　　标	单位	2003年	2004年	2004年为2003年%
一、基本情况				
年末总人口	万人	107	109.7	102.5
乡村人口	万人	98	104.2	106.3
年末单位从业人员数	人	81255	83120	102.3
乡村从业人员数	人	515086	574735	111.6
行政区域土地面积	平方公里	1074	1073.8	100
境内公路里程	公里	1989	1071	53.8
民用汽车拥有量	辆	119183	135599	113.8
本地电话年末用户	户	715600	751934	105.1
二、综合经济				
地区生产总值	万元	4722367	5477771	116
第二产业增加值	万元	2442751	2946185	120.6
第三产业增加值	万元	1968560	2222869	112.9
财政总收入	万元	828995	942352	113.7
地方财政一般预算收入	万元	279900	290408	103.8
地方财政一般预算支出	万元	352366	391581	111.1
各项税收	万元	804700	928227	115.4
年末金融机构各项存款余额	万元	9631200	10328804	107.2
城乡居民储蓄存款余额	万元	6657900	7194758	108.1
年末金融机构各项贷款余额	万元	5804100	5112889	88.1
规模以上工业总产值(现价)	万元	6757600	11411190.3	168.9
限额以上批发零售贸易商品销售总额	万元	887447	1456639	164.1
基本建设投资完成额	万元	76611	102612	133.9
当年实际使用外资金额	万美元	32254	46878	145.3
城镇职工平均工资	元	15201.2	17367.5	114.3
农村居民人均纯收入	元	7930	8326	105
非农产业比重	%	93.4	94.4	101
农业劳动生产率	元/人	24313.8	26399.4	108.6
工业劳动生产率	元/人	199869.9	289378.8	144.8
耕地产出率	元/公顷	49617.5	79506.6	160.2
三、社会发展				
小学在校学生数	人	138100	146400	106
普通中学在校学生数	人	122600	119722	97.7
每万人拥有医院、卫生院床位数	床	34.2	42.3	123.8
每万人拥有医院、卫生院技术人员数	人	38.4	35.5	92.3
每万人拥有社会福利院床位数	床	8.4	8.2	98
参加基本养老保险的职工数	人	380000	385021	101.3
参加基本医疗保险的职工数	人	78000	143979	184.6

浙江萧山区主要社会经济指标

指　　标	单位	2003 年	2004 年	2004 年为 2003 年%
一、基本情况				
年末总人口	万人	116	116.7	100.6
乡村人口	万人	108	115.1	106.6
年末单位从业人员数	人	73100	71400	97.7
乡村从业人员数	人	584600	604600	103.4
行政区域土地面积	平方公里	1163	1163	100
境内公路里程	公里	737	1510.5	205
民用汽车拥有量	辆	70457	83485	118.5
本地电话年末用户	户	500200	609900	121.9
二、综合经济				
地区生产总值	万元	4110867	5003300	121.7
第二产业增加值	万元	2506671	3038000	121.2
第三产业增加值	万元	1313096	1650000	125.7
财政总收入	万元	436765	505963	115.8
地方财政一般预算收入	万元	208290	219531	105.4
地方财政一般预算支出	万元	215666	255648	118.5
各项税收	万元	209502	519556	248
年末金融机构各项存款余额	万元	5160500	6505800	126.1
城乡居民储蓄存款余额	万元	2091100	2610700	124.8
年末金融机构各项贷款余额	万元	3841000	5023900	130.8
规模以上工业总产值(现价)	万元	10398692	13559890	130.4
限额以上批发零售贸易商品销售总额	万元	896458	2662362	297
基本建设投资完成额	万元	373400	401552	107.5
当年实际使用外资金额	万美元	19868	25063	126.1
城镇职工平均工资	元	20989.2	25178.6	120
农村居民人均纯收入	元	7950	8626	108.5
非农产业比重	%	92.9	93.7	100.8
农业劳动生产率	元/人	18285.2	20407.8	111.6
工业劳动生产率	元/人	450159.8	463522.6	103
耕地产出率	元/公顷	37855.6	40043.4	105.8
三、社会发展				
小学在校学生数	人	89700	97300	108.5
普通中学在校学生数	人	74100	73700	99.5
每万人拥有医院、卫生院床位数	床	26.8	27.6	103
每万人拥有医院、卫生院技术人员数	人	34.1	37.6	110.2
每万人拥有社会福利院床位数	床	11.8	25.7	218.2
参加基本养老保险的职工数	人	248700	330324	132.8
参加基本医疗保险的职工数	人	167585	145527	86.8

江苏武进区主要社会经济指标

指　　　标	单位	2003 年	2004 年	2004 年为 2003 年%
一、基本情况				
年末总人口	万人	94	94.3	100.4
乡村人口	万人	84	81.9	97.5
年末单位从业人员数	人	56888	55152	96.9
乡村从业人员数	人	433900	446000	102.8
行政区域土地面积	平方公里	1242	1243.3	100.1
境内公路里程	公里	897	2394	266.9
民用汽车拥有量	辆	33600	47023	139.9
本地电话年末用户	户	300102	305100	101.7
二、综合经济				
地区生产总值	万元	3161715	3905495	123.5
第二产业增加值	万元	2033085	2589173	127.4
第三产业增加值	万元	972035	1123566	115.6
财政总收入	万元	403012	500208	124.1
地方财政一般预算收入	万元	211145	207381	98.2
地方财政一般预算支出	万元	238992	198963	83.3
各项税收	万元	141510	170084	120.2
年末金融机构各项存款余额	万元	3251367	3764758	115.8
城乡居民储蓄存款余额	万元	1624134	1925052	118.5
年末金融机构各项贷款余额	万元	2297202	2758651	120.1
规模以上工业总产值(现价)	万元	5560192	8347070	150.1
限额以上批发零售贸易商品销售总额	万元	677532	719415	106.2
基本建设投资完成额	万元	257540	324500	126
当年实际使用外资金额	万美元	20025	23779	118.7
城镇职工平均工资	元	16642	19875.2	119.4
农村居民人均纯收入	元	6301	7073.3	112.3
非农产业比重	%	95	95.1	100
农业劳动生产率	元/人	13192.5	16574	125.6
工业劳动生产率	元/人	279827.1	334081.9	119.4
耕地产出率	元/公顷	17898.3	23207.7	129.7
三、社会发展				
小学在校学生数	人	80250	80931	100.8
普通中学在校学生数	人	68498	69402	101.3
每万人拥有医院、卫生院床位数	床	28.7	32.5	113.3
每万人拥有医院、卫生院技术人员数	人	33.6	42.8	127.2
每万人拥有社会福利院床位数	床	12.7	14.2	112.1
参加基本养老保险的职工数	人	144300	119294	82.7
参加基本医疗保险的职工数	人	359467	119826	33.3

浙江绍兴县主要社会经济指标

指　　标	单位	2003年	2004年	2004年为2003年%
一、基本情况				
年末总人口	万人	70	70.3	100.4
乡村人口	万人	67	65.3	97.5
年末单位从业人员数	人	33900	37300	110
乡村从业人员数	人	391600	368300	94.1
行政区域土地面积	平方公里	1177	1177	100
境内公路里程	公里	718	748.6	104.3
民用汽车拥有量	辆	22897	27679	120.9
本地电话年末用户	户	267400	312500	116.9
二、综合经济				
地区生产总值	万元	2722390	3289559	120.8
第二产业增加值	万元	1792082	2188578	122.1
第三产业增加值	万元	788621	941378	119.4
财政总收入	万元	308276	167224	54.2
地方财政一般预算收入	万元	135362	150817	111.4
地方财政一般预算支出	万元	150216	146243	97.4
各项税收	万元	298143	349170	117.1
年末金融机构各项存款余额	万元	2929131	3718632	127
城乡居民储蓄存款余额	万元	1669822	1897614	113.6
年末金融机构各项贷款余额	万元	2028090	2702869	133.3
规模以上工业总产值(现价)	万元	7167382	9595973	133.9
限额以上批发零售贸易商品销售总额	万元	437654	898198	205.2
基本建设投资完成额	万元	488468	398856	81.7
当年实际使用外资金额	万美元	23016	25120	109.1
城镇职工平均工资	元	27445.1	30811.5	112.3
农村居民人均纯收入	元	6887	8077	117.3
非农产业比重	%	94.8	95.1	100.4
农业劳动生产率	元/人	14774.5	22511	152.4
工业劳动生产率	元/人	410033.3	428391.7	104.5
耕地产出率	元/公顷	30288.5	34033.1	112.4
三、社会发展				
小学在校学生数	人	67900	71300	105
普通中学在校学生数	人	47900	50100	104.6
每万人拥有医院、卫生院床位数	床	31	34.9	112.5
每万人拥有医院、卫生院技术人员数	人	33.7	40.7	120.8
每万人拥有社会福利院床位数	床	19.4	18.3	94.6
参加基本养老保险的职工数	人	162400	175945	108.3
参加基本医疗保险的职工数	人	42825	33905	79.2

江苏太仓市主要社会经济指标

指　　　标	单位	2003 年	2004 年	2004 年为 2003 年%
一、基本情况				
年末总人口	万人	45	45.5	101
乡村人口	万人	26	25.8	99.2
年末单位从业人员数	人	67387	79664	118.2
乡村从业人员数	人	152800	149800	98
行政区域土地面积	平方公里	620	620	100
境内公路里程	公里	632	675	106.8
民用汽车拥有量	辆	20861	26160	125.4
本地电话年末用户	户	202426	266627	131.7
二、综合经济				
地区生产总值	万元	2099958	2481198	118.2
第二产业增加值	万元	1228237	1500700	122.2
第三产业增加值	万元	745396	834800	112
财政总收入	万元	216188	248126	114.8
地方财政一般预算收入	万元	101578	121291	119.4
地方财政一般预算支出	万元	114886	139696	121.6
各项税收	万元	83202	109632	131.8
年末金融机构各项存款余额	万元	1865671	2276587	122
城乡居民储蓄存款余额	万元	974403	1149447	118
年末金融机构各项贷款余额	万元	1482273	1964338	132.5
规模以上工业总产值(现价)	万元	2544483	3465192	136.2
限额以上批发零售贸易商品销售总额	万元	462813	438080	94.7
基本建设投资完成额	万元	463079	553350	119.5
当年实际使用外资金额	万美元	60206	18357	30.5
城镇职工平均工资	元	16084.4	18563.9	115.4
农村居民人均纯收入	元	6689	7509.7	112.3
非农产业比重	%	94	94.1	100.2
农业劳动生产率	元/人	22598.4	30933.8	136.9
工业劳动生产率	元/人	233844.3	288689	123.5
耕地产出率	元/公顷	18934.6	19501.7	103
三、社会发展				
小学在校学生数	人	27416	27582	100.6
普通中学在校学生数	人	23348	22993	98.5
每万人拥有医院、卫生院床位数	床	33	36.6	111
每万人拥有医院、卫生院技术人员数	人	36.1	39	108.3
每万人拥有社会福利院床位数	床	12.6	16.5	131.5
参加基本养老保险的职工数	人	127676	123775	96.9
参加基本医疗保险的职工数	人	134000	151000	112.7

江苏吴江市主要社会经济指标

指　　标	单位	2003年	2004年	2004年为2003年%
一、基本情况				
年末总人口	万人	77	77.8	101
乡村人口	万人	54	55.2	102.2
年末单位从业人员数	人	76862	79220	103.1
乡村从业人员数	人	308800	320400	103.8
行政区域土地面积	平方公里	1093	1092.9	100
境内公路里程	公里	902	1016	112.6
民用汽车拥有量	辆	25402	30286	119.2
本地电话年末用户	户	350236	457602	130.7
二、综合经济				
地区生产总值	万元	2810516	3398073	120.9
第二产业增加值	万元	1711561	2132000	124.6
第三产业增加值	万元	963412	1120000	116.3
财政总收入	万元	328818	401337	122.1
地方财政一般预算收入	万元	165578	182188	110
地方财政一般预算支出	万元	170532	191322	112.2
各项税收	万元	136852	160973	117.6
年末金融机构各项存款余额	万元	3001079	3623436	120.7
城乡居民储蓄存款余额	万元	1497336	1747441	116.7
年末金融机构各项贷款余额	万元	2235026	2649520	118.5
规模以上工业总产值(现价)	万元	4502386	8469680	188.1
限额以上批发零售贸易商品销售总额	万元	287256	337930	117.6
基本建设投资完成额	万元	166608	246836	148.2
当年实际使用外资金额	万美元	50490	55420	109.8
城镇职工平均工资	元	16918.8	19156.9	113.2
农村居民人均纯收入	元	6502	7393	113.7
非农产业比重	%	95.2	95.7	100.6
农业劳动生产率	元/人	15043.6	17104.6	113.7
工业劳动生产率	元/人	339720.7	438766.2	129.2
耕地产出率	元/公顷	9359.1	10075.2	107.7
三、社会发展				
小学在校学生数	人	53188	46827	88
普通中学在校学生数	人	48230	48124	99.8
每万人拥有医院、卫生院床位数	床	23.7	23.3	98.4
每万人拥有医院、卫生院技术人员数	人	27.3	26.8	98.3
每万人拥有社会福利院床位数	床	13	13.3	102.7
参加基本养老保险的职工数	人	139667	173962	124.6
参加基本医疗保险的职工数	人	158000	208004	131.6

浙江鄞州区主要社会经济指标

指　　标	单位	2003 年	2004 年	2004 年为 2003 年%
一、基本情况				
年末总人口	万人	76	76.8	101.1
乡村人口	万人	82	89.8	109.5
年末单位从业人员数	人	50000	50700	101.4
乡村从业人员数	人	513500	530200	103.3
行政区域土地面积	平方公里	1527	1527	100
境内公路里程	公里	964	968.4	100.5
民用汽车拥有量	辆	29840	37959	127.2
本地电话年末用户	户	312000	291400	93.4
二、综合经济				
地区生产总值	万元	2323136	2778683	119.6
第二产业增加值	万元	1600234	1937791	121.1
第三产业增加值	万元	580458	678403	116.9
财政总收入	万元	371960	287985	77.4
地方财政一般预算收入	万元	154731	174651	112.9
地方财政一般预算支出	万元	193859	252357	130.2
各项税收	万元	352872	418830	118.7
年末金融机构各项存款余额	万元	3787098	4471223	118.1
城乡居民储蓄存款余额	万元	1758782	1922275	109.3
年末金融机构各项贷款余额	万元	2582251	3180092	123.2
规模以上工业总产值(现价)	万元	4605100	6172759	134
限额以上批发零售贸易商品销售总额	万元	1941830	2167449	111.6
基本建设投资完成额	万元	285450	299677	105
当年实际使用外资金额	万美元	28060	35699	127.2
城镇职工平均工资	元	24092.3	27287.6	113.3
农村居民人均纯收入	元	6960	7781	111.8
非农产业比重	%	93.9	94.2	100.3
农业劳动生产率	元/人	11368.2	13125.1	115.5
工业劳动生产率	元/人	224420.1	236504.2	105.4
耕地产出率	元/公顷	29749.5	34092.6	114.6
三、社会发展				
小学在校学生数	人	67800	74700	110.2
普通中学在校学生数	人	44700	45900	102.7
每万人拥有医院、卫生院床位数	床	16.5	17.1	103.5
每万人拥有医院、卫生院技术人员数	人	27.6	34.5	125.1
每万人拥有社会福利院床位数	床	21.8	23.2	106.3
参加基本养老保险的职工数	人	135491	142689	105.3
参加基本医疗保险的职工数	人	73216	85860	117.3

福建晋江市主要社会经济指标

指　　标	单位	2003 年	2004 年	2004 年为 2003 年%
一、基本情况				
年末总人口	万人	102	102.9	100.9
乡村人口	万人	97	97	100
年末单位从业人员数	人	156053	252962	162.1
乡村从业人员数	人	577579	580838	100.6
行政区域土地面积	平方公里	721	721.6	100.1
境内公路里程	公里	1722	1725	100.2
民用汽车拥有量	辆	41662	49444	118.7
本地电话年末用户	户	539013	565210	104.9
二、综合经济				
地区生产总值	万元	3800246	4388660	115.5
第二产业增加值	万元	2135569	2486649	116.4
第三产业增加值	万元	1547905	1783680	115.2
财政总收入	万元	264619	323500	122.3
地方财政一般预算收入	万元	103456	130100	125.8
地方财政一般预算支出	万元	122169	139200	113.9
各项税收	万元	260353	321848	123.6
年末金融机构各项存款余额	万元	2451147	2756400	112.5
城乡居民储蓄存款余额	万元	1762528	1972500	111.9
年末金融机构各项贷款余额	万元	1255156	1409000	112.3
规模以上工业总产值(现价)	万元	4290348	5773132	134.6
限额以上批发零售贸易商品销售总额	万元	180268	520007	288.5
基本建设投资完成额	万元	84184	213002	253
当年实际使用外资金额	万美元	25744	36095	140.2
城镇职工平均工资	元	13208.2	14967.1	113.3
农村居民人均纯收入	元	6630	7166	108.1
非农产业比重	%	96.9	97.3	100.4
农业劳动生产率	元/人	6861	8005.9	116.7
工业劳动生产率	元/人	142621.8	162350	113.8
耕地产出率	元/公顷	15319.6	15872.7	103.6
三、社会发展				
小学在校学生数	人	105890	90192	85.2
普通中学在校学生数	人	75111	83097	110.6
每万人拥有医院、卫生院床位数	床	14.1	22.2	158
每万人拥有医院、卫生院技术人员数	人	11.8	31	262.4
每万人拥有社会福利院床位数	床	3.9	6.6	170.8
参加基本养老保险的职工数	人	60447	63096	104.4
参加基本医疗保险的职工数	人	22899	27179	118.7

山东荣成市主要社会经济指标

指　　标	单位	2003年	2004年	2004年为2003年%
一、基本情况				
年末总人口	万人	67	66.8	99.7
乡村人口	万人	49	48.6	99.2
年末单位从业人员数	人	61911	64459	104.1
乡村从业人员数	人	230700	231800	100.5
行政区域土地面积	平方公里	1392	1392	100
境内公路里程	公里	621	1438.1	231.6
民用汽车拥有量	辆	23237	40856	175.8
本地电话年末用户	户	251600	310000	123.2
二、综合经济				
地区生产总值	万元	2641600	3117500	118
第二产业增加值	万元	1512182	1848379	122.2
第三产业增加值	万元	760834	886876	116.6
财政总收入	万元	157195	177023	112.6
地方财政一般预算收入	万元	95105	106018	111.5
地方财政一般预算支出	万元	110140	138816	126
各项税收	万元	68436	124121	181.4
年末金融机构各项存款余额	万元	1277694	1415800	110.8
城乡居民储蓄存款余额	万元	978355	1099928	112.4
年末金融机构各项贷款余额	万元	918869	1071314	116.6
规模以上工业总产值(现价)	万元	5453155	7457562	136.8
限额以上批发零售贸易商品销售总额	万元	72333	121887.1	168.5
基本建设投资完成额	万元	226198	665905	294.4
当年实际使用外资金额	万美元	30009	34448	114.8
城镇职工平均工资	元	10188.4	14188.9	139.3
农村居民人均纯收入	元	5007	5768	115.2
非农产业比重	%	86	87.7	102
农业劳动生产率	元/人	31638.1	36094.9	114.1
工业劳动生产率	元/人	525924.7	647077	123
耕地产出率	元/公顷	10801.5	10811.4	100.1
三、社会发展				
小学在校学生数	人	37341	44538	119.3
普通中学在校学生数	人	51401	57225	111.3
每万人拥有医院、卫生院床位数	床	27.2	42.3	155.7
每万人拥有医院、卫生院技术人员数	人	32.2	43.3	134.6
每万人拥有社会福利院床位数	床	15.4	18.3	118.2
参加基本养老保险的职工数	人	73416	92163	125.5
参加基本医疗保险的职工数	人	98270	108609	110.5

浙江义乌市主要社会经济指标

指　　标	单位	2003年	2004年	2004年为2003年%
一、基本情况				
年末总人口	万人	68	68.8	101.2
乡村人口	万人	89	80	89.9
年末单位从业人员数	人	43500	43437	99.9
乡村从业人员数	人	412000	574500	139.4
行政区域土地面积	平方公里	1103	1103	100
境内公路里程	公里	823	831.4	101
民用汽车拥有量	辆	43540	57427	131.9
本地电话年末用户	户	307200	410799	133.7
二、综合经济				
地区生产总值	万元	1884856	2322972	123.2
第二产业增加值	万元	982773	1216333	123.8
第三产业增加值	万元	823532	1017395	123.5
财政总收入	万元	230729	308864	133.9
地方财政一般预算收入	万元	118826	151015	127.1
地方财政一般预算支出	万元	113724	167846	147.6
各项税收	万元	207129	267965	129.4
年末金融机构各项存款余额	万元	3900062	4827806	123.8
城乡居民储蓄存款余额	万元	1683414	2180220	129.5
年末金融机构各项贷款余额	万元	2544935	3060906	120.3
规模以上工业总产值(现价)	万元	1324162	1866102	140.9
限额以上批发零售贸易商品销售总额	万元	670392	628741	93.8
基本建设投资完成额	万元	359559	363988	101.2
当年实际使用外资金额	万美元	7164	12293	171.6
城镇职工平均工资	元	25511.3	29981.2	117.5
农村居民人均纯收入	元	6147	6969	113.4
非农产业比重	%	95.8	96.2	100.3
农业劳动生产率	元/人	5524	5073.6	91.8
工业劳动生产率	元/人	137503.8	174785.9	127.1
耕地产出率	元/公顷	22675.2	26342	116.2
三、社会发展				
小学在校学生数	人	61900	67300	108.7
普通中学在校学生数	人	44400	44084	99.3
每万人拥有医院、卫生院床位数	床	30.1	27.9	92.7
每万人拥有医院、卫生院技术人员数	人	41.9	39.6	94.4
每万人拥有社会福利院床位数	床	18.2	23.7	130.1
参加基本养老保险的职工数	人	61414	118092	192.3
参加基本医疗保险的职工数	人	45502	37173	81.7

浙江余杭区主要社会经济指标

指　　标	单位	2003 年	2004 年	2004 年为 2003 年%
一、基本情况				
年末总人口	万人	80	80.6	100.8
乡村人口	万人	63	65	103.2
年末单位从业人员数	人	50100	45700	91.2
乡村从业人员数	人	404600	414500	102.4
行政区域土地面积	平方公里	1222	1222	100
境内公路里程	公里	927	1172.7	126.5
民用汽车拥有量	辆	34334	43294	126.1
本地电话年末用户	户	324700	395400	121.8
二、综合经济				
地区生产总值	万元	2044798	2430000	118.8
第二产业增加值	万元	1104186	1340000	121.4
第三产业增加值	万元	715814	855000	119.4
财政总收入	万元	232078	296928	127.9
地方财政一般预算收入	万元	124105	155780	125.5
地方财政一般预算支出	万元	136190	165107	121.2
各项税收	万元	119207	280387	235.2
年末金融机构各项存款余额	万元	3015500	3422500	113.5
城乡居民储蓄存款余额	万元	1285400	1481600	115.3
年末金融机构各项贷款余额	万元	1957300	2362300	120.7
规模以上工业总产值(现价)	万元	2847369	4014565	141
限额以上批发零售贸易商品销售总额	万元	448591	1463792	326.3
基本建设投资完成额	万元	199908	247377	123.7
当年实际使用外资金额	万美元	7088	9290	131.1
城镇职工平均工资	元	18246.7	23619.3	129.4
农村居民人均纯收入	元	7076	7875	111.3
非农产业比重	%	89	90.3	101.5
农业劳动生产率	元/人	14138.2	17897.9	126.6
工业劳动生产率	元/人	274313	330194	120.4
耕地产出率	元/公顷	33083.5	37357.8	112.9
三、社会发展				
小学在校学生数	人	52400	52900	101
普通中学在校学生数	人	42600	42300	99.3
每万人拥有医院、卫生院床位数	床	26.3	28.9	110
每万人拥有医院、卫生院技术人员数	人	36.6	42.4	115.8
每万人拥有社会福利院床位数	床	8.1	23	285.5
参加基本养老保险的职工数	人	136800	149452	109.2
参加基本医疗保险的职工数	人	125390	110927	88.5

山东文登市主要社会经济指标

指 标	单位	2003 年	2004 年	2004 年为 2003 年%
一、基本情况				
年末总人口	万人	65	64.6	99.4
乡村人口	万人	49	48.5	99
年末单位从业人员数	人	61911	63427	102.4
乡村从业人员数	人	283831	287842	101.4
行政区域土地面积	平方公里	1645	1645	100
境内公路里程	公里	738	811.8	110
民用汽车拥有量	辆	15707	36869	234.7
本地电话年末用户	户	214200	267578	124.9
二、综合经济				
地区生产总值	万元	2268021	2679198	118.1
第二产业增加值	万元	1379014	1631320	118.3
第三产业增加值	万元	668609	810772	121.3
财政总收入	万元	130220	156149	119.9
地方财政一般预算收入	万元	85542	100118	117
地方财政一般预算支出	万元	99769	124653	124.9
各项税收	万元	51548	95263	184.8
年末金融机构各项存款余额	万元	935172	1029465	110.1
城乡居民储蓄存款余额	万元	790114	834633	105.6
年末金融机构各项贷款余额	万元	618031	547988	88.7
规模以上工业总产值(现价)	万元	5071107	6595980	130.1
限额以上批发零售贸易商品销售总额	万元	80784	93921	116.3
基本建设投资完成额	万元	174802	555691	317.9
当年实际使用外资金额	万美元	25149	33314	132.5
城镇职工平均工资	元	10815.5	14301.3	132.2
农村居民人均纯收入	元	4719	5285	112
非农产业比重	%	90.3	91.2	101
农业劳动生产率	元/人	13860.8	15822.3	114.2
工业劳动生产率	元/人	519564.7	515057.4	99.1
耕地产出率	元/公顷	10798	11050.7	102.3
三、社会发展				
小学在校学生数	人	35102	33946	96.7
普通中学在校学生数	人	51585	56635	109.8
每万人拥有医院、卫生院床位数	床	30.3	31.7	104.8
每万人拥有医院、卫生院技术人员数	人	32.2	33.5	104
每万人拥有社会福利院床位数	床	13.8	32.5	235.3
参加基本养老保险的职工数	人	74622	77907	104.4
参加基本医疗保险的职工数	人	68673	70956	103.3

浙江海宁市主要社会经济指标

指　　　标	单位	2003 年	2004 年	2004 年为 2003 年%
一、基本情况				
年末总人口	万人	64	64.3	100.5
乡村人口	万人	52	52.7	101.3
年末单位从业人员数	人	40900	42842	104.7
乡村从业人员数	人	306300	308100	100.6
行政区域土地面积	平方公里	668	668	100
境内公路里程	公里	446	452.5	101.5
民用汽车拥有量	辆	12783	16397	128.3
本地电话年末用户	户	232900	274696	117.9
二、综合经济				
地区生产总值	万元	1883437	2294656	121.8
第二产业增加值	万元	1178600	1458732	123.8
第三产业增加值	万元	582864	696374	119.5
财政总收入	万元	180803	199777	110.5
地方财政一般预算收入	万元	76506	98066	128.2
地方财政一般预算支出	万元	86531	106871	123.5
各项税收	万元	181853	208518	114.7
年末金融机构各项存款余额	万元	1865467	2114383	113.3
城乡居民储蓄存款余额	万元	1092078	1244555	114
年末金融机构各项贷款余额	万元	1277501	1437619	112.5
规模以上工业总产值(现价)	万元	2247111	2790836	124.2
限额以上批发零售贸易商品销售总额	万元	489036	535403	109.5
基本建设投资完成额	万元	177910	144243	81.1
当年实际使用外资金额	万美元	10109	16126	159.5
城镇职工平均工资	元	20589.8	24439.9	118.7
农村居民人均纯收入	元	6519	7399	113.5
非农产业比重	%	93.5	93.9	100.4
农业劳动生产率	元/人	13172	16302.6	123.8
工业劳动生产率	元/人	241624.8	274959.2	113.8
耕地产出率	元/公顷	18960.7	21650.7	114.2
三、社会发展				
小学在校学生数	人	47020	47600	101.2
普通中学在校学生数	人	38395	40037	104.3
每万人拥有医院、卫生院床位数	床	24	24.3	101.3
每万人拥有医院、卫生院技术人员数	人	24.9	32.8	132.1
每万人拥有社会福利院床位数	床	14.6	17.3	118.5
参加基本养老保险的职工数	人	96461	107709	111.7
参加基本医疗保险的职工数	人	42161	61189	145.1

山东龙口市主要社会经济指标

指标	单位	2003年	2004年	2004年为2003年%
一、基本情况				
年末总人口	万人	63	62.8	99.7
乡村人口	万人	49	48.2	98.4
年末单位从业人员数	人	65425	65426	100
乡村从业人员数	人	247400	248300	100.4
行政区域土地面积	平方公里	894	893.8	100
境内公路里程	公里	605	697	115.2
民用汽车拥有量	辆	26864	32818	122.2
本地电话年末用户	户	217350	271523	124.9
二、综合经济				
地区生产总值	万元	1921069	2445036	127.3
第二产业增加值	万元	1039345	1442185	138.8
第三产业增加值	万元	719449	805225	111.9
财政总收入	万元	184980	317788	171.8
地方财政一般预算收入	万元	62028	81814	131.9
地方财政一般预算支出	万元	77791	97638	125.5
各项税收	万元	160005	218776	136.7
年末金融机构各项存款余额	万元	1516500	1621754	106.9
城乡居民储蓄存款余额	万元	1115633	1230691	110.3
年末金融机构各项贷款余额	万元	1077000	1106819	102.8
规模以上工业总产值(现价)	万元	4512005	5670813	125.7
限额以上批发零售贸易商品销售总额	万元	278978	634269	227.4
基本建设投资完成额	万元	180650	584357	323.5
当年实际使用外资金额	万美元	24700	19044	77.1
城镇职工平均工资	元	14153.7	16587.1	117.2
农村居民人均纯收入	元	4751	5419	114.1
非农产业比重	%	91.6	91.9	100.4
农业劳动生产率	元/人	12815.4	16482.6	128.6
工业劳动生产率	元/人	403957.7	507818.8	125.7
耕地产出率	元/公顷	26954.2	37563.5	139.4
三、社会发展				
小学在校学生数	人	36735	38124	103.8
普通中学在校学生数	人	51800	44178	85.3
每万人拥有医院、卫生院床位数	床	35	42.1	120.4
每万人拥有医院、卫生院技术人员数	人	41.3	45.5	110.4
每万人拥有社会福利院床位数	床	17.7	21.3	120.3
参加基本养老保险的职工数	人	67141	75893	113
参加基本医疗保险的职工数	人	82321	90149	109.5

江苏宜兴市主要社会经济指标

指　　标	单位	2003年	2004年	2004年为2003年%
一、基本情况				
年末总人口	万人	106	105.9	99.9
乡村人口	万人	81	80.9	99.9
年末单位从业人员数	人	53807	57065	106.1
乡村从业人员数	人	425800	441200	103.6
行政区域土地面积	平方公里	2177	2177.4	100
境内公路里程	公里	1202	1302	108.3
民用汽车拥有量	辆	27621	35231	127.6
本地电话年末用户	户	410894	543324	132.2
二、综合经济				
地区生产总值	万元	2620300	3100293	118.3
第二产业增加值	万元	1574800	1872000	118.9
第三产业增加值	万元	901200	1072000	119
财政总收入	万元	300600	327849	109.1
地方财政一般预算收入	万元	184102	131857	71.6
地方财政一般预算支出	万元	188826	134619	71.3
各项税收	万元	93939	116478	124
年末金融机构各项存款余额	万元	2601300	3059400	117.6
城乡居民储蓄存款余额	万元	1668900	1946300	116.6
年末金融机构各项贷款余额	万元	1621500	1975800	121.9
规模以上工业总产值(现价)	万元	3624289	4975754	137.3
限额以上批发零售贸易商品销售总额	万元	641034	571341	89.1
基本建设投资完成额	万元	293800	300879	102.4
当年实际使用外资金额	万美元	23683	16517	69.7
城镇职工平均工资	元	15730.8	18327.9	116.5
农村居民人均纯收入	元	5416	6110.8	112.8
非农产业比重	%	94.5	95	100.5
农业劳动生产率	元/人	7795.8	9398.3	120.6
工业劳动生产率	元/人	339108.4	414083.7	122.1
耕地产出率	元/公顷	13053.2	13469.7	103.2
三、社会发展				
小学在校学生数	人	77011	71596	93
普通中学在校学生数	人	74852	73529	98.2
每万人拥有医院、卫生院床位数	床	25.2	26.4	104.7
每万人拥有医院、卫生院技术人员数	人	29	27.9	96.4
每万人拥有社会福利院床位数	床	19.3	18.7	96.7
参加基本养老保险的职工数	人	193700	177000	91.4
参加基本医疗保险的职工数	人	222800	225700	101.3

浙江桐乡市主要社会经济指标

指　　标	单位	2003年	2004年	2004年为2003年%
一、基本情况				
年末总人口	万人	66	66.3	100.5
乡村人口	万人	53	52.3	98.7
年末单位从业人员数	人	45000	93680	208.2
乡村从业人员数	人	308900	309100	100.1
行政区域土地面积	平方公里	727	727	100
境内公路里程	公里	387	387.1	100
民用汽车拥有量	辆	15791	21064	133.4
本地电话年末用户	户	218700	267312	122.2
二、综合经济				
地区生产总值	万元	1766175	2154947	122
第二产业增加值	万元	1052543	1301798	123.7
第三产业增加值	万元	590602	713123	120.7
财政总收入	万元	163777	210759	128.7
地方财政一般预算收入	万元	71978	92152	128
地方财政一般预算支出	万元	82936	98769	119.1
各项税收	万元	162224	191359	118
年末金融机构各项存款余额	万元	1639007	1874152	114.3
城乡居民储蓄存款余额	万元	1007813	1167810	115.9
年末金融机构各项贷款余额	万元	1084636	1198231	110.5
规模以上工业总产值(现价)	万元	2174140	2850675	131.1
限额以上批发零售贸易商品销售总额	万元	374844	449310	119.9
基本建设投资完成额	万元	119057	194276	163.2
当年实际使用外资金额	万美元	8021	11596	144.6
城镇职工平均工资	元	19836.7	18779	94.7
农村居民人均纯收入	元	6125	7082	115.6
非农产业比重	%	93	93.5	100.5
农业劳动生产率	元/人	13475.4	18400.3	136.5
工业劳动生产率	元/人	221399.2	263220.2	118.9
耕地产出率	元/公顷	19029.5	21135.2	111.1
三、社会发展				
小学在校学生数	人	57200	57600	100.7
普通中学在校学生数	人	36624	38000	103.8
每万人拥有医院、卫生院床位数	床	26.6	28.3	106.6
每万人拥有医院、卫生院技术人员数	人	25.1	32.5	129.6
每万人拥有社会福利院床位数	床	17.2	23.3	135.8
参加基本养老保险的职工数	人	85027	98142	115.4
参加基本医疗保险的职工数	人	47416	36903	77.8

浙江嘉善县主要社会经济指标

指　　标	单位	2003年	2004年	2004年为2003年%
一、基本情况				
年末总人口	万人	38	38.1	100.3
乡村人口	万人	31	32.2	103.9
年末单位从业人员数	人	32900	65535	199.2
乡村从业人员数	人	189000	198300	104.9
行政区域土地面积	平方公里	507	507	100
境内公路里程	公里	174	184.4	106
民用汽车拥有量	辆	11485	18165	158.2
本地电话年末用户	户	147100	175957	119.6
二、综合经济				
地区生产总值	万元	1027148	1249346	121.6
第二产业增加值	万元	599926	745611	124.3
第三产业增加值	万元	316598	381725	120.6
财政总收入	万元	103033	130637	126.8
地方财政一般预算收入	万元	43489	60985	140.2
地方财政一般预算支出	万元	48734	69882	143.4
各项税收	万元	102762	127057	123.6
年末金融机构各项存款余额	万元	939018	1058197	112.7
城乡居民储蓄存款余额	万元	538290	630041	117
年末金融机构各项贷款余额	万元	654967	733632	112
规模以上工业总产值(现价)	万元	991531	1424831	143.7
限额以上批发零售贸易商品销售总额	万元	148817	201793	135.6
基本建设投资完成额	万元	89465	164415	183.8
当年实际使用外资金额	万美元	17526	20218	115.4
城镇职工平均工资	元	17784.4	17388.6	97.8
农村居民人均纯收入	元	6138	7067	115.1
非农产业比重	%	89.2	90.2	101.1
农业劳动生产率	元/人	14479.6	17530.2	121.1
工业劳动生产率	元/人	188504	209226.3	111
耕地产出率	元/公顷	23324.4	26921.9	115.4
三、社会发展				
小学在校学生数	人	32105	32000	99.7
普通中学在校学生数	人	23232	24200	104.2
每万人拥有医院、卫生院床位数	床	29.8	29.8	99.8
每万人拥有医院、卫生院技术人员数	人	33.2	39.2	117.9
每万人拥有社会福利院床位数	床	21.2	21.7	102.3
参加基本养老保险的职工数	人	60030	70151	116.9
参加基本医疗保险的职工数	人	35490	23556	66.4

浙江平湖市主要社会经济指标

指　　标	单位	2003 年	2004 年	2004 年为 2003 年%
一、基本情况				
年末总人口	万人	48	48.4	100.8
乡村人口	万人	38	37.7	99.2
年末单位从业人员数	人	33600	73558	218.9
乡村从业人员数	人	220600	209300	94.9
行政区域土地面积	平方公里	537	537	100
境内公路里程	公里	280	287.4	102.6
民用汽车拥有量	辆	10901	13676	125.5
本地电话年末用户	户	176200	207027	117.5
二、综合经济				
地区生产总值	万元	1237280	1485145	120
第二产业增加值	万元	772973	935211	121
第三产业增加值	万元	371482	447212	120.4
财政总收入	万元	138760	169575	122.2
地方财政一般预算收入	万元	59382	74511	125.5
地方财政一般预算支出	万元	65605	80846	123.2
各项税收	万元	147695	171657	116.2
年末金融机构各项存款余额	万元	1359285	1530493	112.6
城乡居民储蓄存款余额	万元	726409	835963	115.1
年末金融机构各项贷款余额	万元	974374	1093907	112.3
规模以上工业总产值(现价)	万元	2110848	2709617	128.4
限额以上批发零售贸易商品销售总额	万元	192474	268459	139.5
基本建设投资完成额	万元	410446	410170	99.9
当年实际使用外资金额	万美元	10668	14254	133.6
城镇职工平均工资	元	19251.1	22330.9	116
农村居民人均纯收入	元	6086	6933	113.9
非农产业比重	%	92.5	93.1	100.6
农业劳动生产率	元/人	18602.2	24284.2	130.5
工业劳动生产率	元/人	161503.3	214538.2	132.8
耕地产出率	元/公顷	17520.3	19312.4	110.2
三、社会发展				
小学在校学生数	人	40129	40100	99.9
普通中学在校学生数	人	27924	28387	101.7
每万人拥有医院、卫生院床位数	床	21.7	23.3	107.3
每万人拥有医院、卫生院技术人员数	人	26.9	36.9	137.3
每万人拥有社会福利院床位数	床	12.8	14.1	109.6
参加基本养老保险的职工数	人	90474	116011	128.2
参加基本医疗保险的职工数	人	59634	81087	136

浙江富阳市主要社会经济指标

指　　标	单位	2003年	2004年	2004年为2003年%
一、基本情况				
年末总人口	万人	62	62.8	101.3
乡村人口	万人	54	54.3	100.6
年末单位从业人员数	人	39400	34500	87.6
乡村从业人员数	人	335000	334800	99.9
行政区域土地面积	平方公里	1808	1808	100
境内公路里程	公里	845	845	100
民用汽车拥有量	辆	21862	25500	116.6
本地电话年末用户	户	217700	274400	126
二、综合经济				
地区生产总值	万元	1516660	1767089	116.5
第二产业增加值	万元	930413	1085713	116.7
第三产业增加值	万元	448221	523981	116.9
财政总收入	万元	177242	229846	129.7
地方财政一般预算收入	万元	82801	105293	127.2
地方财政一般预算支出	万元	98874	123436	124.8
各项税收	万元	82675	205838	249
年末金融机构各项存款余额	万元	1344200	1555000	115.7
城乡居民储蓄存款余额	万元	615600	703600	114.3
年末金融机构各项贷款余额	万元	1080200	1353600	125.3
规模以上工业总产值(现价)	万元	2348448	3141855	133.8
限额以上批发零售贸易商品销售总额	万元	399613	523288	130.9
基本建设投资完成额	万元	128101	217303	169.6
当年实际使用外资金额	万美元	4606	7311	158.7
城镇职工平均工资	元	23537.7	27913.6	118.6
农村居民人均纯收入	元	6173	6833	110.7
非农产业比重	%	90.9	91.1	100.2
农业劳动生产率	元/人	11122.2	13138.1	118.1
工业劳动生产率	元/人	290290.2	361869	124.7
耕地产出率	元/公顷	38709.7	43511.8	112.4
三、社会发展				
小学在校学生数	人	49600	48700	98.2
普通中学在校学生数	人	38800	38100	98.2
每万人拥有医院、卫生院床位数	床	21	25.8	123.1
每万人拥有医院、卫生院技术人员数	人	38.2	38.7	101.3
每万人拥有社会福利院床位数	床	14.2	15.4	108.4
参加基本养老保险的职工数	人	119500	128722	107.7
参加基本医疗保险的职工数	人	34928	50267	143.9

浙江海盐县主要社会经济指标

指　　标	单位	2003年	2004年	2004年为2003年%
一、基本情况				
年末总人口	万人	37	36.5	98.6
乡村人口	万人	29	29.2	100.7
年末单位从业人员数	人	36200	44528	123
乡村从业人员数	人	172500	172800	100.2
行政区域土地面积	平方公里	508	508	100
境内公路里程	公里	258	259.2	100.5
民用汽车拥有量	辆	7245	9774	134.9
本地电话年末用户	户	133400	157075	117.7
二、综合经济				
地区生产总值	万元	1108011	1405060	126.8
第二产业增加值	万元	752860	981838	130.4
第三产业增加值	万元	258166	312707	121.1
财政总收入	万元	80059	102798	128.4
地方财政一般预算收入	万元	34687	42490	122.5
地方财政一般预算支出	万元	43128	51288	118.9
各项税收	万元	174899	234947	134.3
年末金融机构各项存款余额	万元	1022394	1136951	111.2
城乡居民储蓄存款余额	万元	567918	662701	116.7
年末金融机构各项贷款余额	万元	870820	848320	97.4
规模以上工业总产值(现价)	万元	1703809	2344460	137.6
限额以上批发零售贸易商品销售总额	万元	160879	282442	175.6
基本建设投资完成额	万元	255180	321954	126.2
当年实际使用外资金额	万美元	5120	5445	106.3
城镇职工平均工资	元	24851.4	29103.8	117.1
农村居民人均纯收入	元	6632	7603	114.6
非农产业比重	%	91.2	92.1	101
农业劳动生产率	元/人	17165.5	19770.1	115.2
工业劳动生产率	元/人	271307.2	289439.5	106.7
耕地产出率	元/公顷	24475.5	27968.1	114.3
三、社会发展				
小学在校学生数	人	31700	31900	100.6
普通中学在校学生数	人	19900	25900	130.2
每万人拥有医院、卫生院床位数	床	28.8	30.1	104.3
每万人拥有医院、卫生院技术人员数	人	29.5	30.3	102.6
每万人拥有社会福利院床位数	床	16.4	16.6	101.4
参加基本养老保险的职工数	人	51780	60430	116.7
参加基本医疗保险的职工数	人	39560	30557	77.2

浙江乐清市主要社会经济指标

指　　标	单位	2003 年	2004 年	2004 年为 2003 年%
一、基本情况				
年末总人口	万人	116	116.2	100.2
乡村人口	万人	114	113.5	99.6
年末单位从业人员数	人	41400	42340	102.3
乡村从业人员数	人	645400	653700	101.3
行政区域土地面积	平方公里	1174	1174	100
境内公路里程	公里	654	648.5	99.2
民用汽车拥有量	辆	32059	35110	109.5
本地电话年末用户	户	418000	472400	113
二、综合经济				
地区生产总值	万元	2170830	2525020	116.3
第二产业增加值	万元	1291544	1514440	117.3
第三产业增加值	万元	763678	890200	116.6
财政总收入	万元	222345	288154	129.6
地方财政一般预算收入	万元	97168	114788	118.1
地方财政一般预算支出	万元	113471	140770	124.1
各项税收	万元	223660	257426	115.1
年末金融机构各项存款余额	万元	1952792	2163546	110.8
城乡居民储蓄存款余额	万元	1003139	1126833	112.3
年末金融机构各项贷款余额	万元	1510589	1855083	122.8
规模以上工业总产值(现价)	万元	2592250	3914687	151
限额以上批发零售贸易商品销售总额	万元	464142	427212	92
基本建设投资完成额	万元	131821	213817	162.2
当年实际使用外资金额	万美元	1117	1172	104.9
城镇职工平均工资	元	21087.3	15418.7	73.1
农村居民人均纯收入	元	6795	7547	111.1
非农产业比重	%	94.7	95.2	100.6
农业劳动生产率	元/人	5818.2	6157.5	105.8
工业劳动生产率	元/人	221559.8	267579.4	120.8
耕地产出率	元/公顷	19178	21105.3	110
三、社会发展				
小学在校学生数	人	101600	103800	102.2
普通中学在校学生数	人	88200	83374	94.5
每万人拥有医院、卫生院床位数	床	18.3	17.4	95
每万人拥有医院、卫生院技术人员数	人	21.5	27.5	127.9
每万人拥有社会福利院床位数	床	5.9	8.3	140.1
参加基本养老保险的职工数	人	72500	124129	171.2
参加基本医疗保险的职工数	人	16296	17487	107.3

浙江德清县主要社会经济指标

指　　　标	单位	2003 年	2004 年	2004 年为 2003 年%
一、基本情况				
年末总人口	万人	42	42.4	101
乡村人口	万人	34	33.9	99.7
年末单位从业人员数	人	27400	29800	108.8
乡村从业人员数	人	202600	204600	101
行政区域土地面积	平方公里	936	936	100
境内公路里程	公里	495	427.1	86.3
民用汽车拥有量	辆	9275	11801	127.2
本地电话年末用户	户	141000	174655	123.9
二、综合经济				
地区生产总值	万元	860210	1053166	122.4
第二产业增加值	万元	488269	603172	123.5
第三产业增加值	万元	281419	346907	123.3
财政总收入	万元	101518	129956	128
地方财政一般预算收入	万元	51131	64500	126.1
地方财政一般预算支出	万元	57808	70373	121.7
各项税收	万元	90961	113162	124.4
年末金融机构各项存款余额	万元	825018	889655	107.8
城乡居民储蓄存款余额	万元	466200	514752	110.4
年末金融机构各项贷款余额	万元	573597	607047	105.8
规模以上工业总产值(现价)	万元	1189264	1590639	133.7
限额以上批发零售贸易商品销售总额	万元	217360	267372	123
基本建设投资完成额	万元	82071	136807	166.7
当年实际使用外资金额	万美元	10983	13442	122.4
城镇职工平均工资	元	19809.1	22748.9	114.8
农村居民人均纯收入	元	5716	6545	114.5
非农产业比重	%	89.5	90.2	100.8
农业劳动生产率	元/人	11879.5	14983.6	126.1
工业劳动生产率	元/人	244202.1	299555.4	122.7
耕地产出率	元/公顷	11106.5	12918.4	116.3
三、社会发展				
小学在校学生数	人	30900	31800	102.9
普通中学在校学生数	人	26200	26110	99.7
每万人拥有医院、卫生院床位数	床	26.7	28.6	106.8
每万人拥有医院、卫生院技术人员数	人	33.7	38.7	114.7
每万人拥有社会福利院床位数	床	18.9	22.2	117.1
参加基本养老保险的职工数	人	77968	68745	88.2
参加基本医疗保险的职工数	人	45500	42450	93.3

山东蓬莱市主要社会经济指标

指　　标	单位	2003年	2004年	2004年为2003年%
一、基本情况				
年末总人口	万人	45	44.6	99.1
乡村人口	万人	39	39.6	101.5
年末单位从业人员数	人	30712	40520	131.9
乡村从业人员数	人	192300	197800	102.9
行政区域土地面积	平方公里	1129	1128.6	100
境内公路里程	公里	486	907	186.6
民用汽车拥有量	辆	10074	16447	163.3
本地电话年末用户	户	136972	147120	107.4
二、综合经济				
地区生产总值	万元	1066138	1358379	127.4
第二产业增加值	万元	577971	798625	138.2
第三产业增加值	万元	376478	422795	112.3
财政总收入	万元	76093	122921	161.5
地方财政一般预算收入	万元	40006	50941	127.3
地方财政一般预算支出	万元	56007	72393	129.3
各项税收	万元	67812	82860	122.2
年末金融机构各项存款余额	万元	835955	915688	109.5
城乡居民储蓄存款余额	万元	646434	675096	104.4
年末金融机构各项贷款余额	万元	578283	582528	100.7
规模以上工业总产值(现价)	万元	1996646	2800267	140.2
限额以上批发零售贸易商品销售总额	万元	20341	343547	1688.9
基本建设投资完成额	万元	243670	703400	288.7
当年实际使用外资金额	万美元	20066	18100	90.2
城镇职工平均工资	元	13213.7	14913.8	112.9
农村居民人均纯收入	元	4417	5055	114.4
非农产业比重	%	89.5	89.9	100.4
农业劳动生产率	元/人	10030.8	11018.4	109.8
工业劳动生产率	元/人	428455.6	579489.5	135.3
耕地产出率	元/公顷	11933.8	14122.8	118.3
三、社会发展				
小学在校学生数	人	24258	24071	99.2
普通中学在校学生数	人	31753	32400	102
每万人拥有医院、卫生院床位数	床	26.7	32.2	120.7
每万人拥有医院、卫生院技术人员数	人	29.4	30.3	103.1
每万人拥有社会福利院床位数	床	15.5	22.4	144.3
参加基本养老保险的职工数	人	43640	34997	80.2
参加基本医疗保险的职工数	人	43848	45817	104.5

山东即墨市主要社会经济指标

指　　标	单位	2003 年	2004 年	2004 年为 2003 年%
一、基本情况				
年末总人口	万人	108	108.2	100.2
乡村人口	万人	95	94.4	99.4
年末单位从业人员数	人	88919	123624	139
乡村从业人员数	人	565100	566000	100.2
行政区域土地面积	平方公里	1780	1780	100
境内公路里程	公里	1131	1253	110.8
民用汽车拥有量	辆	26675	43390	162.7
本地电话年末用户	户	296305	354736	119.7
二、综合经济				
地区生产总值	万元	1952688	2356585	120.7
第二产业增加值	万元	992500	1228398	123.8
第三产业增加值	万元	712100	852075	119.7
财政总收入	万元	143000	188446	131.8
地方财政一般预算收入	万元	64777	95287	147.1
地方财政一般预算支出	万元	95223	110601	116.1
各项税收	万元	129629	161329	124.5
年末金融机构各项存款余额	万元	1032373	1276575	123.7
城乡居民储蓄存款余额	万元	781351	926375	118.6
年末金融机构各项贷款余额	万元	708612	777501	109.7
规模以上工业总产值(现价)	万元	1824269	2527501	138.5
限额以上批发零售贸易商品销售总额	万元	216476	385656	178.2
基本建设投资完成额	万元	234985	883936	376.2
当年实际使用外资金额	万美元	45380	61623	135.8
城镇职工平均工资	元	11415	12897.3	113
农村居民人均纯收入	元	4300	5013	116.6
非农产业比重	%	87.3	88.3	101.1
农业劳动生产率	元/人	10739.7	14174.1	132
工业劳动生产率	元/人	204450.3	244446.3	119.6
耕地产出率	元/公顷	11517.1	13338.7	115.8
三、社会发展				
小学在校学生数	人	76710	79704	103.9
普通中学在校学生数	人	64717	60299	93.2
每万人拥有医院、卫生院床位数	床	14.8	28.8	193.9
每万人拥有医院、卫生院技术人员数	人	21.4	35.5	165.5
每万人拥有社会福利院床位数	床	9.1	12.9	142.2
参加基本养老保险的职工数	人	53747	59161	110.1
参加基本医疗保险的职工数	人	31709	74446	234.8

山东邹城市主要社会经济指标

指　　标	单位	2003年	2004年	2004年为2003年%
一、基本情况				
年末总人口	万人	112	112	100
乡村人口	万人	85	85	100
年末单位从业人员数	人	165399	155944	94.3
乡村从业人员数	人	417923	429347	102.7
行政区域土地面积	平方公里	1619	1618.7	100
境内公路里程	公里	1016	1041.3	102.5
民用汽车拥有量	辆	15380	22635	147.2
本地电话年末用户	户	138077	258680	187.3
二、综合经济				
地区生产总值	万元	1908760	2333219	122.2
第二产业增加值	万元	1109500	1511010	136.2
第三产业增加值	万元	645500	634580	98.3
财政总收入	万元	142869	172938	121
地方财政一般预算收入	万元	87659	100016	114.1
地方财政一般预算支出	万元	94486	116675	123.5
各项税收	万元	57659	66599	115.5
年末金融机构各项存款余额	万元	1193294	1409074	118.1
城乡居民储蓄存款余额	万元	790196	865946	109.6
年末金融机构各项贷款余额	万元	809325	932900	115.3
规模以上工业总产值(现价)	万元	2031829	2650167	130.4
限额以上批发零售贸易商品销售总额	万元	86404	131133	151.8
基本建设投资完成额	万元	398302	415584	104.3
当年实际使用外资金额	万美元	4669	21404	458.4
城镇职工平均工资	元	15806.7	17916.7	113.3
农村居民人均纯收入	元	3552	4085	115
非农产业比重	%	91.9	92	100
农业劳动生产率	元/人	6475.8	8200.2	126.6
工业劳动生产率	元/人	144420.9	210017.4	145.4
耕地产出率	元/公顷	12469.6	12788.9	102.6
三、社会发展				
小学在校学生数	人	84247	74114	88
普通中学在校学生数	人	92594	96425	104.1
每万人拥有医院、卫生院床位数	床	33.8	34	100.6
每万人拥有医院、卫生院技术人员数	人	54.7	41.1	75.1
每万人拥有社会福利院床位数	床	12.5	16	128
参加基本养老保险的职工数	人	161440	181848	112.6
参加基本医疗保险的职工数	人	144866	170228	117.5

浙江长兴县主要社会经济指标

指　　标	单位	2003年	2004年	2004年为2003年%
一、基本情况				
年末总人口	万人	62	62.1	100.2
乡村人口	万人	51	50.5	99
年末单位从业人员数	人	36400	37100	101.9
乡村从业人员数	人	314500	312300	99.3
行政区域土地面积	平方公里	1430	1430	100
境内公路里程	公里	793	857.2	108.1
民用汽车拥有量	辆	10895	13165	120.8
本地电话年末用户	户	179900	228454	127
二、综合经济				
地区生产总值	万元	1080740	1292643	119.6
第二产业增加值	万元	580040	703602	121.3
第三产业增加值	万元	362651	434940	119.9
财政总收入	万元	103166	169867	164.7
地方财政一般预算收入	万元	45751	72347	158.1
地方财政一般预算支出	万元	58974	72336	122.7
各项税收	万元	100863	144620	143.4
年末金融机构各项存款余额	万元	845416	905706	107.1
城乡居民储蓄存款余额	万元	426701	465046	109
年末金融机构各项贷款余额	万元	603346	750299	124.4
规模以上工业总产值(现价)	万元	984153	1361643	138.4
限额以上批发零售贸易商品销售总额	万元	94585	111792	118.2
基本建设投资完成额	万元	127246	171741	135
当年实际使用外资金额	万美元	10009	10129	101.2
城镇职工平均工资	元	19904.3	22819.5	114.6
农村居民人均纯收入	元	5622	6438	114.5
非农产业比重	%	87.2	88.1	101
农业劳动生产率	元/人	9271.3	11872.2	128.1
工业劳动生产率	元/人	241214	290949.4	120.6
耕地产出率	元/公顷	20390	22909.1	112.4
三、社会发展				
小学在校学生数	人	50700	50600	99.8
普通中学在校学生数	人	35100	36223	103.2
每万人拥有医院、卫生院床位数	床	29.3	30	102.2
每万人拥有医院、卫生院技术人员数	人	34.3	36.1	105
每万人拥有社会福利院床位数	床	19.3	21.7	112.8
参加基本养老保险的职工数	人	67334	45090	67
参加基本医疗保险的职工数	人	32208	36768	114.2

河北迁安市主要社会经济指标

指　　标	单位	2003年	2004年	2004年为2003年%
一、基本情况				
年末总人口	万人	67	67.7	101
乡村人口	万人	58	50.9	87.8
年末单位从业人员数	人	41581	39992	96.2
乡村从业人员数	人	300287	268935	89.6
行政区域土地面积	平方公里	1208	1208	100
境内公路里程	公里	1490	2051	137.7
民用汽车拥有量	辆	12550	16186	129
本地电话年末用户	户	231880	232684	100.3
二、综合经济				
地区生产总值	万元	1423869	1788068	125.6
第二产业增加值	万元	802622	1020439	127.1
第三产业增加值	万元	482058	611184	126.8
财政总收入	万元	125048	211969	169.5
地方财政一般预算收入	万元	42761	71700	167.7
地方财政一般预算支出	万元	65716	105866	161.1
各项税收	万元	100130	190527	190.3
年末金融机构各项存款余额	万元	867487	1050043	121
城乡居民储蓄存款余额	万元	754172	776782	103
年末金融机构各项贷款余额	万元	501034	722633	144.2
规模以上工业总产值(现价)	万元	1038696	2271882	218.7
限额以上批发零售贸易商品销售总额	万元	11809	61011	516.6
基本建设投资完成额	万元	55949	267974	479
当年实际使用外资金额	万美元	847	1258	148.5
城镇职工平均工资	元	10153.3	11317.2	111.5
农村居民人均纯收入	元	3740	4151	111
非农产业比重	%	90.2	91.3	101.1
农业劳动生产率	元/人	13031.1	17946.5	137.7
工业劳动生产率	元/人	245380.6	414758.7	169
耕地产出率	元/公顷	18200.3	20119.1	110.5
三、社会发展				
小学在校学生数	人	61887	56728	91.7
普通中学在校学生数	人	74665	70047	93.8
每万人拥有医院、卫生院床位数	床	17.1	33.5	195.3
每万人拥有医院、卫生院技术人员数	人	19.7	37.4	189.6
每万人拥有社会福利院床位数	床	10.9	31.9	292.8
参加基本养老保险的职工数	人	37084	48052	129.6
参加基本医疗保险的职工数	人	29100	31112	106.9

河南巩义市主要社会经济指标

指　　标	单位	2003 年	2004 年	2004 年为 2003 年%
一、基本情况				
年末总人口	万人	79	79.2	100.2
乡村人口	万人	67	66	98.5
年末单位从业人员数	人	55117	56723	102.9
乡村从业人员数	人	313696	305567	97.4
行政区域土地面积	平方公里	1041	1041	100
境内公路里程	公里	1361	1390	102.1
民用汽车拥有量	辆	23157	23487	101.4
本地电话年末用户	户	182780	187006	102.3
二、综合经济				
地区生产总值	万元	1501628	1911889	127.3
第二产业增加值	万元	1109330	1465488	132.1
第三产业增加值	万元	357234	402090	112.6
财政总收入	万元	101792	140050	137.6
地方财政一般预算收入	万元	52375	70111	133.9
地方财政一般预算支出	万元	72125	104842	145.4
各项税收	万元	75535	96445	127.7
年末金融机构各项存款余额	万元	733828	798239	108.8
城乡居民储蓄存款余额	万元	586384	643506	109.7
年末金融机构各项贷款余额	万元	623923	596817	95.7
规模以上工业总产值(现价)	万元	2064491	2950956	142.9
限额以上批发零售贸易商品销售总额	万元	70436	65316	92.7
基本建设投资完成额	万元	278633	529592	190.1
当年实际使用外资金额	万美元	2012	5058	251.4
城镇职工平均工资	元	10910	12001.1	110
农村居民人均纯收入	元	4143	4777	115.3
非农产业比重	%	97.7	97.7	100
农业劳动生产率	元/人	3116.5	4145.6	133
工业劳动生产率	元/人	350002.7	455148.6	130
耕地产出率	元/公顷	6225.1	7834.2	125.8
三、社会发展				
小学在校学生数	人	78679	77112	98
普通中学在校学生数	人	79592	78185	98.2
每万人拥有医院、卫生院床位数	床	27	30	111.3
每万人拥有医院、卫生院技术人员数	人	32.1	34.5	107.5
每万人拥有社会福利院床位数	床	10.8	12.5	115.4
参加基本养老保险的职工数	人	47035	54009	114.8
参加基本医疗保险的职工数	人	30680	32531	106

山东莱州市主要社会经济指标

指　　标	单位	2003年	2004年	2004年为2003年%
一、基本情况				
年末总人口	万人	86	85.9	99.9
乡村人口	万人	72	71.9	99.9
年末单位从业人员数	人	63226	61790	97.7
乡村从业人员数	人	375978	405195	107.8
行政区域土地面积	平方公里	1878	1878.1	100
境内公路里程	公里	921	983	106.7
民用汽车拥有量	辆	20258	21218	104.7
本地电话年末用户	户	263342	244430	92.8
二、综合经济				
地区生产总值	万元	1626900	1983408	121.9
第二产业增加值	万元	796000	1016386	127.7
第三产业增加值	万元	597408	689549	115.4
财政总收入	万元	86549	110927	128.2
地方财政一般预算收入	万元	48650	58060	119.3
地方财政一般预算支出	万元	62195	78126	125.6
各项税收	万元	81214	113847	140.2
年末金融机构各项存款余额	万元	1277230	1401118	109.7
城乡居民储蓄存款余额	万元	976632	1068305	109.4
年末金融机构各项贷款余额	万元	564984	504503	89.3
规模以上工业总产值(现价)	万元	1458778	2294986.4	157.3
限额以上批发零售贸易商品销售总额	万元	199441	410174	205.7
基本建设投资完成额	万元	212420	705440	332.1
当年实际使用外资金额	万美元	11376	14849	130.5
城镇职工平均工资	元	13430.3	14945.5	111.3
农村居民人均纯收入	元	4240	4840	114.2
非农产业比重	%	85.6	86	100.4
农业劳动生产率	元/人	11574	12953.6	111.9
工业劳动生产率	元/人	205589.1	300863.5	146.3
耕地产出率	元/公顷	12496.4	16450.1	131.6
三、社会发展				
小学在校学生数	人	48443	46117	95.2
普通中学在校学生数	人	51935	61835	119.1
每万人拥有医院、卫生院床位数	床	24.2	25.1	103.8
每万人拥有医院、卫生院技术人员数	人	27.6	28	101.2
每万人拥有社会福利院床位数	床	11.3	11.3	99.6
参加基本养老保险的职工数	人	86339	94470	109.4
参加基本医疗保险的职工数	人	106607	109119	102.4

河北三河市主要社会经济指标

指　　标	单位	2003 年	2004 年	2004 年为 2003 年%
一、基本情况				
年末总人口	万人	47	47.8	101.7
乡村人口	万人	34	34.2	100.6
年末单位从业人员数	人	30948	30696	99.2
乡村从业人员数	人	132137	135851	102.8
行政区域土地面积	平方公里	643	643	100
境内公路里程	公里	697	767	110
民用汽车拥有量	辆	15651	19089	122
本地电话年末用户	户	127834	120523	94.3
二、综合经济				
地区生产总值	万元	1001257	1200036	119.9
第二产业增加值	万元	596173	684626	114.8
第三产业增加值	万元	273910	360408	131.6
财政总收入	万元	83500	100024	119.8
地方财政一般预算收入	万元	29101	33246	114.2
地方财政一般预算支出	万元	57022	65398	114.7
各项税收	万元	72688	87218	120
年末金融机构各项存款余额	万元	698775	834408	119.4
城乡居民储蓄存款余额	万元	507311	587745	115.9
年末金融机构各项贷款余额	万元	561204	677639	120.7
规模以上工业总产值(现价)	万元	732879	1111139.2	151.6
限额以上批发零售贸易商品销售总额	万元	40587	29795	73.4
基本建设投资完成额	万元	110306	181699	164.7
当年实际使用外资金额	万美元	2335	9494	406.6
城镇职工平均工资	元	12505.5	14480	115.8
农村居民人均纯收入	元	4673	5046	108
非农产业比重	%	86.9	87.1	100.2
农业劳动生产率	元/人	24617.4	29099.6	118.2
工业劳动生产率	元/人	399977.6	480638.1	120.2
耕地产出率	元/公顷	15638.1	19892	127.2
三、社会发展				
小学在校学生数	人	37687	34607	91.8
普通中学在校学生数	人	42875	45539	106.2
每万人拥有医院、卫生院床位数	床	33.1	37.5	113.2
每万人拥有医院、卫生院技术人员数	人	36.2	35.7	98.6
每万人拥有社会福利院床位数	床	3	3.8	126.4
参加基本养老保险的职工数	人	27489	29106	105.9
参加基本医疗保险的职工数	人	19546	22463	114.9

浙江桐庐县主要社会经济指标

指　　标	单位	2003年	2004年	2004年为2003年%
一、基本情况				
年末总人口	万人	39	39.4	101
乡村人口	万人	33	32.5	98.5
年末单位从业人员数	人	14700	13364	90.9
乡村从业人员数	人	206900	207100	100.1
行政区域土地面积	平方公里	1780	1780	100
境内公路里程	公里	851	857.8	100.8
民用汽车拥有量	辆	8152	9521	116.8
本地电话年末用户	户	145500	182300	125.3
二、综合经济				
地区生产总值	万元	788812	953987	120.9
第二产业增加值	万元	491508	615972	125.3
第三产业增加值	万元	207143	238247	115
财政总收入	万元	73796	85989	116.5
地方财政一般预算收入	万元	36131	42125	116.6
地方财政一般预算支出	万元	46925	59239	126.2
各项税收	万元	34056	85247	250.3
年末金融机构各项存款余额	万元	667400	761500	114.1
城乡居民储蓄存款余额	万元	366000	423200	115.6
年末金融机构各项贷款余额	万元	407000	487900	119.9
规模以上工业总产值(现价)	万元	709385	1075609	151.6
限额以上批发零售贸易商品销售总额	万元	77772	119713	153.9
基本建设投资完成额	万元	92917	148139	159.4
当年实际使用外资金额	万美元	3131	5145	164.3
城镇职工平均工资	元	19650.7	22902.4	116.5
农村居民人均纯收入	元	5480	6120	111.7
非农产业比重	%	88.6	89.5	101.1
农业劳动生产率	元/人	10363.3	12455.4	120.2
工业劳动生产率	元/人	163077	224487.4	137.7
耕地产出率	元/公顷	36172.1	40153.2	111
三、社会发展				
小学在校学生数	人	29100	28400	97.6
普通中学在校学生数	人	25900	24900	96.1
每万人拥有医院、卫生院床位数	床	22.7	23.6	103.7
每万人拥有医院、卫生院技术人员数	人	36.7	37	101
每万人拥有社会福利院床位数	床	13.9	20.6	147.8
参加基本养老保险的职工数	人	42800	48364	113
参加基本医疗保险的职工数	人	52716	39950	75.8

江苏海门市主要社会经济指标

指标	单位	2003年	2004年	2004年为2003年%
一、基本情况				
年末总人口	万人	102	101.8	99.8
乡村人口	万人	85	83.9	98.7
年末单位从业人员数	人	55711	56598	101.6
乡村从业人员数	人	541100	535700	99
行政区域土地面积	平方公里	939	939	100
境内公路里程	公里	1041	1507	144.8
民用汽车拥有量	辆	10184	12814	125.8
本地电话年末用户	户	276200	348883	126.3
二、综合经济				
地区生产总值	万元	1651800	2012057	121.8
第二产业增加值	万元	849300	1073962	126.5
第三产业增加值	万元	611400	722641	118.2
财政总收入	万元	115419	147285	127.6
地方财政一般预算收入	万元	73029	64207	87.9
地方财政一般预算支出	万元	81055	82401	101.7
各项税收	万元	46951	50680	107.9
年末金融机构各项存款余额	万元	1606306	1857301	115.6
城乡居民储蓄存款余额	万元	1233623	1408400	114.2
年末金融机构各项贷款余额	万元	746568	842787	112.9
规模以上工业总产值(现价)	万元	1632960	2431743	148.9
限额以上批发零售贸易商品销售总额	万元	117962	932114	790.2
基本建设投资完成额	万元	140834	141039	100.1
当年实际使用外资金额	万美元	10996	14819	134.8
城镇职工平均工资	元	12369.6	15204.5	122.9
农村居民人均纯收入	元	5246	5891.5	112.3
非农产业比重	%	88.4	89.3	101
农业劳动生产率	元/人	7854.5	9286.8	118.2
工业劳动生产率	元/人	324006.4	457636.5	141.2
耕地产出率	元/公顷	20198.7	21739	107.6
三、社会发展				
小学在校学生数	人	71399	67310	94.3
普通中学在校学生数	人	58138	58310	100.3
每万人拥有医院、卫生院床位数	床	22.2	21.5	97.1
每万人拥有医院、卫生院技术人员数	人	24	22.8	95
每万人拥有社会福利院床位数	床	13	14.3	110.5
参加基本养老保险的职工数	人	55789	57800	103.6
参加基本医疗保险的职工数	人	49026	73100	149.1

山东乳山市主要社会经济指标

指　　标	单位	2003年	2004年	2004年为2003年%
一、基本情况				
年末总人口	万人	59	58.1	98.5
乡村人口	万人	50	48.5	97
年末单位从业人员数	人	53177	49247	92.6
乡村从业人员数	人	276400	264500	95.7
行政区域土地面积	平方公里	1668	1668	100
境内公路里程	公里	633	913.9	144.4
民用汽车拥有量	辆	8597	10145	118
本地电话年末用户	户	163700	189077	115.5
二、综合经济				
地区生产总值	万元	1267184	1500339	118.4
第二产业增加值	万元	673987	835701	124
第三产业增加值	万元	404615	463820	114.6
财政总收入	万元	65873	77635	117.9
地方财政一般预算收入	万元	47236	55242	116.9
地方财政一般预算支出	万元	57354	67723	118.1
各项税收	万元	27367	37352	136.5
年末金融机构各项存款余额	万元	583161	658583	112.9
城乡居民储蓄存款余额	万元	497418	555779	111.7
年末金融机构各项贷款余额	万元	379413	384507	101.3
规模以上工业总产值(现价)	万元	2263763	3029824	133.8
限额以上批发零售贸易商品销售总额	万元	41462	51751	124.8
基本建设投资完成额	万元	151682	488260	321.9
当年实际使用外资金额	万美元	15105	19981	132.3
城镇职工平均工资	元	9048.7	10901.6	120.5
农村居民人均纯收入	元	4178	4680	112
非农产业比重	%	85.1	86.6	101.8
农业劳动生产率	元/人	13422.2	15849.9	118.1
工业劳动生产率	元/人	499341.1	420231.1	84.2
耕地产出率	元/公顷	17134.6	18659.7	108.9
三、社会发展				
小学在校学生数	人	29525	27052	91.6
普通中学在校学生数	人	43920	39949	91
每万人拥有医院、卫生院床位数	床	16.7	29	173.5
每万人拥有医院、卫生院技术人员数	人	24.2	27.7	114.6
每万人拥有社会福利院床位数	床	9.8	10	102.8
参加基本养老保险的职工数	人	60449	65187	107.8
参加基本医疗保险的职工数	人	82731	93180	112.6

山东诸城市主要社会经济指标

指标	单位	2003 年	2004 年	2004 年为 2003 年%
一、基本情况				
年末总人口	万人	106	106.1	100.1
乡村人口	万人	87	87.1	100.1
年末单位从业人员数	人	69359	64966	93.7
乡村从业人员数	人	413100	415900	100.7
行政区域土地面积	平方公里	2183	2182.7	100
境内公路里程	公里	1703	2423.7	142.3
民用汽车拥有量	辆	20195	30082	149
本地电话年末用户	户	224991	313112	139.2
二、综合经济				
地区生产总值	万元	1383478	1763649	127.5
第二产业增加值	万元	759584	1049508	138.2
第三产业增加值	万元	385300	452501	117.4
财政总收入	万元	100725	117304	116.5
地方财政一般预算收入	万元	56444	71192	126.1
地方财政一般预算支出	万元	65537	90700	138.4
各项税收	万元	95140	94946	99.8
年末金融机构各项存款余额	万元	816710	956604	117.1
城乡居民储蓄存款余额	万元	595422	776483	130.4
年末金融机构各项贷款余额	万元	780535	881078	112.9
规模以上工业总产值(现价)	万元	2334826	3298085	141.3
限额以上批发零售贸易商品销售总额	万元	536411	872771	162.7
基本建设投资完成额	万元	190377	737865	387.6
当年实际使用外资金额	万美元	5482	8943	163.1
城镇职工平均工资	元	9350.2	11199	119.8
农村居民人均纯收入	元	4248	5008	117.9
非农产业比重	%	82.8	85.2	102.9
农业劳动生产率	元/人	10346.7	11860.4	114.6
工业劳动生产率	元/人	291722	339532.7	116.4
耕地产出率	元/公顷	12750.3	14149.3	111
三、社会发展				
小学在校学生数	人	86799	85604	98.6
普通中学在校学生数	人	75652	71265	94.2
每万人拥有医院、卫生院床位数	床	25.7	29	112.7
每万人拥有医院、卫生院技术人员数	人	32.1	33.1	103.4
每万人拥有社会福利院床位数	床	15.7	16.7	106
参加基本养老保险的职工数	人	86064	109469	127.2
参加基本医疗保险的职工数	人	91336	94500	103.5

山东广饶县主要社会经济指标

指　　标	单位	2003年	2004年	2004年为2003年%
一、基本情况				
年末总人口	万人	48	48.1	100.2
乡村人口	万人	42	41.6	99
年末单位从业人员数	人	25296	24766	97.9
乡村从业人员数	人	215600	221900	102.9
行政区域土地面积	平方公里	1138	1138	100
境内公路里程	公里	822	835.5	101.6
民用汽车拥有量	辆	9106	33849	371.7
本地电话年末用户	户	132860	152000	114.4
二、综合经济				
地区生产总值	万元	787088	1131490	143.8
第二产业增加值	万元	419132	699265	166.8
第三产业增加值	万元	236520	281472	119
财政总收入	万元	60668	73455	121.1
地方财政一般预算收入	万元	28512	36419	127.7
地方财政一般预算支出	万元	48338	60361	124.9
各项税收	万元	52754	71262	135.1
年末金融机构各项存款余额	万元	680732	789681	116
城乡居民储蓄存款余额	万元	371682	417769	112.4
年末金融机构各项贷款余额	万元	932132	1145486	122.9
规模以上工业总产值(现价)	万元	1314265	1975559	150.3
限额以上批发零售贸易商品销售总额	万元	43878	43351.6	98.8
基本建设投资完成额	万元	90768	194209	214
当年实际使用外资金额	万美元	2269	4036.3	177.9
城镇职工平均工资	元	13443.9	15005.9	111.6
农村居民人均纯收入	元	3660	4204	114.9
非农产业比重	%	83.3	86.7	104.1
农业劳动生产率	元/人	9764.9	12286.3	125.8
工业劳动生产率	元/人	412966.2	553843.3	134.1
耕地产出率	元/公顷	19069.9	20963.8	109.9
三、社会发展				
小学在校学生数	人	31897	31386	98.4
普通中学在校学生数	人	34832	34712	99.7
每万人拥有医院、卫生院床位数	床	19.2	27.5	143.3
每万人拥有医院、卫生院技术人员数	人	24.8	31.2	125.7
每万人拥有社会福利院床位数	床	21.8	27.1	124.4
参加基本养老保险的职工数	人	29859	32147	107.7
参加基本医疗保险的职工数	人	14541	23317	160.4

江苏六合区主要社会经济指标

指标	单位	2003年	2004年	2004年为2003年%
一、基本情况				
年末总人口	万人	86	86	100
乡村人口	万人	53	53.5	100.9
年末单位从业人员数	人	34730	39239	113
乡村从业人员数	人	292300	293300	100.3
行政区域土地面积	平方公里	1467	1467.1	100
境内公路里程	公里		2024	
民用汽车拥有量	辆	12502	11707	93.6
本地电话年末用户	户		184448	
二、综合经济				
地区生产总值	万元	867548	1080962	124.6
第二产业增加值	万元	423900	567926	134
第三产业增加值	万元	292200	347157	118.8
财政总收入	万元	131740	180738	137.2
地方财政一般预算收入	万元	90336	105543	116.8
地方财政一般预算支出	万元	109874	127650	116.2
各项税收	万元	67197	93079	138.5
年末金融机构各项存款余额	万元		1557798	
城乡居民储蓄存款余额	万元		862786	
年末金融机构各项贷款余额	万元		1325345	
规模以上工业总产值(现价)	万元	964760	6713584	695.9
限额以上批发零售贸易商品销售总额	万元	82651	656683	794.5
基本建设投资完成额	万元	87165	104057	119.4
当年实际使用外资金额	万美元	10282	15050	146.4
城镇职工平均工资	元	14293.8	17260.7	120.8
农村居民人均纯收入	元	4650	5269	113.3
非农产业比重	%	82.5	84.7	102.6
农业劳动生产率	元/人	13668.6	16926.4	123.8
工业劳动生产率	元/人	232853.8	790168.1	339.3
耕地产出率	元/公顷	15820.5	17438	110.2
三、社会发展				
小学在校学生数	人	59821	52082	87.1
普通中学在校学生数	人	59688	60115	100.7
每万人拥有医院、卫生院床位数	床	24.3	23.3	95.9
每万人拥有医院、卫生院技术人员数	人	28.1	27.5	97.7
每万人拥有社会福利院床位数	床	12.1	13	107.5
参加基本养老保险的职工数	人	37300	39170	105
参加基本医疗保险的职工数	人		37619	

浙江宁海县主要社会经济指标

指　　标	单位	2003 年	2004 年	2004 年为 2003 年%
一、基本情况				
年末总人口	万人	58	58.3	100.5
乡村人口	万人	51	52.7	103.3
年末单位从业人员数	人	22400	20400	91.1
乡村从业人员数	人	322800	356600	110.5
行政区域土地面积	平方公里	1880	1605	85.4
境内公路里程	公里	1195	1195	100
民用汽车拥有量	辆	10738	12271	114.3
本地电话年末用户	户	237000	281600	118.8
二、综合经济				
地区生产总值	万元	1001975	1156700	115.4
第二产业增加值	万元	584168	669715	114.6
第三产业增加值	万元	275975	327618	118.7
财政总收入	万元	130080	102230	78.6
地方财政一般预算收入	万元	55649	52727	94.7
地方财政一般预算支出	万元	83310	95058	114.1
各项税收	万元	130868	135353	103.4
年末金融机构各项存款余额	万元	667686	760351	113.9
城乡居民储蓄存款余额	万元	340562	382005	112.2
年末金融机构各项贷款余额	万元	724058	845379	116.8
规模以上工业总产值(现价)	万元	1257356	1502426	119.5
限额以上批发零售贸易商品销售总额	万元	90159	102870	114.1
基本建设投资完成额	万元	144121	220436	153
当年实际使用外资金额	万美元	3678	6099	165.8
城镇职工平均工资	元	24093	26856.4	111.5
农村居民人均纯收入	元	5446	6104	112.1
非农产业比重	%	85.8	86.2	100.4
农业劳动生产率	元/人	11673.4	12729	109
工业劳动生产率	元/人	160993.1	166381.6	103.3
耕地产出率	元/公顷	19106.5	24339.3	127.4
三、社会发展				
小学在校学生数	人	39200	39900	101.8
普通中学在校学生数	人	30200	29900	99
每万人拥有医院、卫生院床位数	床	15.9	18.8	118.1
每万人拥有医院、卫生院技术人员数	人	24.6	30.4	123.7
每万人拥有社会福利院床位数	床	19.2	22.6	117.8
参加基本养老保险的职工数	人	49280	54929	111.5
参加基本医疗保险的职工数	人	36699	42188	115

山西河津市主要社会经济指标

指标	单位	2003年	2004年	2004年为2003年%
一、基本情况				
年末总人口	万人	36	37.2	103.3
乡村人口	万人	29	29	100
年末单位从业人员数	人	39738	37388	94.1
乡村从业人员数	人	125718	126979	101
行政区域土地面积	平方公里	575	593	103.1
境内公路里程	公里	784	489	62.4
民用汽车拥有量	辆	3763	3882	103.2
本地电话年末用户	户	93913	110634	117.8
二、综合经济				
地区生产总值	万元	734382	1031666	140.5
第二产业增加值	万元	564025	793864	140.7
第三产业增加值	万元	154210	215813	139.9
财政总收入	万元	35225	163918	465.3
地方财政一般预算收入	万元	21019	32161	153
地方财政一般预算支出	万元	30456	38710	127.1
各项税收	万元	12825	22542	175.8
年末金融机构各项存款余额	万元	456600	545883	119.6
城乡居民储蓄存款余额	万元	363980	270009	74.2
年末金融机构各项贷款余额	万元	491898	643929	130.9
规模以上工业总产值(现价)	万元	1073970	1384343	128.9
限额以上批发零售贸易商品销售总额	万元	13892	10635	76.6
基本建设投资完成额	万元	269578	605619	224.7
当年实际使用外资金额	万美元			
城镇职工平均工资	元	16061.1	19394.6	120.8
农村居民人均纯收入	元	3670	4717	128.5
非农产业比重	%	97.8	97.9	100.1
农业劳动生产率	元/人	2388.8	3294.7	137.9
工业劳动生产率	元/人	234128.3	298003	127.3
耕地产出率	元/公顷	5062	7410.5	146.4
三、社会发展				
小学在校学生数	人	45847	45972	100.3
普通中学在校学生数	人	31816	36905	116
每万人拥有医院、卫生院床位数	床	36.4	37.1	101.9
每万人拥有医院、卫生院技术人员数	人	32.8	31.7	96.8
每万人拥有社会福利院床位数	床	2.5	5.4	215.1
参加基本养老保险的职工数	人	9521	10176	106.9
参加基本医疗保险的职工数	人	29000	29600	102.1

江苏通州市主要社会经济指标

指　　标	单位	2003年	2004年	2004年为2003年%
一、基本情况				
年末总人口	万人	128	127.1	99.3
乡村人口	万人	110	109.7	99.7
年末单位从业人员数	人	53575	55799	104.2
乡村从业人员数	人	595800	590600	99.1
行政区域土地面积	平方公里	1166	1166	100
境内公路里程	公里	1343	1261	93.9
民用汽车拥有量	辆	15538	16043	103.3
本地电话年末用户	户	375000	444423	118.5
二、综合经济				
地区生产总值	万元	1653900	2023223	122.3
第二产业增加值	万元	844400	1100000	130.3
第三产业增加值	万元	601600	693500	115.3
财政总收入	万元	131376	147730	112.4
地方财政一般预算收入	万元	76268	57301	75.1
地方财政一般预算支出	万元	93527	88844	95
各项税收	万元	47817	55111	115.3
年末金融机构各项存款余额	万元	1593948	1885350	118.3
城乡居民储蓄存款余额	万元	1208412	1414724	117.1
年末金融机构各项贷款余额	万元	875415	895289	102.3
规模以上工业总产值(现价)	万元	1880636	2603755	138.5
限额以上批发零售贸易商品销售总额	万元	175835	186685	106.2
基本建设投资完成额	万元	170085	127001	74.7
当年实际使用外资金额	万美元	10529	12432	118.1
城镇职工平均工资	元	16069.6	15768.7	98.1
农村居民人均纯收入	元	4835	5432	112.3
非农产业比重	%	87.4	88.6	101.4
农业劳动生产率	元/人	8194.7	9725.8	118.7
工业劳动生产率	元/人	292984.2	374846	127.9
耕地产出率	元/公顷	17786	18596.8	104.6
三、社会发展				
小学在校学生数	人	84880	78650	92.7
普通中学在校学生数	人	77461	77884	100.5
每万人拥有医院、卫生院床位数	床	22.6	25.2	111.3
每万人拥有医院、卫生院技术人员数	人	29.6	30.4	102.7
每万人拥有社会福利院床位数	床	11.9	15.3	129.2
参加基本养老保险的职工数	人	65376	67700	103.6
参加基本医疗保险的职工数	人	60899	80100	131.5

河北武安市主要社会经济指标

指标	单位	2003 年	2004 年	2004 年为 2003 年%
一、基本情况				
年末总人口	万人	72	71.8	99.7
乡村人口	万人	65	65.3	100.5
年末单位从业人员数	人	30274	30465	100.6
乡村从业人员数	人	327006	332205	101.6
行政区域土地面积	平方公里	1806	1850	102.4
境内公路里程	公里	1311	1311	100
民用汽车拥有量	辆	10337	11596	112.2
本地电话年末用户	户	120900	251100	207.7
二、综合经济				
地区生产总值	万元	1103169	1752016	158.8
第二产业增加值	万元	808403	1286378	159.1
第三产业增加值	万元	239724	395614	165
财政总收入	万元	112273	219014	195.1
地方财政一般预算收入	万元	20639	41834	202.7
地方财政一般预算支出	万元	45011	75740	168.3
各项税收	万元	104759	193746	184.9
年末金融机构各项存款余额	万元	1094397	1382113	126.3
城乡居民储蓄存款余额	万元	886548	1101561	124.3
年末金融机构各项贷款余额	万元	815381	873932	107.2
规模以上工业总产值(现价)	万元	812794	1440435	177.2
限额以上批发零售贸易商品销售总额	万元	53441	58419	109.3
基本建设投资完成额	万元	115369	222505	192.9
当年实际使用外资金额	万美元	701	965	137.7
城镇职工平均工资	元	10879.5	12402.7	114
农村居民人均纯收入	元	3620	4091	113
非农产业比重	%	95	96	101
农业劳动生产率	元/人	4155.7	6109.8	147
工业劳动生产率	元/人	353097	559044.9	158.3
耕地产出率	元/公顷	5727.1	6984	121.9
三、社会发展				
小学在校学生数	人	81761	75587	92.4
普通中学在校学生数	人	68182	71197	104.4
每万人拥有医院、卫生院床位数	床	20.7	22.3	107.7
每万人拥有医院、卫生院技术人员数	人	11.9	14.6	122.4
每万人拥有社会福利院床位数	床	6.9	9.4	135
参加基本养老保险的职工数	人	29358	19000	64.7
参加基本医疗保险的职工数	人	36450	40500	111.1

河北鹿泉市主要社会经济指标

指　　标	单位	2003 年	2004 年	2004 年为 2003 年%
一、基本情况				
年末总人口	万人	36	35.6	98.9
乡村人口	万人	30	30.5	101.7
年末单位从业人员数	人	26400	26415	100.1
乡村从业人员数	人	153149	157792	103
行政区域土地面积	平方公里	614	603	98.2
境内公路里程	公里	379	665.4	175.6
民用汽车拥有量	辆	4979	19500	391.6
本地电话年末用户	户	98187	114049	116.2
二、综合经济				
地区生产总值	万元	920888	1119564	121.6
第二产业增加值	万元	543302	675056	124.3
第三产业增加值	万元	288333	327746	113.7
财政总收入	万元	46730	56709	121.4
地方财政一般预算收入	万元	17437	21205	121.6
地方财政一般预算支出	万元	31435	37074	117.9
各项税收	万元	14945	47106	315.2
年末金融机构各项存款余额	万元	515257	584190	113.4
城乡居民储蓄存款余额	万元	395003	438671	111.1
年末金融机构各项贷款余额	万元	311750	343171	110.1
规模以上工业总产值(现价)	万元	466176	736898	158.1
限额以上批发零售贸易商品销售总额	万元	20119	18172	90.3
基本建设投资完成额	万元	192094	259458	135.1
当年实际使用外资金额	万美元	1262	209	16.6
城镇职工平均工资	元	9442.7	10704.1	113.4
农村居民人均纯收入	元	4387	4913	112
非农产业比重	%	90.3	89.6	99.2
农业劳动生产率	元/人	11293.7	14424.5	127.7
工业劳动生产率	元/人	186239.5	255432.8	137.2
耕地产出率	元/公顷	20120.7	21881.1	108.7
三、社会发展				
小学在校学生数	人	30433	27074	89
普通中学在校学生数	人	36570	33728	92.2
每万人拥有医院、卫生院床位数	床	22.6	22.2	98.6
每万人拥有医院、卫生院技术人员数	人	19.8	20.6	104
每万人拥有社会福利院床位数	床		8.2	
参加基本养老保险的职工数	人	12349	16628	134.7
参加基本医疗保险的职工数	人	10619	16561	156

江苏高淳县主要社会经济指标

指　　标	单位	2003 年	2004 年	2004 年为 2003 年%
一、基本情况				
年末总人口	万人	42	42.1	100.2
乡村人口	万人	36	35.7	99.2
年末单位从业人员数	人	21268	20729	97.5
乡村从业人员数	人	227600	227000	99.7
行政区域土地面积	平方公里	792	792	100
境内公路里程	公里	1009	1012	100.3
民用汽车拥有量	辆	3126	2972	95.1
本地电话年末用户	户	99727	113813	114.1
二、综合经济				
地区生产总值	万元	620144	769856	124.1
第二产业增加值	万元	299984	393600	131.2
第三产业增加值	万元	207300	253117	122.1
财政总收入	万元	58168	75800	130.3
地方财政一般预算收入	万元	40383	43089	106.7
地方财政一般预算支出	万元	55782	58209	104.4
各项税收	万元	29372	38107	129.7
年末金融机构各项存款余额	万元	323815	399345	123.3
城乡居民储蓄存款余额	万元	214251	271540	126.7
年末金融机构各项贷款余额	万元	214292	260737	121.7
规模以上工业总产值(现价)	万元	725509	849624	117.1
限额以上批发零售贸易商品销售总额	万元	53256	370264	695.3
基本建设投资完成额	万元	43360	56855	131.1
当年实际使用外资金额	万美元	3016	4524	150
城镇职工平均工资	元	15000.5	16962.6	113.1
农村居民人均纯收入	元	4840	5533	114.3
非农产业比重	%	81.8	84	102.7
农业劳动生产率	元/人	10914.9	13591.5	124.5
工业劳动生产率	元/人	354442.8	350620.7	98.9
耕地产出率	元/公顷	15191.5	16670.4	109.7
三、社会发展				
小学在校学生数	人	30266	26469	87.5
普通中学在校学生数	人	29279	30141	102.9
每万人拥有医院、卫生院床位数	床	25.1	25	99.3
每万人拥有医院、卫生院技术人员数	人	22.6	22.1	97.9
每万人拥有社会福利院床位数	床	31.1	33	106
参加基本养老保险的职工数	人	22579	24426	108.2
参加基本医疗保险的职工数	人	27550	27493	99.8

江苏仪征市主要社会经济指标

指　　标	单位	2003年	2004年	2004年为2003年%
一、基本情况				
年末总人口	万人	59	59.3	100.5
乡村人口	万人	43	43	100
年末单位从业人员数	人	62392	56611	90.7
乡村从业人员数	人	229400	234400	102.2
行政区域土地面积	平方公里	901	901	100
境内公路里程	公里	617	932	151.1
民用汽车拥有量	辆	7579	8704	114.8
本地电话年末用户	户	188269	213174	113.2
二、综合经济				
地区生产总值	万元	724100	884530	122.2
第二产业增加值	万元	445700	563800	126.5
第三产业增加值	万元	214300	246200	114.9
财政总收入	万元	112528	146168	129.9
地方财政一般预算收入	万元	60565	54014	89.2
地方财政一般预算支出	万元	65361	55500	84.9
各项税收	万元	36409	46556	127.9
年末金融机构各项存款余额	万元	844215	968634	114.7
城乡居民储蓄存款余额	万元	523535	604747	115.5
年末金融机构各项贷款余额	万元	693031	669381	96.6
规模以上工业总产值(现价)	万元	1460712	1994109	136.5
限额以上批发零售贸易商品销售总额	万元	101231	141316	139.6
基本建设投资完成额	万元	106455	108738	102.1
当年实际使用外资金额	万美元	8045	12015	149.3
城镇职工平均工资	元	14557.8	16174.6	111.1
农村居民人均纯收入	元	3919	4418	112.7
非农产业比重	%	91.1	91.6	100.5
农业劳动生产率	元/人	9223	11431	123.9
工业劳动生产率	元/人	278124.9	373344.8	134.2
耕地产出率	元/公顷	8613.5	10174.5	118.1
三、社会发展				
小学在校学生数	人	43884	38921	88.7
普通中学在校学生数	人	38092	39516	103.7
每万人拥有医院、卫生院床位数	床	23.3	23.3	100
每万人拥有医院、卫生院技术人员数	人	28.7	27.9	97.2
每万人拥有社会福利院床位数	床	7	15.4	219.7
参加基本养老保险的职工数	人	85039	87766	103.2
参加基本医疗保险的职工数	人	94652	98500	104.1

黑龙江双城市主要社会经济指标

指　　标	单位	2003年	2004年	2004年为2003年%
一、基本情况				
年末总人口	万人	81	80.9	99.9
乡村人口	万人	65	65	100
年末单位从业人员数	人	27254	23382	85.8
乡村从业人员数	人	287750	297023	103.2
行政区域土地面积	平方公里	3112	3112	100
境内公路里程	公里	498	620	124.5
民用汽车拥有量	辆	6270	7365	117.5
本地电话年末用户	户	111992	133257	119
二、综合经济				
地区生产总值	万元	1064581	1260943	118.4
第二产业增加值	万元	311854	410371	131.6
第三产业增加值	万元	414819	469041	113.1
财政总收入	万元	54168	53320	98.4
地方财政一般预算收入	万元	26257	25267	96.2
地方财政一般预算支出	万元	19984	57875	289.6
各项税收	万元	47412	44768	94.4
年末金融机构各项存款余额	万元	268087	304205	113.5
城乡居民储蓄存款余额	万元	223404	249608	111.7
年末金融机构各项贷款余额	万元	234436	217998	93
规模以上工业总产值(现价)	万元	378293	433708	114.6
限额以上批发零售贸易商品销售总额	万元	818	923	112.8
基本建设投资完成额	万元	85820	200535	233.7
当年实际使用外资金额	万美元	375	33697	8985.9
城镇职工平均工资	元	10906.4	11408.8	104.6
农村居民人均纯收入	元	3276	3868	118.1
非农产业比重	%	68.3	69.7	102.2
农业劳动生产率	元/人	16545.3	24813.4	150
工业劳动生产率	元/人	876692.9	661241	75.4
耕地产出率	元/公顷	8637.8	8159.3	94.5
三、社会发展				
小学在校学生数	人	56312	52089	92.5
普通中学在校学生数	人	48705	47953	98.5
每万人拥有医院、卫生院床位数	床	9.5	10.9	115.5
每万人拥有医院、卫生院技术人员数	人	15.5	13.6	88
每万人拥有社会福利院床位数	床	12.6	12.6	100.1
参加基本养老保险的职工数	人	24349	26000	106.8
参加基本医疗保险的职工数	人	7204	9694	134.6

江苏阜宁县主要社会经济指标

指　　标	单位	2003年	2004年	2004年为2003年%
一、基本情况				
年末总人口	万人	106	106.7	100.6
乡村人口	万人	77	76.3	99.1
年末单位从业人员数	人	41940	41102	98
乡村从业人员数	人	340500	335200	98.4
行政区域土地面积	平方公里	1443	1443	100
境内公路里程	公里	438	616	140.6
民用汽车拥有量	辆	5032	5120	101.7
本地电话年末用户	户	164002	206187	125.7
二、综合经济				
地区生产总值	万元	730500	718120	98.3
第二产业增加值	万元	322100	285800	88.7
第三产业增加值	万元	230600	228900	99.3
财政总收入	万元	38505	46045	119.6
地方财政一般预算收入	万元	25754	23355	90.7
地方财政一般预算支出	万元	50147	54552	108.8
各项税收	万元	16424	18581	113.1
年末金融机构各项存款余额	万元	497229	581735	117
城乡居民储蓄存款余额	万元	411839	474891	115.3
年末金融机构各项贷款余额	万元	259279	265927	102.6
规模以上工业总产值(现价)	万元	916206	688040	75.1
限额以上批发零售贸易商品销售总额	万元	29348		
基本建设投资完成额	万元	24711	36737	148.7
当年实际使用外资金额	万美元	3400	2194	64.5
城镇职工平均工资	元	9248.1	10119.3	109.4
农村居民人均纯收入	元	3763	3984.9	105.9
非农产业比重	%	75.7	71.7	94.7
农业劳动生产率	元/人	7934	12137.2	153
工业劳动生产率	元/人	302338.3	223251.9	73.8
耕地产出率	元/公顷	9273.2	10936.5	117.9
三、社会发展				
小学在校学生数	人	68412	58537	85.6
普通中学在校学生数	人	79029	78169	98.9
每万人拥有医院、卫生院床位数	床	10	9.4	94.4
每万人拥有医院、卫生院技术人员数	人	15	14.1	93.8
每万人拥有社会福利院床位数	床	7.6	9.3	121.3
参加基本养老保险的职工数	人	32886	33900	103.1
参加基本医疗保险的职工数	人	35460	41200	116.2

江苏响水县主要社会经济指标

指　　标	单位	2003 年	2004 年	2004 年为 2003 年%
一、基本情况				
年末总人口	万人	57	57.5	100.9
乡村人口	万人	47	43.9	93.4
年末单位从业人员数	人	33780	33971	100.6
乡村从业人员数	人	184100	187300	101.7
行政区域土地面积	平方公里	1363	1363	100
境内公路里程	公里	844	1077	127.6
民用汽车拥有量	辆	3858	3971	102.9
本地电话年末用户	户	99574	123907	124.4
二、综合经济				
地区生产总值	万元	294700	365015	123.9
第二产业增加值	万元	92400	125600	135.9
第三产业增加值	万元	99500	116700	117.3
财政总收入	万元	20408	26605	130.4
地方财政一般预算收入	万元	14103	14452	102.5
地方财政一般预算支出	万元	26862	33877	126.1
各项税收	万元	7958	11309	142.1
年末金融机构各项存款余额	万元	200208	247585	123.7
城乡居民储蓄存款余额	万元	154152	185848	120.6
年末金融机构各项贷款余额	万元	166134	176617	106.3
规模以上工业总产值(现价)	万元	185240	290752	157
限额以上批发零售贸易商品销售总额	万元	20534		
基本建设投资完成额	万元	9726	29364	301.9
当年实际使用外资金额	万美元	1200	594	49.5
城镇职工平均工资	元	8943.5	9780.1	109.4
农村居民人均纯收入	元	3220	3605.4	112
非农产业比重	%	65.1	66.4	101.9
农业劳动生产率	元/人	10148.1	14302.4	140.9
工业劳动生产率	元/人	156505.6	196600.2	125.6
耕地产出率	元/公顷	9065.6	11280.5	124.4
三、社会发展				
小学在校学生数	人	47325	41761	88.2
普通中学在校学生数	人	45306	46365	102.3
每万人拥有医院、卫生院床位数	床	13.2	15	113.4
每万人拥有医院、卫生院技术人员数	人	21.3	19.2	90.3
每万人拥有社会福利院床位数	床	7	6.5	92.6
参加基本养老保险的职工数	人	21798	21900	100.5
参加基本医疗保险的职工数	人	45034	47000	104.4

安徽怀远县主要社会经济指标

指　　标	单位	2003 年	2004 年	2004 年为 2003 年%
一、基本情况				
年末总人口	万人	131	127.2	97.1
乡村人口	万人	117	114.7	98
年末单位从业人员数	人	35000	34428	98.4
乡村从业人员数	人	647745	651864	100.6
行政区域土地面积	平方公里	2443	2396	98.1
境内公路里程	公里	1648	1711	103.8
民用汽车拥有量	辆	7431	7015	94.4
本地电话年末用户	户	145600	168200	115.5
二、综合经济				
地区生产总值	万元	431360	561544	130.2
第二产业增加值	万元	147700	172900	117.1
第三产业增加值	万元	138300	153200	110.8
财政总收入	万元	20564	23203	112.8
地方财政一般预算收入	万元	13767	14636	106.3
地方财政一般预算支出	万元	33903	41889	123.6
各项税收	万元	11875	11863	99.9
年末金融机构各项存款余额	万元	280537	343816	122.6
城乡居民储蓄存款余额	万元	232584	283370	121.8
年末金融机构各项贷款余额	万元	218717	253360	115.8
规模以上工业总产值(现价)	万元	46015	65135	141.6
限额以上批发零售贸易商品销售总额	万元	14251	5139	36.1
基本建设投资完成额	万元	86129	108565	126
当年实际使用外资金额	万美元	312	368	117.9
城镇职工平均工资	元	7121.8	9460.2	132.8
农村居民人均纯收入	元	2003	2650	132.3
非农产业比重	%	66.3	58.1	87.6
农业劳动生产率	元/人	3191.3	5423.3	169.9
工业劳动生产率	元/人	134862.3	178354.3	132.2
耕地产出率	元/公顷	4992.1	10165.1	203.6
三、社会发展				
小学在校学生数	人	145174	136086	93.7
普通中学在校学生数	人	102547	106161	103.5
每万人拥有医院、卫生院床位数	床	12.7	8.5	67.1
每万人拥有医院、卫生院技术人员数	人	14.3	11.5	80.2
每万人拥有社会福利院床位数	床	10.7	10.4	97.1
参加基本养老保险的职工数	人	24660	17000	68.9
参加基本医疗保险的职工数	人	22301	23372	104.8

3

第三部分　百强论坛

贯彻落实科学发展观 加快推进“两个率先”

◆中共昆山市委书记 曹新平

2004年，昆山在江苏省委、省政府和苏州市委、市政府的正确领导下，以胡锦涛总书记和温家宝总理视察昆山为动力，坚持以“率先全面建成小康社会、率先基本实现现代化”统揽全局，主动顺应宏观环境和形势的变化，积极贯彻落实科学发展观，开拓创新，扎实进取，保持了经济社会持续快速健康发展。全年完成地区生产总值570亿元，比上年增长24.5%；全口径财政收入85.8亿元，其中地方一般预算收入31.5亿元，分别比上年增长29.6%和30.5%，进出口总额235亿美元，比上年增长69.1%；全社会固定资产投资191亿元；城镇居民人均可支配收入15011元，农民人均纯收入7655元，分别增长15.2%和12.3%。在全国百强县最新排名中，昆山跃居榜首。

一、加大结构调整力度，着力提升产业层次。大力实施外向带动和民营赶超战略，注重招商选资，实行精细招商，坚持“四个巩固、发展和提升”，即在巩固发展外商投资的同时，进一步提升民资投入的比重；在巩固发展台资的同时，进一步提升欧美日韩投资的比重；在巩固发展制造业的同时，进一步提升服务业的比重；在巩固发展IT硬件招商的同时，进一步提升软件研发的比重，积极推进结构调整和产业升级。全市外资民资实现了两翼齐飞，去年新批外资项目511个，新增注册外资24亿美元，到账外资12.2亿美元，再创历史新高；新增私营企业3280家，注册资金50.32亿元，比上年增长33.5%。在外资、民资的双轮驱动下，全市经济结构日趋优化，主导产业继续做强。全市引进龙头型、旗舰型项目取得新突破，新增3000万美元以上项目59个，TFT—LCD和IC封装项目分别在开发区和沿沪产业带落户。第三产业发展加快，旅游、物流项目投资踊跃，全年实现第三产业增加值171亿元，比上年增长25.9%。东方海外、国际会展中心、沃尔玛、欧尚超市等一批大型服务业项目正式落户。

二、深化富民工程，群众增收步伐加快。积极探索具有昆山特色的富民之路，创新和落实各项富民措施。一是大力实施“三有工程”。以“人人有技能、个个有工作、家家有物业”为目标，不断加大劳动力培训力度，促进创业和就业。转移农村劳动力12178名，农村劳动力就业率达90%，新增农村物业户11626户。二是构筑完善“五道保障”。在2003年率先推行农村基本养老保险的基础上，又率先推行农村基本医疗保险，并调整制订了征用土地补偿办法，进一步完善了以低保、养老保险、医疗保险、拆迁补偿、征地补偿为主体的农村“五道保障”。三是积极发展农村股份合作组织。全年农村三大合作经济组织新增股东28205名，合计增收1408万元。

三、加大投入力度，基础设施建设迅猛推进。2004年在资金偏紧的情况下，全市投资近60亿元，推进城乡基础设施和功能设施建设，努力缓解对经济发展的瓶颈制约。市域范围“三纵六横二环五高”交通框架全面拉开，骨干道路延伸、沟通工程迅速推进，每百平方公里高速公路里程数达到10.8公里。电网建设力度继续加大，先后投入4.7亿元建设成了一批输变电项目。城市东部和西部副中心建设力度加大，一批基础性、功能性项目和标志性工程全面推开。沿沪产业带、国际商务区、昆山软件园等载体建设取得较大进展，一批研发、软件、商贸项目相继落户。玉山、金茂、张浦、陆家等8个原创型企业基地建设全面展开，民营经济发展的新型载体正在加快形成。

四、注重协调发展，综合环境进一步提升。进一步推出限期办结制、首受负责制、重点岗位AB角制等措施，并以查处行政不作为、乱作为为重点开展多轮专项监督，“效率昆山”建设进一步取得阶段性成效。继续强化社会治安综合治理，建成了覆盖市区的治安监控系统，推广农村“五位一体”综治模式，成立了市镇两级社会矛盾纠纷调处中心，全市治安防范和社会矛盾调处网络不断健全。加大文明城市创建力度，大力提升市民素质，“新昆山人”建设专项工作正式启动。依托昆山“六大传统文化”，旅游、招商、服务业与文化的结合初见成效。昆山去年荣获十大“最佳中国魅力城市”称号。

2005年是昆山推进“两个率先”的关键之年，也是建设全面小康社会的结果之年。昆山按照江苏省全面建设小康社会的四大类18项25条指标，坚持高标准、高质量，以建设实力小康、效益小康、殷实小康、人本小康、和谐小康和活力小康为目标，扎实推进全面建设小康社会的各项工作，确保年底如期实现第一个“率先”目标。

一是抓产业，增强竞争优势，建设实力小康。坚定不移地实施外向带动、民营赶超和服务业跨越“三大战略”，保持大规模的项目引入和高强度的资本投入。在外向带动方面，不断巩固台资特色，着力提高核心产业、欧美日韩投资、服务业、内销型企业和软件研发项目的比重，使昆山的外向型经济保持在全国的领先地位，在苏州的领跑地位，在昆山经济发展中的领头地位。在民营超赶方面，坚持以发展原创型企业为主，以服务业项目为主，以引进外地具有自主知识产权的企业和规模型企业为主，不断壮大民营经济规模，提升民营经济发展层次。在服务业跨越方面，以花桥国际商务城启动建设为契机，全面实施三年跨越计划，重点发展生产性服务性，大力培育新兴服务业，加快提升传统服务业，努力把昆山建成江苏国际商贸重镇、沪苏物流转运基地和长三角休闲居住品牌城市。

二是抓内涵，提升发展质量，建设效益小康。自觉按照科学发展观的要求，积极转变经济增长方式，促进经济既快又好发展。按照精细招商的要求，建立健全以科技含量、投资强度、产出效益、生态影响为核心的项目评审筛选机制；针对用地紧张状况，从提高投资强度、加快项目建设进度、加大盘活存量力度等方面建立集约用地机制，积极探索原创型企业基地的集中开发模式；以昆山经济技术开发区为龙头，加快出口加工区、沿沪产业带、吴淞江工业园、软件园等一批功能性、整合型的特色载体建设，促进开发集中、用地集约和产业集聚。

三是抓富民，推进共同富裕，建设殷实小康。继续鼓励全民创业，发展个私经济，深入开展“三有工程”，多渠道增加群众收入。不断完善农村“五道保障”，积极开展被征地农民进城保的试点工作，探索农保与城保并轨新路子。目前排出1万家左右人均收入接近8000元的农户，因户制宜、因人而异地采取帮扶措施，确保年底有65%以上的农村家庭人均纯收入超过8000元。

四是抓环境，完善城市功能，建设人本小康。以建设现代化中等城市、营造一流的人居创业环境为目标，加快推进城市规划建设。坚持动迁和基础设施建设先行，加大城市功能建设力度，规划建设好农民集中居住区。实施一批交通和水、电、气、生态环保等基础设施工程，力争到2006年底全面完成“1511”建设目标和“1530”通达目标，即建成100公里高速公路、500公里一级公路、1000公里二三级公路、10个高速互通，在市域内任何地点15分钟能上高速，30分钟到达上海或苏州。

五是抓机制，强化服务管理，建设和谐小康。完善政府服务体系，理顺社区管理体制，建立健全招商引资、社会治安、社会稳定、新闻宣传和社情民意等快速反应机制，推进“平安昆山”建设。致力于构建和谐的党群干群关系、政商关系、劳资关系和新老昆山人关系，推进和谐社会建设。围绕“规范、创新、提速、廉洁”，进一步深化效率效能建设，推行机关中层干部考评，强化行政审批时限考核，推进镇级便民服务中心建设。

六是抓“三创”，营造发展氛围，建设活力小康。鼓励和引导广大干部进一步发扬艰苦创业、勇于创新、争先创优的“昆山之路”精神，并将它转化为“两个率先”的巨大动力。提倡“创”的观念，克服根深蒂固的小富即安、守土恋家等保守落后意识；提供“创”的条件，使想干事的有机会、能干事的有舞台、干成事的有地位、不干事的有危机；营造“创”的环境，坚持不争论、不压制，允许大胆试、大胆闯，鼓励探索、宽容失误，让创业、创新、创优拥有宽松的政策环境和制度环境。

预计到2005年底，昆山将实现“五超一争”目标，即生产总值超700亿元，财政收入超100亿元，工业总产值超2000亿元，进出口总额超300亿美元，注册民资总额超200亿元，到账外资总额力争达到 100 亿美元。在确保 2005 年底在全省率先建成全面小康社会的基础上，昆山将加快向率先基本实现现代化迈进，努力把昆山建设成为长三角城市群中经济发达的现代化工商城市，环境优美、最适宜人居的江南水乡城市。

实施三大战略 增强区域经济的综合竞争力

◆中共顺德区委 顺德区人民政府

我国加入世贸后，区域经济将在更广的领域、更深的层次上参与经济全球化进程，区域产业经济的竞争和风险主要体现在两方面：一是产业、企业生存发展的风险，在国内、国际两个层面的竞争更为激烈，受国内、国际两个市场波动的影响更深，竞争的重点将从廉价资源为基础的比较优势转向以技术创新为中心的竞争优势；二是国际资本流动的风险，一方面地区间白热化的招商引资竞争以及生产要素流动和产业转移加快使国际资本的流动性更强，选择更多，外资撤离一个地区的可能性更大。在这样的形势下，要保持区域经济的持续快速发展，必须要促进产业结构的合理、优化和升级，增强产业的本土化和自主创新能力，走新型工业化道路，提升经济核心竞争力，降低发展风险。

实施“三三三”发展战略
增强产业的综合实力

近几年，顺德在继续提升工业以及支柱产业家电制造业竞争力的同时，着力推动三大产业协调优化发展，扶持机械装备、汽车配件等新兴产业和高新技术产业发展，一方面通过新产业的发展壮大，培育新的经济增长点，另一方面逐步改变三大产业中工业比重过高、工业中家电产业比例过大的局面，防止一业独大，防范县域经济发展风险。2001 年以来，我们陆续出台、调整了促进三大产业发展的政策，致力推动产业结构优化升级。

工业方面，一是通过运用高新技术和先进适用技术改造提升家电、纺织服装、精细化工、家具等支柱、特色产业，进一步做大做强。如顺德家电制造业的发展无论在规模、质量、技术、品牌、管理等方面都逐步提升，去年产值近 900 亿元，约占全国 15%；拥有美的、格兰仕等一批掌握核心技术的优质企业和知名品牌，家电产品逐步走向智能化、信息化、环保型和节能型；产业链条进一步完善，涵盖了原材料生产、配件、成品制造以及研发设计、物流配送、行业展览、市场销售等各个环节，产业集群竞争力逐步提高。二是培育扶持机械装备及模具、金属加工、汽车配件等带动力、增长性强的新兴产业，促进顺德产业的适度重型化。机械装备及模具业，去年产值超过 150 亿元，约占顺德工业总产值的 10%，逐步涌现一批行业领军企业，如震德公司是国内最大的注塑机生产基地之一，科达公司的陶瓷机械技术达到国际领先水平。三是加快电子信息、生物医药等高新技术产业发展，2004 年产值达到 470 亿元，约占工业总产值的三分之一。第三产业方面，主要是依托顺德工业产业发展优势，加快物流、商贸、会展、专业服务等行业发展。譬如物流业，顺德已建立和引入家电、家具、金属加工、农产品流通加工等多个物流基地；建立全国首个农业保税物流基地，为顺德农产品进入国际市场提供了便捷途径；家具、花卉、机械、钢铁等大型专业市场由过去单一的材料销售转向集工业区配套、产品加工与检测、销售、会展、电子商务多功能于一体，大大降低了企业的采购、销售成本，几大支柱、特色产业链向上下游延伸。农业方面，顺德是全国最大的淡水鱼养殖和花卉种植、销售基地之一，我们通过扶持农产品加工企业的发展以及引入农产品流通企业，将农业产业链由生产做到加工、流通环节，并实施科技兴农，加快农业产业化进程。近几年顺德经济的持续快速发展，主要得益于产业结构的调整优化，去年顺德实现本地生产总值600亿元，比2000年翻了近一番，年均增长超过15%。

今后，顺德在产业结构调整方面重点推进"三三三"发展战略，在三大产业扶持发展三个以上的支柱、特色行业，在每个支柱、特色行业扶持发展三家以上的龙头企业，促进农业精细发展，工业优化发展，第三产业加快发展，同时加大对中小企业发展的扶持力度，形成传统支柱产业、新兴优势产业、高新技术产业"三业并举"，内外源经济协调发展、大型企业和中小企业梯度发展，工业重镇、产业强镇、行业名镇优势互补的产业发展格局，增强经济发展的抗风险能力和发展后劲。

实施国际化战略
增强产业国际竞争力

为适应经济全球化和入世后过渡期的新形势，引导企业在更大范围、更广领域和更高层次上参与国际分工和竞争，加强国际合作成为顺德企业发展成长的必然趋势。顺德经济要保持持续快速增长，民营企业更要向国际化发展。实现国际化再造，与国际接轨，在经济全球化中立于不败之地，顺德开创性的采取了横向一体化合资、嵌入国际供应链、实施标准化战略、引导企业上市四大措施推动企业升级和民营企业国际化。

一是引进国际资本和技术，促进民营企业国际化。近年来，我区在招商引资工作中注重促进资本国际化。以欧美日韩和我国的港澳台为重点招商地区，积极引入投资密度大、科技含量高、创税能力强、节能低耗、有利于改善产业结构的外资项目，有力地带动顺德经济发展。顺德现有近1500家外资企业，其中世界500企业投资项目28个，商业方面引入了沃尔玛、吉之岛、易初莲花等国际商业连锁巨头。充分利用顺德产业优势，积极引入国内产业龙头企业，如海尔、海信、宝钢、中石化等企业，做强做大家电等产业链。

同时，顺德民营企业拉开了与跨国公司横向一体化的合资序幕，加快国际化进程，使内外源型经济相互促进。如国内著名家电制造商美的电器与全球知名空调制造商东芝开利株式会社在家用、商用空调的研发、制造、销售、服务等领域内展开更深层次的合作，结成全球性的战略联盟。美的通过引进国际优质资本，优化改善了资本结构，增强了其国际竞争力和整体抗风险的能力，加速企业国际化步伐。

二是嵌入国际供应链，积极参与国际市场竞争。顺德民营企业具有制造优势，为嵌入国际供应链奠定坚实基础。格兰仕在美国拥有了自己的研发中心，与全球200多家跨国公司建立了合作关系，为180多个跨国公司做OEM，实现国际化，其微波炉产品遍及欧洲、美洲、澳洲、亚、非、拉等地100多个国家和地区，占有全球近四成市场。顺德还大力推动企业国际化发展。每年举办家电、机械装备、家具等支柱、特色产业的会展，并且积极组织企业以顺德整体形象参加科隆展等国外著名博览会、展销会，提高顺德企业和顺德产品的国际信用度。此外，顺德出台了相应的奖励措施，推进联合国采购基地建设，鼓励企业申请成为联合国采购供应商。目前，顺德有129家企业被联合国正式吸纳为采购供应商。

三是实施标准化战略，提升产业国际竞争力。顺德已有100多个产品标准成为国家标准和行业标准，每年有超过800个产品标准进入国家标准备案库，参与国家标准制定。我们专门出台了实施标准化战略的政策，通过"创新专利化、专利标准化、标准国家化和国际化"的模式，引导企业加强技术标准的研制，促进自主创新与技术标准融合，积极参与制定行业标准、国家标准和国际标准，实现顺德制造到顺德创造的转变，消除国际贸易中的技术壁垒，提升产业核心竞争力。

四是引导企业上市，提升本土企业国际化管理经营水平。成立企业上市办公室，出台扶持民营企业上市的政策，加快企业上市步伐，目前顺德已有4家上市企业，4家企业开展股份制改造或进入辅导期，2家企业可望在近年上市，还有近20家企业有上市意向。

实施自主创新战略
增强产业核心竞争力

有经济学家指出，目前珠三角经济是一种"三明治"经济，一方面劳动密集型产业受到来自发展中国家和国内其他地区的竞争压力，竞争优势已不明显；另一方面高技术产业的发展尚在起步阶段，相对发达国家来说处于弱势，经济发展具有一定的风险和脆弱性。要突破"三明治经济"的尴尬局面，必须改变传统的依靠廉价劳动力、资源消耗、土地占用和优惠政策赢得经济增长的方式，大力培育具有自主技术和自有品牌的民营企业，把提升自主创新能力作为调整经济结构、转变增长方式的支撑点，走科技含量高、经济效益好、资源消耗低、人力资源得到充分发挥的新型工业化道路，将产业技术推上全球制造产业链的中高端，我们的产业才有竞争力。

顺德大力发展民营经济，鼓励企业走自主创新之路。近年来，建立起从投资报批、科技创新、知识产权、融资、产品检测、会展、出口、人力资源培训等全过程、全方位的企业服务体系，在家电、电子信息、机械装备等八大重点行业中实施“十个一”工程，分别建立一个商会、一个技术创新中心、一个产品检测中心、一个知识产权服务中心、一个职业技术培训基地、一个电子商务网站、一个主要依托发展的园区、一批名牌产品和名牌企业、一个博览会和一个招商引资洽谈会，为民营企业提供全方位服务，引导企业走自主创新道路。顺德还注重加强对民营企业金融支持。加强银企合作，建立银企对话制度。鼓励金融机构改善对民营企业的金融服务，开展适合小中民营企业特点的融资服务项目。推动企业信用担保体系建设，鼓励民间资本投资成立企业信用担保公司，开展企业信用担保贷款业务，解决企业融资难等问题。此外，放宽投资领域和经营条件，进一步拓宽民营经济发展空间，鼓励和引导民营资本参与城市基础设施和公用事业建设。

目前，民营经济已经成为顺德经济的主要力量，民营企业工业产值占全部工业总产值的60%，149家超亿元企业中大部分是民营企业，12家产值超10亿元企业中民营企业占7家，4家超100亿元企业中民营企业占3家。尤其是在商贸流通、餐饮、仓储、旅游服务业等领域，民营经济已占据绝对主导地位。民营企业创立了一批驰名商标和名牌产品，拥有6个中国驰名商标，18个中国名牌产品，40个广东省著名商标，39个广东省名牌产品，42个国家免检产品。镇域经济在以民营企业为主体的特色经济推动下，形成“一镇一品”、“一镇多品”的格局，去年有6个镇工业总产值超过100亿元，其中乐从镇成为“中国家具商贸之都”，均安镇成为“中国牛仔服装名镇”，龙江镇成为“中国家具制造重镇”和“中国家具材料之都”。

在实施自主创新战略方面，顺德确立“技术强区”战略，走出一条以市场为导向、以企业为主体、以人才为根本、以产业技术为重点、以环境为基础、以体制为保障的自主创新路子。一是大力推进公共研发平台和企业研发机构建设。推进华南家电研究院、生产力促进中心、中国工程院（顺德）院士咨询活动中心建设，加强公共研发和公共服务，提升产业核心技术研发能力。引导、扶持企业建立各类技术研究机构，提高企业技术创新能力。目前顺德产值超5000万元的工业企业基本建立起自己的技术开发机构，其中拥有国家级企业技术中心2家，省级工程技术研究中心17家，企业博士后工作站9个。二是加强知识产权保护。把知识产权工作纳入激励和保障技术创新、优化经济运营环境和提升区域综合实力的整体部署中，较早成立了专利管理办公室和知识产权局；1996年在全国范围内率先了成立第一家企业专利协会，先后发展了5家专利中介服务机构并形成竞争机制；2001年创建全国第一个免费供市民使用的中外专利专题检索数据库；2002年成立顺德家具行业知识产权保护协会，是国内唯一的家具行业知识产权保护协会，等等。1985年～2004年，我区累计专利申请24145件，授权17372件，专利申请和授权连续9年位居全国县级第一，占广东的1/10强，占全国的1/90强，全区平均每天有13项专利申请、有10件专利获得授权。涌现出一批拥有核心技术和自有知识产权的产业和企业。譬如，家电业中美的集团全面掌握了空调压缩机和微波炉磁控管的核心技术，并将磁控管技术延伸到公路养护机械领域，应用微波加热路面后进行养护维修，属于世界首创。三是以高新技术和先进适用技术改造传统产业，以信息化带动工业化。推广以PDM为基础的CAD/CAM/CAE/CAPP集成技术、ERP（企业资源计划）和计算机集成制造系统（CIMS）等生产过程信息化系统，90%以上的大中型企业产品设计采用了计算机辅助设计等信息技术，80%以上的企业在生产管理和决策环节应用电子信息技术，30%左右的企业建立起较完整的MIS/MRP－II/ERP等系统，信息化综合指数达到82.5%。四是实施人才战略，努力做好各类人才的引进、培养、使用和管理工作，初步建立起一支适应我区现代化建设需要的各类人才队伍。近三年来，全区共引进各类优秀人才13700多人，其中海外留学人员110多名，国（境）外专家近400名，柔性引进院士达27名，以及博士90多名，硕士670多名等，为我区企业自主创新和产业发展提供坚强有力的人才和智力支撑。五是加强政府服务和管理，为产业集聚优化提升和企业自主创新营造良好环境。近年来，顺德先后出台了一系列政策文件，对高新技术企业、高新区建设、传统产业升级、孵化基地建设、科技投资机制、支持体系等方面给予支持，并逐步建立起政府投入为引导，企业投入为主体，金融机构贷款为支撑，多渠道、多形式的科技投入新机制。2002年以来，顺德财政科技投入7亿多元，支持企业已立项的新产品和技术创新项目700多项，带动企业技术创新和新产品开发自筹资金投入70多亿元，新产品累计新增产值714亿元，有力地提升了企业技术水平和新产品开发能力。

科学发展 创新发展 率先发展 努力建设文明、富裕、和谐的新江阴

◆江阴市人民政府市长 王锡南

江阴位于长江三角洲中部，市域面积988平方公里，户籍人口117万。秉承5000年文明历史，弘扬"人心齐、民性刚、敢攀登、创一流"的江阴精神，江阴坚持科学发展、创新发展、率先发展的理念，实现了经济社会的持续快速和健康协调发展。2004年，全市完成地区生产总值638亿元、财政收入92.1亿元（其中一般预算收入37.5亿元）、全社会固定资产投资284亿元、工业销售收入1823亿元、工业利税160亿元，江阴以万分之一的土地，千分之一的人口，创造了全国百分之一的上市公司、近二百分之一的国内生产总值、超三百分之一的财政收入。近年来，江阴先后荣获了国家卫生城市、国家环保模范城市、全国教育先进市、全国科技工作先进市、中国优秀旅游城市等50多项全国性先进称号。奋进、开放、创新、和谐、发展，铸就了充满活力、富有魅力和强劲实力的新江阴。

江阴是一个奋进的城市。江阴发展的历程，是一个不断奋进、不断跨越的进程。依靠乡镇企业，实现了从农业经济向工业经济的跨越；依靠规模企业，建立了以工业经济为主导的经济格局。进入新世纪以来，江阴既抓顶天立地的大企业，又抓铺天盖地的中小企业；既抓产业集聚壮大，又抓产业结构优化。依靠中小企业资本积累、优势企业资本经营、规模企业裂变扩张，形成了较强的工业经济优势。2004年，华西村营业收入突破260亿元，阳光、三房巷、兴澄特钢的营业收入均超过100亿元。全市拥有各类上市公司18家，有国家级乡镇企业集团40多家，9家企业跻身"中国企业500强"，14家民营企业名列"中国民营企业500强"；有中国名牌产品6个，20多个产品的市场占有率居全国第一。

江阴是一个开放的城市。开放江阴发展江阴，着力营造"法制、高效、诚信、双赢"的发展环境，充分发挥江阴经济开发区的引领示范作用，配套建设乡镇工业集中区，实现开发与开放的互动对接。江阴以开放的视野确立高远的目标，以开放的环境构筑江阴的投资优势，以开放的载体拓展发展的新境界，从而实现自我的不断超越。至2004年底，累计批准三资企业2239家，已有50多家世界知名跨国大公司进驻江阴；累计合同利用外资70.8亿美元，实际利用外资40.6亿美元。

江阴是一个创新的城市。江阴优势的形成就是敢于突破、敢于创新，正是不断的创新创造，才使江阴的优势不断增强。一是思路创新。不论是乡镇企业异军突起，还是规模企业的裂变发展；不论是从资本积累到资本经营，还是从工业立市到三产兴市，都得益于发展意识、发展战略和发展模式的推陈出新。二是科技创新。坚持自主创新与吸收引用兼容并蓄，发展高新技术与改造传统产业齐头并进，全市技术、信息、产业等"刷新"频率明显加快，传统产业的生机得到焕发，新兴产业得以催生，人才和技术的活力不断增强。全市拥有国家级重点高新技术企业20家、博士后工作站6个、国家级企业技术中心5

个。2004 年，高新技术产业占比达到 33%。三是体制创新。围绕建立适应社会主义市场经济的运行机制，2005 年以来，全市进行事业单位、投融资体制、财政体制、行业协会与学会等七大改革，全面推进体制机制创新，为经济发展注入新的活力。

江阴是一个和谐的城市。生产发展、生活富裕、生态良好，既是江阴人民向往的目标，也是江阴和谐发展的最好写照。一是人民生活殷实。通过大力鼓励和扶持群众创业，积极创造就业岗位促进就业，加大对“三农”的转移支付，切实提高社会保障水平，实现了创业增收、就业增收和保障增收。2004 年，全市城镇居民人均可支配收入 13702 元，增长 19.1%；农民人均纯收入 7795 元，增长 12.5%。二是生态环境优美。实施了清水工程、蓝天工程、家园工程、绿色工程、宁静工程。通过截污纳管、清洁家河、全面取缔农村露天粪缸、全面实行农村垃圾集中处理、全面停止开山采石、全民绿化造林等重大举措，有效地促进了生态环境的可持续发展。目前，地表水水质达到了功能水质要求，空气优良率达到 93.8%，饮用水源水质达标率 100%。三是经济社会统筹。突出抓好教育、医疗、卫生等社会公共基础设施建设，社会保障和文明程度得到明显加强。2004 年，江阴在社会事业上实现了“五个百分百”：户籍义务教育入学率 100%、农村大病住院医疗保险覆盖率 100%、村村通自来水率 100%、村村通公路“灰黑化”率 100%、被征地农民保障率 100%。

江阴是一个充满希望的城市。江阴早在宋代就被称为“三吴襟带之邦，百越舟车之会”。沿江、沪宁、锡澄高速公路和新长铁路及长江黄金水道等构筑了得天独厚的交通优势。按照建设现代化港口城市、交通枢纽城市和历史山水名城的目标，完善了城市规划，在弘扬历史人文精神的基础上，加快城市建设步伐，拉开骨架，完善功能，建设亮点，优化环境，城市形象不断提升。文化的底蕴、人文的精神、山水的韵律、功能的配套，彰显了江阴的活力和希望。

江阴取得了一定成绩，但是我们深深地感觉到，江阴在发展，但兄弟城市发展更快；江阴在变化，但兄弟城市变化更大。我们决心以更高的起点、更大的魄力、更务实的作风，只争朝夕做好江阴的事情，在“十一五”期间实现基本现代化，确保江阴在县域经济中的应有地位。

在加速转型中构建和谐强市

◆中共张家港市委书记　曹福龙

张家港市地处长江和沿海两大经济交汇带，是一座新兴的港口工业城市。市域面积 999 平方公里，户籍人口 86 万。近年来，按照科学发展观的要求，从经济社会的协调发展着眼，与时俱进弘扬张家港精神，大胆创业，锐意创新，积极创优，经济社会在较高的平台上实现了全面、快速、协调发展。特别是 2004 年以来，张家港积极应对宏观调控新形势，加速推进"五大转型"，着力强化沿江产业特色、滨江城市特色和协调发展特色，当年实现地区生产总值 576.2 亿元，全口径财政收入 85 亿元，其中地方一般预算收入 31.6 亿元，上交国家税收 168 亿元。主要做法是：

推进经济转型
全力构筑二三产业联动升级新格局

按照新型工业化的要求，着力培育"四大经济"，促进产业整合和结构升级。。一是做强规模经济。深入实施大企业战略和产业集群战略，推动技术创新，增强规模经济核心竞争力。目前，全市总资产超亿元、年销售超亿元的工业企业超过了 130 家，2004 年有 4 家企业销售收入超百亿元，6 家企业销售收入超 30 亿元，在国家统计局评出的全国最大的 1000 家工业企业中张家港市有 9 家企业入选，在江苏省乃至全国县级市中名列前茅，二是壮大流量经济。依托区港园一体优势，加速发展现代物流业，着力打造长江流域现代物流集散中心。2004 年港口货物吞吐量达 6400 万吨，海关税收突破 100 亿元，成为全国首家关税超百亿的县域口岸，2005 年港口吞吐量有望突破 8000 万吨；2004 年成功批办的全国首家内河港型保税物流园区，封关运作半年已完成进出区货运总量 136.5 万吨，征收关税 7.7 亿元，两项指标均居全国保税物流园区之首；楼宇经济迅速崛起，保税区化工品交易市场 2004 年完成成交额 177 亿元，预计 2005 年可望突破 200 亿元，税收超亿元，一幢大楼产生的经济效益已超过一个中等规模的乡镇。三是培育品牌经济。按照"巩固提升一批、培育发展一批、整合壮大一批、嫁接拓展一批"的思路，大力实施品牌经营战略，并积极鼓励以品牌资产为纽带实施行业兼并和企业重组，形成了具有行业龙头地位的品牌产业链和优势产业集群。目前，全市累计创建中国名牌产品和驰名商标 10 只、省名牌产品 39 只。四是发展循环经济。按照减量化、再利用、再循环的"3R"原则，着力构筑企业、园区、社会三个循环圈，推动资源在不同层面的循环利用。目前，全市有 75 家企业通过了 ISO14000 认证，涌现出 30 多家循环经济典型企业，江苏省扬子江化学工业园形成数条工业循环链，呈现出生态工业园的雏形。

推进开发转型
全力争创招商引资新优势

针对资源禀赋先天不足的现状，按照"区域集中、产业集聚、开发集约"的原则，以环境吸纳和集聚资本，以资本优化和提升产业，以产业拓展和完善功能，加速推进开发转型。一是纵深推进沿江开发。进一步修编完善沿江开发总体规划，整合岸线码头资源，拓展沿江腹地，实施长江沿线与全市范围整体开发。目前，沿江已建成了42个万吨级泊位，形成了张家港保税区、江苏省张家港经济开发区为龙头、沿江特色工业集中区为配套的联动开发新格局，全市新办工业项目90%以上集中在各类工业园区，全市经济总量90%以上来自于园区经济，初步形成了国际著名、国内一流的石化深加工基地，全球最大的粮油深加工基地，全国最大的以薄板和硬线为主的冶金基地，国内知名的纺织产业、机电产品和汽车零配件生产基地等8个产业基地。二是着力提升招商质量。实施招商选资，提高准入门槛，重点引进一批投资规模大、产业关联度大、拉动能力强的国内外旗舰型、基地型项目，提升钢铁、化工、纺织等优势产业层次。2004年以来，全市共批超千万美元项目151只，平均注册资本677万美元，亩均投资强度36.6万美元，已有美国杜邦、日本三菱、韩国浦项、英荷壳牌等50多家著名跨国公司落户该市。

推进城市转型
全力打造现代化城市新构架

从发达国家走过的历程看，当城市化率达到30%－70%时，城市发展将进入加速阶段。张家港紧紧把握现代城市发展趋势，突出建设精品，提升内涵品位，促进城市现代化和新型工业化的互融互动。一是完善城市规划。按照建设现代化中等城市的新构架，借鉴国内外先进规划理念，通过国际招标，修编完善市域总体规划和环保、绿化、水利等31个专业子规划，统筹镇村布局规划，引导“工业向园区集中，居住向城镇集中，农民向社区集中”，初步实现了城乡规划的全覆盖。二是优化城市布局。从1998年以来，通过连续三次的乡镇区划调整和大规模的撤村建居，全市城镇数由26个减至目前的8个，行政村从原来的436个减至183个，使城市发展从原来的“多组团、分散型”城镇布局向网络型城镇布局转变，初步形成了产业布局合理、生态功能完善、生态环境优美，“一城四片区”的市域城镇体系。目前，正大力推进农民集中居住区规划建设，未来10－15年将建成380多个环境优美、功能齐全的农村居民住宅社区，基本实现城乡一体化。三是强化基础功能。近三年张家港市城市建设的投入超过了300亿元，基础设施日趋完善，城市功能不断优化。“五纵五横一环一高一连一接”的大交通格局基本形成，在全省县市率先实现了村村通公交，市域形成了15分钟交通圈，即所有镇村开车15分钟可上高速公路，农民15分钟可到达中心城镇；实施改水改厕工程，全市居民均喝上长江水，农村无害化卫生户厕率达90%；完成与“西气东输”工程的对接，居民生活进入天然气时代；有线电视实施市、镇、村、组四级大联网，全面实现“组组通”。四是创新城市管理。建立健全城乡卫生长效管理机制，把城市管理重心向农村延伸，全市8个镇全部通过全国环境优美镇省级考核验收，并成为全国首家实现卫生镇村创建“满堂红”的县市。

推进社会转型
全力加快城乡统筹发展新步伐

突破二元结构，加快“农村向城市、农民向市民、村庄向社区”转变，推动城乡统筹发展。一是促进群众增收致富。完善城乡互通的就业服务网络，大力实施“民营经济腾飞计划”，鼓励和支持城乡居民自主创业、全民创业，拓展增收渠道。2004年，全市人均储蓄存款余额达2.8万元，城镇人均可支配收入15117元，农民人均纯收入7930元，恩格尔系数降为36%；2005年年内，城镇居民人均可支配收入和农民人均纯收入将突破16000元和8500元。二是完善社会保障体系。在城镇养老、医疗、生育、失业、工伤五大保险制度率先实现“五保合一”的同时，加快农村社会保障制度改革，建立了农民养老保险制度和老年农居民养老补贴制度，并实施了“家庭建帐户，大病靠统筹，特困获救助”的新型合作医疗制度。目前，全市城镇职工社会保险参保率98%，农村社会养老保险参保率99%，老年农居民养老补贴发放率达到98%，初步实现了社会保障的全覆盖。三是加快农村社区建设。把城市社区理念引入农村，以城市社区标准建设农村，加速社区服务资源共享，不断拓展卫生、文化、治安等服务功能，全市8个镇均建立了镇级中心社区、183个村全部建立村级社区，一类社区达到100%，其中500多个文明小区基本达到了道路硬化、四周绿化、环境洁化、家庭净化、风气优化、文化生活健康化、服务社会化和群众性精神文明活动系列化“八个化”的要求，形成了市、镇、村、企业四级社区一体联动的良好格局。

推进环境转型
全力培育张家港城市新品牌

立足市情，彰显个性，努力培育具有特色的张家港城市品牌。一是着力营造文明和谐的人文环境。始终坚持抓经济提速增效与弘扬张家港精神相结合，大力实施现代市民教育工程，强化全体市民的创业意识、法制意识和公益意识。通过大力发展群众文化、举办长江文化艺术节等，注重培育城市文化品牌，努力在人员素质、人文环境和发展功能等方面构筑城乡一体文明新优势。目前，张家港市以及塘桥镇和永联村分别入选全国文明城市、全国文明村镇候选名单，成为唯一获此殊荣的县级市。二是着力营造绿色宜居的生态环境。围绕打造“生态张家港”，全面推行城乡统一的环保标准，近年来劝阻或拒批了300多个污染项目，有一批工业污染企业被彻底关停。同时，加大环保投入力度，开展环境专项整治年活动，市区建成了日处理能力6.5万吨生活污水处理厂，乡镇完成了14万吨生活污水处理厂一期工程和5座集中式工业污水处理厂，城市生活污水处理率超过80%，工业污水处理率达到了100%。围绕打造“绿色张家港”，高标准实施绿色通道、绿色家园、绿色基地工程，构筑了中心城区、片区中心镇和农田相互协调的生态环境系统。目前全市森林覆盖率达到18.7%，城市绿化覆盖率42.2%。三是着力营造高效透明的政务环境。突出公开、效能，加快转变政府职能，加大行政审批制度改革力度，在江苏省率先实行了政府非税收入改革，成立了招投标采购交易服务中心。同时，积极推行项目代建制，实现行政许可项目集中办理，推行电子政务、质询听证、网上投诉，进一步扩大政务公开，打造“阳光政府”。

2004年以来，张家港市经济社会建设虽然取得了一些成绩，但对照兄弟城市的发展实绩、发展态势，还有不少差距。下一步，全市将深入学习贯彻十六届五中全会精神，在2005年实现全面小康的基础上，加快向基本现代化迈进，努力把张家港打造成为长江三角洲一个富有特色和竞争实力的现代港口工业城市，一个富有内涵和独特个性的生态园林花园城市，一个富有精神和文化底蕴的文明法治和谐城市。

走科学发展之路 创率先发展特色

◆中共常熟市委　常熟市人民政府

常熟地处长江三角洲腹地，是国家历史文化名城，也是新兴的港口工业城市。进入新世纪以来，常熟市在“三个代表”重要思想指引下，在上级党委、政府的正确领导下，围绕争当全省“两个率先”排头兵的目标，突出工业化、城市化两大重点，努力增创外资经济、民营经济、品牌经济齐头并进的产业特色，增创山、水、城融为一体，古城、新城、港城交相辉映的环境特色，增创强烈的时代气息和优秀的人文传统完美结合的文化特色，进入了历史上经济社会发展最快、人民群众得益最多、协调发展成效最好的时期，在全国综合实力百强县（市）评比中位居第五，并荣获国际花园城市、国家园林城市、国家环保模范城市、中国优秀旅游城市、创建全国文明城市工作先进市等数十项先进荣誉。

工作实践中，常熟市紧紧依托民资外资的有效投入、双轮驱动，保持了全市经济的较快增长，实现了城乡居民收入的快速提升。2004年，全市人均生产总值超过6500美元，财政总收入超过80亿元，其中地方财政一般预算收入30.06亿元，工业企业产品销售收入突破千亿大关，社会消费品零售总额近130亿元，城镇居民人均可支配收入15039元，农村居民人均纯收入8310元。结合常熟实际，常熟市在工作中重点确立“五大理念”。

牢固确立“富民优先”理念

发展是第一要务，富民是优先目标。实践证明：发展靠民力，希望在民间，活力靠民营，致富靠民创。常熟市提出，要以富民的程度检验发展的速度，以富民的成效检验工作的成效，以富民的实绩检验干部的政绩，努力把群众的致富愿望引导好，把群众的创业热情保护好，使一切有利于社会进步的创造活动得到支持、创造才能得到发挥、创造成果得到肯定。一是推动全民创业。常熟市通过“引进一批、嫁接一批、配套一批、发展一批、孵化一批”，全民创业热情高涨。目前，全市累计建办私营企业1.23万家，个体工商户5.65万户，实际就业人数超过40万人。特别是全市4000多家服装服饰企业，年产服装4亿件（套），年销售超过400亿元，形成“家家生产、户户经营、人人动手、个个赚钱”的生动局面。二是完善社会保障。常熟市重点扩大农保覆盖范围，提高最低生活保障标准，改进城市拆迁安置办法，完善老年农民补贴和农村合作医疗，探索“土地换社保”机制，切实安排好失地农民、失房居民、失业职工的长远生计。目前，城镇职工已实现养老、医疗、工伤、失业、生育保险“五保合一”；农村养老保险覆盖率达85%，老年农民养老补贴覆盖率达83.5%，村低保发放发放率达100%，村合作医疗参入率达97.68%。三是强化农业基础。常熟市千方百计促进农业增产、农民增收。近三年，市、镇两级财政直接支农资金达7.83亿元，改造农村危桥1674座，提前实现农民税费“零负担”，实现了农业发展、农民增收、农村稳定。

牢固确立“内外并举”理念

统筹国内发展和对外开放，充分利用两个市场、两种资源，是落实科学发展观的重要内容。目前，全市民营经济注册资本逾300亿元，总量位居全省县市首位；吸引外商总投资189亿美元，近三年利用外资规模名列全省县市第二，呈现外资民资"双轮驱动"、外企民企"比翼齐飞"的喜人态势，成为苏南又一新兴国际制造业基地。一是保持民资领先。常熟市实施"民营经济腾飞计划"，年内有30家企业销售超10亿元，4家企业超50亿元。全市拥有5只中国驰名商标、12只中国名牌产品、9只国家免检产品、61只省级名牌产品，26只产品成为全国同行业"单打冠军"。二是放大外资优势。按照"布局集中、产业集聚、资源集约"的总体思路，江苏常熟经济开发区累计吸引外资超过80亿美元，形成特殊钢铁、电力能源、高档造纸、精细化工和汽车零部件五大主导产业。常熟出口加工区经国务院批准正式设立，正抓紧建设。三是做强本土企业。常熟市把上技改、上规模、上管理，提高经济运行质量"三上一提高"作为工业的主抓手，继续强化有效投入，努力保持较快的经济增速，着力培育较强的发展后劲。2005年实施工业技改692项，完成技改投入100亿元；工业企业产值、销售、利税增幅都接近或超过25%，工业品产销率稳步提高，实现了速度和效益的同步增长。目前，全市拥有国家级高新技术企业13家，省级高新技术企业58家，省级民营科技企业200家，各类发明专利210项，形成了明显的产业特色，被科技部命名为"国家火炬计划常熟高分子新材料产业基地"、"国家火炬计划常熟电气机械产业基地"，被中国纺织工业协会授予"中国纺织产业基地市"，常熟招商城被评为"中国休闲服装名城"。四是提升现代服务业。2004年，常熟市启动"服务业跨越计划"，游客总人数突破520万人，2005年，沙家浜入选"全国红色旅游经典景区"，全市接待境内外游客人数同比增长48%。常熟招商城作为全国最大的服装批发市场，投资30亿元进行扩容改造，新增市场及配套设施100多万平方米，2005年市场成交额将超过250亿元。建材市场、汽车市场、钢材市场、汽摩配件城、农副产品交易市场等一批新兴专业市场迅速崛起。

牢固确立"城乡一体"理念

常熟市致力打破城乡分割，整合城乡资源，消除城乡差别，推进城乡规划一体化、基础设施一体化、经济社会发展一体化。一是统筹城乡发展规划。常熟市在全国率先探索启动农村居民集中居住区建设，坚持"不刮风、不强迫命令、不损害农民利益"的原则，规划用12年左右时间，按照每个居住区5000人左右的规模，将全市10588个自然村全部纳入集中居住区。目前，规划布点工作基本完成，新龙腾等先行示范区加快建设。二是统筹城乡基础设施。"大交通"优势初步确立，全市等级公路总里程超过1500公里，未来常熟将有三条高速公路、四条一级公路，高速公路总里程近百公里。三年来，全市先后投入18.5亿元完成城乡电网改造，在全省率先实现城乡区域联网供水，率先建成"有线电视市"，长江自来水入户率达98%，有线电视入户率已达95%。三是统筹城乡重点工程。按照"保护古城，建设新城，繁荣港城"的总体思路，已完成国际展览中心、消防指挥中心、滨江自来水厂二期等重点工程；外环航道开挖、"三湖"改造、体育场、旅游馆、中央商务区建设正加快推进。四是统筹城乡教育资源。通过合理调整全市中小学布局，扩大优质教育资源覆盖比例，以教育的优质化、均衡化，不断推进教育公平。2002年以来，全市小学从141所调整到106所，校均服务人口超过1万人；初中稳定在39所，农村初中校均服务人口超过3万人。目前，全市省、苏州级示范学校(园)占全市总数的70%，全市中小学生、幼儿在此类优质学校(园)就读率超过70%。同时，常熟理工学院作为全国县(市)第一所本科院校，顺利搬迁新址，在校生人数达万人。市职教中心正式启用，在校生规模近万人。

牢固确立"亲近自然"理念

生态环境是城市的特殊资源，也是城市发展的现实基础。实现人与环境的和谐共生，促进城市的可持续发展，既是对科学发展观的最好坚持、最好实践，也是构建和谐社会的最好检验。工作中，常熟市注重经济与环境协调发展，不仅发动群众改造环境，更通过环境改造群众，提高文明素质，形成平等友爱、守望相助的人际关系，倡导谅解宽容、和睦法治的社会风尚，使常熟成为"文化城"、"山水城"、"园林城"、"生态城"。一是建设生态型家园。近三年，用于生态环境建设的投入近30亿元，环保投入占同期GDP的比重保持在2.5%以上，污染物排放总量每年以超过5%的幅度下降。全市所有乡镇建成污水处理厂，日处理能力超过18万吨，城镇生活污水处理率达到63%。全市已建成热电联供工程11个，投资2.9亿元的生活垃圾焚烧厂进展顺利。投入12.5亿元实施城区47家企业搬迁，留出空间，完善功能，优化环境。三年来，全市绿化投入12.8亿元，新增绿地2000万平方米，城市绿化覆盖率超过56%，人均公共绿地达18.6平方米，成为全省首家"全国绿化模范城市"、全国同类城市首个"国际花园城市"，顺利通过"全国生态示范区"验收。二是发展集约型经济。2005年，常熟市加大土地复垦整理力度，大力推行清洁生产，发展循环经济，鼓励建造多层标准厂房，最大限度地破解土地制约瓶颈。目前，全市已累计建成标准厂房近300万平方米。

牢固确立“诚信至上”理念

诚信是道德的根本，是经济生活的基石，也是常熟传统文化的精髓。一是培育诚信政府。全面完成三轮行政审批制度改革，审批总事项精减为399项，政府采购中心、工程招投标中心、药品采购中心、土地交易中心等41个部门入驻“中心”集中办理，年内80%的行政许可事项、80%的非行政许可审批事项全部入驻“中心”，打造阳光政府、法治政府、效能政府。二是培育诚信社会。2004年以来，常熟市先后开展“新世纪常熟人新形象”、“塑造城市精神，争做‘五明’市民”、“我也谈谈花园城市”等专题大讨论活动，确定了“开放、争先、和谐、人文”的现代城市精神。全方位、多层次构建市民教育体系组织编写《市民法律法规必读》、《新市民道德法律读本》，在外来人口集宿区建设“法制学校”，城乡各类文明市民学校300多所。切实关心和爱护未成年人，成立了市家庭教育指导中心、青少年维权中心、青少年援助中心。围绕创建全国文明城市，形成众多创建品牌，并涌现出一批先进市民典型。开展各类文体活动丰富多彩，成功举办多项国际国内重大赛事，荣获“全国篮球城市”称号；新图书馆全面竣工投用；一大批文艺创作精品荣获国家和省级奖项。三是培育诚信干部。2005年，常熟市在市镇两级机关开展“讲法制、讲诚信、讲效率”专项教育，深化干部人事制度改革，近几年，常熟市先后4次公开选拔副局（镇）级领导干部，对乡镇184个中层岗位实行全员竞争上岗，乡镇中层干部平均年龄下降6.67岁，大专文化提高26.7个百分点，全市45岁以下村干部全部达到大专水平，营造了“想干事的有机会、能干事的有舞台、干成事的有地位”的用人导向。

当前，常熟正处在加快发展的关键时期，将继续高举邓小平理论伟大旗帜，全面贯彻“三个代表”重要思想，认真落实科学发展观要求，努力构建“六大”体系，使常熟不仅在加快发展、率先发展上走在前列，更要在科学发展、可持续发展上作出示范。一是构建产业布局体系。重点推进开发区建设，力争到2008年，开发区实现工业销售收入1000亿元、财税收入50亿元；扎实推进“服务业跨越计划”，未来三年服务业投入200亿元，服务业增加值占GDP比重年均递增1个百分点；立足项目优、效益好、配套强等原则发展外资、民资，全面提升产业层次，力争未来三年新增注册外资60亿美元，新增民营经济注册资本200亿元。二是构建城乡统筹体系。高质量修编市域总体规划，到2008年，初步形成现代化中心城区—滨江城市副中心—2个卫星城（海虞、支塘）—200个左右农民集中居住区的“1122”城镇体系，实现城乡一体化。三是构建市场运行体系。积极培育企业上市，到2008年全市新增6家上市公司；深化事业单位分类改革，推进投融资体制改革、农村股份合作制改革；继续深化行政审批制度改革，力争到2008年，80%的项目实现网上审批；健全公众参与、专家论证、政府决定相结合的行政决策机制，为经济发展创造良好环境。四是构建生态环境体系。把环境治理与旅游开发相结合，搞好“三湖”（尚湖、琴湖、昆承湖）开发；到2008年，城市生活污水处理率达到85%，城镇垃圾无害化处理率达到100%；大力建设“绿色常熟”，到2008年，城市绿化覆盖率超过52%，城区人均绿地达20平方米；大力发展循环经济，推进节能降耗，推广垃圾分类收集处理，逐步形成“低投入、低消耗、低排放、高效率”的经济增长模式。五是构建社会保障体系。建立覆盖全员化的城镇社保体系，力争到2008年，农村养老保险、老年农民养老补贴覆盖率均达到90%，全市卫生服务体系健全率达98.5%，城镇登记失业率控制在4%以内，培训劳动力15万人次。六是构建全民诚信体系。广泛开展诚信教育，加快构建以诚信政府为先导、诚信企业为重点、诚信市民为基础的全民诚信体系。力争早日把常熟建成创业环境最佳、人居环境最优、综合实力最强的现代中国名城。

改革改善 提高提升

◆广东南海区人民政府区长 李贻伟

2005年是实现"十五"计划目标、衔接"十一五"计划的重要一年，也是以改革、整合和提升为抓手加速形成发展强势的关键一年。承接过去一年的发展，我区正处于新一轮经济发展的上升阶段，尽管宏观环境发生了一些变化，但我区的综合竞争优势正日渐显露，我们确立"三个基本判断"：一是当前正处于大有可为的战略机遇期，二是正处于非常关键的战略调整期，三是正处于竞相发展的战略竞争期。面对战略机遇我们一定要倍加珍惜，对经济社会发展的大好局面我们一定要倍加爱护，千方百计用发展的办法解决前进中的困难和问题，千方百计激发干部群众加快发展的热情和干劲，千方百计保持我区经济社会加速发展的强劲势头，抢抓机遇、抢占先机，适时调整战略战术，赢取区域竞争的主动权。

贯彻党的十六大和十六届三中、四中全会精神，按照科学发展观的要求，政府确立新一年工作的七个方针：一是远近结合。处理好远期工作和近期工作的关系，有目标、有计划、有步骤地谋划南海的未来。二是量质并重。注重经济增长方式的转变，总量要保证，质量要提高，实现速度与效益相统一、结构与质量相协调。三是内外交融。促使内外源经济有机结合、相互促进、竞相发展。四是东西联动。实现东西板块两翼齐飞，区域经济协调有序发展。五是软硬兼顾。促进软硬环境的同步改善。六是城乡统筹。逐步统筹城乡的产业发展、规划建设、居民就业和社会事业发展，深化农村改革，加快城乡一元化步伐。七是和谐发展。注重人口、产业、环境、资源和社会的协调和谐。

今年全区经济发展主要指标预期是：地区生产总值增长12%以上，总量超600亿元，招商引资和固定资产投资总额均超150亿元，地方财政一般预算收入增长10%以上。

为实现上述目标，区政府把"改革、改善；提高、提升"作为今年发展的主题，并力求形成一套育队伍、抓改革、促发展和保稳定的统一的工作体系。

双轮驱动 提升经济发展质量

发展仍然是主旋律，是解决一切问题的根本。地方政府既是运动员，需要参与区域之间的竞争，同时又是裁判员，需要公平公正地处理地区内部的社会矛盾。在区域竞争中不领先就会落后，因此要抢抓机遇、先发制人。而推动南海实现更快更好的发展，有赖于经济增长方式从粗放型向集约型转变，以素质的提高带动数量的新扩张；有赖于投入的保证，只有加大投入，才有发展的后劲；最核心的是有赖于民营经济和外资经济的"双轮驱动"。

——*进一步形成民营经济的发展强势*。民营经济是我区最大的原生优势，是最根本的经济基础，也是我区参与新一轮竞争的主要力量所在。要倍加珍惜民营经济的优势，倍加关心民营经济的成长。本地企业家对社会贡献很大，要在全社会营造浓厚的重商氛围，对民营经济我们要了解之、鼓励之、协助之，蓄水养鱼，创造一切有利发展的空间。要像对待跨国公司一样帮助民营企业发展壮大，推动民营企业二次创业。政府正研究出台相应的政策，为促进民外合作、民民合作、民智合作、银企合作、上市融资、品牌经营、整合升级等方面，提供更好的服务和发展平台，引导民营企业在更高的坐标体系中实现新的发展。

——进一步增强外资经济的拉动作用。南海无海，心中有海，有容乃大。引进区外资金是扩充南海经济增量的潜力所在。区外资金一块是外资，一块是内资，都是推动南海经济的重要力量。要争取区外资金占新增投资的一半以上。外资带来的不仅仅是增量的资本，还带来新的产业、新的技术、新的管理、新的人才、新的观念、新的市场和新的就业机会。外来投资者在我区人生地疏，我们将心比心更应加倍呵护之。要提高招商引资工作的水平，努力从漫天撒网式招商转向集约招商，特别是充分利用原产业优势定向招商，从被动等待转向主动出击，从单靠政府招商转向多层次的专业招商。要有意识引进标杆型企业，再引进3至5家世界500强企业和一批国内行业领头企业，与区内民营企业互相呼应、互相激励，日月星辉、相互映照。

改革改善　为南海发展注入新动力

改革就是加大力度整合资源和创新体制，理顺渐进式发展过程中必然遇到的深层次框架上的矛盾，以改革求得新动力、新机遇，从而促发展、促提高。改善就是在过去改革成果的基础上进行巩固、丰富和完善。大问题则大改革，小问题则不断改善。

——整合资源，错位互补，促进东西板块联动协调发展。重点启动东部板块的建设。东部是南海的形象代表，是经济发展的重要区域，应增创新优势，先上一层楼，克服畏难情绪，继续加快发展速度。要以规划为先导，明确东部板块的发展目标、发展规模和战略定位，统筹推进土地利用、公共设施、综合交通系统、市政工程、环境保护等规划建设。落实东部板块公交规划，疏导内部的交通，加强与周边地区特别是广州的交通衔接，主动承接广州的辐射，从而起到沟通广佛、承东启西的作用。大力提升商贸、物流和房地产等第三产业发展水平，推进三山国际物流园区的建设，使东部板块利用自身优势保持经济总量的领先地位。

西部板块工业化与城市化要同步推进。加大园区交通路网等基础设施投入，改善西部投资环境。强化南海科技工业园的整体包装，加快整合内部资源，明晰产业和区域功能定位，形成强大的承载优势、产业优势和板块效应。推行集约开发，提高单位土地的投资密度，确保引进项目的素质，特别是抓好大型企业的引进。

东西部板块是相互依存、相互补充、相互促进的有机整体。要坚持东西板块两手抓、两手都要硬，注意均衡发展、错位互动、两翼齐飞，产业发展必须体现互补性。东部重点发展第三产业的同时，也要优化提升第二产业；西部重点发展第二产业的同时，也要配套发展服务业，加快城市化进程。

——探索城市建设管理的新机制。城市面貌是当地社会经济文化的一面镜子，也是地方管理能力的体现。必须提高全区道路建设、交通管理、市政管理和城市行政执法水平，从原来管理城镇的方式向管理城市的方式转变，特别是中心城区和东西板块的核心区要按照城市化的要求提升品位，使南海成为受人喜欢的城市、适宜工作和生活的家园。要改革市政管理体制，理顺区、镇两级在城市建设管理中的事权、财权。大力推动公共建设的市场化运作。对城市的空间资源进行科学、合理的综合开发利用。积极有序推进城中村的改造。加强城市基础设施建设。积极配合和充分利用佛山“一环”、“珠二环”等重点交通项目的建设，配合佛山市推进桂和、桂丹路拓宽等工程，打破交通瓶颈，加快城市组团道路建设。加强环境保护和生态建设，实施珠江综合整治，配合佛山市推进创建国家环保模范城市工作。

——对关系民生的社会事业继续进行改革探索完善。提高教育、卫生、体育、文化事业等领域的改革意识，与时俱进，引入新机制、新体制，在已取得成绩的基础上继续改善提高。尤其是对镇级学校、镇级医院的机制、体制及经营管理方式重点予以改革探索，发展职业技术教育、民办教育和民办医院，提高教育、医疗服务水平。加强人口与计划生育工作。加大文化、体育事业投入，重点建设群众性体育运动、文化活动场所，不断满足人民群众文化生活需要。

——加强社会综合治理。要研究新时期社会的新矛盾。调整民政、劳动和社会保障等部门功能，使其适应形势发展变化，增强解决新问题的能力。加强公安和信访工作，广泛调动法律、管理和社会资源齐抓共管，积极探索和建立综合治理违法犯罪活动的长效工作机制。研究推行出租屋管理的新模式。严厉打击走私贩私和制售假冒伪劣商品行为。高度关注和积极解决群众上访的热点难点问题，建立各级突发事件和社会救急、应急预警机制，强化安全生产、消防安全和食品药品监督管理工作，及时预防和妥善处理突发性、群体性事件，提高城市应变能力和驾驭公共安全能力。

——推进财政管理体制和公有资产管理体制改革。建设清廉政府，建立统一完整的公共财政收支管理体系。把财政平衡建立在有效增长的基础上，确保财政增长与经济增长良性互动、协调发展。推行财政国库集中支付制度改革,扩展政府采购领域,规范政府采购行为,大幅降低采购成本。深化完善镇级财政管理改革。妥善化解债务,建立健全财政监督机制,保证财政资金安全透明运作。进一步提高科学理财、民主理财、依法理财和为民理财水平。制定区属公有企业全局统筹、进退结合的新战略,完善公有资产的管理制度,加强对现有企业的管理。

——*深化农村改革*。积极研究农村深层次问题。深化农村股份合作制改革,进一步推进、完善好农村固化股权工作。改造原来的农村集体经济发展模式,使农村社区集体经济组织逐步转变为市场经济条件下的经济实体。调整农村基层管理模式,逐步使农村自治组织和经济组织职能分开、各司其职。切实做好村委会换届选举工作,以此为契机,加强农村人才队伍建设,特别是针对我区情况加强对村民小组长的管理、教育和帮扶,提高其综合素质,增强其发展意识和法制意识。落实省委"十百千万"干部驻村工作的部署,发挥驻村干部既是服务员,也是教育员的作用,使锻炼干部与发展基层结合起来。发展高效优质农业,加快农业产业化进程。

确保稳定 建设和谐南海

稳定是发展和改革的前提。必须把握好改革措施出台的时机和节奏,把改革的力度、发展的速度和社会可承受的程度统一起来,在社会稳定中推进改革发展,通过改革发展促进社会稳定,努力营造和谐稳定的社会环境。

——*常思安民之策*。牢固树立执政为民的思想,确保政府规划、计划的执行与环境、资源、要素的供给相协调,各项措施与人民生活的改善、社会事业的进步相适应。随着国家新土地政策的实施,佛山"一环"、"珠二环"等重大工程的顺利推进,我区征地任务正逐步减轻。因而要更加注重采取集约开发利用土地的方式发展经济,不到处开花,少"摊大饼"、少扰民。要激发和尊重广大人民的创造性,上下联动,通过其身发展促进其心稳定。统筹城乡产业发展,通过集约式建设提升农村城镇化、城市化水平。把城市体系规划有步骤延伸到村,使农村居民普遍享用到与城市差距不大的公共产品及公共服务,并向市民生活方式转变。

——*常怀爱民之心*。研究分析新的社会矛盾,建立社情民意的汇集和分析机制,畅通渠道,从而使政府在决策、措施执行的过程中,可以针对不同类型的群体和对象,运用不同的方法加以解决。对农村,要重点推进佛山农村工作"五十条",妥善处理农村突出问题,积极化解经济发展过程中利益再分配可能导致的各种矛盾,稳步推行全征地农村居民基本养老保险补贴等制度。对城镇,要设法创造更多的发展机会,稳步推进城镇居民社会保障制度,大力解决城镇失业人员再就业问题。农村和城镇问题都具有分散性、多元性的特点,须具体问题具体分析,注重整体平衡,克服教条主义、经验主义。

抓好两支队伍建设 提高执政和服务水平

发展、改革、稳定的协调,社会、经济、城市发展水平的提升,需要政府不断更新执政理念,提高执政能力和执政水平。而这一切的出发点是队伍建设,将个人的潜力激发出来,并形成团队合力,这是一门很大的艺术。为此,要抓好两支队伍建设。

——*抓好镇级队伍建设*。镇(街道)是我区经济建设的主战场,是县域发展的支点所在,是走向城市化的必要一环。为更好地发挥镇(街道)的主战场作用,最近我区对镇级行政区划进行了大调整,把原11个镇、6个街道整合为6个镇、2个街道。这是我区的一项重大战略决策,将有利于提升区域的综合竞争力,有利于优化资源配置,优化城市和产业布局,有利于突破发展的瓶颈,让资本、土地、劳动力等各种生产要素有更广阔的施展舞台,让经济、社会、空间、生态等各方面协调有序发展。同时,这也对镇级干部队伍提出了更高的要求。调整后,我区的镇(街道)经济实力更为强大,经济总量甚至超过很多县区,那么干部水平也应该且能够达到县区级水平。因此,要高度重视镇级干部队伍的建设,特别是抓好镇级新领导班子的优化、组合,抓好镇级中层干部队伍的完善、提高,使镇级队伍进一步提升管理和服务水平,并通过他们推动地方经济社会实现更高层次的发展。

——*抓好部门队伍建设*。部门是政府的组成部分,是政府工作的主要执行机构,部门的每个人都是政府的形象代表,所有加起来就是政府的整体形象。为此要开展"理想、责任、能力、形象"教育活动,树立公务员队伍的先进形象。完善和落实好机关单位绩效与作风考评制度,进一步提高部门工作效能。加强公务员培训和适度交流,提高干部科学判断形势、驾驭市场经济、应对复杂局面和依法行政的能力。推行政府雇员制,以更加灵活的方式探索引进专业型人才作为有益的补充。

继续深入打造"高效南海",赋予其更多新的内容,落实更多新的举措,使高效南海更加高效。一是推进"局长工程"。强化对局长们的培训和指导,使部门领导既当好指挥员,能瞻前顾后,以超前的战略目光研究新问题、新政策，并提出对策、建议，统筹好各项工作，又当好战斗员，能以身垂范，自己动手解决实际问题。二是解决“科长现象”。当前，在行政审批过程中，还存在少数的“批不批在局长，办不办在科长”现象。因而各部门要进一步深化行政审批制度改革，以完善审批流程为重点，解决“中间环节办事难”这一症结。同时要爱护和帮助科长们，使他们眼界更高、信息更多、行动更快，使他们认识到该管不管是失职，该放不放也是失职，从而使“南海速度”有更加明显的提高，行政服务环境有更加明显的改善。

（本文节选自佛山市南海区第十三届人民代表大会第四次会议《政府工作报告·2005年工作意见》部分）

坚持创新发展 加快经济转型

◆中共杭州市委常委、萧山区委书记　王金财

在落实科学发展观、构建和谐社会的新形势下，县域经济的转型、提升成为一项艰巨而又紧迫的任务。2005 年以来面对宏观调控的经济形势，地方经济在投入、效益和发展速度上都有所回落，正面临着像汽车“爬坡”一样的考验。我们应认真学习贯彻十六届五中全会精神，全面落实“立足科学发展，着力自主创新，完善体制机制，促进社会和谐”的总体要求，不断提高领导发展的能力，不失时机地进行“换档”、“加油”，力争在“十一五”时期实现更高平台上的更快更好发展。

正视“爬坡”——当前发展正处在关键期

2005 年 1—9 月，全区实现生产总值 450.88 亿元，同比增长 16.9%；完成财政总收入 50.3 亿元，其中地方财政收入 24.6 亿元，均增长 16.2%；实现工业总产值 1461.03 亿元，其中规模以上企业工业总产值 1264.8 亿元，分别增长 22.2%和 24.2%，经济继续保持了稳健增长的态势。与此同时，萧山经济发展又面临着不少难题，如要素制约加剧、投资缺少亮点、结构调整任重道远，特别是化纤行业受国际国内市场因素影响出现了负增长。经济运行中出现“爬坡”现象有其必然性，这种“阵痛”回避不了。首先，“爬坡”是落实科学发展观的要求。科学发展是对原有发展模式的升华，经济社会发展中的薄弱环节需要加强，各方面都有调整的过程，转变粗放型的增长方式成为绕不开的难题。其次，“爬坡”是宏观调控的要求。宏观调控下“紧运行”的环境既带来了压力，也使经济社会发展更加理性，更加稳健，更加和谐。同时，“爬坡”又是萧山自身经济转型的要求。全区在实施由强县（市）型向都市型发展的战略转变，推进经济、城市、社会三大转型的过程中，更需要负重奋进。因此，面对“爬坡”，应多从自身发展理念上查找原因，更好地把握当前经济转型、提升的发展关键期。

积极“换档”——科学发展的必然选择

要顺利实现“爬坡”，就必须积极“换档”，用好宏观调控的“倒逼”机制和机遇，创新发展模式，进一步加快结构调整，提升产业层次，转变增长方式。围绕“融入大杭州、建设新萧山”的要求，在经济发展方面重点实施三大转变。

一是从主攻工业“做大做强”转向二、三产业“两轮驱动”。萧山近年来的发展，很大程度上是工业的发展。萧山还是要坚持“工业强区”战略，坚定不移地走新型工业化道路，大力推进民营企业“二次创业”。但从现在看，发展现代服务业是调整经济结构、推进产业升级的迫切需要，优化综合环境、提升城市竞争力的有效途径，体现以人为本、推进协调发展的关键手段。要充分发挥萧山的区位条件和交通环境优势，以举办 2006 年世界休闲博览会为契机，加快旅游、商贸重点项目建设，大力发展研发、物流等生产性服务业，将服务业逐步培育壮大成为推动经济发展的又一支柱。

二是从传统产业“一枝独秀”转向与高新技术产业“比翼双飞”。目前，纺织印染、机械汽配、钢构网架、服装羽绒、精细化工等几大传统产业占了萧山工

业总量的90%以上。传统产业造就了萧山工业的辉煌，而提升传统产业、发展高新技术产业将决定萧山工业经济发展的命运。萧山必须一方面下决心走高端化道路，巩固支柱产业地位和现实优势；另一方面重点培育、引进汽车电子和数控机床等高新技术产业，争取有大的突破。

三是从粗放扩张型增长转向集约提升式发展。依靠高消耗、粗放型扩张发展的路子已走到尽头，要素制约将成为一种常态，必须大力发展循环经济，把有限的资源供给作为促进增长方式转变的重要杠杆。目前萧山各类建设用地已有30多万亩的存量，只要把集约程度提高10%，能挖潜利用的土地就相当于调控前每年的供应量，集约提升发展的空间很大。

适时“加油”——以创新的举措推进又快又好发展

要增强做好经济工作的敏感性和敏锐性，抓住机遇，培育亮点，加快经济由要素驱动向创新驱动转变，确保紧中求活、好中求快、稳中求进、强中求先。萧山将重点采取以下措施：

1. 自主创新、壮大名牌，增强核心竞争力。全面实施技术创新战略、品牌战略和错位发展战略，大力推进“百亿技改”和“百亿研发”两大百亿工程，建设世界一流的纺织品生产基地、国家级汽配零部件基地、全国知名的网架钢构基地。重点支持高新产品、省级以上名牌产品和信息化改造项目，今年全区新增国家级高新技术企业10家，累计已有37家，最近万向轴承等8只产品被命名为中国名牌产品，全区已拥有中国名牌产品10只、中国驰名商标2只。大力推进企业上市工作，开展“企业管理创星级”活动，大力提升企业素质，培育一批控股、控核心技术和控名牌的“三控型”民营企业。

2. 内强总部、外拓基地，促进产业“退低进高”。在坚持引导和支持优势企业加强本地研发中心和销售中心建设的同时，鼓励有条件的企业外建加工基地，腾出空间和资源发展好项目，促进产业梯度转换。目前，全区263家企业对外投资总额超过65亿元，农业外建基地总量已达200万亩。2005年，全区确立了30家清洁生产示范企业，已淘汰水泥机立窑生产线7条，并切实加大了化工、纺织印染行业污染治理力度。

3. 以民引外、选商引资，提升经济开放水平。萧山有1850家规模以上民营企业，其中有28家企业入围全国民企500强。在鼓励区内企业加强合作、整合资源的同时，推广传化集团与日本花王、钱啤集团与香港华润等合作的成功典型，推动民营骨干企业加强与国内外知名企业的合作，进一步增强民营经济活力和竞争力。

4. 集约节约、盘活存量，努力缓解要素制约。在土地要素方面，强化“有好项目才有发展空间”的理念，积极向上申报重点项目；探索放开工业用地容积率控制指标的办法，积极开展区内土地、厂房存量对接招商活动，鼓励企业间调剂，提高土地投入产出率。在资金要素方面，发挥全区20多家担保公司作用，有效解决中小企业融资难题，加快培育新型优势企业。

5. 搭建平台、扶持三产，全力打造发展新亮点。发挥产业基础优势，加快汽车电子和数控机床产业基地建设，推进新型块状经济发展。出台扶持政策，积极引导企业跳出传统服务业、小三产（为本地生产生活服务）的观念，发展现代服务业、大三产（辐射周边地区甚至全国），加快总投资超百亿的旅游工程和投资20多亿元的中国纺织采购博览城等四大“百亿市场”建设，打造富有特色的服务业强区。

6. 加强领导、优化服务，营造一流发展环境。建立了领导干部联系重大项目和重大项目推进协调“两项制度”，深入开展了“工业经济服务年”和“外商投资企业服务月”“两项活动”，及时帮助解决实际问题，努力营造和谐创业环境。

总之，面对“爬坡”的考验，萧山将坚持学习先进、创新发展、加快转型，努力建设富裕和谐的现代化强区。

高举率先发展大旗 再展实力武进雄风

◆中共常州市武进区委书记　沈瑞卿　武进区人民政府代区长　徐伟南

改革开放以来，在邓小平理论和“三个代表”重要思想的指导下，武进人民团结拼搏，开拓进取，赢得了经济社会的持续快速健康发展。武进虽经数次区划调整，仍然在县域社会经济综合发展指数评比中持续保持全国前列。回顾过去，武进靠发展赢得了实力，赢得了地位，赢得了荣誉。展望未来，我们将认真贯彻党的十六大和十六届三中、四中、五中全会精神，继续高举发展大旗，把率先发展、科学发展、和谐发展作为“十一五”期间一切工作的主线，紧紧瞄准全国发展最先进的地区，进一步解放思想、抢抓机遇、大胆创新、大步追赶，努力实现武进经济社会发展的新跨越，力争率先建成全面小康社会、率先基本实现现代化。

一是全力推进大开放，更好地提升发展水平。一个地区发展的水平取决于开放的深度、广度和力度。在“两个率先”进程中，武进将进一步加大开放力度，加快提升对外开放的水平。首先，进一步确立开放的理念。在推进经济、社会事业建设中，主动适应经济全球化的需要，主动融入到世界经济发展大舞台，主动接受国际先进思想和先进理念，积极在更大范围、更广领域和更高层次上参与国际经济技术合作和竞争。其次，进一步加大开放的力度。着力建好招商引资最优平台，进一步加大投入，完善配套设施，加快提升开发区和工业集中区建设水平。着力建好招商引资队伍，通过建立优胜劣汰、奖罚分明的工作机制，把素质最好、最能吃苦、办法最多的干部选到招商队伍中去。着力搞活招商引资机制，加强招商代理网络建设，在全区建立信息共享、共同推进的招商信息交流机制。第三，进一步拓展开放的领域。在抓好制造业领域利用外资的同时，积极引导外资投向农业和服务业，包括一部分可以国退民进的事业单位，吸引外来资本参与城市建设和社会事业的发展。第四，进一步提升开放的水平。着眼于武进长远的发展，注重项目对武进空间、环境、资源利用的程度和主导产业的培育促进程度，加快实现从“招商引资”到“招商选资”的转变，把利用外资提高到新的水平。通过大开放，进一步接受成熟的思想，接受成功的经验，接受先进的技术，接受优秀的人才，推动武进经济社会更快更好地发展。

二是加快实施大投入，更好地积蓄发展后劲。有效投入是积蓄发展后劲、增强发展实力的动力所在。我们将把加大有效投入作为武进实现率先发展的重中之重来抓。首先是持续保持强劲的增长势头。大力实施“外资赶超计划”、“民资倍增计划”、“投资攻坚计划”，力争“十一五”期间每年投入的增幅达到30%。其次是不断提升投入水平。进一步畅通投资渠道，积极鼓励现代服务业的发展，重点发展生产性服务业，大力培育新兴服务业，全面提升传统服务业，力争到“十一五”期末服务业增加值占地区生产总值的比重达到38%。进一步明确投资导向，积极鼓励企业引进先进技术装备，加快提升传统行业，大力发展电子通信、新材料、精密机械等高新技术产业。更加坚定地把提高自主创新能力作为转变经济增长方式的中心环节，积极鼓励企业提高自主创新能力，加快建立以企业为主体的自主创新体系，培育一批拥有自主知识产权和知名品牌、国际竞争力较强的优势企业，提高企业核心竞争力。第三，化解投入难题。在土地上，通过积极引进和实施重大项目，用好增量；通过清理批而未用土地、整合闲置厂房资源，盘活存量。在资金上，树立适度负债理念，充分发挥投融资平台功能，加快完善运作机制，积极运用BOT、BT等新型融资方式，开展多渠道融资。在拆迁安置上，加快推进安置房建设，着力完善失地农民的社会保障，稳妥高效地做好拆迁安置工作，保障基础设施和重大项目的顺利推进。

三是着力扩充大板块，更好地增强发展实力。板块建设可以增强地区聚集效应，可以增强地区辐射力，还可以增强地区综合竞争能力。武进今后的板块建设将进一步突出重点，围绕“三城三区一中心”开展。“三城”，即以高等职业教育为特色的常州大学城，以得天独厚的山水为优势的太湖湾旅游度假城，以现代、民本、生态、文化、可持续为目标的西太湖休闲城。大学城将从现在7万多人的规模发展到10万人，加快建设成为长三角地区重要的中高级技工培训基地；太湖湾旅游度假城将依托世界旅游组织编制的一流规划积极组织国际招商，加快推进太湖湾金陵旅游度假村五星级酒店等重大项目的建设进度，尽快建设成为风景优美、环境宜人的旅游、度假、休闲胜地；西太湖综合整治保护开发规划基本完成，正在积极招商引资，远景规划将建设成30万人口规模的现代化生态休闲城。“三区”，即武进高新技术产业开发区，重点镇工业集中区，重点市场物流区。武进高新技术产业开发区作为全区先进制造业的集中区、现代服务业的新兴区、体制机制的创新区、“两个率先”的先行区和和谐社会的示范区，将在产业定位、土地利用水平、产出水平、环境质量等方面充分体现“率先”要求，努力建设成为全市领先、全省一流、全国有影响的开发区。重点镇工业集中区将强化规划管理，完善配套功能设施建设，加快建立土地投入产出评价机制、考核机制，加快推进标准厂房建设，切实提高土地集约利用水平，努力打造促进乡镇工业集聚、升级的优质平台。力争通过5－10年的努力，凭借开发区、工业集中区完善的基础条件和高效的服务体系，进一步强化产业导向，提升企业素质，把武进建设成为长江三角洲地区重要的现代制造业基地。加快建设重点市场物流区，进一步抓好夏溪花木市场、邹区灯具市场、湖塘纺织市场、横林地板市场等一批规模较大、产业辐射带动力强的重点专业市场，加快建设亚邦药物市场、菱港物流中心、高新区保税物流中心等新兴市场物流区，大力促进武进现代服务业的发展。“一中心”，即武进中心城区。把中心城区作为武进的政治中心、经济中心、文化中心、居住中心，加快做旺、做美、做出魅力，成为吸纳各种生产要素的“强磁场”。努力用科学的规划来引导城市的高水平建设和可持续发展，集中财力、物力、人力重点建设15平方公里核心区，尽快建成五星级酒店、体育馆、会议中心、国际医院、购物中心、百货大楼、中心公园等配套功能设施，凸现城市形象，强化城市功能，集聚城市人气，打响武进新城品牌，迅速使武进成为苏南乃至整个长江三角洲地区城市群中富有个性特色的一大亮点。

四是迅速提升大环境，更好地塑造发展形象。武进将深入贯彻科学发展观的要求，进一步深入强化生态环境建设，加快提升人居生活质量。一是提升城市景观。围绕体现一流城市景观和增强现代化城市气息，加快做好中心城区重点地块、重大项目、重要街景的控制性详规的编制工作。加快完善以“八纵八横”为骨架的道路框架，做到条条贯通、路路畅通，加快与常州主城区、江阴和无锡等地区的快速对接，更好地接受常州主城区的辐射，更好地谋求区域共同发展的共振效应。对重点道路、重要节点、城市出入口及周边景观包括绿化种植、建筑风格、建筑立面、户外广告等关系城市形象的各个方面进行统筹规划，按照特色化、个性化的要求，提升建设品位，打造传世精品。二是提升绿化水平。将街景绿地、滨河绿地、小区绿地纳入城市总体布局，大力推进淹城森林公园等中心城区绿化工程建设，努力打造中心城区“绿肺”。加快推进各镇镇区绿化、农田林网和绿化苗木基地建设，使全区绿化水平有较大提高。三是提升生态环境。大力推进生态示范区建设，进一步强化各级环保意识，落实责任机制，加快建设污水处理、垃圾焚烧等环境基础设施，全面开展工业污染源达标活动，加强重点河道综合治理，切实改善环境综合质量。力争通过三到五年的努力，使常州市最好的景观道路在武进，最好的精品楼盘在武进，最好的生态环境在武进，最好的投资创业福地在武进。

五是积极鼓励大创业，更好地激发发展动力。以艰苦创业、开拓创新和争先创优为主要内涵的“三创”精神，是江苏人在长期实践中凝结成的宝贵经验，我们将带头树立和弘扬创业、创新、创优的“三创”精神，推动全区干部群众勇当发展的带头人、先行者。第一，鼓励机关干部创事业。用富民强区的目标感召全区干部为武进人民创事业，在全区各级机关干部中创造一个想干事、敢干事而且能干成事的氛围，营造积极进取、争先抢位的良好风气，确立“要做就做最好，要做就做最一流”的理念，以实实在在的业绩来回报组织的重任、人民的重托。第二，鼓励企业干大业。鼓励企业在正确把握市场、科学决策的前提下，敢于做大、善于做大，勇创大业。把有限的政策资源真正用于创名牌、育名企，全力支持中天集团、新科集团、亚邦集团、江南铁合金集团等重点企业上新项目、上大项目、上好项目，加快产品结构调整，增强核心竞争力，加快培育出一批实力强、名气响的航空母舰。第三，鼓励全民创新业。进一步降低门槛，提高服务水平，认真落实民营经济发展的各项政策措施。按照建设社会主义新农村的要求，全面推进农村集体经济组织股份合作制改革，让更多农民及早“持股进城、按股分红”。完善农村教育、医疗、文化等社会事业的建设，积极开展农村劳动力免费培训工作，逐步建立城乡一体化的就业制度和社会保障制度，让武进的老百姓更好地、更多地参与全民创业，通过创业勤劳致富。

“雄关漫道真如铁，而今迈步从头越。”在加快推进“两个率先”的宏伟事业中，武进人民将与时俱进地发扬和创新“团结奋进、勇于开拓、实干兴业、争创一流”的武进精神，武进必将赢得新的更大的发展，武进必将继续是一个独领龙城的武进，雄居苏南的武进，名扬华夏的武进！

奋力攻坚越坎 更快更好发展

◆中共绍兴市委常委、绍兴县委书记　徐纪平　绍兴县人民政府县长　冯建荣

（一）

绍兴县素称鱼米之乡、丝绸之府、文化之邦。地域面积1177平方公里，户籍人口70万，外来人口30万，2004年全县生产总值328.96亿元，人均生产总值达5750美元。改革开放以来，绍兴县实现了从农业大县、资源小县向全国经济十强县和第一纺织大县的历史性跨越，走出了一条符合科学发展观要求，具有时代特征、绍兴特点的发展路子。一是国民经济以工业为主体。三次产业比重为4.9∶66.5∶28.6，工业产销双过千亿大关。民营经济发达，2004年全国民营企业500强，绍兴县占20席，全省民营企业100强，绍兴县占13席。纺织产业集群优势明显，绍兴县生产的纺织品占全国同类产品的15%，出口量占全国同类纺织品的近20%。石油化工、新型建材、塑料薄膜、汽车配件、纺织机械等新兴产业、高新技术产业方兴未艾。以纺织产业为依托，绍兴县柯桥形成了全球最大的轻纺专业市场——中国轻纺城，去年成交额达258亿元，有经营户1.2万户。二是城乡建设以统筹为主线。柯桥城市自“迁址建城”五年来，先后投入200多亿元，其中社会性投资占60%，建成区框架从12平方公里拓展到38平方公里，城区人口由11万增加到18万，实现了由传统集镇向新兴城市的跨越。坚持以城带乡，城乡基础设施日臻完善，全面小康农村新社区建设全面展开，“三有一化”（有保障、有股份、有技能和村庄社区化）改革基本完成。三是社会发展以和谐为主调。在加快经济发展的同时，大力推进各项社会保障和社会事业，实现了各种所有制企业职工养老保险（含工伤保险）、城乡居民最低生活保障、失地农民基本生活保障、农村新型合作医疗、“三无”老人集中供养等农村“新五保”全覆盖，实现了社区公共卫生服务、村村通公交车、村村有便民超市、城乡居民清洁饮用水等四项社会事业全覆盖。致力打造“平安柯桥”，不断加强社会稳定工作，人民群众安居乐业，被评为全省平安县（市）先进单位。重视和加强环境保护，建成了国内规模最大、日处理能力60万吨的污水处理厂，成为全国首批生态建设示范区，2003年又荣获“全球生态500佳”提名奖。

（二）

县域经济作为我国城市经济和农村经济、宏观经济和微观经济的两大结合部，是转变增长方式、统筹城乡发展、构建和谐社会的最基本的战略单位。古往今来，“郡县治，则天下治”，在我国经济社会的转型发展进程中，县域发展的地位和作用不但没有下降，而且更加重要。2004年以来，发达县域面临了率先发展而较早遇到的新坎子：保持快速增长的难度加大，继续深化改革的阻力增加，资源环境的制约加剧，维护社会稳定的任务加重。发达县域遭遇到坎子，既是挑战和困难，更是机遇和希望。早认识、早跨越这一坎子，既能为发达县域自身开辟科学发展、加快发展、创新发展、和谐发展的新天地新境界，也能为全国统筹发展大局和其他县域发展作出新贡献，探索新路子。绍兴县在实践中感到，要跨越这一坎子，必须破解五大问题：

1. 转变经济增长方式问题。经过多年来的发展，发达县域已拥有相当的经济总量，现在面临的主要矛盾不再是数量和规模问题，而是质量和结构问题。加快转变经济增长方式，对发达县域来说显得更为紧迫。转变增长方式，需要正确把握两对关系：一是传统产业与新兴产业的关系。以块状经济为特征的传统产业，是发达县域的一大特色。提升块状经济是转变增长方式的主要任务。就绍兴县而言，纺织是绍兴县的主体产业，是优势所在。面对当前纺织业发展普遍遇到效益下滑、出口受阻等困难，绍兴县既不能放弃比较优势，更不能固守传统模式，根本出路在于加快纺织业改造升级。同时，因地制宜培育发展新兴产业，加快形成新的经济增长点。二是保持增长速度与加大调整力度的关系。保持经济平稳较快增长，可以为结构调整提供回旋空间和宽松的环境。而大力加快结构调整，既有利于解决经济发展深层次矛盾，也有利于促进经济持续健康发展。绍兴县更清醒认识的是，经济结构调整是一个渐进的、动态的、持续的过程，决不能因强调结构调整而放慢可能争取到的发展速度，更不能等到结构调整好了再加快发展。惟有坚持在发展中调整，以调整促发展，才能实现经济更快更好发展。

2. 新时期“三农”问题。作为发达县域，“三农”问题既有与其他地区一样的共性，即农业是弱势产业、农民是弱势群体、农村是落后社区，更有自身的个性。从绍兴县来看，“三农”的现状已发生了深刻变化：进入了“两个趋向”的新阶段，工业化已经基本实现，85%的农村劳动力转移到非农产业，非农收入成为农民收入的主要来源，但是农业比较效益提高缓慢，农业基础地位不够牢固；城市化加速推进，城乡基础设施日臻完善，村落变社区的步伐加快，但是被征地农民大量增加，导致各种矛盾不断产生；市场化改革取得重大突破，传统的乡镇企业被全面改制为民营企业，发展的动力和活力增强，但是村级集体经济的来源减少，村级发展问题突出。因此，绍兴县认为，“三农”工作是县域发展的永恒主题，任何时候都不能放松。但是“三农”工作的理念要与时俱进，主动顺应“两个趋向”，跳出“三农”看“三农”，统筹城乡兴“三农”，进一步以工业化、城市化、市场化解决“三农”问题。

3. 深化改革问题。发达县域之所以发展较快，根本动力是改革。回顾发达县域发展走过的道路，实质上是一条体制机制创新之路，是一条抓改革促发展之路。现在暴露和遇到的矛盾，都可以在体制机制上找原因，解决这些矛盾的根本措施还得靠改革。就绍兴县而言，尽管各项改革起步比较早、范围比较广、力度比较大，但体制机制先发优势正在弱化，与建立完善的社会主义市场经济体制目标、与科学发展的要求对照，距离还很大。因此，为了促进发达县域更快更好发展，必须进一步解放思想、与时俱进，做深做透深化改革的文章，使科学发展观落实到制度、体制、机制层面上，体现在政府、企业、社会运行发展中。

4. 资源环境问题。在发达县域经济发展的诸多约束中，资源环境制约已成为主要矛盾。如果说工业化初期的发展过程中，绍兴县的资源禀赋尚能支撑工业化进程，那么时至今日，进入工业化中后期，如果继续延续传统增长模式，资源要素将难以支撑，环境容量将难以承受，成本上涨将难以消化。化解要素资源制约，既要解决供应不足问题，更要提高集约利用率，大力节电、节水、节地、节材，建设资源节约型、环境友好型社会。绍兴县还必须破除“县域经济就是县内经济”的传统观念，抓紧研究产业梯度转移中“转移什么、承接什么、留下什么”问题，制订开明务实政策，逐步将资源约束型产业转移出去，将高新技术产业承接进来，将传统产业的核心部位保留下来，通过在更大范围配置要素，破解资源环境难题。

5. 构建和谐社会问题。在转型发展中，发达县域大有大的难处，快有快的新矛盾，往往会遇到别人未曾遇到的问题。如何更好地处理改革发展稳定的关系，化解转型中的矛盾，构建和谐社会，是发达县域发展的重大课题、对县域党委政府执政能力的严峻考验。绍兴县必须坚持发展硬道理，重视稳定硬任务，统筹兼顾，综合协调：在推进经济快速发展时，要防止环境污染可能引发的社会矛盾；在照顾某一群体的利益时，要考虑可能引起其他群体的利益失衡；在切实解决群众热点难点问题时，要注重教育引导群众，依法理性地表达利益诉求；在推进社会保障体系建设中，要注意量力而行，逐步推进，不把群众的胃口吊高，以免带来支付风险。

（三）

创新、发展、和谐，要求我们在认识上有新境界，发展上有新思路，工作上有新举措。2004年以来，绍兴县坚持以科学发展观为指导，创造性地贯彻上级方针政策，着眼“六个坚持”，掀起了“越坎运动”：

1. 坚持与时俱进，着力完善发展思路。在新的形势下，发展县域经济靠老办法、老路子已经走不通。绍兴县审时度势，深入分析自己所处的发展阶段和面临形势，确定了“保强争优、统筹发展”的工作主题，提出了“攻坚越坎”的工作要求，以越坎来统一思想，以越坎来凝聚力量；按照新型工业化的要求，立足比较优势，提升块状经济，作出了打造国际纺织品制造中心和贸易中心的决策部署；面对宏观调控的新形势，绍兴县强调振作精神，提出“三个不行”（怨天尤人不行，等待观望也不行，盲目蛮干更不行），利用宏观调控倒逼机制，加强结构升级正面引导，化压力为动力，化挑战为机遇。

2. 坚持结构升级，着力提高发展质量。按照“纺织抓升级、非纺抓拓展”的产业发展方针，加大技改投入力度，做精做优纺织业，做大做强非纺优势产业，促进工业结构的优化升级。一是以优化投资结构来调整工业结构，2005年上半年，完成工业投资63.4亿元，比上年增长23.5%，纺织与非纺的投入比由60∶40转为40∶60，非纺业投入历史上首次超过纺织业，产值比由76∶24转为73∶27，“一主十大”（即：以纺织业为主体产业，新型建材、石油化工、汽车配件、纺织机械、金银饰品、皮塑橡胶、金属加工、化工医药、电子电器、酿酒食品等为十大支柱产业）的产业发展格局初步形成。力争通过五年左右的努力，纺织与非纺的产出比重调整到50∶50。二是把发展循环经济作为转变增长方式的一场革命，打造循环经济示范县。大力推进节电、节水、节地、节材，创造了土地集约利用“十法”，国务院总理温家宝作出重要批示给予充分肯定。政府从技术、政策、服务、管理等方面入手，扎实推进企业循环式生产、产业循环式对接、经济循环式发展。2005年上半年与宏观调控以前相比，万元GDP能耗下降13%，万元GDP水耗下降30.1%，每亩土地投资强度增加99.5%，主要污染物排放量明显下降。由此降低生产成本6.2亿元，占同期工业利润的11%。

3. 坚持自主创新，着力强化发展支撑。把提高自主创新能力作为结构升级的重要动力，作为转变增长方式的中心环节，以政府为主导、企业为主体，深化政产学研结合，加大政策扶持力度，实施了一批关键技术、共性技术自主创新项目，形成了一批具有自主知识产权的创新成果。比如：“展望集团”成功开发大豆蛋白纤维，实现了原始创新；全球单体规模最大的“欧亚薄膜”，将世界上最好的设备和技术加以集成组合，独创了直接拉膜的工艺，实现了集成创新；一大批纺织企业八仙过海、各显神通，运用新工艺，开发新产品，提升产品科技含量，增加附加值，实现了引进消化再创新。绍兴县还充分发挥科技中介机构的平台作用，建成全国最大的纺织业民营生产力促进中心，扶一家，带一片，为广大中小企业提供了科技服务。目前，绍兴县呈现了前所未有的“创新、创牌”热。

4. 坚持深化改革，着力增强发展动力。以列入全省农村综合改革试点县为契机，着眼于统筹发展，着眼于加强基础，着眼于制度创新，致力完善已改的、突破未改的，坚持因地因时制宜，开展乡镇机构、农村义务教育、县乡财政体制、化解镇级债务、村级组织运转等五个重点改革，努力在全省乃至全国走出一条以农村综合改革促城乡统筹发展的新路子。更大程度地发挥市场在资源配置中的基础作用，开展了工业用地使用权定价出让、排污权交易、技术服务市场化等探索，为全面落实科学发展观提供制度保障。打造上市公司“柯桥板块”，狠抓企业上市工作，推进现代企业制度建设，目前上市公司达8家。

5. 坚持对外开放，着力拓展发展空间。坚定不移发展对外贸易，切实强化外贸转型，大力实施科技兴贸、质量优贸，化解出口退税政策调整带来的财政负担；主动应对贸易摩擦，引导企业开发生产非设限类产品，走市场多元化、产品差异化之路；积极创新营销方式，主攻终端客户和主流市场，减少中间环节，提高营销利润。坚定不移地发展经济开发区，以滨海工业区、柯桥开发区为主战场，加强招商引资，突出选商引资，引进了一大批重量级、升级型的外资项目。滨海工业区经过三年来的大开发大建设，基础设施覆盖63平方公里，建成区26平方公里，累计完成工业投入100亿元，基础设施40亿元，今年可实现产销250亿元，新增150亿元，预计用10年时间，再造一个绍兴县。坚持把引进资金与引进人才、管理和技术紧密结合起来，鼓励和支持外资嫁接改造传统产业，引进结构升级急需的境外人才120多名。

6. 坚持城乡统筹，着力优化发展路子。城市化、工业化的过程，实质上就是推进“三农”非农化的过程。绍兴县针对被征地农民的生产就业和生活保障问题日益突出的状况，从2003年下半年起，系统设计“三有一化”制度，全面推广实施，同步、柔和地在工业化、城市化进程中转移农民、保障农民、提高农民。以社区化的理念开展了全面小康新农村的规划建设，坚持分类指导，分批推进，因村制宜，尊重民意，突出环境整治和文化设施配套，目前进展顺利，形象凸现。以供销超市“放心店”建设为龙头，积极构筑农村消费安全工程，目前农村“放心店”覆盖率达100%。坚持重心下移，强化基层平安创建，积极构筑现代警务机制，维护了社会和谐稳定。

努力建设现代化港口工业城市和滨江卫星城市

◆中共太仓市委书记　程惠明

进入新世纪以来，太仓市坚持以邓小平理论和“三个代表”重要思想为指导，牢固树立科学发展观，紧紧围绕“两个率先”，充分发挥沿江、沿沪优势，大力实施“科教兴市、以港强市、经济国际化”三大战略，推动经济社会步入了快速发展的新阶段。

综合实力快速提升。2004 年全市实现地区生产总值 248.22 亿元，比上年增长 13.5%，人均地区生产总值超过 6600 美元；完成工业总产值 542.62 亿元，同比增长 24.8%；实现财政收入 31.76 亿元，同比增长 46.9%。2005 年在国家宏观调控的大环境中，太仓市坚持科学发展不动摇，加快发展不停步，保持了良好的发展态势。1～9 月完成地区生产总值 221.93 亿元，同比增长 19.2%；完成工业总产值 505.92 亿元，同比增长 27%；实现财政收入 32 亿元，其中一般预算收入 14.4 亿元，分别同比增长 53.7%和 61.6%。目前全市实有外商投资企业 1350 多家，投资总额超 80 亿美元，注册外资 50 亿美元；私营企业总数达 5000 多家，注册资本突破 100 亿元。固定资产投资保持较快增长，继 2003、2004 年分别完成 111 亿元、138 亿元后，2005 年前三季度完成 136.24 亿元，同比增长 27.7%，为向后提速发展奠定了扎实基础。

开发开放纵深推进。通过深入做好“以港强市”、“接轨上海”两篇文章，努力把沿江、沿沪两大优势放得更大，加快壮大沿江先进制造业基地和沿沪高新技术产业群。太仓港目前已累计建成生产性泊位 20 个，其中万吨级以上泊位 10 个；在建万吨级以上泊位 6 个，年底可竣工投运；即将开工建设万吨级以上泊位 7 个。2004 年太仓港货物吞吐量突破 1000 万吨，完成集装箱运量 9.2 万标箱。今年前三季度，太仓港完成货物吞吐量 982.1 万吨，集装箱 16.46 万标箱，分别增长 23.6 和 147%。港区重点围绕石油化工、电力能源、基础原材料、轻工造纸、现代物流等五大临江主导产业，加大招商引资力度，全力推进临江产业发展，已引进美国埃克森·美孚、BP、挪威海德鲁、英荷联合利华、耐克、中石油、中石化等世界 500 强企业以及国内的中远、中集、武钢、上海烟草、协鑫等各类项目 197 个；累计引进外资项目 134 个，注册外资 16.6 亿美元，实际利用外资 9.1 亿美元；内资项目 63 个，注册资本 37.7 亿元；完成项目固定资产投资 300 亿元。2005 年前三季度港区完成工业总产值 119.2 亿元，同比增长 48.3%，已超过去年全年总和。同时，太仓市把紧临城区、接壤上海的太仓经济开发区作为“接轨上海”的第一阵地，主动与大上海配套合作，推动交通、产业、文化等多层次全面接轨上海。舍弗勒、慧鱼、迪美斯等 52 家高新技术德资企业的集聚，使太仓成为国内德资企业密度最高、发展最好的地区之一。

城乡环境日臻和谐。太仓市以城市整体规划体系为先导，加快推进城乡一体化和城市现代化建设步伐，全面启动滨江新城和南郊新城区建设，凸现“哑铃型”城市格局。围绕创建全国园林城市和生态示范市目标，大力推进城乡绿化、美化、亮化工程，促进城乡环境优化。市区建成区面积扩展到 21 平方公里，绿化覆盖率达 41.2%，每百平方公里通车全程达 105 公里，城市化率提高到 55.7%，已初步展示出靓丽、洁静、舒适，古典风雅与现代气息相映交融，人与自然和谐发展的城市形象。

人民生活不断改善。突出致富农民，加快推进富民工程，依靠产业化提高农业，依靠城市化带动农村，依靠工业化致富农民，城乡居民的生产性、资产性、工资性、政策性和经营性收入不断增长。2004年城镇居民人均可支配收入14558元，农民人均纯收入7510元，城乡居民储蓄存款余额114.94亿元。人民生活质量进一步提高，消费结构不断优化，城镇居民人均生活消费支出8432元，农村居民人均生活消费支出4588元。食品消费占生活支出的比重(恩格尔系数)不断下降，城镇居民为36％，农村居民为35％；文教娱乐服务支出比重逐年上升，家庭耐用消费品拥有量继续增加。城乡居住条件进一步改善，城镇人均住房建筑面积41平方米，农村人均钢筋、砖木结构住房面积61.4平方米。私家车、电话、计算机等人均拥有量均列江苏省前茅。

社会事业全面发展。近年来，太仓市大力实施“科教兴市”战略，科技创新工作不断深化，新材料创业园、科技创业园暨留学人员创业园等技术创新平台正在加快建设。教育水平不断提高，新生劳动力平均受教育年限达14.3年；教育布局不断完善，2004年创办了太仓第一所高等院校——健雄职业技术学院。“文化强市”建设成果显著，成功举办了郑和下西洋600周年纪念活动，江南丝竹晋京展演圆满成功，形成了一批特色文化乡镇。基层民主法制建设深入推进，公共安全体系不断加强。各项创建活动成绩斐然，城市形象不断提升，先后建成全国卫生城市、国家环保模范城市、全国生态示范市、全国创建文明城市工作先进城市、全国村民自治模范市、全国科普示范市、全国社会治安综合治理先进单位等。

新世纪之初的“十一五”，是太仓市实现“两个率先”、建设国家级港口工业城市和离上海最近的现代化滨江卫星城市的关键时期。面对新形势、新任务，我们将认真落实科学发展观，充分发挥自身优势，坚持走“以工兴港、以港兴市、接轨上海、服务苏南”的发展路径，切实转变经济增长方式，促进产业向集约化、先进化方向发展，促进城市向现代化、特色化方向发展，促进政府职能向国际化、规范化方向发展，着力提升区域综合竞争力，增创和谐发展新优势。

坚持走“以工兴港”之路。太仓港是太仓市最大的优势和潜力所在。600年前，伟大的航海家郑和就是从太仓刘家港扬帆起锚七下西洋，远航亚非30多个国家和地区。世纪之交，国家明确太仓港为上海国际航运中心的北翼干线港和组合港；江苏实施沿江大开发和上海承办2010世博会都赋予了太仓港新的历史机遇。当前，太仓市要按照科学发展的要求，努力提升太仓港开发水平。要充分发挥岸线资源、土地资源、水资源等比较优势，坚持新型工业化道路，打造沿江先进制造业基地，形成工业促进港口、港口拉动工业的良性互动发展格局。强化以港口为特色的产业招商，瞄准国内外行业巨头进行攻关，力争引进重量级、旗舰型项目，使其成为带动产业集群的核心与支柱，吸引相关配套企业，形成链式产业。加强沿江地区产业规划引导，高起点搞好港区261平方公里规划，实施立体式纵深开发，实现港口与陆域、产业与城市联动发展，更好地承接国际资本和产业的转移。港区重点培育电力、石化、造纸、物流等临江优势产业，努力形成布局集中、企业集群、产业集聚的沿江产业带，争当江苏沿江制造业走廊的“龙头”。新区重点发展精密机械、汽车配件、电子信息、生物医药等产业，努力形成临沪高新技术产业聚集的“盆地”。

坚持走“以港兴市”之路。积极发挥“江苏仅有、中国难得、世界少见”之天然良港的优势，按照交通部规划，争分夺秒推进太仓港的开发建设，全力抓好码头的建设和繁荣，在38.8公里长江岸线上按规划、有步骤地建设大小泊位114个，其中万吨级以上深水泊位60个，尽快形成年货物吞吐能力1亿吨、集装箱吞吐能力600万标箱的规模，努力打造上海国际航运中心干线港和江苏第一外贸大港。加快完善港口功能，大力引进国内外知名的船务公司来太仓港开辟航线航班，吸引一流的物流企业来太仓港组织货源进出，确保太仓港2007年集装箱吞吐量突破100万标箱，2010年迈入亿吨大港行列，集装箱吞吐量达到300万标箱。全力推进滨江新城3平方公里核心区的建设，加快完善行政、商务、居住、休闲、娱乐服务等城市功能，促进港口和城市的良性互动发展。

坚持走“接轨上海”之路。上海是个巨大的生产要素市场，有丰富的资金、技术、人才、资本；上海又是个巨大的消费市场，农产品、自来水、旅游休闲、房地产、消费品巨大。接轨上海，就是要利用好上海的生产要素，加大招商引资力度，积极吸引上海的资金流、技术流、人才流、信息流，特别是加快引进高质量的现代服务业项目。接轨上海，就是要依托上海的消费市场，把太仓的产品打进去，占有一定的市场份额。当前要把交通接轨作为全面接轨上海的首要环节，在目前高速公路已经接通的基础上，重点争取上海轻轨延伸到太仓，建设太仓与上海更加畅通、便捷的交通网络，为实现全面接轨创造更加优越的基础条件。要突出环境优化，着力建设整洁优美、绿色生态的城市环境。深度挖掘、整合、开发旅游资源，规划绿色农家游、长江游、郑和游，做足上海市民来太休闲度假文章。加快建设现代农业、都市农业基地，通过政府引导、市场驱动，把太仓市各类优质农产品推向上海市场。不断学习吸收上海推进改革和发展的新理念、新经验，促进政府职能转变和机制体制创新，增添发展的内在活力。

坚持走"服务苏南"之路。太仓要为促进苏南地区加快经济社会发展、提升区域竞争力发挥应有的作用。当前苏南地区经济发展很快，货运量尤其是集装箱的生成量增长迅速，对太仓港的建设既提供了有利的条件，又提出了更高的要求。太仓市将立足区位优势、资源条件和未来市场，加快实施"服务业跨越计划"，以发展现代物流业为重点，把服务业培育成新的优质产业，进一步提升服务业比重。重点研究苏南地区的物流体系和特点，把太仓港建设的重点放在建设公用码头、增开航线航班、建立集装箱多式联运体系上，大力加强以港口为中心的基础设施建设，完善交通运输网络，健全各项功能，加快把太仓港建成苏南区域综合物流中心和枢纽。积极推进"大通关"建设，提高港口服务效率，加快保税物流园区建设，努力推动太仓港向长三角物流配送中心、贸易中心、加工中心、信息传递中心等方向发展。

"发展为了人民，发展依靠人民，发展成果由人民共享"。太仓市将坚持把实现好、维护好、发展好最广大人民的根本利益作为各项工作的出发点，不断加快新型工业化、城市现代化和经济国际化进程，与时俱进，开拓创新，努力实现经济社会的全面协调可持续发展，积极构建"速度太仓、效益太仓、和谐太仓"。

谱写吴江富民强市新篇章

◆中共吴江市委书记　朱民　吴江市人民政府市长　徐明

吴江地处长三角黄金腹地，东临上海，南连浙江，与苏杭“天堂”南北相望。全市总面积为1176平方公里，户籍人口78万，加上外来就业人员，总人口在115万左右。现下辖10个镇和省级吴江经济开发区、汾湖旅游度假区。

吴江是一座历史悠久的文化古城，也是一座开放、文明的现代化新兴城市。近年来，吴江市委、市政府带领全市人民紧紧围绕富民强市和“两个率先”目标，实现了经济社会既快又好的发展。2004年，全市实现生产总值340亿元，财政总收入51亿元，城镇居民人均可支配收入14818元，农民人均纯收入7651元。同时，吴江人民多年来精心打造出六张名片，受到国内外广泛关注和称誉。一是“鱼米之乡”：充分保护并利用好水资源，太湖蟹等淡水产品年产量8万吨，已占到全国的1/200。二是“丝绸之府”：目前全市拥有无梭织机8万多台，年产化纤织物60亿米，生产了占全国1/5的丝织品和1/8的真丝绸产品，已成为全国最大的薄型织物生产基地。三是“电子之城”：吴江经济开发区500多家外商云集，共同打造高度集聚的电子信息产业，年销售额500亿元，占全国1/50。四是“光电缆之都”：目前全市光电缆生产企业40家，建立了占全国1/4市场份额的光缆、电缆产业基地。五是“市场大市”：全市共有电器、纺织配件、羊毛衫、花卉苗木等近百个大小市场。其中，中国东方丝绸市场居全国专业市场第2位，年交易额超过250亿元。六是“滨水之城”：吴江地处太湖之滨，古运河南北穿越全境，自然环境优美。以同里为代表的江南古镇风光，每年能吸引250万国内外游客。吴江以“水天堂”般的魅力成为中外投资者创业居住的胜地。

县域经济是解决“三农”问题最重要的阵地。加快发展县域经济，致富一方百姓，对构建社会主义和谐社会有着十分重要的意义。面对新时期，针对新情况，我们要在实践中认真总结经验，进一步解放思想，大胆探索，不断谱写吴江富民强市新篇章。

一、紧扣发展主题，努力实现经济又快又好发展。发展是党执政兴国的第一要务。我们要在实践中不断深化对社会主义市场经济内在要求和运行特点的认识，联系吴江实际，遵循发展规律，“借上海资源实力，取浙江机制活力，扬政府服务优势”，倍加珍惜难得的发展机遇，以团结拼搏和务实创新的勇气与魄力，坚持率先发展的激情不减，加快发展的步伐不慢，科学发展的标准不降，坚持一二三次产业协调推进，实现全市经济又快又好的发展。一是巩固一个基础，农业生产要有新气象。坚持以市场为导向，积极调整农业结构，努力做到产业调优、品种调新、科技调高、效益调好，使全市粮油、水产、蚕桑、蔬果、苗木、畜牧等六大主导产业更趋优化。切实有效保护基本农田，种足种好30万亩水稻，保证优质品种面积占80%以上。二是突出一个民资，民营经济再上新台阶。民营经济是强市之基，富民之本。目前，吴江累计注册私营企业12000多家，注册资本200亿元，总资产超过600亿元。我市民营经济不仅贡献了占全市60%的财政收入，而且直接提供的就业岗位已超过50万个，其中本地农村劳动力转移达到28万人。我们要继续大力实施民营经济“超越计划”,加快培育和发展六大企业集团和50家行业排头兵企业,要加强民营企业技术创新,通过吸收、引进、创新,自主研发高新技术,提高核心竞争力。三是发挥一个龙头,开放型经济力求新进展。目前,吴江已吸引50多个国家和地区1000多家外资企业,累计利用外资达50亿美元。全市年进出口总额超过100亿美元,名列国内前茅。我们将瞄准更高目标,力争早日把吴江经济开发区建设成为国内著名的电子信息产业基地。四是突破一条“短腿”,服务业开辟新天地。针对我市服务业尤其是现代服务业比较滞后的现状,我市适时制定并积极实施服务业“振兴计划”,已取得明显效果。目前,全市服务业企业和经营户总数达到5000多家,以中国东方丝绸市场为重点的一批具有国家级水平的专业市场和世界商贸巨头投资的三产项目建成开业。下一步,我们将根据区位特点和本地特色,重点围绕建设“市场大市”、“旅游强市”、“人居吴江”和“数字吴江”的总体目标,力争每年服务业新增投入增幅不低于30%,新增投入占全社会总投资比例不低于30%,服务业完成税收增长不低于30%,实现现代服务业新突破。

二、坚持集约原则,切实转变经济增长方式。经济增长方式由粗放型向集约型转变,既是适应区域经济竞争的必然选择,也是实现县域经济持续快速健康发展的必然要求。我们要在科学发展观的指导下,坚持集约原则,突出“四集”,走新型工业化道路。一是布局集中。进一步优化区域生产力布局,着力构建区域组团、多极增长、竞相发展的整体联动格局,突出三大主战场建设。加快提升吴江经济开发区综合实力,重点抓好加工贸易联网监管区、日韩工业园和市民营工业园等开发建设。把临沪经济区作为接轨上海的“桥头堡”,创新管理机制,以基础设施建设为抓手,强化投入,完善设施,加快项目开发和产业集聚。做大做强盛泽板块,以盛泽民营经济区为主阵地,组合周边资源,加速推动纺织产业的优化升级。二是产业集聚。经过多年的悉心培育和发展,我市已经形成了以丝绸纺织、电子信息、电缆光缆三大支柱产业为主体,以彩钢板、羊毛衫、缝纫机三个特色产业为代表,以有色金属加工业、电梯制造业、服装业、日化、汽车配件等八个成长型产业为梯队的集群产业体系。丝绸纺织、电缆光缆、电子资讯三大支柱产业现有企业3000多家,企业总资产600多亿元,年销售收入1000亿元,在国内外具有较高的知名度和较强的竞争力。要通过不惜努力,在提升支柱产业优势的同时,加紧培育和形成一批全国知名、年销售收入在20～50亿元的新型建材、汽车配件、电梯制造、缝纫机械等重要加工生产基地。三是资源集约。坚持集约用地、高效用地和节约用地,通过挖潜、清理、转换及实施厂房增高工程、适当压缩公共设施用地等办法,有效缓解土地供需矛盾。注重科学调度,有序用电,积极发挥好热电、自发电的作用,缓解电力供需矛盾。讲究多措并举,拓宽渠道,积极采用合资合作、收购兼并、增资扩股等行之有效的形式,更多地利用国内外资本,缓解资金供需矛盾。四是人才集合。全市目前共拥有各类科技人员4万多名,其中高级职称1200名,中级职称7000名,每万人拥有专技人员600名。全市共引进外国高级专家50多名。树立“人才资源是第一资源”的理念,以“151”人才发展规划和“百名硕士培养计划”为重点,通过人才引进、柔性流动和委托培养等方式,形成吴江人才新高地。

三、坚持以人为本,加快推进富民步伐。实践中,我们以中央一号文件精神为指导,结合吴江实际相继制订完善了一系列配套政策,大力实施农业增效、农村改革、农民就业、农民创业、农村社会保障、新农村建设等“六大工程”,基本构建了创业有门道、就业有渠道、生病有医保、失地有保障、贫困有补助、养老有保险的“六有”体系,形成了富有鲜明吴江特色的增收致富长效机制。一是推进农业产业化经营,在农业增效中实现增收。目前,全市农业已形成六大支柱产业,各类种养基地134个,带动农户近6万户。各类专业合作经济组织达282家,共有入社社员近1.5万人,带动农户5万多户。各类农产品加工企业100多家,各类农业龙头企业58家。二是鼓励农民投身民营经济,在自主创业中实现增收。农村每4户人家中就有1个老板,年收入超过5万元的中等收入家庭超过25%。目前,全市城乡居民人均储蓄存款2.5万元,已拥有私家车超过2万辆。三是加快农村体制机制创新,在深化改革中实现增收。2003年实行农业税镇村代缴,市镇两级补贴,不再向农民直接征收。从2004年开始,全面取消以资代劳等合同内负担,实现对农民“零收费”、“零负担”。四是促进农民非农化转移,在扩大就业中实现增收。实行城乡劳动力统一就业、求职和失业登记制度,为每位适龄劳动力提供一次免费的实用技能培训,每年培训1～2万人,为适龄段未就业农民免费介绍3次就业机会,每月定期开办一次农村劳动力求职专场,并对失地农民和纯农户优先提供由财政资金支付报酬的如各类协管员、社区“四保”人员等公益性岗位。五是健全农村社会保障体系,在完善保障中实现增收。近年来,我们制定出台了农民养老、征地补偿、基本保障等一系列政策措施。加快推行农村基本养老保险，力争实现"人人参保"；采取"征谁、补谁、谁受益"的原则，实行"征地必保"，保证新增被征地人员100%纳入"土地换保障"范围，并加大力度，将适用时间提前到1982年，解决了历年已被征地人员基本生活保障的"广覆盖"问题。

四、注重可持续发展，致力提高人与环境和谐发展水平。在加快发展、协调发展中，要更加注重关心解决民生问题，更加注重经济社会协调发展，更加注重改革发展稳定相统一，更加注重人与社会的和谐发展。一是进一步优化发展环境。围绕城市化战略，强力推进水、电、气、路、信息、绿化等"六网"建设。我市投资10亿元建成的区域供水工程在2005年全面完工，使全市人民都能喝上优质的太湖水。强化污水综合整治力度，水环境容量得到有效改善；一大批电力工程设施、西气东输接轨工程及交通项目得到加快推进；加快东方丝绸市场、中国吴江门户网站、党政信息网等电子平台建设，积极打造"数字吴江"；加快推进绿色通道、绿色基地、绿色家园建设，城镇绿化覆盖率达到40%。二是进一步优化服务环境。继续深化新一轮行政审批制度改革，简化审批环节，规范审批行为，积极探索并联审图、年检联办机制，顺利完成行政服务中心、财政集中支付中心、建设工程招投标中心、政府采购中心、药品集中招采购中心、土地储备中心六个中心大整合。大力开展"亲商安商服务"活动，积极推行领导专门性、工作协调性、措施针对性、政策指导性服务，强化机关效能建设，提高工作效率和服务质量。三是进一步优化社会环境。切实加强社会治安综合治理，依法严厉打击各类犯罪活动，积极创建"平安吴江"。认真做好民事调解和信访工作，积极推行专职队伍"下访"工作周报制度，努力解决群众反映的突出问题，依法维护人民群众的切身利益，切实防止各类群体性事件发生。积极推进民主法制建设。进一步扩大基层民主，确保群众依法行使民主权利。四是进一步优化生态环境。坚持依靠科技进步，坚持推进清洁生产，从技术层面上降低和减少污染物的产生，促进可持续发展。广泛开展"绿色吴江"行动，积极实施八大重点生态工程，扩大绿化造林面积，强力推进全国生态市和国家园林城市创建工作。

五、加强基层组织建设，全面推进固本强基工程。在县域经济发展中，依靠广大农村干部是做好三农工作的关键。实践中，我们要结合开展党员先进性教育活动，紧紧围绕"两个率先"的目标，按照"有人办事、有钱办事、有章理事"的原则，大力推进基层组织的"固本强基"工程建设，保持农村基层党建、社区党建、非公有制企业党建多轮齐动和良性发展，发挥基层党组织的战斗堡垒作用和党员的先锋模范作用。一是切实加强和改进农村基层党组织建设。坚持抓两头促中间，深入开展"三级联创"和市级机关下派指导员活动等工作。采取局村挂钩、一定三年、市镇联动、对口帮扶的方式，进行"一帮一"的开发性帮扶，切实增强经济薄弱村的实力。二是切实提高农村干部的依法行政水平。针对农村和农民关注的农村政策、农村养老医疗保险等一系列热点问题，加大农村政策法规培训力度，提高农村基层干部的政策水平和履行岗位职责的能力。建立健全农村基层干部基本报酬统筹制度，切实解除村干部的后顾之忧。在不断完善村民议事、民主管理、村务公开制度的基础上，组织开展每月一次的村务公开定期检查，督促农村基层组织对各项民主管理制度的执行和落实。三是扎实推进非公有制企业党建工作。为加强对非公有制企业党建工作的领导，我们专门建立了非公有制经济党工委。坚持选优配强非公有制企业党务工作者，推动企业党组织的组建和作用发挥，目前全市已有党建指导员和党务工作者850人。四是积极稳妥地做好发展党员工作。在发展新党员的过程中，全面推行了"三会一察一谈"制度和发展党员公示制，严把发展党员的质量关，不仅做好了在工人、农民、知识分子、军人和干部中发展党员的工作，而且重点加强了在生产、工作第一线和高知识群体、青年中发展党员，近年来每年新发展党员700多名，其中在非有制企业中发展党员已占总数的1/3之多，较大程度上改善了全市党员结构的分布。

追求和谐发展 确保走在前列

◆中共宁波市鄞州区委书记 寿永年 鄞州区人民政府区长 徐立毅

在2005年全国"两会"上，胡锦涛总书记对浙江提出了"三个走在前列"的殷切期望。这是总书记对浙江工作的重视和关心，也是对浙江广大干部群众的极大鼓舞和有力鞭策。鄞州区2004年实现生产总值278亿元，完成预算内财政收入46.5亿元，综合经济实力位居全省各县(市)区第三、宁波市第一。作为发展较快、实力较强的地区，鄞州区有条件有责任在全面建设小康社会、加快推进现代化的进程中走在前列作出积极贡献。按照省委"八八战略"和市委"六大联动"、"平安宁波"建设的部署，联系鄞州实际，要确保"走在前列"，关键要以发展求和谐，加快经济社会发展，推进和谐社会建设，实现工业反哺农业、城市带动农村，让改革发展的成果惠及广大人民群众，努力走出一条以工促农、以城带乡、城乡互动、协调发展的路子，实现城乡统筹协调发展。

坚持统筹发展 实现城乡一体

按照城乡统筹发展要求，加快城乡一体化进程，是构筑和谐社会的重要内容。经过多年来的积极探索和不懈努力，特别是撤县设区以来，鄞州区顺势应时，不失时机地大力推进城市化，在统筹城乡建设方面具备了良好的基础和条件。至今新城区已累计完成基础设施投入50亿元，综合配套能力达到33平方公里，在短短几年间改变了有县无城的历史。同时，鄞州区始终坚持城市建设辐射带动农村发展的方针，明显地改善了农民的生产生活条件，特别是2002年以来，率先在全省开展旧村改造新村建设工作，至今已累计投入资金38亿元，建成新村住宅36000多套，建筑面积363万平方米，建成省级全面小康建设示范村7个。但是，差距和不足也明显存在：新城区的要素配套、人口集聚能力还不够强；城区建设日新月异的背后，城乡建设互动共进的格局尚未真正形成，镇村"小、散、乱"现象急待改变；农村基础设施和农民居住条件与城市居民的差距仍然较大。

为此，鄞州区将牢固树立统筹发展理念，加快构筑新城区、中心镇中心村三位一体、层次分明、优势互补、梯度发展的新型城乡空间体系，促进城乡经济社会互补融合、共同发展，加速融入宁波大都市。一是抓龙头，打造精品新城区。继续深化完善新城区各项规划，优化城市空间结构和功能布局。集中力量建设重点功能区块，2005年安排城市建设项目11个，计划完成投资23亿元，进一步完善核心区块发展框架，扩展城区容量。以万达商业广场等重大项目为抓手，积极培育发展各类现代服务业，增强新城区的集聚辐射功能。围绕创建全国文明城区目标，广泛开展各种形式的群众性精神文明建设活动，全面提高市民素质和城区文明程度。改进城区管理方式与手段，拓展管理范围与内容，提高城区管理和服务水平。二是强支撑，塑造特色新城镇。根据全区产业布局和交通构架的变化，重点选择姜山、集仕港等两个经济基础扎实、城建目标明确的中心镇开展综合改革试点，积极营造示范效应。在试点的基础上，鼓励引导有条件镇按照城市化发展要求，以区域规划为依据，加强基础设施和公共服务设施建设，强化镇区各种服务功能，促进产业和人口的有效集聚，强化重点镇在城乡一体化中的纽带功能，成为繁荣农村、服务农业、集聚农民的重要载体。三是重基础，建设小康新农村。按照宁波市“百村示范、千村整治”的要求，积极探索切合实际的安居工程建设模式，在充分考虑各镇乡（街道）经济社会发展水平、区位条件和群众意愿的基础上，因地制宜地开展拆迁式新建、整理式改建和移民式迁建，2005年计划安排资金15亿元，新建新村建筑面积200万平方米、竣工100万平方米。注重发挥现有示范村的样板带动作用，加大特色示范村创建力度，力争再创建出一批“村美、户富、班子强”的示范村，通过几年努力，使全区农村面貌有较大改变。

高度关注民生 共享发展成果

始终把群众利益放在首位，多办顺民意、解民忧、得民心的好事实事，是构建和谐社会的本质要求。近年来，鄞州区十分重视关心群众的生产生活，采取一系列扎实有效的政策措施，取得了一定的成效。至今，全区已有56万名农民参加医保，行政村参保率达到100%，累计有22140人享受到医疗补助；18万人参加城镇职工养老保障，保险基金总额达到9亿元，抗风险能力达到47个月；287个行政村实施被征地农民养老保障，共参保83870人，已有37777人按月领取养老金，去年财政补贴资金达3.27亿元。重视抓好就业再就业工作，健全镇乡就业服务网络，共建立培训基地26个，累计举办各类培训班2000余期、培训14.6万人次。但是，随着改革发展的不断深入，利益格局的加速调整，尤其是工业化城市化的快速推进，当前群众生产生活中还有大量实际问题需要认真加以解决。

为此，鄞州区将从解决社会关注、群众关心的问题抓起，从倡导为群众办实事办好事做起，努力让尽可能多的群众享受到改革发展的成果。一是健全社会保障体系，拓展民生渠道。实施积极的就业政策，扩大就业容量，优化就业结构，完善服务网络，强化技能培训，努力实现充分就业。完善被征地农民养老保障制度，扩大政策覆盖范围，努力做到失地必保、即征即保。积极探索新型农村养老保障制度，逐步解决农村老年人的生活后顾之忧。巩固新型农村合作医疗制度，完善运行机制，稳定参保对象，提高保障水平。健全社会救助体系，建立扶贫帮困送温暖长效机制，构建起以最低生活保障为主体，以就业援助、医疗救助、教育补助等为补充的多元化新型社会救助体系。二是不断强化生态建设，优化民居环境。落实重点区域、重点行业的生态建设专项措施，加快发展循环经济，积极推广清洁生产，全面推进资源节约和综合利用。加强环境保护与综合治理，强化重点流域、重点区域、重点工业企业以及农业面源污染整治工作。加大生态公益林建设和自然保护区、风景名胜区的保护力度，加快镇村绿化步伐，提高绿化覆盖率。扎实推进“蓝天、碧水、绿色、洁净”四大生态工程建设，2005年重点投资1.8亿元建设垃圾集中处理系统，从根本上改善区域环境质量。三是统筹城乡基础设施建设，完善民存条件。统筹安排城乡重大建设项目，推动城乡公共基础设施共建共享。完善城乡交通网络，新建续建明州大道、联丰路延伸段等一批重要道路，开展通村标准化公路建设，完成全区中巴车公交化改造，改善人民群众的出行条件。加快周公宅水库、溪下水库、甬新河排涝工程和奉化江城防工程等重大水利工程建设，扎实推进总投资11亿元的区域供水工程，到2006年全区饮用水实现水库供水。继续加强电网电源建设，开工建设明州热电厂和一批重大输变电项目，努力缓解用电紧张状况。开展解难创优活动，统筹城乡教育、文化、卫生等社会事业的发展，让城乡居民共享现代文明。

维护社会稳定 促进平安和谐

维护社会稳定，确保安居乐业，是构建和谐社会的重要前提。近年来，鄞州区维护社会稳定、处理信访工作的方式方法正逐步实现从堵到疏、从紧到宽、从治标到治本的转变，特别是2004年出台的《涉农人员土地征用后安置补偿有关政策的指导意见》，化解了一大批历史积累的社会矛盾，影响社会稳定的突出矛盾基本处于受控状态。2004年，到市集体上访的批次与人次与2003年相比分别同比下降了15.6%、5.1%，到省集体上访的人次同比下降了60.5%，到京上访的批次与人次分别同比下降了80%和85%。但是，鄞州区也清醒地看到，现在正处于人民内部矛盾凸显、社会治安复杂、刑事犯罪高发的时期，加上鄞州区地处宁波市城乡结合部，作为经济相对发达的沿海开放地区和市场经济先发地区，也更早更多地经受到一些新的矛盾和问题，今后的工作任务仍然十分艰巨和繁重。

为此，鄞州区将始终坚持稳定压倒一切的方针，扎实推进“平安鄞州”建设，努力在保一方平安上走在前列。一是加强社会治安综合治理。以流动人口管理为重点，积极推进以构建环老市区打防控网络为重点的社会治安防范体系建设，全面建立镇乡（街道）综治工作中心，按500:1的比例配置流动人口协管员，改进社区警务，建立联调联防联勤联治工作体系，确保全区刑事案件发案总数同比下降10%。整体推进“平安镇乡（街道）”、“平安村（社区）”、“平安校园”等创建活动，以基层的平安来确保全区的平安。二是不断强化基层基础工作。以两委会换届为契机，以党组织书记队伍建设为重点，加强农村基层组织建设，提高基层组织整体工作水平。推进村民自治，全面实施包括事前群众提议干部承诺、事中“三委会”民主决策、事后干部述职评议和“三务”公开的民主管理制度，不断健全村民自治机制。畅通社情民意反映渠道，健全社会舆情汇集分析机制，了解把握社会热点难点，增强工作的主动性针对性。深入实施新的《信访条例》，完善区级领导信访接待、重大信访包案处理机制，推广每天定点接访、包干调处解决的“1＋2”基层信访接待制度，努力把不稳定因素化解在基层。三是切实维护社会公共安全。健全各类应急预案，加强对重点单位、重点人群、公共场所、重要设施等的安全防范，提高应对突发公共事件的能力。健全森林火灾、台风、旱涝等自然灾害综合防御体系，切实提高减灾抗灾水平。完善公共卫生服务网络，健全疾病预防控制体系，高度重视食品药品安全，建立健全食品药品农村现代流通网、监管责任网和群众监督网。严格执行安全生产责任制，落实安全生产措施，规范安全生产秩序，消除各类安全生产隐患，确保人民群众生命财产安全。

推动晋江向更高层次跃升发展

◆中共泉州市委副书记、晋江市委书记　李建国

改革开放以来，晋江得风气之先，借区位之利，凭先行之势，致力于提高经济质量、全民素质和城市品位，实现了经济社会发展的历史性跨越。地区生产总值在20多年里翻了7番多，相当于平均三年再造一个新晋江，综合经济实力连年位居全国前列、福建首位，成为海峡西岸最具活力的区域之一。2004年，全市实现地区生产总值438.9亿元，财政总收入33.11亿元，农民人均纯收入7166元，三次产业结构调整为2.6:56.7:40.7，社会经济综合实力位居全国百强县市第13位。

但跳出晋江看晋江，特别在全国百强县市各展优势、加快赶超步伐的态势面前，晋江发展还不够快，还有诸多不相适应的地方。因此，今后一段时期，晋江必须自加压力、自我提升，以科学发展观统领经济社会发展全局，全面落实福建省委关于建设海峡西岸经济区和泉州市委建设现代化工贸港口城市的战略部署，大力实施"111662"工程（即到2010年实现地区生产总值1000亿元、财政总收入100亿元、农民人均纯收入突破1万元，市区建成区面积达60平方公里、市区人口达60万人，实施强镇带动战略，把陈埭、安海两镇打造成为全国一流强镇），激发民营活力、激发创业激情、激发海内外晋江人的向心力，努力建设市强民富、和谐发展的现代化制造基地、商贸中心、滨海港口城市，推动晋江在更高平台向更高层次跃升发展。

激活民营经济
打造产业强、后劲足的实力晋江

民营经济是晋江经济发展的优势所在、活力所在、潜力所在。在新一轮发展中，激活民营经济是首要任务。必须进一步完善体制、机制的优势，力促晋江民营经济继续走在全省乃至全国前列。

*一要激发创造活力。在政策上要"放宽"。*贯彻平等准入、公平待遇原则，加强政策前瞻性研究，将工作重点转移到健全政策体系、搞好宏观规划、搭建服务平台上来，进一步拓宽民营经济发展空间，鼓励有条件的民营企业以独资、参股、控股的方式参与基础设施、社会事业、公益事业、服务产业等的开发、经营和建设，激发民间投资热情。在管理上"放活"。切实转变对民营企业的管理方式，引导企业推进观念创新、制度创新、技术创新、体制创新、市场创新，引导企业依法经营、规范经营、诚信经营、高效经营。在服务上"放优"。强化政企互动，充分发挥市级行政审批中心、会计核算中心、民众咨询投诉中心的职能作用，积极推行网上审批和电子政务，增强政府公信力和工作透明度，带动机关行政"提速"，促进政府职能转变，为民营经济发展营造良好环境。

*二要抓好项目带动。*按照在建项目竣工投产一批、前期项目开工建设一批、储备项目运作成功一批、后续项目谋划酝酿一批的思路，狠抓交通能源、农林水利、社会事业、工业园区、第三产业、市政设施等项目板块，以项目带动要素聚集、实力提升。当前要集中力量抓好"十大工程"，即LNG发电厂、泉州大桥南片区、泉州出口加工区、汽车制造基地、名牌企业总部商务区、国际会展中心、输变电站工程、港口建设工程、市域供水二期工程和高教发展中心等事关发展大局、事关发展后劲的基础性工程建设。

对重点项目成立专项领导组、协调组，强化力量、硬化责任、细化方案，确保项目落地、开工及时、推进有力。

三要调整优化结构。调优第一产业。坚持以工业化思维带动农业产业化发展，重视粮食生产，重点发展以海水养殖、海洋捕捞、水产品加工为主的蓝色产业，以生态型、观光型、创汇型为主的绿色产业，提高农业产业化、现代化程度，推进农业增效、农民增收。调强第二产业。落实发展产业集群的相关政策措施，进一步改造提升纺织服装、鞋业制造、陶瓷石材、食品加工、轻工杂品等传统优势产业，培育壮大车辆机械、纸业、化纤、制药、新型材料等新兴产业，引进发展精细化工、电子信息、绿色环保、汽车配件等高新技术产业，促进资源要素向工业园区、产业园区、优势产业、核心企业集聚，把晋江建设成为“国家产业集群发展示范基地”。调快第三产业。现代物流业突出培育一批大型物流企业，引进一批商贸巨头，建设一批商品交易或专业批发市场；中介服务业突出发展管理咨询、信用评估、法律服务等社会中介组织；信息服务业突出抓好为政府、企业和社会服务的信息资源开发和共享；旅游业突出发展特色旅游、滨海旅游，建设海峡西岸重点滨海旅游度假胜地和主要旅游购物基地。

四要注重扶大育小。重视扶强扶优，增强龙头带动能力。重点扶持培育 50 家年产值或营销收入超 10 亿元的核心企业；提倡企业间“强强联合”、互为股东、互补优势，使优势产业更优、强势企业更强；鼓励规模企业建立现代企业制度，探索股权分置改革新路子，加快资本经营步伐，培育更多上市公司，打造证券市场的“晋江板块”。重视品质品牌，增强核心竞争能力。积极支持技术创新体系和信息化建设，筹建产业创新服务中心，加强质量检测支撑、标准对接等体系建设，努力开发具有自主知识产权和市场竞争力的优势产品；积极探索通过建设“晋江品牌一条街”等形式，实现企业、产业、区域和城市影响力的逐级带动；鼓励企业抢抓 2008 年奥运商机，做好品牌经营和营销联盟，为促晋江品牌立足于国际市场。重视育小带小，增强协作配套能力。大力扶持壮大中小企业，通过加强行政指导、实行公平税负等措施，壮大中小企业队伍，优化发展的增量；建立扶持中小企业发展基金，推动中小企业向配套型、加工型、服务型、科技型和规模化发展，使其成为区域产业发展的生力军和龙头企业的后备军。

五要破解制约因素。当前，“建设缺地、生产缺电、发展缺钱、企业缺才”极大地制约了晋江民营经济的进一步发展。要坚持开源节流并举，推进资源集约利用，有效破解制约发展的“四大难题”。在“用地难”方面，要坚持向规划要土地，进一步修编土地利用总体规划；向空间要土地，引导企业利用现有土地存量，新建、扩建、翻建多层厂房；向“闲置”要土地，鼓励优势企业兼并、租赁困难企业，盘活利用各类闲置厂房；向管理要土地，依法收回一批闲置未用土地，实行项目准入与投资强度、落地速度、建筑密度和投入产出率直接挂钩，提高容积率；向集约要土地，规划建设一批标准厂房，进一步缓解中小企业用地难问题。在“用电难”方面，要按照“科学规划、适度超前”原则，加快晋江 LNG 发电厂、晋江热电厂等电源建设，启动推进新塘、市区、龙深 220KV 输变电工程建设和配套工程建设，引导企业依靠科技进步节能降耗，实行节约用电、错锋用电、自备发电、控制耗电，有效缓解电力紧张。在“融资难”方面，要通过产权交易、增资扩股、企业上市、银行融资等措施，有效促进资金融通；协调金融机构重视、支持企业发展，为企业特别是中小企业发展注入资金动力。在“引才难”方面，要大力加强劳动力市场建设，拓展与劳力输出区域的联系，争取在输出地设立招工培训中心；大力发展职业技术教育，加快建设一批技能型人才培养基地，提高产业工人素质；发挥博士后工作站、专家活动中心、人才交流中心和留学人员创业园等平台作用，加大高层次人才引进力度，探索外来人才在晋江落户的措施，推进外来建设者的本地化、市民化；实施企业家素质提升工程，切实增强企业家的经营管理能力。

建设中等城市
打造功能优、环境美的品位晋江

要按照“规划大手笔，建设大气魄，承接大泉州，品位大提升”的思路，大力推进“一城两镇三组团”建设。“一城”：把全市陆域 649 平方公里、110 公里海岸线作为一个城来构思，走组团式发展道路，加大资源整合力度，创新城市建设投融资机制，把晋江建设成为城市功能完善、产业重点突出、生态环境良好、组团联系紧密、滨海特色鲜明的现代化中等城市。“三组团”：做优中心市区组团。突出商贸特色，以行政新区、名牌企业总部商务区、国际会展中心筹建和旧城区改造为契机，高起点规划、高标准建设、高效能管理、高水平经营，尽快形成行政中心、商务中心、会展中心和商贸物流中心四大核心区块，带动中心市区规模不断扩大、人气上升、商贸活跃、城市功能逐步完善。做强产业经济组团。发挥制造基地优势，以中心城镇和市科技工业园区为重点，统筹资源，合理布局，加快建设，连片发展，同步推进服务、物流、仓储、运输、配送、信息等配套设施建设，打造现代化制造基地，筑牢城市发展的经济基础。做美滨海宜居组团。强化滨海旅游概念，以沿海大通道和110公里天然海岸线为依托，加快旅游文化、自然保护、港区物流、滨海人居、渔业生产等设施的规划建设，引导城市向沿江、沿海拓展，形成休闲旅游新区。“两镇”：加强陈埭经济重镇、安海文化古镇的规划建设，发挥产业集聚带动和城镇辐射示范作用，精心扶持、全力打造成为全国一流强镇，成为晋江的“领头羊”。当前，要着力建设四大亮点：

一要让会展经济为制造基地助飞。坚持高标准、大手笔、超常规建设国际会展中心，通过依托产业基础和区位优势，培育大市场、促进大流通、发展大贸易，全方位、多渠道开拓会展市场，既整体提升晋江制造业的综合竞争力，又切实增强晋江作为中等城市面向周边地区的辐射力和影响力，强化服务区域产业集群发展的功能。

二要让港口经济为城市发展提速。主动把围头、深沪港区规划建设融入泉州港区建设大局，充分挖掘港口的资源优势和发展潜力，加快推进深沪港后方堆场、围头港5万吨级码头、联检大楼等三大重点工程，积极申报一类口岸，筹建保税物流区，加快泉三高速公路、福厦高速铁路晋江段的筹建，抓好沿海大通道晋江段和快速通道晋南段及石狮连接线的建设，积极争取晋江机场获准开放口岸，全方位打开对外通道，进一步拓展港后经济腹地，实现港口、产业、城市互动共荣。

三要让总部经济为品牌之都增色。进一步完善打造品牌之都的配套政策和激励机制，营造有利于汇聚人流、物流、资金流的外部环境，大力引导规模企业在规划区营建总部大厦，既让本地民企留得住，又使外来名企引得来，推动总部经济迅速发展，力促品牌之都形象日益丰满、深入人心。

四要让泉州桥南片区成为中等城市的新名片。泉州桥南片区改造是泉州市的“一号工程”，要立足区域特殊位置，明确片区规划定位，突出区域组团开发和现代居住社区建设，配套推进道路、景观、绿化等建设，整治区域环境，改善区域景观，形成区域特色，使桥南片区成为晋江中心市区的扩展基地。

坚持以人为本
打造事业兴、民心顺的和谐晋江

要着眼于人的全面发展，不断推动物质文明、政治文明、精神文明建设协调并进，营造文明健康、风正气顺、人和业兴、安定稳定的发展环境。

一要提升文化凝聚力。以提高市民素质和城市文明程度为目标，以建立长效机制和推进城乡共建为重点，扎实开展创建文明城市、文明村镇、文明行业和双拥共建活动，争创全国文明城市。加强和改进宣传思想工作，进一步办好晋江广播、电视频道，不断提高舆论引导水平，为建设新晋江、树立新形象营造声势和氛围。实施文化创作精品工程，扶持发展具有地方特色和竞争优势的文艺团队，打造CBA联赛晋江赛区等活动品牌，全面发展繁荣文化事业产业。

二要提升科教竞争力。要高质量整合教育资源，进一步调整优化学校布局，逐步推进高中向中心市区和片区中心镇集中、初中向镇区集中、小学和幼儿园向中心村集中。在巩固提高“两基”成果的基础上，高水平普及高中阶段教育和学前教育，大力发展高等教育和职业技术教育，全面推进素质教育和终生教育，鼓励发展民办教育，建设学习型社会。要大力发展科学技术，用知识、技术、智慧这些无形资源拓展有形发展空间，促进科技成果向现实生产力转化。

三要提升平安保障力。强化安全生产责任，抓好交通、生产、食品药品安全以及防汛抗旱、减灾救灾等工作，进一步加强公共安全体系建设，提高应对和处置突发公共事件的能力。立足基层基础，着眼长效机制，以创新治安巡逻机制为重点，建立快速反应的打击网络；以完善矛盾纠纷排查调处机制为重点，建立良性互动的调解网络；以坚持社区、村居、单位“三为主”为重点，建立城乡一体的群防网络，倾全市之力打造“平安晋江”。

四要提升民生支撑力。顺应以工哺农、以城带乡趋势，继续整合农业资源、扶持龙头企业，发展优势农业和外向型农业，提高农业产业化水平，千方百计增加农民收入；加强对发展相对滞后区域、相对薄弱村的帮扶工作，增强造血功能，提高致富能力，促进平衡发展；重视加强农村劳动力培训，帮助更多的农村劳动力特别是失地农民向非农产业、本地企业转移。健全社会保障体系，做好救灾救济、优抚安置和慈善事业等工作，安排好困难群众和弱势群体的生产生活，确保他们居住有着落、就业有门路、生活有保障。加强养老、医疗、失业、工伤、生育等社会保障、保险制度建设，构建覆盖城乡的新型社会救助体系，使全体公民都能共享改革发展成果。

五要提升国策监督力。进一步稳定低生育水平，提高人口质量，提升计生服务水平，加强流动人口计策管理。着力提高市民环保意识，强化东海安漂染、东石电镀、可慕制革集控区和污染企业的监督管理，加快城市污水和垃圾处理、安海湾和陈埭出海

口水质处理进度，加强环境综合整治，抓好农村自来水普及、小流域治理、城市污水处理厂和防洪排涝工程建设，努力实现"流变畅、水变清、岸变绿"的水环境建设目标。推进"青山挂白"治理和重点山体生态保护，实施"沿海千里绿色防护林工程"，加强水、森林、海洋、土地、矿产等资源的保护和开发利用，保护好基本农田，实现经济发展与环境保护"双赢"。探索实施"资源－产品－再生资源"的循环利用模式，推进清洁生产，倡导绿色消费，建设节约型、循环型、生态型的和谐社会。

以科学发展观统领全局 奋力推进荣成发展实现新跨越

◆中共荣成市委　荣成市人民政府

荣成是山东半岛最东端的一座新兴滨海开放城市，三面环海，海岸线长500公里，与韩国、日本隔海为邻，是我国距离韩国最近的地区，最近处仅94海里，陆地面积1392平方公里，辖13个镇、1个管理区、6个街道、3个省级开发区和两个国家一类开放港口，人口66.8万。近年来，荣成市坚持以"三个代表"重要思想和科学发展观为指导，立足独特的地理位置、富集的自然资源和雄厚的产业基础，全力实施"紧盯三大目标、突破三大区域、膨胀三大产业、开发三大港口、培植三大方阵"的"五个三"发展战略，使荣成的发展在较高起点上实现了新跨越。2004年，完成市内生产总值312亿元，固定资产投资151亿元，实际利用外资4亿美元，进出口总值8.9亿美元，财政总收入19.8亿元，其中地方财政收入10.6亿元。先后荣获国家环保模范城市、中国优秀旅游城市、国家园林城市、全国园林绿化先进城市、中国人居环境范例奖、CCTV首届中国魅力城市、全国城市环境综合整治优秀城市、全国社会治安综合治理模范城市、全国科技先进市等荣誉称号。

一、紧盯三大目标，坚定不移地走率先发展之路。没有工作目标，就没有发展方向，更没有赶超动力。为进一步激发全市上下干事创业、争先创优的热情和干劲，荣成市适时组织开展了以区位、产业、岸线、劳力资源对比为主要内容的思想大解放活动，在科学审视荣成面临的战略机遇和所处历史方位的基础上，确定今后一个时期荣成的三大奋斗目标是：主要经济指标增幅高于全省前30强平均水平，确保山东第一强，冲刺全国百强县更高位次。三大目标的确立，在全市上下极大地凝聚了率先发展的合力，激发了超常发展的动力，催生了竞相发展的活力，抢时争先、竞相跨越的氛围越来越浓。

二、突破三大区域，坚定不移地走集群发展之路。荣成南北狭长，北中南分布着三个省级开发区。根据这一地理特点，荣成市提出"以突破市区为中心，南部突破石岛，北部突破成山，沿海突破园区，内陆突破项目"，从产业集聚、基础配套、体制机制上向三大区倾斜，着力打造北中南遥相呼应、互促共进的产业活跃带。一是靠园区聚集项目。按照"扩展规模、完善配套、深度开发"的园区建设思路，以提高土地集约利用率、签约项目开工率和基础设施配套率为重点，通过活化用地和资金投入机制、优化项目准入机制，全力加大市经济开发区、石岛工业园和龙眼港出口加工区的开发建设力度，为项目入驻打造坚实平台。两年时间，已有153个外资过千万美元、内资过亿的大项目进园区落户。二是靠旅游旺盛人气。一方面，按照政府主导规划、社会广泛参与的原则，鼓励和引导国内外投资主体参与旅游资源的深度开发，使"吃住行游购娱"六大旅游要素得以合理配置；另一方面，彻底改变零打碎敲、各自为政的旅游宣传促销模式，瞄准胶东、辽东两大半岛旅游圈和韩国、日本等东亚地区，建立旅游联合推介机制，构筑区域旅游同盟，全力叫响"滨海极地、魅力荣成"的旅游品牌，使荣成日益成为滨海游和入境游的热点区域。2004 年，全市共接待中外游客 275 万人次，旅游总收入达到 15.6 亿元。三是靠城建增强活力。按照“南跨、东进、西拓、北上”的思路，根据区位特点、产业基础和发展前景，加快对现有城镇规划进行适度调整，在总体布局上形成了以市区为中心，以石岛管理区和成山镇为两翼的城市建设大框架。同时，连续实施了涉及城市道路、绿化、水电暖、文体、商贸等基础设施的多轮城建重点工程，并坚持不懈地开展城镇大环境综合整治，使城市各项基础设施得到不断完善，城镇容貌取得显著改观，城市形象和对外知名度日益提升。

三、膨胀三大产业，坚定不移地走转型发展之路。受传统渔业经济的影响，荣成经济的发展在很长一段时间里主要依靠消耗资源来维持，经济增长方式相对粗放。立足于改变资源依赖型的增长方式，荣成市及时转变思路，积极实施“工业立市兴市强市”战略，以“三年投入 500 亿，再造一个产业新荣成”为目标，集中力量培植造船及零部件、汽车及零部件、食品深加工三大产业集群。造船及零部件产业是荣成市最具潜力的优势产业，规模以上造船企业 19 家。立足于抢抓国际航运市场百年罕见增长期、船舶更新换代高峰期和造船产业向中国转移加速期三大历史发展机遇，荣成市规划了海陆面积 40 平方公里的造船隆起带，先后投资 20 亿元对黄海造船、海达造船、石岛水产造船等骨干造船企业进行改造扩建，投资额相当于建国以来的总和，使荣成迅速发展成为胶东半岛造船基地的重要增长极。汽车及零部件产业是一个关联度极高的产业，也是荣成市最具成长性的新兴产业。近年来，荣成市通过与韩国现代集团、东风汽车集团开展合作，并引导市内轮胎、机械、电子企业主动参与产品配套开发，引进国内外汽车零部件企业加盟荣成汽车工业发展，着力打造汽车及零部件产业的链式开发格局，初步形成了以成山轮胎、华泰越野车为龙头，50 家零部件厂商为配套的产业链，2004 年实现销售收入 180 亿元。食品产业是我市最具活力的支柱产业，加工企业 400 多家，加工能力近 200 万吨，产值占工业经济总量的 40%以上。为了进一步挖掘食品加工业的发展潜力，迅速把这一产业做大做强，荣成市重点在深度开发、培植品牌、标准接轨、设施升级等关键环节上狠下功夫，大力开发独具特色的海洋食品、海洋保健品、海洋生物药品，使荣成成为面向日本、韩国和东南亚市场的蓝色海洋食品、绿色农业食品加工基地。好当家牌食品、伊可新牌药品、食藻宝牌系列食品、马大哈牌营养餐等产品在国内外市场享有较高知名度。在三大产业的支撑带动下，2004 年限额以上工业销售收入、利税分别增长 44.9%和 38%，工业用电量增长 30.1%。

四、开发三大港口，坚定不移地走开放发展之路。荣成地处半岛陆路交通末梢，计划经济时期没有大的国家投资项目，这是荣成发展的劣势。但辨证地看，特殊的区位使荣成拥有丰富的港口和岸线资源，这又成为突破发展的最大优势和潜力所在。荣成市把港口和岸线作为最大的资本来经营，以现有的石岛、龙眼两大一类开放港口为依托，以正在规划建设的荣成港为重点，大力实施“以港兴市”战略，着力构筑南有石岛港、中有荣成港、北有龙眼港的港口开放格局，以三大港口的大开发、大开放带动全市经济的大发展。一是推介岸线促开放。本照“一手抓规划，一手抓招商”的原则，在搞好岸线资源开发规划的同时，瞄准国内外大企业、大集团，采取组团招商、会展推介、沟通洽谈等形式，先后开通了直达韩国平泽、仁川、釜山及日本博多、门司的客货班轮或集装箱班轮航线，引进了大型火电、核电、风力发电等 20 多个投资规模大、技术含量高、带动能力强的临港产业项目，使荣成的岸线资源在环黄渤海一带成为外来投资者瞩目的热点。二是改造港口促开放。先后启动了总投资近百亿元的石岛新港、北方渔市、石岛中心渔港、石油专用码头、荣成港东迁、龙眼港船用钢材配送基地等港口改扩建工程，使全市港口功能日趋完善，对要素资本的吸引力和承载力不断增强。三是繁荣物流促开放。为摆脱地处陆路交通末梢对经济发展的束缚，荣成市立足距离日本、韩国较近的地理优势，依托两大一类开放港口的辐射带动，大力发展海上客货运输、仓储中转等港口物流业，先后开通了通往韩国、日本、俄罗斯、东南亚等国家和地区的十多条国际货运航线，构筑起了北至丹东、南至泉州、连结环黄渤海中小港口的国内海运网络，初步形成了集仓储、加工、装卸、运输、配送等于一体的综合物流平台。

五、培植三大方阵，坚定不移地走跨越发展之路。着眼于打造一批在同行业有份量、在全省全国叫得响的骨干群体，荣成市规划用三至五年时间，培植起百亿镇区、百亿产业和百亿村企三大方阵：即崖头、石岛两个镇区工业销售收入突破 200 亿元，其他沿海镇突破 50 亿元；造船及零部件产业销售收入突破 200 亿元，汽车及零部件产业销售收入突破 300 亿元，食品深加工产业销售收入突破 500 亿元；销售收入过亿元的村企达到 200 家，其中过百亿的 2 家。为确保这一目标的实现，荣成市重点在两方面实施攻坚突破：一方面紧抓大项目大投入不放松。大项目大投入是区域经济的生命线，为进一步蓄足荣成跨越发展的能量，最近几年荣成市把上项目增投入作为压倒一切的重中之重，每年投入都在150亿元以上，2004年固定资产投资达到186亿元，共启动实施了96个投资500万美元和5000万元以上的产业大项目，2005年荣成市又规划实施了145个基础设施和产业大项目，全年全社会固定资产投资将达到200亿元以上。另一方面积极拓展扩张空间。按照“纵抓产业链条、横抓多元裂变”的思路，积极引导各类企业大胆跳出传统产业圈子，以市场需求为导向，创新经营思维，拓宽发展领域，最大限度地释放自我膨胀的内生张力，尤其是对好当家集团、西霞口集团、石岛集团、斥山水产集团等一批重点骨干企业，促其全方位加快转型步伐，大力发展以工业制造、海洋运输、滨海旅游、资本证券等为主的二三产业，使企业规模和档次在短时间内都跃上了新台阶。此外，市政府每年还拿出1000万元对重点项目给予财政贴息，设立1000万元的奖励基金，对创业功臣、纳税大户和带富典型进行重奖，充分激发各个层次的积极性和创造力。2004年，有6个镇跻身全国综合发展水平千强镇行列；销售收入过亿的企业达到126家，8家企业跻身全国大型企业行列；有60多个村经济总收入突破亿元。

今后一个时期，是荣成实现跨越发展的关键时期，荣成市将以胡锦涛总书记视察山东时的重要讲话精神为指导，认真贯彻落实“三个代表”重要思想，坚持以科学发展观统揽全局，按照既定的“五个三”战略目标，带领和团结全市人民进一步解放思想，抢抓机遇，干事创业，加快发展，努力推进经济建设、创新体系建设、和谐社会建设、文化建设、党的建设等五项建设走在全省全国前列，在新一轮加快经济发展、构建和谐社会的热潮中继续当先锋、打头阵，把荣成建设得更加繁荣富强，更加文明和谐。

建设文化大市 打造人文义乌

◆中共金华市委副书记、义乌市委书记　楼国华

文化是民族之根、城市之魂。历史文化传承、先进文化发展、多元文化融合，构成了城市竞争的软实力，决定一个区域和谐社会构建水平。加快建设文化大省，既是省委、省政府的重大决策，是全省人民的共同愿望，同时也为基层党委、政府提出了一个崭新课题。

义乌文化资源丰富，文化底蕴深厚，文化事业和文化产业稳步发展，与经济建设基本同步协调。目前，义乌人均GDP已达5000美元，进入现代化发展新阶段，人民群众对丰富精神文化生活要求更高，经济进一步发展提升需要文化强有力支撑，构建和谐社会需要文化繁荣发展。义乌加快建设文化大市，基础具备，条件成熟。义乌市将以“三个代表”重要思想为指导，全面贯彻落实科学发展观，明确目标，加大投入，深化改革，优化环境，把义乌建设成为市民素质优良、商业文化发达、文体设施完善、文化事业繁荣、文化产业兴旺，在国内外有相当影响力的文化大市，实现政治、经济、文化协调发展。

大力弘扬义乌精神，繁荣提升商业文化。繁荣商业文化是义乌建设文化大市的最大特色和优势所在。“勤耕、好学、刚正、勇为”义乌精神，是义乌人民宝贵精神财富，是率先发展的不懈动力。要深入挖掘义乌精神，做好黄山八面厅、古月桥等国家级文保单位保护开发，充实完善陈望道、冯雪峰、吴晗等名人故居文化内涵。加强义乌历史文化研究，加快编撰《义乌文化丛书》。积极筹建“国学馆”，建立传统文化研究和传播基地。传承保护道情、高跷、叠罗汉等非物质文化遗存，推动民间艺术推陈出新。要积极开展商业文化理论研究，围绕义乌商业文化渊源、市场发展历程、外地商帮兴衰等课题，深入调查研究，为市场国际化提供强有力理论支撑。提升小商品文化内涵，把义乌打造成引领潮流、体现时尚的小商品创新中心，增强义乌市场感召力。加快信用义乌建设，营造良好商业道德、完善诚信制度、规范经营秩序、高效交易流程，提高义乌市场亲和力。

全面发展公益文化事业，不断丰富群众文化生活。发展公益文化事业，是建设文化大市的重要内容，关系着群众基本文化权益保障，关系着精神文明建设全局。近年来，义乌不断增加文化投入，一大批高档次文体教卫设施相继规划建成，极大地提高社会公共服务能力。投资5亿多元建成占地1000多亩的梅湖体育中心，其中主体育场投资2.2亿元、座位3.5万个，投资28亿元建成了一批环境优美、设施先进的现代化学校，投资3.5亿元建成中心医院。今后一个时期，义乌将高标准建设国际文化中心，图书馆、博物馆、广电中心、群众文化艺术中心和科技馆等项目已启动规划建设，义乌文体设施将处于国内领先水平，具备承办全省、全国乃至国际性重大会议、赛事、展览、演出能力。广泛发展社区文化、农村文化、校园文化和节庆文化等各类群众性文化，坚持开展文化下乡和“四进社区”活动。推进文化事业单位改革，引导社会力量参与文化建设，增强文化发展活力。加强文化队伍建设，重点培养50名文化体育领域的明星和带头人，500支群众文化体育团队，1000名基层群众文体骨干。高标准普及15年教育，构建完善社会化、开放化、多层次、多形式终身教

育体系，建设教育强市。完善新型农村合作医疗体系，健全覆盖城乡、功能完善的疾病预防控制和医疗救治体系，建设卫生强市。加快科技企业孵化器、行业研发中心等创新平台建设，加强各类人才培养，建设科技强市。广泛开展全民健身运动，重视竞技体育和体育产业发展，建设体育强市。

充分借助市场优势，培育壮大文化产业。发展文化产业，培育新的经济增长点，是建设文化大城市、提升综合竞争力的重要途径。近年来，义乌已经培育形成文化用品、印刷等年产值超50亿元的文化产业，以及拥有5000多家经营户、3万多从业人员的文体用品市场，文化产业已初具规模。义乌将继续大力培育发展文化产业，引进产业机制和市场机制，促进文化和经济联动发展。规范文体用品市场秩序，积极培育图书发行业、年画挂历、书画艺术品等文化产品流通业。大力发展会展业，做大做强义博会，培育发展五金博览会等一批专业性展会，积极引进全国性、国际性会议，力争通过5～10年努力，每年举办展会100个以上，使义博会成为国际知名展会，义乌成为国际知名会展城市。完善购物旅游奖励政策，加强与各地旅行社合作，引进更多旅游团体，使义乌成为名符其实国际购物天堂。积极发挥市场优势，支持鼓励演艺业、传媒业、广告业等新兴文化产业发展。优化文化产业布局，整合文化产业资源，壮大文化产业实力。

强化城乡联动建设，优化文化发展平台。加快建设文化大市，要把完善农村文化设施、丰富农民文化生活、优化人居环境作为工作的重中之重。义乌通过大力开展"双整治、双建设"活动，公共文体设施基本普及，全市现有各类文体设施19万平方米，农村篮球场500多个、图书室350多个、文体活动室1000多处，已有三个镇街获省级东海文化明珠称号。今后，义乌市将继续强化财政支持，加大农村文化设施和公益性文化项目经费投入。加快东海明珠工程建设，按每万人不少于500平方米建筑面积要求，在2008年前完成各镇街文化中心建设。继续深化"双建设、双整治"活动，建设普及社区（村）、企业文体活动阵地，开展创建文化示范社区（村）活动，建设一批健身小广场、小舞台、图书室等群众身边的文化精品工程，力争到2007年，完成70%行政村、60%社区文化阵地建设。继续推进城乡一体化行动，大力开展城乡垃圾一体化处理，2005年年底前全面实施全市城乡垃圾一体化收集、无害化处理，切实改善农村人居环境。

着力融合多元文化，塑造国际化时代新义乌人。义乌是商贸城市，目前长住外来建设者100多万人，已超过本地户籍人口；有100多个国家和地区的6000余名外商常住义乌，42个少数民族的2万多人在义乌创业，佛教、基督教、伊斯兰教、道教等宗教在义乌都有大批信徒。可以说，义乌已成为一座新兴的国际化移民城市，多民族文化汇聚，东西方文化交融，各种文化思潮激烈碰撞整合，多元文化融合任务非常艰巨。为此，义乌市在基础设施建设、制度设置、政府服务、文化体育活动等各个方面，都充分考虑促进多元文化融合。要加快移民城市建设，不断增加适合各种需求的文化设施和休闲娱乐场所，教育市民树立开放包容意识，尊重不同国家、不同民族习俗和文化；支持鼓励外来建设者参选市人大代表、政协委员、人民陪审员，努力营造"政治上平等，生活上公平"社会环境，培养外来建设者主人翁心理。大力推进城市国际化，支持鼓励经营户和广大市民学习外语，健全完善同时标注有英语、阿拉伯语、韩语和少数民族语言的路牌、广告、场馆引导等标识系统，进一步办好外语电视新闻节目、多语种社会服务救助系统；加强文化对外交流，满足各国客商不同文化需求，促进中外文化融合。深入开展文明礼仪教育，全面开展普及礼仪知识、优化机关部门和窗口单位服务等宣传和竞赛活动，支持鼓励外来建设者、外商和社会志愿者上街劝导，引导人们形成良好的礼仪习惯和文明风尚，全面提升人的素质，塑造国际化时代新义乌人。

建设经济强区 构筑和谐余杭

◆中共杭州市余杭区委书记　何关新　余杭区人民政府区长　刘庆龙

一、余杭概况。杭州市余杭区位于杭嘉湖平原南端，西倚天目山，南濒钱塘江，从东、北、西三面成弧形拱卫杭州中心城区。全区总面积1228平方公里，辖14个镇、1个乡和4个街道，共有建制村262个、社区56个，区政府驻临平街道。根据杭州市总体规划，由临平等4个街道和运河镇组成的临平城为杭州三大副城之一，建成区面积13.5平方公里，另有塘栖、良渚和余杭3个组团式城镇。全区总人口81.78万，流动人口约22万。

余杭历史源远流长，早在距今7000～6000年间的马家浜文化时期，已有先民在此生息繁衍。距今四五千年前，孕育了"中华文明曙光"　良渚文化。公元前222年建县，1994年撤县设市，2001年撤市设区。

余杭境内资源丰富，全区共有土地12.26万公顷，其中耕地4.53万公顷，占36.95%；林地3.8万公顷，占31%；水域面积1.25万公顷，占10.2%。境内已探明的矿物有22种。境内多种地貌类型分布，加之亚热带季风性气候调节，为各种植物生长和动物繁衍，提供了良好的自然环境。森林覆盖率为24.5%，人均森林面积0.04公顷。境内河流纵横、湖荡密布，对航行、灌溉、淡水鱼养殖、发电、生产生活用水、旅游都十分有利。

余杭人文景观丰富，文物分布点多面广，现有历代文物遗存500余处，入藏各类文物4361件。有各级文物保护单位19处，其中国家级重点文物保护单位1处，即良渚遗址；省级文物保护单位5处，为塘栖广济桥、超山吴昌硕墓、仓前章太炎故居、瓶窑南山造像、径山小古城遗址；市级文物保护单位13处。境内被誉为"文明曙光"的良渚文化，已正式批准列入向联合国教科文组织推荐《世界遗产名录》和中国21世纪议程优先项目计划。

二、综合实力进一步提升。2004年，全区完成生产总值(GDP)243亿元，比上年增长15.6%，其中第一产业增加值23.5亿元，增长2.8%，第二产业增加值134亿元，增长17.4%，第三产业增加值85.5亿元，增长16.9%。实现财政总收入29.89亿元，其中地方财政收入16.76亿元，分别比上年实绩增长30.7%和36.6%。

*工业经济快速增长。*2004年实现工业总产值767亿元，增长32.8%；实现销售收入748亿元，增长32.3%；完成工业性投资71.3亿元，增长28.8%。规模企业突破1000家，销售收入超亿元企业达到60家，规模经济总量名列浙江省14个强县(市、区)第6位，连续4年实现再进位。八方电信在新加坡成功上市。至2004年，全区有国家免检产品2个、省级以上著名商标20件、省级以上名牌产品20个。产业结构不断优化，科技含量较高的通信及电子设备产值超过传统轻纺行业跃居第一位。"中国布艺名城"金名片进一步打响，传统家纺产业总量突破100亿元，成功举办中国家用纺织品发展论坛，奥坦斯布艺有限公司纺织品装饰用织物国家标准通过审查。全区目前已形成了以纺织服装、机械电子、医药化工、建筑材料和食品饮料为主体的产业群和工业经济支柱。

*农业和农村经济稳步发展。*2004年实现农业

总产值37.6亿元，增长12.9%；农村经济总收入达到642.88亿元，增长41.9%；实现加工产值23.4亿元，增长33.4%。顺利完成二轮土地承包完善工作，全面启动农民素质教育工程，2004年培训农民17526人。全区农民专业合作组织达到34家，基本涵盖全区农业七大主导产业。全区有省级农业龙头企业1家、市级农业龙头企业20家、特色农业园区27个。径山茶被评为浙江省十大名茶之一，塘栖枇杷成功申报国家级原产地域保护并通过国家标准审查。

现代服务业发展取得新成绩。2004年全区实现社会消费品零售总额49.6亿元，增长15.3%。接待国内外游客250.5万人次，实现旅游收入18.9亿元，分别增长33.2%和34.7%。完成房地产开发投资57.5亿元，商品房销售面积126.5万平方米，分别增长29.2%和45.7%。金融机构年末各项存款余额达到337.79亿元，增长12.0%；贷款余额达到234.78亿元，增长20.0%。编制了《商业网点规划》，江南家居广场、广本和田汽车4S店等建成开业。双溪漂流景区被评为国家4A级景区，山沟沟景区被列入"中国生物圈保护区"。成功举办了第三届中国茶圣节暨全国媒体"聚焦余杭"、纪念吴昌硕诞辰160周年等旅游节庆活动。

对外开放势头良好。2004年新批外商投资项目78个，增资项目31个，合同利用外资2.25亿美元，实际利用外资0.93亿美元，分别增长31.5%和31.1%；引进内资项目92个，实际利用内资35.8亿元。实现外贸出口交货值125.28亿元，增长36.0%；实现自营出口7.61亿美元，增长51.3%。新批境外企业5家。

三、基础设施建设日臻完善。余杭交通便利，沪杭、宣杭铁路、沪杭、杭宁高速公路、104、320国道和5条省道与境内县乡公路纵横交错连成网络，京杭大运河将之与周边城市紧密相连。

交通方面：2004年新增公路里程213.4千米，平均每百平方公里公路密度达到101.17公里，达到发达国家水平。境内有航道里程383千米，从事水上运输企业1470家。320国道余杭段、01省道余杭段、15省道余杭段、塘康公路、104国道瓶窑立交等项目竣工通车。新建通村等级公路190公里，开通通村班车11路。

市政方面：以加快市政道路建设为核心，相继建成东来阁、临丁路余杭段、世纪大道西延、红丰立交桥等工程，顺利完成迎宾大道、西渠河等工程改建、改造任务。以完成城市基础设施配套为重点，推进塘栖、余杭、良渚三组团污水处理系统建设，实施城区公用停车场工程。以提升城区空间环境为重点，实施绿化、亮化、美化工程，完成城区南大门、西大门、天目山路入城口整治工程。新增城镇绿地面积22.6万平方米。

供电供水方面：2004年完成电网投入1.56亿元。有220千伏变电所1座、110千伏变电所13座、35千伏变电所9座，全年完成供电量25.74亿千瓦时。完成供水投资概算1.5亿元，实施临平、塘栖供水二期工程，瓶窑供水二期工程等17项基础设施建设项目；新增供水能力2.5万立方米/日，新增自来水受益村20个、受益人口4.9万人。

四、社会各项事业和谐发展。余杭区坚持统筹发展的理念，着力构建和谐社会，促进经济社会全面、协调和可持续发展。先后获得村民自治全国模范县（市、区）和全国科技、体育、计划生育先进县（市），全国城市环境综合整治先进城市、全国老龄工作先进集体及浙江省卫生城市、教育强市，浙江省文明城区等荣誉称号。

科教兴区战略扎实推进。引进建立了香港科技大学先进制造研究所，与同济大学、上海交通大学、上海农科院、浙江大学、浙江理工大学等高等院校开展了全方位合作。2004年引进各类科技成果和适用技术133项，新增省级高新技术企业3家，省级科技企业1家。全区19个镇乡、街道均跻身省级教育强镇。调整中小学布局规划，全年撤并学校19所。新建民办学校4所，新办创业者子弟学校2所。继续实施新课程改革，强化教科研工作。

文体卫事业蓬勃发展。成功举办3项全国级大型文化活动——"同一首歌·走进余杭"大型文艺晚会、"良渚文化杯"全国越剧演唱大赛、第七届中国艺术节余杭分会场活动。小品《汇报咏叹调》获全国第十三届"群星奖"（戏剧）金奖，成为第一个进入央视春节文艺晚会的南方小品。"余杭滚灯"远赴法国参加尼斯狂欢节。成功举办了良渚文化博物馆建馆10周年馆庆活动，承办了全国史前博物馆学术研讨会。开展农村医疗卫生资源整合，完成120家农村卫生服务站建设。通过"国家卫生城市达标城区"验收，瓶窑镇被命名为国家卫生城镇。计划生育工作实现了政策微调后生育小高峰的平稳过渡，被评为"国家计生优质服务先进区"。

社会保障工作力度加大。出台了推进城乡统筹就业的政策措施，完善了征地农转非人员社会保障政策体系。在全省率先建立"五险合一"信息管理体系，实现养老、医疗、失业、工伤和生育五险种并轨运行。全面完成各项就业再就业任务，城镇登记失业率为3.83%。劳动保障机构网络不断完善，企业退体人员社会化管理达到90%以上。加强新型农民合作医疗制度建设，参保人数达到53.5万人，参保率90.22%。健全社会救助体系，完善帮扶救助政策，落实城乡居民最低生活保障，多渠道、全方位开展扶贫帮困助残活动，2004年共帮扶各类困难群众36463户，发放救助款2140.31万元，改造农村困难户危房373户。

人民生活水平进一步提高。2004年城镇居民人均可支配收入达到15093元，增长16.8%；农民人均纯收入达到7875元，增长11.3%。开工建设经济适用房11.75万平方米，完成5万平方米。全年净增就业岗位17028个，失业人员实现再就业8273人。五保户集中供养率达到80.84%。

五、精神文明建设和社会稳定工作深入推进。余杭区坚持以人为本的理念，在抓好经济建设、促进社会发展的同时，大力推进精神文明、政治文明建设，为经济社会发展提供智力支撑和良好的社会环境。

精神文明建设取得新成果。深化“创业在杭州，建设新天堂”、“诚实立身，信誉兴业”等各类主题教育活动。围绕“双建设，双整治”，扎实开展思想道德建设特别是未成年人思想道德教育。积极争创省级文明城区，广泛开展基层文明创建活动。开展了首届“余杭文化名人”评选活动，各类群众性文体活动蓬勃开展。

民主法制建设继续加强。认真贯彻实施《行政许可法》，取消行政许可事项53项，收费事项73项。广泛开展民主法治村创建、外来创业者法制教育、市场主体法制培训等活动。140个规模调整村和55个社区完成换届选举工作。

社会稳定工作取得新成绩。围绕创建“平安余杭”目标，大力构建“打、防、控、疏”一体化机制，刑事案件高发势头得到有效遏制。强化基层综治组织规范化建设，乔司镇综治中心的经验和做法得到中央领导的肯定。重视人民群众来信来访工作，加强新时期人民调解工作。整顿和规范市场经济秩序，实施农村食品准入工程。

六、坚定信心再攀高峰。本届区委、区政府提出的主要任务是：大力实施“再造工程”、合力推进“三大跨越”，即力争五年再造一个都市农业、三年再造一个余杭工业、五年倍增第三产业，2007年生产总值力争翻一番，综合经济实力和竞争力明显增强。加快经济总量新扩张，合力推进向经济强区跨越；加快“一副三组团”成形，合力推进向生态城区跨越；加快先进文化发展，合力推进向文化名区跨越。

成绩鼓舞人心，目标催人奋进。余杭全区上下正在区委、区政府的正确领导下，坚定信心、众志成城，向着更高的目标阔步迈进。生活在余杭，创业在余杭，余杭人民真诚地欢迎海内外各界人士前来观光考察、投资合作、共创发展！

突出重点 强化措施 推动经济社会快速健康发展

◆中共文登市委　文登市人民政府

文登市位于山东半岛东部，辖14个镇，3个街道办事处，1个省级经济开发区，总面积1645平方公里，人口64.6万。近年来，文登牢固树立和落实科学发展观，坚持加快发展不动摇、科学发展不松劲，积极实施工业强市、商贸旺市、借外力兴市和可持续发展"四大战略"，牢牢把握产业突出抓集群、工业突出抓膨胀、三产突出抓商贸、三农突出抓增收、民营突出抓升级、环境突出抓优化"六个重点"，解放思想，开拓创新，真抓实干，经济建设和社会各项事业持续快速健康发展。2004年，全市国内生产总值达到267.9亿元，比上年增长19.6%；地方财政收入10亿元，增长43.9%；固定资产投资117.7亿元，增长45.7%。今年1—7月份，全市国内生产总值达到187亿元，增长19%；地方财政收入7.23亿元，增长30.7%；固定资产投资110.36亿元，增长25.4%。

一、着眼产业集群发展，不断优化工业结构。积极实施"工业强市"战略，加快膨胀骨干企业，培植产业集群，推进工业结构优化升级。

*一是加快产业集群发展。*为培植产业集群，邀请深圳金必德经济研究院，制定了产业集群发展规划，并以规划为指导，突出抓骨干、抓项目、抓投入，加快培植汽车及配件、家纺及皮革、机械加工、电子通信、生物资源加工等五大优势产业。2005年，文登集中力量，在最具优势的家纺和汽车两大产业上进行重点突破。家纺产业，在积极培植云龙、艺达等五大骨干企业的同时，加快引进和新上一批家纺企业。今年以来，全市已落实新上民营家纺企业32家，总投资6000万元；落实新上家纺加工点109个，总投资620多万元。汽车产业，一方面加快壮大东安黑豹这个龙头，重点抓好轻卡生产线改造、10万辆乘用车项目和15万台柴油发动机项目，争取2007年东安黑豹销售收入突破50亿元。另一方面积极发展汽车零部件企业，实施了投资1.58亿元的重卡曲轴生产线扩建项目，投资1亿元的汽车板簧生产线项目及三峰轮胎、轿车内装饰等一批配套扩张项目。此外，还规划建设了占地1000亩的汽车配件工业园，争取利用三年的时间，引进配套企业100家以上。

*二是做大做强骨干企业。*按照"抓大放小"的思路，把有限的资金、精力向骨干企业、重点项目倾斜。从市属和镇村企业中筛选出20家，作为全市的重点骨干企业，由经贸局统一调度，并制定出台了鼓励骨干企业加快膨胀的优惠政策，力促其加快膨胀步伐，尽快做大做强。同时，还筛选63个重点产业大项目，落实领导领包、项目法人责任制，并分工一名分管副市长，对重点项目进行督查，加大项目跟踪调度力度，及时解决项目建设中遇到的难题。2005年以来，市重点项目建设进展顺利，特别是森鹿制革投资4亿元的牛皮革生产线技术改造和湿车间搬迁项目、威达投资1.2亿元的粉末冶金和切割锯片项目、威力集团投资1亿元的套筒和两用扳手项目、万得

集团投资1.2亿元的高档家纺产品工业区项目及投资5亿元的亿米染织项目等一大批重点项目的建设，为企业的膨胀发展蓄足了后劲。

*三是强化技术创新。*高度重视企业技术创新工作，引导企业加快技术创新体系建设，逐步在骨干企业建立技术开发机构，积极推动企业与高等院校、科研机构开展技术转让、联合开发、建立研发中心等多种形式的合作，提高企业的研发和创新能力，促进产品和产业升级。2005年以来，全市完成技术开发项目104项，其中奥文电机、有利电池、威力银锋、云龙绣品等4个项目填补国内空白，曲轴、奥文电机等16个项目列入省技术创新重点计划及第一批技术创新项目。

*四是实施品牌带动战略。*引导企业加强质量体系、环境管理体系和职业健康安全管理体系认证，强化技术、管理、服务创新，加大品牌包装和推介力度，积极培育一批有较高声誉、较强竞争力的知名品牌。2005年以来，全市上报了2个中国驰名商标、3个国家名牌产品和5个山东省著名商标、10个省名牌产品的认定申请，其中"云龙"和"艺达"荣获中国名牌产品称号。

二、着眼城乡统筹发展，切实做好"三农"工作。按照"多予、少取、放活"的方针，强化措施，加大力度，努力实现农业增效、农民增收。

*一是加快农业产业化进程。*在积极扶持壮大现有农业龙头企业的同时，通过招商引资、发展民营经济等多种方式，加快引进和建设一批新的农业龙头企业，重点抓好佳霖集团投资2.4亿元的农业综合开发和果汁加工等7个新上农业加工龙头企业的建设，力促其尽快投产，尽快发挥辐射带动作用。同时，以龙头企业、农技推广单位和超市等为依托，加快农村经济合作组织和专业协会建设，完善农业产业化经营体系。

*二是加快农业特色化进程。*在稳定粮食生产的基础上，突出抓好水果、蔬菜、药材等经济作物生产，加快发展特种毛皮动物养殖、虾池造礁养参、海珍品工厂化养殖等特色养殖业。加强农产品标准体系、质检体系和动植物疫病防治体系建设，搞好农业标准化知识的推广普及，加快农业标准化步伐。2005年以来，全市新增蔬菜面积5000亩，西洋参等中药材2000多亩，新增奶牛6000头、奶山羊2000只，新增特种毛皮动物200万只，新增海参养殖面积5000亩，工厂化养殖1.4万平方米。

*三是全面落实各项扶农政策。*加大对农业的扶持力度，全部取消农业税，落实好种粮农民直补、良种和购置农机具补贴等政策，切实减轻农民负担，增加农民收入。到目前，全市已发放小麦直补款578万元、良种补贴款300多万元，充分调动了农民种粮的积极性。

三、着眼富民强市，大力培植经济发展新亮点。紧紧围绕富民强市的目标，全面做大做强民营经济、商贸流通、现代服务业三大经济发展新亮点。

*一是大力发展民营经济。*把家纺业作为发展民营经济的突破口来抓，全面落实鼓励民营家纺业发展的一系列优惠政策，积极推进民营经济融资担保、信用评价、人才培训等服务体系建设，为民营经济的大发展创造良好的法制环境、政策环境和市场环境，推动民营经济扩规模、提水平、增实力。加大对光威渔具、昆鹏地毯等50家重点民营企业的扶持力度，力促其尽快扩规模、上档次。截止到2005年7月底，全市民营企业发展到1876家，增长28.4%；个体工商业户发展到2.4万户；民营经济从业人员4.5万人；上缴税金7410万元，增长40.2%。

*二是大力发展商贸流通业。*围绕打造区域性商贸物流中心，重点抓好义乌市场二期、韩国之窗和中国工艺家纺城一期、永康五金城、利群物流配送中心等投资1亿元以上的大型商贸设施建设，叫响"购物在文登"的品牌，推动商贸流通业整体上档升级。目前，义乌市场二期配套加工区起步区"七通一平"基本完工；中国工艺家纺城主体工程基本完工，已签订进驻协议的经营业户达600多户；韩国之窗一期工程建材城建设进展顺利，正在对外招商。

*三是大力发展现代服务业。*坚持把旅游业作为朝阳产业来培植，积极围绕"山、海、温泉"作文章，深度开发旅游资源，重点抓好金滩旅游度假区、昆嵛山风景区、圣经山风景区以及四处温泉等旅游项目的规划和开发，打造旅游特色品牌。积极借鉴昆嵛山樱桃节的成功经验和做法，加大旅游促销力度，推动旅游业

向农业观光旅游和休闲度假旅游延伸。积极发展金融保险、信息咨询、市场中介、卫生保健、社区服务等新兴服务业，进一步拓宽第三产业发展领域。

四、着眼增强经济发展活力，深化改革扩大开放。改革，重点是进一步深化企业改革。加大镇村企业产权制度改革力度，镇以上企业2005年上半年完成改制工作，村办企业年内改制面达到85%以上。加大资产重组力度，重点抓好高档油漆厂、丝绸厂等30家困难企业的改造重组，盘活资产6亿元以上。加大挂优靠强力度，积极促成鹏程与香港银河公司、西班牙伊莉沙公司，云龙集团与英国波威尔公司、三峰与美国公司、颐阳酒业与汇源果汁公司的合作，通过挂优靠强，推动企业扩规模、增实力。积极

引导企业上市，鼓励支持具备条件的企业上市融资，重点抓好曲轴、艺达、威力、味精、恒大、文隆等优势企业的上市准备工作，争取尽快取得突破。同时，积极搞好各项配套改革。稳妥推进投资体制改革，改进和规范政府投资管理方式，建立投资决策责任追究制度和政府投资项目后评估制度。深化财税体制改革，进一步完善部门预算、集中支付、政府采购和“收支两条线”改革，完善财政监督机制。继续推进事业单位综合配套改革，深化行政审批制度和农村信用社改革。积极培育和规范市场中介组织，促进各类要素优化配置。

对外开放，一是千方百计招商引资。外资，按照主攻韩日、扩大台港、开拓欧美的方针，组织小团组，积极走出去，突出抓好产业招商和大项目招商；内资，瞄准长三角、珠三角和东北地区，采取举办招商活动和定点招商等多种形式，面向国内的大公司、大集团和民营企业招商。2005年以来，先后在韩国汉城、天安、仁川等8个城市举行了投资说明会，到20多个城市开展了招商活动，共签订投资协议、合同60多个，协议、合同外资额2.5亿美元；到杭州、永康、沈阳、上海、昆山、温州、绍兴、常熟、广州等地开展了一系列招商活动，签订投资过亿元的协议、意向28个。2005年1—7月份，全市共新批利用外资项目128个，合同利用外资5.1亿美元，实际利用外资1.05亿美元，分别增长4%和14.6%。引进内资项目155个，到位资金87.9亿元，增长53.6%。二是努力扩大对外贸易。积极实施市场多元化战略，加大国际市场开拓力度，狠抓骨干企业和骨干产品的出口，大力发展加工贸易，推动了外贸出口的快速增长。去年，全市进出口总额7.19亿美元，增长24.5%。2005年1—7月份，全市进出口总额4.58亿美元，增长16.5%，加工贸易进出口额2.76亿美元，增长15.7%。三是着力优化投资环境。按照“七通一平”的标准，加强了经济开发区、苘山工业园以及龙山、天福、环山等工业区的建设，进一步优化了园区环境，提高了园区承载能力。充分利用闲置土地搞好标准厂房建设，增强项目承载能力。进一步加强市、镇两级外商投资服务中心建设，健全完善服务机制，扩大服务领域，提高服务质量。以威海空港为依托，搞好海关、商检部门以及文登集装箱分公司的协调对接，为企业的货物出口打造一条高效快捷的“绿色通道”。

五、着眼实现可持续发展，全面加快生态市建设。本着优化环境、促进发展的原则，加快推进生态市建设步伐，增强城市承载能力。

一是搞好城市规划建设。认真落实新修编的城市总体规划，在搞好城市供排水、供暖管网等专业规划和详细规划的同时，按照突出特色化的思路，精心策划、设计、建设好每一个项目。2004年，组织实施了城区道路改造、三河整治、城市电网、垃圾场、新汽车站等30多项城建重点工程，新修改造道路32公里，铺设供排水管道30.3公里，硬化连村路500多公里，城市绿化覆盖率达到35.58%。今年又投资2亿多元，实施了桥涵建设、道路建设改造、绿化建设、机场路改造、抱龙河公园建设、垃圾处理场续建、污水处理厂二期等七大工程，到7月份已新修改造城市道路60公里，硬化面积50多万平方米，铺装人行道彩板30万平方米，埋设供排水管道85公里。

二是大力推进生态市建设。编制出台了《文登市生态市建设总体规划》，积极做好争创全省生态示范市的各项工作。加大环境保护力度，大力实施“碧水工程”、“大气净化工程”、“固废治理工程”，进一步改善城市环境。以植树造林、河道整治为重点的生态建设取得明显效果，成片造林4.3万亩，植树660万株，新增城市绿地230万平方米。

三是加快节约型社会建设。大力发展循环经济、生态经济，引导企业逐步淘汰高能耗、高物耗、高污染的落后生产工艺，开展清洁生产，搞好资源综合利用，提高环境容量和生态承载能力。广泛开展资源节约活动，积极推广行业先进标准和先进技术，提高土地、能源、原材料、水等重要资源的利用效益。大力强化全社会的节能意识，倡导绿色消费，引导全社会加快形成节约资源的理念和生活方式。

六、着眼构建和谐社会，推进社会各项事业协调发展。进一步完善政府的社会管理和公共服务职能，加强社会管理和服务，促进经济社会健康协调发展。

一是大力实施科教兴文战略。积极抓好中长期科技发展规划的制定与实施，加快发展电子信息、生物技术、海洋化工等高新技术产业。大力发展科技信息和科技咨询等服务业，积极推进产学研联合，进一步提高科技创新能力。加快整合中小学教育和职业教育资源，完成农村中小学校舍改造，推进基础教育和职业技术教育更快发展。加快实施“人才强市”战略，吸引更多高层次人才来文登创业。

二是加快发展文体卫生事业。整顿规范文化市场，加快文化设施建设，不断繁荣群众文化生活；加强体育设施建设，广泛开展全民健身活动，提高全民健身水平。健全疾病预防控制和突发公共卫生事件医疗救治体系，积极争创国家级卫生城市。大力推进新型农村合作医疗，确保参保率稳定在85%以上。高度重视人口与计划生育工作，落实计划生育奖励政策，稳定低生育水平，提高人口质量。

三是努力维护社会稳定。全面落实各项就业扶持政策，完善再就业服务体系，做好就业再就业工作。进一步完善社会保障体系，加大对弱势群体和困难群众的帮扶力度，切实保障困难群众的基本生活。积极推进"诚信文登"、"平安文登"建设，促进社会和谐发展。

加快发展 统筹发展 合力发展 全面推进海宁经济社会新跨越

◆中共海宁市委　海宁市人民政府

近年来，海宁市委、市政府认真贯彻党的十六大和十六届三中、四中全会精神，坚持以“三个代表”重要思想为指导，牢固树立和认真落实科学发展观，坚持加快发展、统筹发展、合力发展，全面推进经济社会新跨越，经济建设和各项社会事业持续快速协调健康发展。2004年，全市实现生产总值229.47亿元，人均生产总值超过4300美元，财政总收入14.71亿元，其中地方财政收入8.16亿元，城镇居民可支配收入和农民人均纯收入分别达到14921元和7399元，经济社会发展综合指数列全国百强县市第19位。

致力加快发展 扎实推进新型工业化

坚持发展是硬道理的战略思想，把发展作为执政兴国的第一要，作为科学发展观的第一要义，牢固树立“不快则退、不好则退”的新理念，紧扣经济建设中心，坚持走新型工业化道路，着力扩大经济规模、优化经济结构、转变增长方式，推进海宁经济新跨越。

全面实施“工业强市”战略，着力建设先进轻工制造基地。坚持以科学发展观为指导，正确理解和贯彻国家宏观调控政策，突出结构调整和转变增长方式这一主线，加强思想引导，健全政策措施，着力强化政策导向和资源优化配置，切实把工作着力点引导到深化改革、优化结构、提高效益上来。深入实施“1232”产业工程、“123龙头培育工程”和“五百亿园区产出工程”、“三百亿技改投入工程”，重点培育壮大皮革、经编、家纺等特色优势产业。2004年，皮革业工业总产值超130亿元，皮革经济总量、皮革服装产量、皮革交易量、皮革服装及相关制品出口量4个指标均列全国同行第一；家纺、经编行业工业总产值分别超150亿元和60亿元，产品国内市场占有率分别达到35%和40%，成为全国最大的装饰布、经编生产基地；电子、医药化工、印刷包装等新兴产业继续较快增长。深入开展“招商引资年”、“项目推进年”、“效能建设年”活动，着力提升开发开放水平。2004年，全市实际利用外资1.61亿美元，自营出口11亿美元，均列全省十强县（市）第八位；完成全社会固定资产投资92.08亿元，其中技改投入61.85亿元，分别增长14.8%和21.6%；行政审批制度改革不断深化，机关效能建设扎实推进，服务环境不断改善。切实加强土地、电力、资金、技术等要素保障工作，着力解决经济发展中出现了突出问题和矛盾，保持了经济平稳较快增长的良好势头。

积极培育发展第三产业，着力建设旅游休闲购物基地。把培育发展服务业特别是生产性服务业作为新的经济增长点的突破来抓，并以此推动整体产业结构的调整优化，促进贸工农结合和产业联动发展。依托钱江潮这一独特的自然资源和海宁丰富的人文资源，加快推进以盐官观潮景区为重点的旅游业发展。2004年，全市共接待国内外游客287万余人，全市旅游总收入达到26.48亿元，被命名为“中国优秀旅游城市”。依托皮革、家纺等特色产业，加快推进专业市场的转型提升，积极培育休闲购物。2004年，全市实现消费品零售总额82.59亿元，市场交易额118亿元，其中中国皮革城和中国家纺城市场成交额分别达到52.8和35.1亿元，中国皮革城新城一期工程建成投入使用，已经成为长三角大都市皮革产品特色购物的首选之地。大力发展“节会经济”，中国皮革博览会、中国国际钱江观潮节、中国家用纺织品博览会、海峡两岸经编研讨会已经成为海宁扩大对外宣传、加强交流合作、开展招商引资的重要平台。

以发展高效生态农业为主攻方向，着力建设都市农业生产基地。在稳定粮食生产能力的同时，重点培育发展花卉苗木、优质果蔬、特种水产、畜禽养殖等优势产业。目前，全市花卉面积0.4万亩、苗木面积4.6万亩、果园面积2.8万亩，被省林业厅授予“浙江省鲜切花之乡”、“浙江省行道树苗木之乡”等荣誉称号。近年来，组织实施了“六个一批”工程建设，积极培育农业龙头企业，加强农业专业合作组织建设，农业产业化体系初步形成。目前全市农业龙头企业达到35家，各类农村专业合作经济组织达到40家。积极推动绿色农产品论证、农产品创牌等工作，切实抓好农产品安全，努力提升农产品质量和档次。

注重统筹发展
加快推进城乡一体化

牢固树立以人为本的发展理念，坚持在统筹指导下加快发展，在加快发展中实现统筹，促进物质文明、政治文明、精神文明相辅相承的、城乡之间、区域之间携手并进的协调发展，经济社会和人口资源环境和谐统一的可持续发展。

统筹城乡发展，扎实推进城乡一体化。制订出台了《海宁市城乡一体化发展纲要》，全面启动城乡一体工作。扎实推进城乡一体的基础设施建设，启动实施农村“康庄工程”建设，加快通村公路等级化改造，推进城乡公交一体化，在全省率先实现等级公路通村率、硬化率“双百”目标。加快推进城乡供水一体化，完成第二地面水厂扩容一期工程建设，实现了东西两个水厂的联网，城市地面水厂供水管网已覆盖市域东部大部分地区。大力实施“小康示范、百村整治”工程，全市已有4个村被命名为省级示范村，30个村完成整治任务。深化城乡各项改革。在全省率先实施了以居住地登记为主要内容的户籍制度改革试点工作，城乡就业、社会保障、教育、兵役等各项配套制度改革扎实推进，农村集体经济股份制改革试点工作全面启动。组织开展“民企联村、关爱三农”活动，积极探索“以城带乡”、“以工哺农”的新机制。

统筹经济与社会发展，促进各项事业全面进步。全面启动了以创建省示范文明城市、国家级卫生城市、国家级生态市、省级园林城市、省“双拥”模范城和省体育强市为主要内容的“六城联创”工作，扎实开展群众性精神文明创建工作，获得了“中国优秀旅游城市”、“全国科技进步先进县(市)”、省级文明城市等称号。深入开展公民道德建设工程，全面部署推进加强和改进未成年人思想道德建设工作。启动学习型城市创建工作，广泛开展“反对封建迷信、倡导文明新风”主题教育活动。制定实施文化强市建设发展纲要和推进人文海宁建设若干问题的决定，全面启动“文化强市”建设。大力推进农村“双建设”工作，组织开展了“农村文化建设年”和“农村文化活动年”工作，举办了全市首届农村文化艺术节。去年以来，全市共投入4000多万元，建成镇级文化活动中心4个、村级文化活动中心(活动室)229个。全面实施人才强市和科技强市战略，启动了省级科技强市创建和“数字海宁”建设工作。

统筹人与自然和谐发展，重视加强生态环境建设与保护。把生态环境建设与保护放到了党委、政府工作的重要位置，深入开展国家级生态示范区和国家级生态市的创建工作，获得了“国家级生态示范区”的称号。加强环境基础工程建设，加快推进城乡一体的污水处理收集系统建设，日污水处理能力16万吨，污水收集管网覆盖市区四个街道及部分镇、开发区。全面实现农村垃圾集中收集处理工作全覆盖，启动建设垃圾焚烧发电厂建设。全面开展了以城市绿化、绿色通道和村镇绿化为主的大绿化工程建设，扎实推进河道整治工作。突出水环境综合整治和工业污染控制这二个重点，全面推进“811”环境污染整治行动，切实加强环境整治。深入开展生态镇、村创建活动，全面实施“生态家园富民计划”，累计建设生态家园1000多户，太阳能热水器安装普及率达到65.3%，在全国各县级市中名列前茅。

突出合力发展
努力营造和谐稳定的良好局面

认真贯彻中央关于构建和谐社会重大战略思想，全面推进“平安海宁”建设，不断巩固和发展心齐、气顺、劲足、实干、有为的生动局面，凝聚各方力量，调动各方面的积极因素，为全面推进海宁经济社会新跨越提供强大动力。

深入开展平安创建。全面启动平安县（市）、平安镇（街）、平安村（社区）的创建工作。深化“严打”整治工作，加强社会治安综合治理，在市区全面实行24小时“网格化”巡逻，社会治安形势有较大好转。切实加强维护稳定和信访工作，建立了综治司法信访联动中心，健全完善领导下访、包案处理等相关制度，重视抓好矛盾纠纷排查调处工作，妥善处置群体性突发事件，及时预防和化解了一批社会矛盾。建立健全了安全生产监督管理机构和网络，加强对安全生产的监督和管理，及时发现消除各类安全隐患。高度重视公共安全管理工作，建立健全突发公共事件应急预案和处理机制，提高了防范和处理公共安全突发重大事件的能力和水平。

关心群众生产生活。重视加强劳动就业工作，切实抓好城镇失业人员和就业困难人员的再就业，政府带头开发公益性岗位，同时引导鼓励企业提供就业岗位吸纳就业困难人员和失业人员。全面实施“农民素质培训工程”，加强对农民的就业指导和培训，建立了城乡一体的就业制度。加快社会保障体系建设，全面开展了企业职工养老保险全覆盖工作，在全省率先实现了全覆盖。全面实行了被征地农民生活保障等制度，切实维护被征地农民利益。重视抓好城乡社区卫生服务体系建设，完善落实农村新型合作医疗制度。建立了慈善总会，开展了农村特困户旧房改造工作、城镇“三无”人员和农村“五保”对象集中供养等工作，启动新一轮扶贫结对帮困活动，困难群众的基本生活得到保障。

加强基层基础工作。扎实开展保持共产党员先进性教育活动，切实加强了党的执政能力建设和先进性建设，各级党组织的创造力、凝聚力和战斗力不断增强。重视加强基层组织建设，制订出台加强和改进村级组织建设、城市社区建设、机关党的建设的政策意见，建立了农村工作指导员和科技特派员制度，实施了经济薄弱村帮扶转化工作。落实“三真”要求，重视关心基层干部的工作生活。出台了为推进经济社会的跨越式发展提供了政治和组织保证。加强惩治和预防腐败体系建设，着力从源头预防和惩治腐败，党风廉政建设和反腐败斗争不断向纵深推进。

“十一五”时期是海宁实现由小康向现代化历史性跨越的关键时期，我们将坚持以邓小平理论和“三个代表”重要思想为指导，以科学发展观统领全局，按照构建社会主义和谐社会的要求，大力推进增长方式、经济体制、社会结构的转型提升，走在前列，干在实处，加快建设经济发达、文化繁荣、生态环境美好、人民生活更加富裕的现代工贸强市、文化旅游名市、宜居创业新市，努力实现建设全面小康社会的目标。

树立和落实科学发展观 全力推动龙口经济社会更快更好更稳发展

◆中共烟台市委常委、龙口市委书记　于爱军　龙口市人民政府市长　董希彬

龙口市地处胶东半岛西北部，渤海湾南岸，是一座新兴的沿海开放港口城市。全市总面积893平方公里，人口62.8万。近年来，在上级党委、政府的正确领导下，认真贯彻落实上级各项指示精神，自觉实践“三个代表”重要思想，牢固树立科学发展观和正确的政绩观，按照加快发展、膨胀总量、提效增收的总体思路，积极推进经济国际化、新型工业化、城市化和农业产业化，努力实现财政增收、企业增收和群众增收，全市呈现出经济快速发展、社会日趋稳定、人民安居乐业的良好局面。2004年，全市完成地区生产总值244.5亿元，同比增长23.8%；完成固定资产投资135亿元，增长53.3%；实现地方财政收入8亿元，增长32.3%。在2005年国家统计局公布的2004年度全国综合实力百强县排行榜中，龙口市比上年度上升4位，位居第21位。

一、着眼于提升区域核心竞争力，全力做强“三个一批”。在加快县域经济发展中，坚持以调整经济结构为主线，着眼于培育支柱产业、骨干企业和名牌产品，不断提升区域经济发展的核心竞争力。围绕培育特色支柱产业，重点规划建设了能源、铝制品、汽车零部件、环保透湿材料、葡萄酒、果品加工等六大生产基地。2005年上半年，六大基地实现销售收入220亿元，占全市经济总量的54%。围绕培育大型企业集团，对已形成规模、自成体系的企业，给空间、给政策，促其向园区化、集群化、规模化方向发展。截止2004年底，全市销售收入过亿元的企业达到65家。在2004年国家统计局公布的全国1948家大型工业企业排名中，龙口市有7家企业上榜，其中南山集团、丛林集团进入全国前500强，分别列第185位和468位。围绕培育知名品牌，龙口积极引导和鼓励企业强化名牌争创意识，依托优势企业和产品，大力实施名牌带动战略。目前，全市拥有全国驰名商标2件，省著名商标16件，中国名牌产品3个，省名牌产品8个。

二、着眼于推动统筹协调发展，全力培育“三大亮点”。推动统筹协调发展必须培育亮点、选准突破口。结合龙口实际，在推动统筹协调发展中，全力培育了“三大亮点”。第一个亮点是，按照“三产兴市”的思路，积极打造区域性商贸物流中心和全国闻名的旅游度假胜地。围绕搞活大商贸，近三年累计投入12亿元，先后建设了胶东商城、果蔬家具装饰材料批发市场等一大批专业市场和胜通物流、兴隆道恩、海达物流等一批骨干物流企业。围绕发展大旅游的思路，累计投入22亿元，开发建设了中华历史文化博览园、南山宗教文化园、东海植物园、万松浦书院、屺山母岛旅游生态园等项目，构筑起集“吃、住、行、游、购、娱”等功能于一体的旅游体系。2005年上半年，全市共接待国内外游客近百万人次，实现旅游业总收入5亿多元。全市三产增加值占GDP的比重达到38.5%。第二个亮点是，全方位、高水平扩大对外开放。适时调整招商理念，把工作着力点放到建设大载体、主攻大项目、构筑“大进大出”开

放格局上。2005年上半年，全市各类园区完成合同外资1.9亿美元，实际利用外资9750万美元，分别占全市外资总量的55%和75%。全市80%以上的骨干企业举办了合资合作项目，与30多家国际知名大公司、大商社建立了长期稳定的合作关系，成功引进了世界500强企业日本三井物产株式会社前来投资。三年来，全市举办总投资过千万美元或合同外资过500万美元外商投资项目102个，获得自营进出口权的企业达到132家，年出口创汇过500万美元的企业达到13家。第三个亮点是，超常规发展民营经济。坚持"抓点、扩面、上水平"的思路，降低准入门槛，优化发展环境，着力抓大扶强，有效促进了全市民营经济不断上层次、上水平，2005年上半年全市民营企业实现增加值136.7亿元。年销售收入过5亿元的民营企业达到14家，资产过千万元的民营企业发展到125家。

三、着眼于优化产业布局，全力建设"三沿五大组团"。"三沿"就是沿海岸线、沿206国道、沿牟黄公路进行布局，发展各具特色的"带状经济"；"五大组团"就是重点发展膨胀东城区、西城区、新区、南山工业区、北部海滨经济园区五大经济和城市组团，发展各具特色的"簇群经济"。其中东城区组团以黄城旧城区为基础，以高新技术工业园为支撑，加快发展商贸、餐饮、文化、金融等服务业和食品加工、高新技术产业；西城区组团依托龙口港和龙口经济开发区，重点发展临港工业、加工制造业和能源产业；南山工业区组团加快发展铝业、纺织服装和旅游产业；新区组团以行政办公、商贸金融、生活居住等功能为主，逐步建成集行政办公、商贸金融、生活居住等功能为一体的多功能、复合型、现代化、生态型的中心城区；北部海滨经济园区组团北部海滨组团重点发展高新技术和旅游娱乐休闲产业，加快建设成集文化教育、旅游、高新技术产业于一体，科技含量高、生态保护好的综合性海滨新区。通过加快建设"三沿五大组团"，努力使城市的发展方向更加科学，功能定位更加合理，产业布局更加优化，区域内各种生产要素得到优化整合。力争到2010年，"三沿五大组团"区域内实现国内生产总值530亿元；高新技术产业产值达到380亿元；年出口创汇15亿美元。

四、着眼于在新起点上实现赶超发展，全力打造"大型航母"。面对日趋激烈的区域经济竞争形势，龙口市必须立足更高的起点，进一步强化抢抓机遇和乘势而上意识，紧盯先进地区，加快赶超发展步伐，推动经济发展实现更大跨越。首先，要加快培育大企业。对已形成规模、自成体系的大型企业，给空间、给政策，促其向园区化发展；对具有一定规模、产业关联度强的骨干企业，引导其向集群化发展；对科技含量高、成长性好的高新技术企业，促其向规模化发展。第二，要着力引进大项目。就是要充分发挥能源、港口及骨干企业等优势，重点围绕延伸六大基地产业链条，引进相关产业集群项目；围绕新材料、机电一体化和生物技术三大领域，引进高科技项目；围绕天然气、石油、煤炭深加工及船舶制造，引进重化工业项目；围绕农业产业化升级，引进农产品深加工项目。2005年重点抓好121个投资过千万元项目的建设，确保完成固定资产投资180亿元。第三，要建设完善大载体。园区建设，要充分释放原龙口经济开发区和龙港经济开发区合并后产生的能量，争取3年内将其建成全省一流开发区。港口建设，今后两年投资20亿元以上，加快实施10万吨级散货泊位、进港铁路等一批重点港口扩建项目，力争到2010年港口吞吐能力达到5000万吨。道路建设，重点抓好龙烟铁路、国辅烟汕线(龙口段)、青龙高速公路等工程，逐步建立完善的交通体系。电力建设，争取2005年下半年2台30万千瓦发电机组投产，2006年再开工建设2台30万千瓦发电机组，到2008年全市发电总装机容量达到400万千瓦。

谋划陶都宜兴新的腾飞

◆中共宜兴市委书记 史祖能　宜兴市人民政府市长 吴峰枫

宜兴市位于江苏省西南端，苏、浙、皖三省交界处，东依太湖，东南邻浙江长兴，西南与安徽广德接壤，西北毗连金坛，居沪、宁、杭三角几何中心，是“长三角”辐射内地的重要门户之一，现为江苏省委、省政府重点发展的三级Ⅰ类新兴中心城市。全市总面积2039平方公里，城区面积33.5平方公里，总人口105.85万。全市辖21个镇，420个行政村，并拥有国务院批准设立的首家以环保产业为主的国家级环保科技工业园。近年来，宜兴市经济社会始终在较高平台上保持快速健康发展态势，综合实力在全国百强县(市)中的排位逐年上升，率先发展和协调发展水平始终保持在全国前列。

宜兴天赋独特且优越的自然条件。7300余年的制陶史使宜兴成为中国陶文化的发源地和驰名中外的“古陶故都”，同时伴以“洞的世界”、“竹的海洋”和“茶的绿洲”等美称享誉海内外。宜兴盛产紫砂陶、彩陶、均陶、精陶、青瓷等陶瓷精品，尤以紫砂陶古朴典雅、独树一帜而闻名四海。境内已探明的矿种27种，石灰岩、大理岩、太湖石、石英砂岩等矿种藏量丰富。宜兴境内竹海茫茫，18万亩竹林是江苏省最大的毛竹基地，总蓄积量已达2880万支。宜兴同时也是江苏省最大的茶叶产区，出产的阳羡茶为历代名人所称颂，全市现有茶园3500余公顷，年产茶叶近5000吨。产量居全省之首的板栗、毛笋、雁来蕈合称为“宜兴三珍”，渎区百合被誉为“太湖之参”，太湖白鱼、白虾、银鱼则以其营养丰富、味道鲜美并称为“太湖三白”而盛名远播。作为太湖风景旅游线的重点景区之一，宜兴境内竹海、茶洲、碧水和奇洞相互融合，有“阳羡山水甲江南”的美誉，是“中国优秀旅游城市”。“万古灵迹”善卷洞，是国家4A级景区；“海内奇观”张公洞，以及灵谷洞、慕蠡洞等洞天世界，慕名而来的游客络绎不绝。近年来宜兴倚靠山水资源精心打造的龙背山森林公园、宜园、竹海风景区、陶祖圣境等全新景区，气势恢宏，匠心独运，山水生态园林城市的文化品味进一步凸显。

宜兴传承悠久且深厚的文化底蕴。宜兴古称荆邑，秦时设县，吴越文化、吴楚文化、中原文化在此交汇融合，共同打造了源远流长的陶都历史。“耕读传家，为文立德”的教育理念，造就了宜兴历史上“一门九教授”、“一家七博士”等佳话，十九院士、六千教授使宜兴成为名副其实、名闻遐迩的“教授之乡”，近现代大画家徐悲鸿、吴大羽、尹瘦石、吴冠中的丹青妙笔更为宜兴文脉添上了不可或缺的浓墨重彩。发源于宜兴的梁祝传说堪称中国爱情史的典范，而长久传颂于天下。宜兴市曾先后荣膺全国教育、科技、文化先进县市等荣誉。

宜兴占据重要且便捷的枢纽要位。三省交汇的特殊地理位置使宜兴自古就有“三省通衢地”之美称。随着锡宜高速、宁杭高速和新长铁路的相继建成通车，宜兴和周边大中城市的交通更为通畅快捷，距上海、南京、杭州的国际机场均在1—2小时车程之内，区域性交通枢纽的地位得以大大提升。芜申运河(芜湖一上海)宜兴段已经建成通航，京杭高速公路、环太湖公路、宁宜铁路等新的快速通道建设均在筹备之中。国家“西气东输”工程管线通过宜兴，为居民生活和工业生产提供了质优价廉的天然气。

直通式海关监管点已经投入运行，一个优良的进出口货物大进大出、快进快出的通关环境日益形成。

宜兴坐拥健全且稳健的经济方阵。宜兴市经济总量已经连年位居全国经济百强县（市）前茅。目前全市拥有各类制造企业近8000家，既形成机电、化工、轻纺、冶金门类的工业体系，又形成环保、陶瓷、精细化工、电线电缆在全国乃至国际有影响的支柱产业，同时，电子信息、生物医药、新材料等高新技术产业更是异军突起、发展强劲。宜兴环保产业发展首屈一指，已形成以水处理为主，包括水、声、气、固、仪、配件六大类200多个系列2000多个产品的环保工业体系，被称为中国的“环保之乡”。宜兴也是电线电缆、化学医药产业的重要基地，近年来呈现出蓬勃发展之势，科技含量、销售收入、市场份额均稳中趋升，并涌现出远东、鹏鹞等一批国内知名企业。

近几年，宜兴市委、市政府牢固树立落实科学发展观念，紧紧围绕“两个率先”的奋斗目标，立率先之志，谋率先之策，解放思想，抢抓机遇，通过106万宜兴人民的共同努力，国民经济始终保持持续稳定健康的发展势头，城市综合实力不断增强。宜兴市连续7次入选全国综合实力百强县（市），且位次不断前移，在2004年全国最发达县（市）测评中名列第15位。面对国际国内的新形势和发展的新要求，全市各级认真践行“三个代表”重要思想，坚持以加快富民为核心、改革开放为动力、结构调整为主线，全市呈现出各业兴旺、城乡繁荣、协调发展的良好局面。

一是国民经济快速增长，综合实力明显提升。2004年，宜兴市实现生产总值310亿元，现价比上年增长18.3%；财政总收入37亿元，增长24.1%；全社会固定资产投资132亿元，增长26.9%；社会消费品零售总额89亿元，增长16.7%。农业经济稳中有进，实现农业总产值32亿元，增长15.4%。农业结构调整成效明显，农业产业化步伐加快，16家企业被认定为省、无锡市级农业龙头企业。质量农业取得新成效，制定、实施地方农业标准14只，新增无公害农产品生产基地36万亩。农业利用“三资”势头良好，投入总额达3.16亿元。工业经济增势强劲，实现销售收入720.76亿元、利润29.77亿元，分别增长24.1%和33.5%；应税销售收入565.65亿元，增长40.7%。工业后劲投入取得历史性突破，完成工作量首超百亿元大关。优势产业不断壮大，电线电缆、化纤织造、精细化工、环保、陶瓷等优势产业销售收入占全市工业的42%。规模企业支撑作用明显，全市规模以上企业达774家，其中年销售收入超亿元的企业120家。民营经济占国民经济的比重继续提高，2004年新办民营工业企业1050家，新增投资16亿元。科技创新能力稳步提高，新增国家级高新技术企业3家、省级24家，高新技术产业增加值占全市的比重达28%。服务业旺势发展，实现增加值107.2亿元。市场建设得到新拓展，新华东石材市场和五金市场建成开业。旅游开发取得新进展，陶祖圣境等景区展示新面貌，天一度假区、市观光农业科技示范园成为首批国家级农业旅游示范点。财税金融再创新业绩，财政总收入占国民经济比重达11.9%，其中地税收入增幅创历史新高。2004年末金融机构本外币各项存款余额314.1亿元，各项贷款余额199.7亿元，分别比年初增长16.7%和25.9%。

二是改革开放加快推进，发展活力明显增强。各项改革深度推进，国有、市属工业企业改革不断深入，口径内国有、市属工业企业改制全部到位，国有股权已基本退出。事业单位改革继续推进，又有24家市属生产经营型事业单位完成了改制或转企。办学体制改革得到积极探索，教育资源整合力度加大。卫生体制改革稳步推进，已有32家镇卫生院成功实施改制。行政审批制度改革成效明显，新取消行政审批项目32只，已有129只许可项目进入“市证照中心”办理。新一轮建制镇行政区划调整顺利实施，建制镇由28个撤并为21个。市级机关公务用车制度改革实施到位。资本经营步伐加快，上市企业市场表现良好，融资能力进一步提高。开放型经济再创佳绩，精心组织了日韩、东南亚、香港等地招商活动，成功举办了深圳、上海等地投资说明会和市秋季经贸洽谈会，全年批准外商投资项目137只，新增协议注册外资5.05亿美元，实际到位外资3.01亿美元。园区经济发展迅猛，利用外资的“主阵地”地位凸现，2004年批准外资项目105只，占全市的76.6%。环科园保持了全市利用外资的龙头地位，工业集中区建设再掀热潮，16个镇工业集中区完成基础设施投入4.05亿元，集约发展能力明显提高。

三是城乡建设力度加大，环境面貌明显改观。城市化步伐加速推进，城市化水平达53.8%。第五轮城市总体规划成果通过专家组论证，城市综合交通体系、历史文化名城等专项规划编制完成。市政重点建设项目总投入12亿元，创历史新高。高标准实施了宜园、龙背山游乐园、徐悲鸿广场等一大批市政工程，高质量完成了陶都路、荆邑路延伸段等道路的改造和建设，城区绿化覆盖率达42.6%。“西气东输”工程实现正常供气，抽水蓄能电站建设进展顺利。大交通格局基本形成，宁杭高速公路全线贯通，芜申运河宜兴绕城段竣工投运。大环境整治成效显著，组建了城市管理行政执法局。“绿色通道”建设顺利推进，太湖防护林建设任务顺利完成，大气环境质量优良率达81.5%。创建国家卫生城市顺利通过省级考核，国家环保模范城市、全国生态示范区创建取得进展。

四是社会事业全面发展，人民生活明显改善。教育事业不断进步，高校建设取得突破，无锡工艺职业技术学院正式对外招生。卫生事业加快发展，医院基础设施建设普遍加强，公共卫生服务体系和应急机制初步建立。文化事业日益繁荣，市图书馆通过全国县(市)级等级图书馆检查验收，市文化馆被文化部命名为全国县(市)级一级文化馆，省历史文化名城申报、梁祝文化和紫砂陶艺“申遗”工作扎实推进。广电事业发展壮大，被评为省有线电视示范县(市)。计划生育工作继续保持全省、全国领先地位，《宜兴年鉴(2004)》在全国地方志系统首届年鉴评比中获特等奖。统计、档案、侨务、台湾事务、民族宗教、机关事务、防震减灾以及气象、盐务、烟草等工作都取得新成绩。城乡居民收入稳步增加，城镇居民人均可支配收入11964元，农民人均纯收入6066元，分别增长15.2%和12%。就业再就业工作全面加强，新增就业21116人，城镇登记失业率下降到3.43%，转移农村劳动力15200人。城乡居民最低生活保障实现全覆盖，受益人口近2万人。农村五件实事工程扎实推进，城乡居民住院医疗保险制度实施顺利，受益人口逾1.8万。高标准实施农村改水工程，提前全面完成农村危房改造任务。免除农业税，全面落实粮食直补政策。精神文明建设继续强化，《公民道德建设实施纲要》进一步落实，荣获“全国科普示范市”称号。

五是民主法制继续加强，政府职能明显转变。人大代表建议和政协委员提案按时办结。认真贯彻落实《行政许可法》，“四五”普法教育扎实开展。“平安宜兴”创建活动深入推进，被评为省社会治安安全市(县)。安全生产形势总体平稳，信访工作得到加强，一批不稳定因素得以有效控制和及时化解。社会集资兑付矛盾得到根本性解决。政府自身建设得到加强，“电子政府”建设初创良好。机关作风建设集中教育活动有效开展，“千人评议机关”和行风评议活动深入推进，行政效能有了新的提高。

今后一段时期，是宜兴市为“十一五”发展开好头、起好步的重要时期，也是实现“两个率先”、全面建成小康社会的关键时期，更是争取早日实现“两个提升”、打造宜兴腾飞发展新形象的特殊时期。宜兴市将始终围绕“两个率先”目标，以科学发展观为指导，以经济建设为中心，以“四尊四创”精神为动力，以构建和谐社会为总揽，争先进位，争创一流，努力增创新优势，致力实现新腾飞。按照“学赶江阴、三年翻番”的新目标，宜兴市将力争于2006年全面实现小康目标，至2007年底，使宜兴市经济社会发展主要指标达到江阴市2004年底的发展水平。具体来说，宜兴市将“始终坚持”六个方面的工作导向：

1. 始终坚持把对外开放作为“第一抓手”，积极推进经济国际化进程。激发招商活力。突出抓好台港、日韩、欧美三条线，重点主攻珠三角、长三角和环渤海三个地区，继续办好秋季经贸洽谈会、重点地区投资说明会和推介会，加快推进区域紧密合作。主攻重大项目。着重引进“高科技、高效益、低用地、低污染”和基地型、产业链项目，继续重视抓好境外上市、外资并购、服务贸易引资和外资企业增资扩股，全力扩大利用外资总量。建好引资载体。认真抓好环科园的二次规划建设，在城北工业区设立省经济技术开发区和无锡高新区宜兴分区，引导宜城、丁蜀、官林、屺亭等重点开放园区实施差别化竞争，形成环科园、工业园、物流园三类园区竞相发展的格局。扩大外贸外经。积极发展加工出口贸易和外贸出口代理，切实加强海关直通点配套建设，充分发挥物流平台作用。加快实施“走出去”战略，提升国际市场竞争力。

2. 始终坚持把优化经济结构作为“第一方略”，增强区域经济竞争力。一是调高农业效益。精心编制无锡市现代都市农业宜兴片区发展规划，积极发展生态农业、观光农业、效益农业，加快形成丘陵山区、太湖渎区、滆湖圩区等各具特色的农业产业带。加强质量农业建设，健全农产品检测体系，形成宜兴市安全农产品群体优势。二是调强工业经济。大力培育新材料、新能源、电子信息、生物工程、机电一体化等高新技术产业，做大做强电线电缆、化纤织造、精细化工、服装服饰、机械铸件、环保、陶瓷等七个优势产业集群。提升企业整体素质，开展“工业50强企业”争创活动，组织“技术改造和技术创新年”活动。三是调大服务业。全面完成城市商业网点规划和旅游总体规划编制工作，努力凸现苏浙皖接壤地区商贸综合服务中心地位，确保服务业增加值占全市生产总值的比重超过35%。突出抓好重点市场建设，提升旅游业发展水平，规范提高房地产业，认真抓好财税、金融工作，继续发展信息、咨询等新兴服务业。

3. 始终坚持把深化改革作为“第一举措”，进一步激发科学发展的动力。继续深化企业改革。巩固提高企业产权制度改革成果，推进企业制度创新，积极开展资本经营。加快推进事业单位改革。按照分类定位、分开管理、分别改革的思路，初步建立起适应市场需要、符合各自特点、充满生机活力的事业单位管理体制和运行机制，积极探索公益型和行政管理型事业单位的体制和机制创新。切实搞好其他各项改革。鼓励和引导各种社会资本，采用多种形式进入基础设施建设和社会事业领域；深化市、镇两级政府机构改革；巩固行政审批制度改革成效；继续深化农村各项改革、财政体制改革和其他领域的改革。

4. 始终坚持把城乡统筹发展作为“第一载体”，加快推进城市化进程。第一，统筹城乡规划。围绕彰显山水园林、历史文化城市特色和完善城市服务功能，组织编制城市绿地系统、城市交通管理等专业规划，精心编制城区水上旅游、芜申运河两岸景观、东氿风景区概念性规划和相关专项规划。第二，统筹城乡建设。启动建设体育中心体育馆、游泳馆和中国紫砂城，完成东外环路建设、荆邑路全线拓宽改造等工程，完成南虹河、城南河及蛟桥河步行街的两侧环境综合改造，有序实施城区主要道路两侧建筑立面整治和老居民小区综合改造等工程，进一步增强城市基础设施承载能力。第三，统筹城乡环境。以“三创建”工作为动力，切实加大城市管理力度，推行分级管理模式。大力推进工业窑炉整治，实施“安全饮用水”工程，深化矿山综合整治，大力保护和建设生态环境。

5. 始终坚持把以人为本作为“第一目标”，全力以赴实施富民工程。千方百计提高收入水平。多渠道开发就业岗位，稳步建立与经济发展相协调、与社会进步相适应的收入增长机制，积极引导更多的农村人口向城镇集聚、向非农产业转移，不断开拓农民增收的新渠道。切实有效强化社会保障。健全“五保合一”的社会保险体系，完善城乡居民住院医疗保险实施方案，认真落实城乡居民最低生活保障和企业职工最低工资制度。尽职尽责为民多办实事。坚持以人为本，着力抓好社会保障工程等6大类24件惠及全市人民的政府实事项目。全力以赴打好农村改水、农村公路建设攻坚战，确保完成三年任务。以无锡实施“百村奔小康”工程为契机，扎实开展第五轮扶持经济薄弱村工作，促进全市均衡发展。

6. 始终坚持把社会事业协调发展作为“第一取向”，推动社会全面进步。大力发展各项社会事业。优先发展教育事业，全面实施“人才强市”战略，加强公共卫生服务体系建设，坚持先进文化前进方向，发展广电、新闻事业，提高竞技体育水平，进一步加强人口与计划生育工作，切实保障老年人、妇女和未成年人的合法权益，重视发展残疾人事业，高质量完成第一次全国经济普查工作。切实加强精神文明建设。深化文明村镇、文明社区、文明行业和文明单位等群众性精神文明创建活动，切实加强公民思想道德建设，努力打造“诚信宜兴”，重视全民国防教育，加强人防、双拥和民兵预备役工作。努力确保社会稳定。深入推进“平安宜兴”创建活动，切实加强信访工作，强化社会治安综合治理，加强社区居委工作，继续整顿和规范市场经济秩序，突出抓好安全生产监督管理，为全市人民创造安心、安居、安全的社会环境，努力实现经济社会新的腾飞，建设实力更强、人民更富、环境更美的新宜兴！

科学发展 加快发展 努力实现桐乡经济新跨越

◆中共桐乡市委书记 陈越强

桐乡市地处浙江省杭嘉湖平原腹地，全市总面积 727 平方公里，全市人口接近 100 万。境内地势平坦，文化悠久，民风淳朴，素有“鱼米之乡、丝绸之府、百花地面、文化之邦”的美称。改革开放以来，桐乡经济社会发生了巨大变化，实现了农业社会向工业社会、计划经济体制向市场经济体制、农村化社会向城镇化社会、基本温饱向总体小康的历史性跨越，已多年跻身全国百强县之列。特别是近年来，宜兴市以科学发展观为指导，围绕“科学发展、加快发展”主题，紧紧抓住战略机遇期，坚持走新型工业化道路，协调推进“工业立市、开放带动、城市化和科教兴市”四大战略，逐步走出了一条符合桐乡实际的发展新路子。2004 年实现地区生产总值 215.49 亿元，人均生产总值超过 3900 美元；实现财政一般预算收入 19.54 亿元，其中地方一般预算收入 9.22 亿元；城镇居民人均可支配收入 14201 元，农民人均纯收入 7082 元。

牢固确立工业经济主体地位 加快建设先进制造业基地

桐乡的改革开放发展史就是桐乡人民大力发展工业经济、率先从温饱进入小康并正迈向富裕的历史，是桐乡从一个农业大县转变为一个工业强市的历史。在全市国民经济构成中，农业的比重逐年下降，工业的比重逐年上升，目前已超过 50%；从 20 世纪 80 年代乡镇企业起步，历经 90 年的改制，确立了民营企业主导地位，形成了毛纺针织、化学纤维、丝绸服装、建筑材料、皮革制品等五大特色产业，块状经济特色明显，全市有“中国毛衫名镇”、“中国化纤名镇”、“中国皮草名镇”和“中国布艺名镇”四大名镇。但从产业结构和层次分析，尚未实现工业的充分发展，因此，宜兴市确立了工业立市的工作主线，以建设先进制造业基地为目标，推进工业经济扩容、提速、增效，逐步走出一条科技含量高、经济效益好、资源消耗低、环境污染少、人力资源优势得到充分发挥的新型工业化路子。宜兴市着重抓好以下三方面工作：一是狠抓园区建设，宜兴市原有省级经济开发区、乡镇工业园区、企业工业园区和特色工业园区四类工业园区，工业发展相对分散。从 2003 年下半年开始，按照集约发展的要求，宜兴市加强了对四类园区的分类指导和优化整合，依托原有工业基础，在全市范围确定了“三部四块”的工业布局，土地、电力、资金等要素资源向优势地区倾斜，大力推进了化纤、玻纤、建材、毛衫、丝织、制鞋、服装和食品加工等块状经济的集聚，工业区建设逐步向板块规模化、产业特色化和资源配置最优化方向发展，进入了从强到优的新阶段，园区集聚力不断增强。二是狠抓技术改造，加快产业升级。建设科技创业中心，扶持中小科技型企业发展；发挥企业主体作用，鼓励企业与大专院校、科研院所合作或共建研发中心，支持企业积极运用高新技术和先进适用技术，改造提升传统产业，培育高新技术企业，推行清洁生产，促进产业结构的优化升级；充分发挥财政资金的导向作用，加大对生产性投入的支持和奖励，引导企业加大投入，2004年全市实现工业生产性投入55.89亿元。鼓励企业争创中国名牌、中国驰名商标等，提高自主创新能力和管理水平，增强企业的核心竞争力。三是狠抓民营经济，优化产业结构。大力营造大投入大发展的良好氛围，创造条件引导社会力量创办企业，鼓励和吸引外地民营企业和各类人才到桐乡投资兴业。坚持量质并举，扶优扶强，推动民营企业向规模型、科技型、外向型方向发展，造就了“由小变大、由大变强、靠新出强”的良好发展态势，形成了一定数量的大集团、“小型巨人”和量大面广的中小企业群体竞相发展的喜人景象。2004年，全市规模以上工业总产值达328.58亿元，有销售超亿元企业46家，超10亿元企业3家，超50亿元企业1家，有省级以上科技型企业38家。

坚持改革开放
大力发展开放型经济

外来资源、外在市场等外源性力量，是拉动新一轮经济增长的主要动力。在新的历史发展阶段，长三角地区经济发展异常迅猛，对地处上海南翼的桐乡来说，面临发展开放型经济的难得良机。近年来，宜兴市顺应全球加工制造业向长三角转移的大趋势，着力用好自己的区位优势，主动接轨大上海，大力开展招商引资活动，努力把桐乡建设成为环杭州湾地区的先进制造业基地。以“三部四块”为主体，瞄准和引进国际和国内的大企业、大项目和高新技术项目，着力引进科技型、环保型和节能型项目，不断提高利用外资的质量和水平，提升桐乡产业层次，逐步转变经济增长方式。增强服务观念，牢固树立投资者的需求就是工作目标、投资者的困难就是服务方向、投资者的赞誉就是最高追求的服务理念，强化“硬件不足软件补、政策不足服务补”服务意识，结合政府职能和机制的转变，切实减少审批环节，提高办事效率和服务水平，打造“阳光政府”，共同营造“亲商、安商、富商”的良好氛围，以一流的软硬环境吸引外来投资，推进开放型经济加快发展。2004年实现实到外资1.16亿美元，内资10.54亿元。强化服务，送权上门，鼓励企业开展自营进出口贸易，对外贸易不断发展，2004年实现进出口贸易9.16亿美元，其中出口5.38亿美元。

以城市化带动城乡一体化
推进城乡协调发展

全面建设小康社会，重点和难点都在农村。桐乡地势平坦，城乡差距相对较小，具备了推进城乡一体化的良好物质基础和自然条件。近年来，宜兴市坚持统筹发展理念，以城市化带动城乡一体化，推进了城乡经济社会全面发展，逐步形成了以城带乡、以工促农、城乡互动的城乡一体化工作格局。根据“一主三副”的空间布局和“三部四块”的工业布局，把全市727平方公里县域面积作为一个整体来规划和建设，制定了市域总体规划。围绕建设上海南翼的现代化工贸型中等城市的定位，宜兴市坚持旧城改造和新区建设同步推进，加快基础设施建设，增强城市功能，到2005年底将形成60平方公里的城市框架和“三纵三横两环”的路网系统。开展国家级园林城市和卫生城市争创活动，优化城市生态环境，提高人居质量。城市对要素、产业和人口的集聚力，对农村的辐射和带动力进一步增强。通过加快投融资体制改革，推进了统一健全的城乡基本设施建设，主要抓了五个一体化建设。一抓交通网络一体化建设，市区与各镇乡全部建成二级以上公路，全市形成了半小时交通圈。全市各镇乡街道开通城乡公交，部分乡镇已开通了至行政村的公交线路，到2007年底，全市各乡镇可以实现15分钟上高速。二抓区域供水一体化，计划到2005年底实现城乡供水一体化。三抓城乡供电一体化，已完成农村电网改造和并网工程，实现了城乡供用电同网同价。四抓污水处理一体化，宜兴市将在已建3个日处理污水11万吨污水处理厂的基础上，再建7个污水处理厂，形成全市污水的集中处理排放。五抓垃圾处理一体化。已建设完成垃圾焚烧发电厂，从2005年开始，集中处理全市城乡生活垃圾。我们加快了农民变市民步伐。一是社会保障。宜兴市以提高城乡居民社会保障水平为重点，逐步建立起包括社会救助、社会保险、社会福利和社会优抚等内容的城乡一体化保障，不断扩大农村社会保障的覆盖面。实施“万名农民劳动力素质培训”工程，加强对农民的技能培训，建立起了城乡一体的就业服务体系。二是社会事业。大力发展农村教育、卫生、文体等社会事业发展，提高城乡社会事业和公共服务的共享性。三是生态建设。大力开展农村环境整治，大力发展生态农业。以实施“十村示范、百村整治”工程为抓手，加快建设农村新型社区，不断改善农村居民生活环境。

推进科教兴市战略
增强区域发展竞争力

科技是第一生产力，是经济和社会发展的首要推动力量。现代科技对经济发展的作用日益深化，知识和技术越来越成为经济发展的决定因素。宜兴市以建设科技强市、教育强市为抓手，面向现代化，多层次、多形式、高质量地发展教育事业，进一步巩固和提高城乡基础教育水平，全面推进素质教育。鼓励社会力量办学，积极发展现代远程教育、社区教育、自学考试、职业技术培训和老年教育等各类社会教育，努力构建终身教育体系，实现人的素质的全面提高，营造健康向上的人文环境，使整座城市到处充满生机、活力和创新精神。实施人才战略，充分发挥市场在人才资源优化配置中的基础作用，建立人才引进"柔性机制"，注重引进和培养经营、管理、营销人才，拥有核心技术和产品的研究开发人才、风险投资与经营人才，加强科技工作者、企业经营管理者、产业工人三支队伍建设，努力构筑人才新高地，2002年以来共引进各类人才2861名。深化科技合作交流，提高自主创新能力加快科技成果转化为现实生产力。

加快服务业发展
不断繁荣城乡经济

服务业既是工业化的重要支撑，也是城市化的有力依托，更是构建和谐社会的客观要求。宜兴市充分利用区位和产业优势，加快发展服务业，不断繁荣城乡经济。一是优化布局。重视第三产业配套设施的规划建设，结合"三部四块"的载体布局和"一主三副"的城乡布局，制定了第三产业发展规划。二是扩大总量。桐乡已形成了以濮院羊毛衫市场和崇福皮毛市场为骨干的区域市场体系，其中濮院羊毛衫市场2004年销售各类毛衫4.5亿件，是全国最大的羊毛衫集散地。目前，宜兴市开展了濮院羊毛衫市场和崇福皮毛市场的改造提升，同时建设皮鞋市场和一批农产品专业市场，加快建设与培育发展与块状特色经济相关联的新的专业特色市场，继续扩大市场优势。挖掘文化传承，宏扬古镇文化和菊文化，千年古镇乌镇2004年接待游客209.8万人次，2005年底古镇二期更将于全国一流的江南古镇景观展现在世人面前。办好菊花节和毛衫博览会、皮草博览会等各类展会，做强"中国旅游城市"，打响桐乡城市品牌，2004年全市实现旅游收入22.44亿元。鼓励外资、民资以不同方式进入第三产业领域，利用市场和交通优势，构建现代物流业，发展新型业态，不断拓展新的商业空间，2004年实现社会消费品零售总额74.48亿元。

进入新的发展阶段，区域经济竞争更趋激烈，群众对发展的要求越来越高。宜兴市将进一步按照科学发展观的要求，始终坚持以人为本，更加注重改革发展稳定相统一，更加注重经济社会发展相协调，更加注重人口资源环境相和谐，努力实现物质文明、精神文明、政治文明的全面发展，经济与社会、城市与农村的协调发展，人与自然和谐相处、自然资源永续利用的可持续发展，早日实现全面建设小康社会、提前基本实现现代化的奋斗目标。

站在新起跑线上续写辉煌

◆中共嘉善县委书记　高玲慧

嘉善县地处江浙沪两省一市交界处，因民风淳朴、地嘉人善得名。

近年来，嘉善县委按照科学发展观的要求，围绕建设“经济强县、文化名县和现代化中等城市”的目标，坚持走“开放兴县、产业强县、生态立县”的发展路子，实现了县域经济竞争力和综合经济实力的稳步提升。特别是去年以来，全县上下发扬“坚韧不拔，敬业争先”的嘉善精神，乘势而上，克难攻坚，全县经济社会持续、健康、快速发展，保持了良好态势。全年实现生产总值124.93亿元；财政总收入13.04亿元，其中地方财政收入6.09亿元；城镇居民人均可支配收入达15201元；农村居民人均纯收入达7067元。一个开放的嘉善、繁荣的嘉善、文明的嘉善在杭嘉湖平原上崛起。

发挥特色　全面构建实力嘉善

嘉善历史上是一个农业县，改革开放以来，我们注重发挥得天独厚的地理位置、完善的招商环境、较强的产业配套能力、优良的人文环境、浓厚的发展氛围以及无比广阔的发展前景，大力实施外向带动、科教兴县、城乡一体化、可持续发展战略，实现了由农业县逐渐转变工业强县的历史性跨越，综合实力不断增强。2004年，全县综合经济实力在全国百强县中位列第26位，先后荣获全国文明村镇创建工作先进县、全国科技进步先进县、全国文化工作先进县、国家卫生县城、浙江省文明县城等荣誉称号。嘉善公安局先后6次获“全国优秀公安局”称号，是全国唯一被国务院授予“全国模范公安局”荣誉称号的县级公安局。嘉善开发区连续七次被评为浙江省先进开发区，被誉为“浙江省最成功的台商投资区”。嘉善西塘镇是首批中国历史文化名镇，被联合国教科文组织授予2003年度“联合国遗产保护杰出成就奖”。

回顾这几年发展步伐，嘉善县可谓区域经济发展迅猛，特色凸现可圈可点。首先是效益农业全省领先。依托嘉善离上海近（“零距离”）的地缘、人缘优势，围绕建设上海都市餐桌经济的“菜园子”这一重点，大力发展效益农业，形成了浙江的“米袋子”和上海的“菜园子”的二元格局。目前，全县瓜菜、蘑菇、畜禽、花卉、淡水产品等特色主导产业初具规模，形成了设施栽培绿色产业带、食用菌种植白色产业带、水产品养殖蓝色产业带。其中，大棚蔬菜瓜果，种植面积9.76万亩，列浙江省第一；食用菌栽培面积3350万平方尺，居浙江省第二；淡水养殖面积8.3万亩，居全省前列。花卉苗木面积近万亩。蔬菜、蘑菇、蛋鸭和淡水鱼被列为浙江省优势农产品产业区，有8个镇被农业部和浙江省有关部门命名为“特产之乡”。其次制造业发展迅速，已逐步形成了木业家俱、电子信息、五金机械、纺织服装（服饰）四大区域块状特色经济，并呈现出以外资为龙头，以民资为基础的发展格局。2004年，四大特色产业共有企业3200多家，吸纳劳动力10万多人，实现产值275亿元，占全县工业经济总量的57.3%。其中电子信息业发展迅猛，受话器、汽车音响总量在国内排名前列，其中受话器已占全国同类产品市场份额的10%；精密机械业产品以标准紧固件、各类轴承和五金冲件为主，引进了总投资1.06亿美元、年产15万吨紧固件的台商独资企业晋亿实业公司形成龙头带动效应；无油润滑轴承产品国内市场占有率近80%；纺织服装服饰业中尤以纽扣生产业颇有盛名，西塘镇被农业部命名为“中国纽扣之乡”。特别是被经济学界称为“零资源经济”现象的嘉善木业，更成为嘉善着力发展开放型经济的成功范例。到2004年底，木制品年生产能力已超过350万立方米，其中胶合板生产能力约占全国的三分之一。

与此同时，第三产业发展兴旺。确定了“人居嘉善”、“休闲嘉善”、“物流嘉善”的三产发展定位。2004年，全县三产增加值增长16%，社会消费品零售总额增长16.9%。其中古镇西塘旅游全年接待国内外游客231万人次，增长26.9%。整体创业环境不断完善。坚持按照现代化、国际化城市的标准来规划、建设、管理城市，近三年时间，全县城乡建设共投入28亿元，城市基础设施投入16.24亿元。县城新区详细规划通过国际招标，核心区启动建设，县城已形成“一心四点”现代化中等城市框架。精心打造发展环境，建立了海关、商检等办事机构，建立了台商协会、外商协会等中介机构，并逐步形成了“嘉善服务模式”，吸引八方投资者创业发展。

接轨上海 全面提升开放嘉善

嘉善县是国务院批准的第一批沿海开放县之一，开放发展是我县经济社会发展的首选战略。近年来，嘉善以深化接轨上海工作为突破口，把上海作为招商引资的主阵地和借力发展的大平台，突出产业接轨这一重点，把握错位发展这一方向，明确提升发展这一目的，加大项目接轨和蹲点招商力度，积极推进与上海的空间接轨、体制接轨和要素接轨。并逐步加大从接轨到融入步伐，逐步把嘉善建设成为上海的产业配套协作基地、产业转移承载基地和产业技术扩散基地。仅今年1月至9月，上海在嘉善投资开工建设项目就有25项，总投资4.18亿元，实际到位资金1.65亿元。最近，我县还绘就了历史上第一份“借力”上海促发展的蓝图——《嘉善县2005年接轨上海行动方案》，把接轨上海的总体要求和工作重点全面细化，责任到位。

经过多年的努力和探索，嘉善的开放型经济已形成以开发区为龙头、以引进台资企业为重点、以发展规模型和科技型企业为方向的发展格局，并呈现出投资主体以台商为主、突破欧美、拓展日韩、单个企业规模大、投资领域集中优势产业、投资项目质量不断提高等特点。在去年蓬勃开展的“招商引资提升年、外资项目推进年”活动中，全县共审批外商投资企业91家，合同利用外资5.1亿美元；实际利用外资2亿美元。综合得分浙江省第六，嘉兴市第一；今年1—10月份，全县又审批外商投资企业60家，合同利用外资2.8亿元；实际利用外资1.27亿美元。世界500强企业阿克苏·诺贝尔，排名亚洲家具制造业第一、世界第三的台升实业公司等企业不断落户嘉善。蔚成了浙江省开放型经济的一个亮点。

在狠抓开放型经济过程中，我们也注重软硬环境建设，初步探索了一条有地方特色的工作路子。即牢固树立“接轨上海、学赶苏南、建设浙北外资高地”的意识，形成“人人是招商主体、个个是投资形象”的浓厚开放型经济发展氛围；把招商引资列为全县的“一号工程”，实行重点项目县级领导联挂、重点项目快速反映、落实项目全程服务和跟踪管理等一系列制度；加大基础设施建设力度。着重建设以高速公路为主的大交通平台，融入长三角一体化的交通网络；强化基础设施建设总体规划，加快基础投入，设立1000万元基础设施担保基金，整体提升经济开发区的对外形象。同时致力于创新招商方法，提高招商引资水平。组建县招商局，编制招商引资项目库，创造产业招商、委托招商、蹲点招商、网上招商等多种招商形式，从而形成了一套以“企业审批时的全过程服务、企业建设中的全方位服务、企业开工投产后的经常性服务”为内容的行之有效的“嘉善服务模式”，创造了“嘉善速度、嘉善效率”的品牌，有力地促进了招商引资向“以台引台、以外引外”纵深推进。

以人为本 全力打造和谐嘉善

今年6月，嘉善县被浙江省确定为全省四个农村综合改革试点县(区)之一。目前，全县11个镇的综合改革工作正在进行之中。这既是对嘉善工作的一次考核和检验，更是对嘉善深入实践、加快发展的一次激励。

为扎实推进城乡一体化，创造和谐的发展环境，嘉善提出以加快农村新社区建设、丰富村庄整治建设内容的目标。到目前为止，全县已累计投入村庄整治的建设资金1亿多元。2004年，魏中、李家等4个村通过浙江省委、省政府“全面小康示范村”的验收，今年又有4个村正迎接省里的复查。

近年来，全县各级党员干部牢记立党为公、执政为民宗旨，积极探索为民服务新途径，并取得了实质性进展。围绕“三农”千方百计抓农业增效和农民增收，通过全面取消农业税，增加种粮补贴，加大农业政策和信贷扶持力度，去年免征农业税1063.6万元，让农民得到了实惠。进一步完善征地安置补偿政策，全面实行被征地农民的养老保险制度，使全县农村养老保险人数达9.5万人。统筹城乡发展，加快康庄工程建设，至2004年底，全县城乡二级公交线路全部开通。围绕打造生态嘉善的目标，突出生态特性和江南水乡特点，开展了生态县建设，实施生态经济、生态旅游、生态环境、生态城镇、绿化建设等五大生态工程，形成了“水、绿、新城”的城市特征。加快城乡保障体系建设，扩大养老、失业、工伤和生育保险覆盖面，去年共完成城镇职工基本养老保险94621人，失业保险40500人，工伤保险2100人，生育保险13100人，被省政府授予“全省养老保险扩面征交工作优胜单位”荣誉称号。高度重视就业和再就业工作，去年新增城镇就业岗位4556个，帮助2150名城镇下岗人员和1015名失地农民实现再就业。加强公共卫生体系建设，在全市率先实施农村、城镇合作医疗制度并轨，到今年10月底，全县32万多可参加城乡居民合作医疗的人中，已有29万多人参加，参保率达88.38%。贯彻社区卫生服务理念，加强社区“六位一体”的医疗卫生建设，使城乡居民都享受到了方便、快捷、连续的基层卫生服务。加强外来人口的社会化管理，成立了“新嘉善人”管委会，把外来人口的服务、教育、维权等进行管理，为全市乃至全省提供了借鉴。

为因地制宜创出有嘉善特色的平安之路，坚持把“坚韧不拔，敬业争先”的嘉善精神、十年磨一剑的“嘉善公安”精神和“地嘉人善”的人文精神融入到和谐嘉善的建设中，赋予了“和谐嘉善”在新时期新的内涵。这几年，我们全力以赴营造良好的治安环境为发展经济服务，成功地打响了嘉善的“治安品牌”。嘉善群众的安全感连续三年保持在90%以上，2005年8月，国务院授予嘉善公安局“模范公安局”荣誉称号。我们深化完善综治司法信访联动服务机制，在全县11个镇组建“综治司法信访联动中心”，探索实行“党政统一领导，综治部门牵头协调，司法、信访部门组织实施，职能部门各司其职”的大稳定工作格局，较好地整合了各方力量。建立36支253人的“村居防控队”，创新群防群治工作思路，极大地提高了农村的治安防控能力 。

从建立“民工之家”到组建“新嘉善人管理委员会”、从学习推广“枫桥经验”到创新出有嘉善特色的“综治司法信访联动服务机制”、从“护村队”发展到“村居防控队”，我们主动适应市场经济条件下的新情况和新形势，积极探索新时期加强基层基础建设的新途径和新方法，再次以“平安嘉善”建设，筑牢了维护社会稳定的第一道防线，为构建和谐嘉善奠定了基础。

互动互补 全心塑造人文嘉善

嘉善地处吴根越角，文化底蕴深厚。一方水土养一方人，千百年来的发展孕育了嘉善人勤劳钻研、开放兼容、温和谦恭和崇文重教的人文特征。经过多年的发展，嘉善已经走出一条经济与社会相协调、经济发展与人文建设相呼应的发展路子。梳理人文建设的基本脉络，主要是在互动互补方面做到了“四个坚持”。

一、坚持以人为本的执政理念。我们从创建省级卫生县城到省级文明县城，再到全国卫生县城，实现六年跨三步的目标，极大提高了城市居民和社会的文明程度。同时，把全面推进群众性精神文明创建活动融入人本氛围中。目前，全县11个镇100%建成文明镇，已建成文明村78个，文明单位233个。从中熔铸提炼出来的“坚韧不拔、敬业争先”的嘉善精神，已成为近年来凝聚和激发全县人民智慧结晶，加快发展、合力发展的重要精神力量。

二、坚持提高社会发展水平。在这些年的发展中，嘉善始终注重培育地方文化内涵和文化特色，不断加强以“名镇、名馆、名校、名作”为重点的建设力度，确定了“水乡·生态·新城”的城市建设理念和“田园·生活·古镇”的西塘建设理念。整个“十五期间”，全县累计投入30多亿元，使嘉善高级中学、嘉善市民广场、嘉善体育馆、嘉善广电中心等一批志性建筑拔地而起。设立文学艺术奖“红杜鹃奖”，又推动6年来全县有421件作品获国家、省、市级奖项。从而以文化生活的繁荣带来了城乡居民整体素质的提升，社会发展总体水平的提高。

三、坚持群众性实效性原则。县财政连续3年每年拿出300万元用于基层文化阵地建设，仅2004年全县累计用于镇村两级文化阵地建设的资金就达1880万元，使镇、村文化阵地建设向前跨出了一大步。目前，全县共有村级文化活动中心15个，文化示范户134户，村级综合文化活动室103个，农民学校161所，民工学校24所，文化广场（公园）21个。成功地搭起“一镇一品”文化特色台，唱起了经济发展大戏。

四、是坚持经济与文化相融合。注重解放和发展文化生产力，充分运用市场的力量搞活经济。我们以西塘古镇旅游为切入点，打响“生活着的千年古镇”的人文品牌；围绕特色产业发展会展业，先后举办开展了西塘国际文化旅游节、魏塘甜瓜节等节会，带来了新兴服务业的迅速繁荣，2004年全县第三产业实现增加值比2000年几乎翻了一番。

如今，嘉善已经步入了经济社会发展的加速期。站在新时期的起跑线上，我们豪情满怀。嘉善地处长江三角洲城市圈的核心地带，主动融入上海经济圈，打造在长江三角洲和国内具有较强竞争力和影响力的“国际家俱制造基地、电子信息产业基地、制造业基地的前景可待。我们将继续把“开放兴县、产业强县、生态立县”写在发展的旗帜上，一路创新一路前行，在全面建设小康社会的现代化进程中续写辉煌篇章。

猛志逸四海 高峡出平湖

◆中共平湖市委　平湖市人民政府

一、概述

浙江省平湖市是一个独特的江南滨海城市，这里地处平原，依山傍海，河道密布，公路通村，既有发展事业的活跃氛围，又有长期居住的适宜环境。有人说：平湖是杭州湾北岸的一颗明珠，的确恰如其分。

平湖市位于长江三角洲杭嘉湖平原东北部，南濒杭州湾，东邻上海市，是浙江省最北端的沿海城市。从农耕文明走来的平湖，坚持走新型工业化道路，后发优势明显。这里是“中国出口服装制造名城”，国家级光机电高新技术产业基地，现代工业文明在这里方兴未艾。

平湖历史悠久，人杰地灵。早在5000多年以前的良渚文化时期，就有先民在这里生息、繁衍。春秋时平湖为越国属地，明宣德五年（公元1430年）建县，因县治所在之地“湖平似镜”，故称“平湖县”，1991年经国务院批准撤县设市。全市辖3个街道、7个镇，137个行政村，现有户籍人口48.37万，外来人口24.5万。平湖把外来人口视为“新平湖市民”，为他们的工作、生活创造了许多有利条件。

平湖气候温和、少有灾害。平湖市陆域面积537平方公里，耕地面积47万亩；海域面积1086平方公里，海岸线27公里。平湖属北亚热带季风气候，日平均气温16℃左右，年平均日照约2000小时，常年平均降水量1186毫米，无霜期225天左右。

平湖经济发达、物产丰饶。平湖的海上贸易由来已久，早在12世纪的宋朝，平湖乍浦就开辟了通往阿拉伯和东南亚的国际远洋航线。13世纪，元朝政府设立乍浦市舶司（即海关）。平湖市从清代以来就有“金平湖”的美称，相传清康熙年间一个春日，一位钦差大臣看到平湖气候宜人，土壤肥沃，物产丰饶，民风淳朴，钦差登高望远，正是油菜花盛开的季节，遍地金黄一片，美不胜收，即兴赋诗一首：“春风得意河山美，花开遍地尽黄金。”钦差回京后，将平湖见闻写入奏章，康熙阅后赞叹：“美哉！金平湖！”遂有“金平湖”之说流传至今。改革开放以来，原本是农业大县的平湖，从上个世纪80年代的乡镇企业起步，工业经济像“滚雪球”一样发展起来，较快地成为环杭州湾产业带的经济强县。

平湖文化独特、底蕴深厚。平湖受到吴越文化和海派文化的双重影响，地方文化的风格中，既有江南丝竹的秀美精致，又有海上弄潮的大气奔放，例如平湖的西瓜灯和沿海渔民的“钢叉舞”，就是两种比较典型的代表。平湖人民借用古今名句，提炼出了十个字的新时期“平湖精神”：猛志逸四海，高峡出平湖。

二、综合实力

改革开放以来，平湖经济社会持续快速发展。1988年被国务院列为沿海经济开放区，1992年跨入全国综合实力百强县（市）行列，1995年被浙江省委、省政府命名为首批小康县（市），2002年被浙江省委、省政府列为全省扩大经济管理权限的17个经济强县（市）之一。2003年，平湖市成为“浙江省文明城市”。

从上世纪90年代中后期开始，平湖市大力实施工业立市和开放带动战略，综合实力明显提升，根据国家统计局排名，2004年，平湖市在全国“百强县(市)”中排名第28位。1999年至2004年，实际利用外资和外贸出口两项指标连续6年双双进入全省县市“十强”。2004年，平湖市人均生产总值为3710美元。

平湖市国民经济主要统计指标

	单位	2004年
年末总人口	万人	48.37
生产总值	亿元	148.51
第一产业	亿元	10.27
第二产业	亿元	93.52
第三产业	亿元	44.72
财政一般预算收入	亿元	12.09
其中：地方	亿元	6.43
规模以上工业总产值	亿元	270.96
规模以上工业销售产值	亿元	242.87
利税总额	亿元	22.27
全社会固定资产投资(含嘉兴电厂)	亿元	104.81
其中：工业生产性投入	亿元	67.23
进出口总额	亿美元	20.75
其中：出口	亿美元	11.73
合同利用外资	亿美元	4.9
实际利用外资	亿美元	1.98
金融机构存款余额	亿元	153.05
其中：居民储蓄余额	亿元	83.6
金融机构贷款余额	亿元	109.39

三、经济大观

全市经济结构不断优化，2004年三次产业结构为6.9∶63.0∶30.1。

(一)都市型农业。平湖是全国第一个实现农业灌溉地下管道化的县(市)，农田灌溉像用自来水一样方便。2004年平湖通过了国家级无公害农产品示范基地县(市)验收，绿色生态农业建设在浙江省领先，形成了无公害蔬菜、特种水产、畜禽养殖、花卉苗木、食用菌等特色产业，“金平湖”牌大米等多种农产品获浙江省农博会金奖。平湖市栽种西瓜已有800多年历史，被农业部授予“中国西瓜之乡”称号，平湖西瓜具有糖度高、汁多、瓤细、皮薄等优点，被誉为“江南第一瓜”，在交通不方便的年代，平湖西瓜曾在上海、杭州市场独占鳌头，在市民中享有非常高的知名度，许多人了解平湖是从西瓜开始的。

(二)工业。平湖充分发挥区位优势，努力打造先进制造业基地。全市构建起以2个省级经济开发区为核心、9个城镇工业区块为支撑的生产力发展格局，工业经济在全市国民经济中占主导地位。2004年全市实现工业增加值84.19亿元，比上年增长17%。2002年12月，平湖市被中国纺织工业协会、中国服装协会授予“中国出口服装制造名城”称号；2004年9月，平湖市被批准为国家火炬计划光机电高新技术产业基地。

平湖市2004——2007年“二三五”制造业产业格局

两大龙头产业群基地	光机电产业
	临港型产业
三大特色优势产业基地	服装产业群
	造纸产业群
	箱包产业群
五个新兴特色制造业基地	童车
	洁具
	医药
	家具
	机械五金

(三)服务业。政府出台了加快服务业发展的指导意见，编制了商业网点规划(此项工作走在全国县级城市的前列)。全市商贸流通业、旅游业充满活力，2004年全市社会消费品零售总额34.32亿元，比上年增长16.3%；接待境内外游客99万人次，旅游综合收入8亿元。金融、保险服务业发达，2004年年末全市金融机构人民币存贷款余额分别为153亿元和109亿元，同比分别增长12.6%和12.3%。

四、资源优势

(一)港口水运。20世纪20年代，孙中山先生在《建国方略》中规划了杭州湾北岸的“东方大港”，即平湖市境内的嘉兴(乍浦)港。乍浦港是国家一类对外开放口岸，已经建成万吨级以上集装箱码头、原油码头、煤炭码头和散杂货码头9个，可停靠5万吨级船舶，年吞吐能力1600万吨。嘉兴(乍浦)港集、疏、运条件便利，海河联运是其独特的优势，联运航线300吨五级航道——乍嘉苏航道、六平申航道，与上海黄浦江、京杭大运河相通，近几年将改造提升为500吨四级航道。

(二)陆空交通。平湖市地处上海、杭州、苏州、宁波四大城市组成的菱形对角连接点，相距均在100公里左右。沪杭甬高速公路在平湖市西、北设有两个出入口，乍(浦)嘉(兴)苏(州)高速公路始于平湖乍浦。铁路运输便利，与京沪线嘉兴、嘉善两个车站均相距25公里。贯通平湖市境的杭浦高速公路、杭州湾跨海大桥北岸连接线、新07省道等一批重点工程正在建设中，乍嘉湖铁路、沿海轻轨铁路等项目已在规划中。平湖周边有上海虹桥、浦东和杭州萧山3个国际机场，车程均在1小时左右。

（三）电力通信。拥有3个稳定电源：华东电网、嘉兴电厂、上海石化电厂。境内的嘉兴发电厂装机容量300万千瓦，是目前国内特大型火力发电厂之一。移动通信网络、Internet宽带网络覆盖全市。至2004年底，城乡电话（含固定电话和移动电话）普及率达每百人108.4部，互联网用户达4.34万户。

（四）人才资源。全市拥有各类专业技术人员1.91万人，中、高级人员5800多人，每年平湖籍大中专毕业生有2000多人。

五、对外开放

（一）对外交流。平湖市与美国硅谷桑纳维尔市、日本国广岛县府中市建立了友好交流关系，近年来与美国桑纳维尔市、日本府中市、法国布希圣乔治市等城市一直保持密切的友好往来。

平湖市对外文化交流活跃，清乾隆58年（1793年），中国古典名著《红楼梦》九部十八套由商船从平湖乍浦港传至日本长崎，这是《红楼梦》走出国门的最早记录。平湖刮绒画、农民画、剪纸等文艺作品曾赴俄罗斯圣彼德堡展出，受到当地文化界和市民欢迎；电视专题片《平湖西瓜灯》在法国播出；平湖地方剧种——钹子书《唱不尽嘉兴好风光》被编入《中国艺坛之花》音像专辑传播到美国。近年来美国斯科拉卫星电视网播出介绍平湖经济文化等内容的电视片100多部。

（二）对外经贸。目前平湖市对外贸易伙伴分布在100多个国家和地区，2004年全市外贸进出口总额20.75亿美元，其中地方自营出口11.7亿美元，在浙江省县（市、区）中名列前矛。2004年全市合同利用外资4.87亿美元，实际利用外资1.98亿美元，外资综合利用水平在浙江省各县（市、区）中列第7位。平湖是浙江省主要的日商投资基地之一，世界500强企业和著名跨国公司中的日本企业已有十多家落户平湖，常年工作、生活在平湖的日本客商、企业管理和技术人员达400多人。

平湖市欢迎海内外客商前来投资兴业，扶持发展高新技术产业。对落户工业园区的外商投资项目，根据投资规模、产业层次和科技含量，给予项目建设合理的用地出让价格和优惠的标准厂房租赁价格。平湖市招商服务局、行政服务中心和政府各有关部门为外商提供全程代理服务。

（三）重点开发区简介

1.浙江平湖经济开发区。浙江省级经济开发区，2001年以来连续4年名列全省省级开发区“十强”，2004年排名第三位。截至2004年底数据，平湖经济开发区投资密度为每亩238万元（高于全省平均水平91万元），名列全省省级经济开发区第一。区内有国家级光机电特色产业基地和省级高新技术产业园，重点发展光机电等高新技术产业，具有承载大规模高新技术项目的能力。

2.浙江乍浦经济开发区。浙江省级经济开发区，区内主导产业为工程塑料、有机硅、特种纤维、聚氨脂等化工新材料、金属制品、造纸、修造船、仓储物流等临港型产业，已有壳牌沥青（润滑油）、日本帝人聚碳酸酯等大型石油化工项目建成投产。

3.浙江嘉兴出口加工区。是浙江省3个国家级出口加工区之一，位于浙江省嘉兴港区（浙江乍浦经济开发区）内。总体规划面积2.98平方公里，区内主导产业为电子、机电、精密器械等出口加工贸易产业。

六、社会事业

（一）科技。全国科技进步先进县（市）。高新技术产业快速增长，初步形成了光机电一体化、电子与信息、生物与医药、新材料、新能源、节能与环保等高新技术产业。全市已建立各类科技创新服务机构和研发中心41家，涉及计算机与信息技术、工程技术、包装材料、电子与通讯、污水处理、化工、医药等行业。2004年，由浙江省政府、清华大学和平湖市政府合作举办的浙江清华长三角研究院平湖院区集成光学研究所成立，平湖院区的目标是成为国内重要的高新技术研发基地、国际技术转移中心和继续教育基地之一。

全市现有54家高新技术企业，其中国家火炬计划重点高新技术企业3家，浙江省级高新技术企业17家。28项产品被认定为省级高新技术产品，有国家火炬计划项目19项，浙江省火炬计划项目16项，省高新技术产业化项目16项。平湖光机电产业基地是国家火炬计划特色产业基地。

（二）教育。平湖市是浙江省“教育强市”，全国“基本普及九年义务教育、基本扫除青壮年文盲”先进市，全国幼儿教育先进市，全国特殊教育先进市。2004学年全市九年义务教育学龄人口入学率为99.99%，初中毕业生升入高中段的比例达到93.11%，普通高中与职业高中（中专）的学生比例保持在1∶1。在高标准高质量普及九年义务教育的基础上，全市开始普及十五年教育，推进城乡教育一体化。拥有浙江省一级重点中学、二级重点中学各1所。市内普通高等院校有嘉兴学院平湖校区、浙江广播电视大学平湖学院，每年为当地输送一批管理、技术人才。职业教育发达，全市有5所中等职业类学校，每年为企业培养大批技术工人。平湖市职业中等专业学校是国家级重点职业学校。

(三)文化体育。平湖市是全国体育先进县(市)、浙江省文化先进县(市)。政府近年来投资新建了图书馆、体育中心、李叔同纪念馆、新华书店大厦等一批文化、体育设施,仅2003年以来,就承办了澳大利亚——俄罗斯男子篮球明星争霸赛、中国——美国男子篮球对抗赛、中国——澳大利亚男子篮球对抗赛、全国男子篮球俱乐部联赛、全国男子、女子排球大奖赛、中国乒乓球俱乐部甲A联赛等一系列国家级文化体育活动。

“西瓜灯文化节”是平湖市盛大的地方性节庆活动。“平湖西瓜灯”艺术国内独一无二,有200多年的历史。平湖人在西瓜皮上雕出各种精美的图画和文字,内置蜡烛或灯泡供人观赏,成为独特的艺术品。平湖“九彩龙”舞龙艺术、钹子书说唱负有盛名,曾多次获得国家和浙江省的文艺比赛大奖。2005年5月,平湖钹子书被列入《浙江省首批非物质文化遗产代表作名录》。

(四)新闻媒体。平湖市广播电视台拥有长年稳定的观众(听众)50万人以上;嘉兴日报社平湖分社出版《嘉兴日报平湖版》(每周三期),发行量1万份;“中国平湖”网站(www.pinghu.gov.cn)为平湖市政府网站。

(五)卫生。拥有健全的市、镇、村三级医疗保健网络,基础设施完备。至2004年底,全市有医疗卫生机构322个,卫生技术人员2185名。市级医疗机构可以开展脑外科、胸外科、骨外科、泌尿外科部分三类、四类手术。市“120”急救中心可以及时救治突发急诊病人。

七、人民生活

(一)城市建设。平湖市是全国绿化工作先进县(市)、全国造林绿化百佳市。平湖的城市定位:外向为主的经济强市、江南水乡的文化名城、休闲度假的旅游胜地,港口型现代化中等城市。到2004年底,城市化水平达50.9%,城市绿化覆盖率31.6%,人均公共绿地面积9.6平方米,城镇居民人均住房(建筑)面积30.5平方米,农村居民人均住房(建筑)面积64平方米。

平湖市近年来挖掘地方文化资源,开发了充分展现江南水乡风情的东湖风景区,鹦湖春色、南村书堆、九龙戏珠、含珠凝晖、塔影垂虹、案山晓翠、北原牧唱、西浦鱼罾称为“东湖八景”。

(二)居民收入。2004年城镇居民人均可支配收入14463元,农民人均纯收入6933元,城镇、农村居民恩格尔系数分别为38.8%和40.2%。

(三)生活环境。平湖市是浙江省卫生城市。全市坚持不懈整治城市和农村环境,在全省率先实现了农村垃圾集中处理,开展文明村镇、文明社区、文明家庭系列创建活动,创造良好的人居环境。社区建设向精品特色方向迈进,建成了全国县级市中第一个国家级康居示范工程——梅兰苑社区。平湖市注重城乡统筹发展,是全国农村自来水普及先进市、浙江省农村中医工作先进市,城乡低收入居民享有基本生活保障,企业职工均拥有养老保险,农村居民福利不断改善,新型农村合作医疗基本覆盖农村人口。慈善事业健康发展,市慈善机构开展了资助贫困学生、资助贫困白内障患者复明手术、向贫困残疾人赠送轮椅等一系列慈善活动。

八、名胜旅游

(一)九龙山旅游度假区。浙江省级旅游度假区,有“南方北戴河”之称,面积10.12平方公里,集山、海、岛、森林、沙滩、名胜古迹于一体,区内有国家级森林公园。

(二)南河头历史文化保护区。浙江省级历史文化保护区,有保存完好的清末民初江南水乡老式街区,区内有“稚川学堂”等人文景观。

(三)莫氏庄园。浙江省重点文物保护单位,中国江南六大厅堂(莫氏庄园、网师园、采衣堂、卢宅、退思园、春在楼)之一。庄园建于19世纪末,耗资10万两白银,占地7亩,建筑面积2600平方米,房间70余间,保存完好。

(四)李叔同纪念馆。李叔同(弘一法师,1880—1942)祖籍平湖,是20世纪中国十大书画家之一,纪念馆内设书法、绘画、篆刻、音乐、戏剧、佛学6个展室,馆内收藏李叔同先生书法真迹150多件以及一批珍贵藏书。

(五)陆维钊书画院。“中国书画名家纪念馆联合会”20家成员馆之一,收藏原浙江美术学院教授、平湖籍著名书画家陆维钊先生(1899—1980)的书画精品、文物书籍。

(六)吴一峰艺术馆。收藏平湖籍著名国画家、书法家、篆刻家、诗人吴一峰(1907—1998)本人及其收藏的各地书画名家作品近200件。

(七)平湖民俗风情馆。是一家全面展示江南水乡生产、生活风貌和民间习俗的专业博物馆,馆内展出的民俗文物达2000件。

(八)报本塔。浙江省重点文物保护单位,始建于明嘉靖四十二年(1563年),现存之塔建成于清康熙二十七年(1688年),八面五层。

(执笔:邱其良　袁法)

加快城乡统筹 构建和谐富阳

◆中共富阳市委　富阳市人民政府

浙江省富阳市位于长三角南翼，为杭州的西大门，是国务院首批沿海对外开放县（市）之一。地理位置优越，区位优势明显。距上海200多公里，杭州市中心32公里，离杭州萧山国际机场50公里，320国道、杭千高速公路横贯全境，水陆交通便利。全市行政区域面积1831平方公里，辖4个街道15个镇6个乡，612个行政村，31个社区（居委会），常住人口62.8万。

改革开放以来，富阳人民解放思想，抢抓机遇，加快发展，经济建设和社会各项事业取得巨大成就。特别是近年来，富阳坚持"放心、放手、放胆、放开、放活"的方针，以率先基本实现现代化为目标，着力打造信用富阳、数字富阳、绿色富阳，大力实施工业立市、开放带动、城市化、科教兴市、可持续发展五大战略，全市人民发扬敢为人先、敢争一流精神，克难攻坚，齐心协力，奋发有为，使近段时间成为富阳历史上形势最好、发展最快的时期之一。先后荣获国家园林城市、中国优秀旅游城市、国家环境保护模范城市、国家卫生城市、浙江省文明城市等称号，是全国明星县（市）和浙江省首批小康县（市）。2004全市实现生产总值176.7亿元，增长16.5%，人均生产总值突破3000美元，达到3414美元；财政总收入20.04亿元，增长14.1%；全社会固定资产投资93.8亿元，增长29%；实现社会消费零售总额36.4亿元，增长14.6%；全市城镇居民人均可支配收入13248元，农民人均纯收入6833元，分别比上年增长11.1%和10.7%。

大力推进发展环境建设
争创区域竞争新优势

优化资源配置。严格执行"双控"政策，从严控制建设项目用地，实行土地指标全市调控，积极探索集约用地考评和地价机制，着力盘活存量土地和闲置厂房，鼓励建造多层厂房，提高土地集约利用水平。修编土地利用总体规划，加大土地整理力度，积极向上争取土地指标，努力拓展用地空间。加快热电项目建设，完成高桥、三星、富春江环保热电等电源项目建设，抓好有序用电工作。加快电网建设，实施"11432"工程，提高电网供应能力。

创新服务机制。加强银企合作，完善中小企业信用担保机制，进一步拓展企业融资渠道。完成农村信用社改革，组建农村合作银行。积极引进外地银行来富设立机构，扩大资金供应量。实施人才强市战略，大力推进"建设者"工程，坚持培养和引进并重，加强各类人才队伍建设，努力为经济社会发展提供人才保障。

转变政府职能。深化行政审批制度改革，完善为民办事全程代理制度，积极推进事业单位改革，发展和规范市场中介组织。完善市场运行机制，积极推行公开招投标、公开拍卖、政府采购等行之有效的市场运行方式。按照建立现代企业制度的要求，进一步深化企业改革，重点完善和规范企业法人治理结构和用人、分配制度，引导企业进行资产重组和经营机制创新。完善社会保障体系，积极推进养老、医疗、失业、工伤、生育等社会保障制度改革，逐步形成城乡一体化保障体系。

大力推进经济结构调整 实现经济更快更好发展

富阳市委市政府坚持以人为本的科学发展观，以“加快发展、协调发展”统领全局，围绕“建设先进制造业基地、构筑现代化中等城市框架、提升县域综合竞争力”三个目标，进一步深化改革、扩大开放、统筹兼顾，推动国民经济持续快速健康发展，加快率先基本实现现代化步伐。

打造先进制造业基地，增强工业整体竞争力。坚定不移实施“工业立市”战略，加快富阳“浙江光谷”建设，打响“中国白板纸基地”品牌，延伸产业链，扩大深加工，提高附加值，推动通信器材、造纸两大行业提质增效，积极培育和发展新型建材、运动器材、生物医药等新兴行业，形成产业梯队发展；按照“高起点规划、高强度投入、高标准建设、高效能管理”，大力推进工业功能区建设；推进技术创新，积极实施以企业为主体的品牌建设和技术创新工程，深入实施制造业信息化试点和示范工程，促进企业技术和管理升级。2004 年全市实现工业总产值 519.8 亿元，比上年增长 25.3%，拉动 GDP 增长 8.2 个百分点，对全市 GDP 的贡献率为 49.7%，是推动该市经济发展的主要力量。规模工业企业发展快速。至 2004 年底，该市规模以上工业企业占全市工业总产值的 60.4%。其中造纸、通信器材两大行业工业产值占全市工业总产值的 40%。新兴行业逐步成长、发展迅速，建材业以创建浙江省新型建材生产中心为目标，大力发展钢结构等建材产品。纺织业品牌意识增强，“金富春”牌真丝绸获中国名牌产品称号。上官球拍占全国中低档球拍份额的 80%以上，远销 70 多个国家和地区，被命名为“中国球拍之乡”。体育用品中的赛艇被 2004 年雅典奥运会指定为比赛用艇，目前正在建设国内最大的赛艇基地。医药业以杭州新药港建设为契机，发挥生态环境优势和近杭区位优势，积极引进现代医药企业。积极发挥一个省级经济开发区和十个市级工业功能区的作用，通过完善基础设施，加大政策引导，明确产业定位，使开发区和工业功能区逐渐成为利用外资的主战场、产业集聚的重要载体和经济增长的新亮点。2004 年开发区和工业功能区实现工业产值 195.6 亿元，占全市工业总产值的 37.6%。

统筹城乡经济发展，加快农业农村现代化建设。按照“宜工则工、宜农则农、宜旅则旅”的思路，因地制宜发展特色块状经济和个体私营经济；加快农业产业化、标准化和农民组织化步伐，强化科技支撑，形成以农业专业化生产和区域化布局为基础、农产品加工为主导的效益农业块状经济发展格局；加快农业特色基地建设，培育壮大农业龙头企业和农村专业合作经济组织，农村经济呈现积极变化。2004 年全市完成农业总产值 23.7 亿元，增长 14.1%。粮食生产实现恢复性增长，全市粮食播种面积 22800 公顷，增长 6.1%。新建省级无公害农产品基地 1 个，省级森林食品基地 1 个，杭州市级都市农业示范园(村)11 个。成功举办首届农产品推介会，绿芦笋被评为“中国特产名品”。农业产业化进一步推进，市级农业龙头企业达到 46 家，实现销售收入 10.8 亿元，创汇 5.1 亿元，各类专业合作经济组织和行业协会 64 家，带动农户 7 万户。推进生态公益林建设，完成绿化造林面积 5920 亩。农业基础设施建设力度加大，改造中低产田 2.4 万亩，建成标准农田 2.05 万亩。投入水利建设资金 2.1 亿元，皇天畈排涝站除险加固等 55 处重点工程顺利完成，荣获浙江省“大禹杯”水利建设先进县(市)。成为浙江省首批“康庄工程”建设达标县(市)。

加快商贸旅游发展，提升现代服务业水平。按照政府主导、统筹发展、开放带动原则，大力实施“商旅活市”战略，确立商贸旅游业在服务业的支柱和龙头作用。编制完成《商业网点发展规划》，形成沿城区主要道路“三纵两横”的高密度网点分布格局，集约化、规模化经营步伐加快，消费品市场繁荣活跃，加快由传统商业向现代商贸流通业转变。2004 年全市实现社会消费品零售额 36.4 亿元，同比增长 14.6%。富阳百大、富春江商业城、城东综合市场、晋安家电等一批龙头企业脱颖而出，引进天润发等大型现代商贸企业。以世纪联华、百合医药为代表的新型连锁业快速发展，并向农村延伸。新型物流得到发展，经济效益初步显现，富阳口岸物流中心 2004 年完成进出口货物 10.5 万个标箱。以创建“中国优秀旅游城市”为抓手，优化旅游发展环境，加大招商引资力度，打响“富春山水，孙权故里”品牌，初步形成以观光旅游为主体，休闲度假等旅游产品为补充的城郊型产业格局。通过几年来的努力，形成特色鲜明，布局合理，活力显现的各类景区，既有富春桃园、鹳山等展现富春风光的山水型景区，又有杭州野生动物世界、农家乐等体验动物风情和游乐活动的主题公园；既有龙门古镇、造纸文化村等民俗观光和文化观光，又有浙江南国、富春山居等高档休闲度假区。2004 年全市共接待国内外游客 294 万人次，旅游总收入 14.6 亿元。

发挥优势错位发展，努力提高对外开放水平。坚持招商引资“三个一”制度，进一步改善投资环境，发挥民企、外企招商引资主体作用。全面开展“接轨大都市，融入长三角”工作，积极到长三角地区开展各类推介活动，努力把富阳建设成为大都市的农副产品供应基地、先进制造业特色基地和旅游休闲度假居住基地。明确“北接沪杭、南攻港粤、东引台资、突破500强”的招商引资主攻方向和战略重点，招商成果显著。2004年合同利用外资1.99亿美元，实到外资7353万美元，分别增长133%和59.7%。完成协议内资21.9亿元，实到内资14.5亿元。积极引导民营企业发挥招商引资的主力军作用，开展“以民引外、民外合璧”工作，推进民营企业二次创业。外贸出口不断扩大，2004年完成自营出口2.51亿元，增长30.7%。积极开展海外市场，创办境外企业2家。以撤县设市十周年为契机，成功举办首届阳光·山水·财富投资洽谈会，签约项目20个，累计投资额5.26亿美元。

准确定位城市功能，构建现代化中等城市框架。改革开放后，特别是撤县设市以来，随着经济社会的快速发展，城市化进程不断加快，全市城市建设成绩显著，一大批与市民日常生活、城市发展息息相关的城建项目得到兴建，城市面貌日新月异，城市功能日趋完善，城市品位不断提高。一是牢牢把握规划的龙头地位。完成《城市总体规划》修编和《富阳市港口总体规划》等编制工作，对城市建设进行科学合理的规划，避免重复建设和资源浪费。新一轮城市规划提出了“一城六组团”的城市发展格局，构建了富阳城市未来发展的框架，将实现城市更大区域、更大空间的发展。二是贯彻以人为本理念。在规划中始终贯彻以人为本的理念，促进人与城市的和谐。在旧城改造过程中，注重城市公益设施的建设，相继建成滨江绿化带、市心公园、恩波广场、东吴文化公园等，城区绿化覆盖率达到41.1%，人均公共绿地面积9.2平方米，城市品位得到进一步提高，山水名城更显秀气。三是抓好城市经营和管理。2001年组建城市建设投资公司，2003年城投公司与国家开发银行签订城市基础设施建设打捆项目协议，改革城市建设投融资体制，城市建设步伐加快。做好以地生财文章，加大土地招拍标力度，2004年筹措城市建设资金达到12亿元。2004年组建城市管理综合行政执法局，相对集中市容环卫、市政公用、城市规划、城市绿化等行政处罚权，实行城市管理综合执法，探索建立全新的城市管理运行机制。

大力推进社会效益提高
协调发展构建和谐富阳

在发展经济的同时，坚持统筹兼顾，协调发展，拿出更大精力关注教育、科技、卫生、文化等社会事业，推动经济社会同步发展。大力发展科技教育事业。全市列入国家“十五”科技攻关项目2项、国家中小企业基金项目1项。产学研合作领域不断拓宽，市政府与华南理工大学开展全面科技合作。人才交流活跃，引才引智力度加大，全年引进各类人才532名，引进国外智力项目35个。制定《富阳市新一轮教育发展专项规划》。富阳职高和场口中学分别晋升为国家级示范性重点职高和浙江省二级重点综合高中，富阳市二中、新登中学被命名为浙江省一级重点高中。教育成绩喜人，高考上线“三项万人比”名列杭州七县（市、区）前茅。制订出台公共卫生应急处理预案，突发性公共卫生事件应急处置能力进一步增强。启动乡镇卫生院改制，加快农村社区服务中心建设，不断完善公共卫生服务体系。深入开展群众性精神文明创建活动，组织实施“万名农民素质培训”工程。公益文化事业产业化迈出新步，“东海文化明珠”工程扎实推进，创作了“东吴传龙”、“春江踏青”等一批文化精品。成功举办首届中国富春江文化节。人民生活明显改善，2004年末城乡居民储蓄存款余额达到69.01亿元，比年初增加7.45亿元。2004年新增城镇就业岗位15099个，年末全市城镇登记失业率为4.1%。社会保障事业稳步推进，被征地农民基本生活保障、新型农村合作医疗等制度积极实施，全市共有11835人被征地农民参加社会保险，400294人参加新型农村合作医疗制度。城镇企业职工养老保险参保人数达到10.48万人，养老金支付能力达到26个月。

（执笔：张松泉　傅柏超）

坚持工业强县 推进科学发展

◆中共海盐县委书记　武亮靓

海盐县位于浙北杭嘉湖平原，东濒杭州湾。置县于秦王政二十五年（公元前222年），因“海滨广斥，盐田相望”而得名，以“鱼米之乡、丝绸之府、文化之邦、旅游之地”著称。全县陆地面积507.3平方公里，海湾面积565平方公里。现辖8个镇、104个行政村，人口38.8万。近年来，海盐县紧紧围绕发展第一要务，按照省委“八八战略”和“平安浙江”建设要求，深入实施工业强县战略，全面建设“平安海盐”，加快推进城乡一体化，保证了县域经济的持续协调发展。2004年，全县实现生产总值140.5亿元，增长20.4%；完成全社会固定资产投资43.5亿元，增长14.3%；实现财政总收入9.1亿元，增长16.1%，其中地方财政收入3.7亿元，增长24.9%。再次跻身全国百强县（市），列第30位。

回顾近年来的发展历程，海盐县之所以能取得快速健康发展，很重要一条是紧紧抓住工业强县主题不动摇，牢固树立和认真落实科学发展观，以项目推进年、基础设施建设年、效能建设年“三个年”活动为抓手，深入实施工业强县战略，扎实推进环杭州湾先进制造业基地建设，从而提升了县域经济的总体实力和国际竞争力。

一、推进产业集聚，加快构建发展平台。坚持扶优扶强战略，加大对重点项目、重点企业和重点行业的扶持力度，编制完成了机械、纺织、造纸等八大行业发展规划，加快运用高新技术和先进适用技术进行改造提升，强化技术优势和产业链整体优势。全县形成了以机械标准件、新型建材、电子、纺织服装、造纸及纸制品等五大支柱产业。特别是机械标准件产业，至2004年底，全县约有700家标准件及相关产品生产企业，产品品种有13000多种，在全国排名第一位，并大量出口欧美、中东等10多个国家和地区。长螺杆产量和出口量为全国第一，机螺钉占中国出口美国市场的四分之一以上，成为全国标准件重要的生产基地。去年标准件出口9544万美元，占全县出口主要商品的比重为28%。狠抓产业布局，抓住杭州湾跨海大桥、杭浦高速和绍嘉高速跨江大桥规划建设的机遇，充分利用53公里海岸线资源，提出了构筑“双桥黄金海岸经济带”的思路。启动了海盐港区围堤工程，加快外海和内河码头建设，发展海河联运和现代物流业，港口开发初具雏形。突出大桥新区建设，重点建设临港重化工业基地、新型建材、造纸及纸制品、精密机械和船舶修造产业区，大连实德、吉安纸业等一批重点项目相继落户，新区逐步成为外商投资密集区与首选地。完整合各镇工业功能区，构建“1+3”（一带三组团）工业生产力布局，重点建设化纤、纺织、光机电一体化等产业基地。同时，出台工业生产力集聚考核办法，使土地指标、资金投入等要素配置向特色产业功能区倾斜。

二、推进开放带动，打造接轨上海扩大开放的前沿阵地。近年来，海盐县把实施接轨上海、开放带动战略作为实现经济社会跨越式发展的重要抓手，坚持外资、外贸、外经三外齐抓，促进了开放型经济的快速发展。全力以赴抓招商。积极实施招商引资“一号工程”，落实县级领导联系重点招商项目和重点出口企业制度；不断完善利用外资工作考核制度和对外贸易工作考核制度，分解目标任务到开发区和各镇；建立工作业绩公布制和工作汇报督查制，强化工作紧迫感和责任感；实行产业招商、蹲点招商多种形式，不断提高招商引资工作水平；建立重大项目评估制度，完善"一司一策"政策，努力提高土地的利用率和产出率，鼓励企业增资扩股；以效能建设年活动为抓手，优化服务，建立了外资项目行政审批快车道机制，完善了外资项目审批一条龙服务体系，实行"一站式"服务，营造亲商、安商、富商社会环境。2004年，全县新批外资项目27个，合同利用外资9864万美元，增长25.5%，实际利用外资5440万美元，增长6.3%，其中增资转股项目15个，合同利用外资4103万美元，占全县合同利用外资的41.6%。累计到位内资8.1亿元。坚持不懈抓出口。坚持出口主体、出口商品、出口市场和贸易方式多元化。目前，全县拥有自营进出口权的生产企业和外贸公司144家。建立健全外贸出口企业贷款担保机制，组建海盐诚信对外贸易服务有限公司，为外贸出口重点企业提供贷款担保，2004年，共为20家企业提供担保金额1.5亿元；积极实施出口信用保险，成为全国首个县级出口信用保险试点。2004年，实现自营进出口总值5.2亿美元，增长35.8%，其中自营出口完成3.9亿美元，增长35.9%，自营进口完成1.3亿美元，增长35.4%。扎扎实实抓外经。加强区域协作，积极引导企业走出去，抓好接轨上海、参与长三角经济交流与合作的各项工作，实现县内外经济的良性互动。

三、推进项目建设，增强发展后劲。海盐县始终坚持经济工作项目化思路，连续两年开展"项目推进年"活动，加大项目推进力度。加强项目储备和前期工作。千方百计拓展项目渠道，做好项目规划和储备工作。编制项目资料，建立项目库，逐步形成"规划一批、论证一批、投产一批"的梯度推进、滚动发展的项目建设格局。加强项目建设的服务协调。深入开展"企业服务年"活动，建立和完善县级领导、有关部门联系行业和重点企业制度。对3000万元以上特别是超亿元的重大工业性投资项目，进行全程跟踪，实行零距离、一站式服务，合力协调项目报批和建设中遇到的困难和问题。加强项目建设的政策导向。调整和完善现行扶持政策，重点支持对提升我县特色产业和对地方税收贡献较大的民营企业，充分调动企业投入的积极性。不断完善工业经济考核体系，做到责任到位、考核到位和奖励到位。坚持用科学的发展观指导项目建设，初步制定产业投资导向目录。2004年，工业生产性投入31.1亿元，增长24.5%。

四、推进民企发展，促进民营经济新飞跃。民营经济是经济的主体，是优势所在、活力所在和潜力所在。海盐县按照"规模企业抓提高，小巨人企业抓扩张，中小企业抓培育"的总体思路，加快推进民营经济制度创新、科技创新和管理创新，加强企业家队伍建设，进一步提升民营经济的产业层次和整体素质。大力推进科技进步，鼓励发展高新技术企业，加快利用高新技术改造提升传统产业。制定了加快民营经济发展的政策措施。重视民营经济发展支撑体系建设，加快完善中小企业信用担保体系，鼓励镇和行业组建政策性或会员制融资担保机构。建立健全标准件、汽车零配件等行业公共服务平台，加强企业自主创新技术体系建设。建立民营企业发展专项资金，支持中小企业创业中心（孵化器）建设，立项标准厂房建设项目19个，规划面积58.9万平方米。重视企业家队伍建设，成立青年企业家协会。2004年度全县新增民营企业510家，新增规模以上民营企业36家。

"十一五"期间，海盐县将深入贯彻落实十六届五中全会精神，坚持以科学发展观统领经济社会发展全局，坚持以人为本，转变发展理念，创新发展模式，提升发展质量，加快推进开放带动、工业强县、城乡一体化、滨海开发和可持续发展五大战略，努力打造浙江城乡一体化与和谐社会的先行示范地、沪杭苏甬交通节点物流重地、长三角开放型经济的新兴地。

全面落实科学发展观
推动德清经济社会发展实现新跨越

◆中共德清县委书记　杨建新

德清是地处长三角腹地、杭州市北郊的全国“百强县”。“十一五”时期，是德清在“十五”发展取得显著成就的基础上，加快接轨沪杭、全面融入杭州大都市的重要突破期，也是德清全面建设小康社会、提前基本实现现代化的战略关键期。在这一时期，德清将在新的起点上，以科学发展观统领经济社会发展全局，立足科学发展，坚持加快发展，推动经济社会发展新跨越。

一、“十五”期间综合实力的提升，为德清在“十一五”实现经济社会发展新跨越奠定了坚实的基础

“十五”期间，面对国内外经济运行环境的重大变化，德清确定并坚持了“开放带动、接轨沪杭”的发展战略和“强工业、精农业、扩城市、兴三产”的工作重点，经济社会持续快速发展，综合实力明显提升，在全国百强县的排名已从2000年的93位逐年跃升到2004年的36位。

县域经济快速发展。2005年全县生产总值(GDP)预计达到120亿元，年均增长15.4%，比“九五”平均增速高出3.3个百分点；2004年全县人均GDP达到3000美元。财力不断增强，2005年全县财政总收入将突破14亿元、接近15亿元，年均增长30.2%，比“九五”平均增速高出12.5个百分点；其中地方财政收入将达7.6亿元，年均增长38%，比“九五”平均增速高出13.1个百分点。

基础设施日趋完善。预计全县全社会固定资产投资五年累计完成251亿元，是“九五”时期3.75倍。建设完成杭宁高速公路德清段与宣杭铁路复线，全面完成了104国道、09省道和杭湖锡线航道的改造，穿越县境的第二条高速公路申嘉湖(杭)高速公路即将启动。新县城武康等城镇面貌发生了巨大变化，2005年，省委、省政府在《浙江省环杭州湾地区城市群空间发展战略规划》中，将德清作为三大城市群、四类生态区、六大都市区的重要区块列入规划，杭州大都市北部卫星城的格局已初步展现。

产业结构更趋合理。预计工业性投入132亿元，业已形成生物医药化工、新型建材、新型纺织、特色机电等四大主导产业，升华拜克公司、华盛达、德华免宝宝等上市形成“德清板块”。“农业企业化、资产股份化、就业非农化、社会保障化、居住社区化”的农村“五化”成效明显，都市型高效生态农业发展格局进一步形成。第三产业发展加快，“名山湿地、休闲德清”的旅游品牌初步打响。

对外开放步伐加快。“开放带动、接轨沪杭”战略取得重大成果，预计外贸自营出口年均增长38%，累计协议利用外资将达10.9亿美元，实际利用外资将达4.55亿美元，外来投资企业对德清经济增长贡献率达到30%以上；2004年合同外资、实到外资名列全市首位，在全省各县(市、区)中综合排名第11位。规划建设的临杭产业带“一园四区块”产业布局初步形成，2003年以来引进杭资接近60亿

元，2004年莫干山经济开发区进入全省省级开发区十强行列。

社会事业协调发展。推进以养老、医疗、失业保险为重点的社会保障制度等配套改革，建立了适应市场经济的新型劳动关系。积极推进行政审批制度等改革，形成县、乡（镇）、村三级便民服务网络。科技教育优先发展，人才素质明显提高，产学研相结合的“德清模式”不断创新，文化、体育、卫生、计生等各项事业协调发展。预计农民人均纯收入年均增长9.2%，恩格尔系数逐年下降，城镇登记失业率控制在4%以内。

二、发展环境的变化，为德清在“十一五”实现经济社会发展新跨越创造了良好条件

“十一五”期间，就德清面临的发展环境来看，有机遇也有挑战，但从总体上看，挑战中蕴含着机遇，压力即可变为挑战，为经济社会发展实现新跨越提供了良好的机遇。

县域发展条件的改善产生了良好的外部效应。第一，长三角一体化发展的区位优势进一步显现。“十五”发展表明，长三角地区成为国际大企业大集团转移高技术产业和现代服务业的主要选择地已不容置疑。加之，杭宁高速已成为浙江与江苏联系的交通主动脉，申嘉湖（杭）高速公路将于2007年通车，长三角城际轨道交通规划已通过国务院审批，使德清处于长三角腹地的区位优势逐步显现，与上海为核心的国际大都市圈发展联系的时空条件逐步成熟。第二，融入杭州大都市的发展态势进一步明显。2005年省委、省政府在《浙江省环杭州湾地区城市群空间发展战略规划》中，将德清作为三大城市群、四类生态区、六大都市区的重要区块列入规划；杭宁高速公路的开通、杭湖锡线等航道的改造、德桐公路的提升、宣杭铁路复线、104国道的改造，“十一五”期末杭州将建成轻轨1号线一、二期工程和2号线一期工程（届时与德清近邻的临平副城通过轻轨与主城、下沙副城和江南副城联结），临杭的区位优势将成为真正意义上的“接轨”事实，加之杭州产业“退二进三”步伐加快、2008年举办休闲博览会等，都将对德清发展产生巨大影响。第三，湖州在杭宁城市带中间率先崛起的发展走势进一步产生作用。作为湖州地区的全国百强县，德清要为更好地接轨上海、接受苏皖广阔腹地的辐射，为湖州的崛起、长三角城市群的加快发展作出自己的贡献。

县域发展阶段的转变产生了良好的积累效应。第一，县域发展战略不断深入。“十五”以来，德清立足自身的区位、产业和人文等优势，在“实施工业创强、提升效益农业和推进城市化”三大战略的基础上，提出了“开放带动、接轨沪杭”战略，明确了“强工业、精农业、扩城市、兴三产”四个工作重点，并根据实际情况不断予以深化、细化、具体化和丰富完善。尤其注重招外资、引内资，充分发挥与杭州“零距离”的区位优势，大力承接杭资梯度转移，德清与杭州双向互动之势已然形成。第二，经济发展基础不断巩固。全县三次产业结构从2000年的13.5：59.1：27.4调整到2004年的9.8：57.3：32.9，城市建成区扩大到17平方公里，城市化水平达47%；规划面积30平方公里的莫干山经济开发区和100平方公里的临杭产业带的工业集聚功能进一步增强。第三，快速发展阶段开始到来。2004年，全县人均GDP突破了3000美元。2005年1—10月，全县规模工业产值增长32.1%，规模工业销售收入增长31.4%，规模工业税利增长19.9%，工业技改投入增长27.43%，在宏观形势趋紧和要素制约明显情况下，实现“逆势走红”。

县域发展面临的制约因素产生了较强的挤压效应。第一，宏观调控的后续效应逐步明显。煤电油运等瓶颈制约仍很突出，土地和资金依然紧张，固定资产投资增幅预计将进一步回落，投资对经济增长的拉力将进一步减弱。第二，县域经济的竞争更趋激烈。从省内周边来看，已有30个县市区进入全国综合实力百强县，加之省内对十七个经济强县市的放权，对德清构成的竞争压力十分明显。第三，自身存在的问题也较为突出。工业经济总量偏小，产业的规模化、集约化程度偏低，未形成与本地生态环境和特色资源相结合的高科技、高附加值的核心支柱产业，企业竞争力不强。所有这些问题，既对德清的发展产生了一定的制约作用，但同时又对县域发展产生了“倒逼”、“挤压”作用。

三、全面落实科学发展观，推动德清经济社会又快又好发展

结合德清发展的现实基础和条件，“十一五”期间，德清将坚持以邓小平理论和“三个代表”重要思想为指导，以科学发展观统领经济社会发展全局，围绕“创经济强县、建生态德清、构和谐社会，加快建设全面小康社会，提前基本实现现代化”的总体目标，进一步深入实施“开放带动、接轨沪杭”战略、突出“强工业、精农业、扩城市、兴三产”四个工作重点，立足科学发展，坚持加快发展，加快实现经济社会发展新跨越。

“十一五”时期总的发展目标是“一率先、两确保、五更加”，即在省内率先基本达到全面建设小康

社会目标,为提前基本实现现代化奠定基础;确保经济社会发展速度保持省内前列,实现全国综合实力百强县位次前移;确保科技水平、文化建设、生态质量保持省内领先,争创国家级品牌;达到经济发展更加高效、社会进步更加全面、居民生活更加殷实、生态环境更加优美、体制机制更加完善,努力把德清建设成为“新兴科技城市、现代产业高地、都市休闲花园、生态人居佳境”。

为达到以上发展目标,德清将在战略实施和工作重点的推进上作出努力。

(一)全面融入大都市。“十一五”期间,德清坚持以主动接轨大上海、全面融入大杭州为发展的战略突破口。所谓全面融入,就是要以提高杭州大都市区的整体竞争力为导向,在大都市区发展中找准德清的区域定位,立足比较优势,形成合理的城市特色和功能形态,成为大都市区不可或缺的有机组成,并逐渐形成一体化的发展格局。一方面,依托申嘉湖(杭)高速轴线,充分利用上海大都市的人才、科技、金融、贸易等功能性平台,促进经济社会发展;二是依托杭宁高速、104 国道、申嘉湖(杭)高速、09 省道等轴线,分层接轨,渐次推进,全面融入杭州大都市。具体工作中,要着力实施“四个对接”,打造“四张名片”。即:实施科技和产业对接,充分发挥与杭州“零距离”和邻近上海的区位优势,进一步利用大都市的科技资源,大力发展高新技术产业,承接杭资梯度转移,打造“临杭产业带先进制造业基地”名片;实施农业对接,发展都市型精品农业,打造“绿色农产品生产加工基地”名片;实施旅游对接,打响“名山湿地、休闲德清”旅游品牌,为杭州国际休闲之都配套服务,打造“江南休闲度假第一县”名片;实施城市对接,建设生态型中等城市,全面塑造杭州“北秀”形象,打造“杭州北部卫星城市”名片。

(二)大力推进“强工业”。一是加快产业结构调整。淘汰落后生产方式,提升专业化分工水平,着力延伸产业链,建设以循环经济为核心的生态经济体系,大力发展高新技术产业,推动电光源、钢琴、新型建材、新型纺织等产业集群发展,打造区域品牌,形成块状经济。二是着力自主创新。深化产学研相结合的“德清模式”,办好德清科技创业园、县科技投资担保有限公司和县生产力促进中心,构建区域科技服务体系。以科技型企业为主体,加快高新技术产品开发,强化知识产权保护和开发利用,加大名牌产品和著名商标创建力度,构建科技自主创新体系。三是培育支柱产业。立足以升华集团、佐力药业等为核心的生物产业发展基础,着力发展高附加值、高科技含量的生物产业,打造长三角“生物谷”;推动现有特色机电行业向先进装备制造方向发展,大力承接杭州产业转移,重点集聚发展汽摩配、电力、纺织专用设备等,打造临杭先进制造业基地。四是着力培大育强。培育大集团大企业,促进优势企业跨越发展,努力塑造拥有自主知识产权、主业突出、核心竞争力强的企业集团。

(三)不断推进“精农业”。一是以现代工商理念为导向,推进农业企业化,继续扶持带动力强的农业龙头企业积极构筑高效生态农业产业体系,创建都市型精品农业基地。二是以创新农村集体资产有效实现形式为载体,稳步推进资产股份化。三是以构建农村社会保障体系为核心,深化推进社会保障化,积极实施农村“新五保”。四是以培训促就业为目的,着力推进就业非农化,加快农业劳动力向二、三产业转移。五是以实施城乡规划、供水、公交、垃圾集中处理四个“一体化”为依托,推进居住社区化。

(四)加快推进“扩城市”。一是聚焦发展“主轴”形成“一主、一副”发展中心。即从武康—乾元到新市形成德清发展“主轴”。大力推进武康城市东扩,努力与乾元镇、三合乡对接,创建县域中心城市,发展德清城市主中心。大力扶持新市镇发展,打造东部的商贸重镇和现代物流基地,构建副中心城市。二是对接南北“两廊”,建设工业强镇。以北部钟管镇、洛舍镇等为依托组成“北廊”,呼应湖州崛起战略,积极接轨湖州市区,形成德清北部重要的先进制造业和商贸区块。以南部雷甸镇、新安镇、禹越镇等为依托组成“南廊”,响应融入大杭州的战略,吸纳杭资企业转移,配套发展城镇规模。三是保护西部山区,发展生态旅游型城镇。西部山区突出生态保障功能,进一步落实生态补偿机制,有效发展观光旅游休闲产业,努力建设生态功能区。

(五)着力推进“兴三产”。一是大力发展旅游业,集中力量抓好下渚湖湿地风景区的保护和开发,进一步打造“名山湿地、休闲德清”旅游品牌。二是着力发展商贸物流业,实施市场培育工程,加快 104 国道沿线市场群的形成和发展,抓紧制定物流业发展规划,培育物流业发展,打造“购在德清”品牌。三是进一步完善《德清县房地产业中长期发展规划》,确立杭州大都市生态居住新城概念,打造“住在德清”品牌。四是积极发展金融等服务业,打造“信用德清”品牌。

(六)全力构建“和谐社会”。一是深化“平安德清”建设,促进社会稳定和谐。突出流动人口管理、安全生产及公共安全管理、矛盾纠纷排查调处三个工作重点,进一步落实信访工作责任制,实施外来民工社会化、人性化、规范化管理。健全社会治安防控体系，深化“严打”整治斗争。深入开展安全生产专项整治，坚决杜绝重特大事故的发生。二是推进新一轮“双创”工作，促进人与自然和谐。进一步抓好国家生态县、全国文明城市和浙江省示范文明城市的创建工作，加强生态恢复和保护工作，建设资源节约型、环境友好型社会。三是切实关心群众生产生活，促进人与人之间和谐。突出解决好人民群众最关心的就业、社会保障、扶贫、教育、医疗、环保和安全等问题，高度重视合理调节收入分配问题，大力发展文化事业和文化产业，建设“人文德清”，促进社会各项事业协调发展。

培育壮大民营经济 增强富民强市活力

◆即墨市人民政府市长　李宽端

即墨市位于山东半岛西南部，东临黄海，南依崂山，全市陆地总面积1780平方公里，海岸线183公里，辖18个镇、4个街道办事处、1个省级经济开发区、1个省级旅游度假区、1个省级高新技术产业开发区，1033个村庄，108.2万人。

即墨自古就是胶东著名的商埠，民间素有经商传统。改革开放以来，特别是近几年来，即墨市积极顺应发展大势，立足自身的区位优势和产业基础，确立了一手抓对外对内开放、一手抓民营经济发展的经济工作思路，通过政策扶持、市场带动、产业引导、服务推动等一系列措施，使民营经济成为县域经济的一大特色和亮点。截止2004年底，全市个体工商户达到6.84万户，民营企业达到5170家，其中注册资金过1000万元的94家。2004年，全市民营经济完成增加值142亿元，实现税收10.4亿元，分别占全市总量的60.2%和63.5%。2002年和2004年，即墨市连续两届被评为全省发展民营经济先进市。

一、抓好四个保障，优化民营经济发展环境。环境决定发展，政府创造优势。为了营造民营经济发展的良好氛围，创造有利于民营企业成长的优越环境，着力从四个方面改进服务、提供保障。一是组织保障。成立市民营经济发展领导小组，定期研究全市民营经济发展规划和政策措施，从产业、政策、信息等方面搞好指导与服务；建立市级领导联系民营企业、企业经营者“约见必见”等制度，及时协调解决企业在发展中遇到的困难和问题。二是政策保障。制定了《关于进一步加快民营经济发展的决定》，在资金、人才、土地等方面加大扶持力度，对新上或引进高新技术项目、高含税项目的民营企业优先安排建设用地；设立民营经济发展专项资金，市财政每年拿出600万元对有突出贡献的民营企业和发展民营经济强村进行表彰奖励。三是人才保障。建立了民营企业人才档案，市人事、劳动等部门积极协助企业招聘人才；对企业自行引进的高层次人才，在医疗、保险和家属落户、子女入学等方面给予优惠待遇。同时，通过实施“订单式”培训，为民营企业输送了大批合格员工。四是资金保障。成立市中小企业担保公司，积极促进银企合作，鼓励金融部门对民营企业公开授信、重点扶持，较好地解决了民营企业融资难问题。

二、突出三个带动，增强民营经济发展活力。一是品牌带动。大力实施品牌立市战略，坚定不移地走“培育名牌产品、争创名牌企业、发展品牌产业、壮大品牌集群”的发展之路，鼓励民营企业争创名牌，对获得青岛市级、省级和国家级名牌的分别给予5万、10万和50万元奖励。目前，全市民营企业共注册商标1250多个，拥有青岛市级以上名牌产品和著名商标53个，其中拥有“即发”、“亨达”、“英派斯”3个中国驰名商标和“即发”牌针织内衣、“琴岛”牌电热毯、“亨达”牌皮鞋、“英派斯”牌健身器材4个中国名牌产品，19个省著名商标和名牌产品，27个青岛市著名商标和名牌产品，初步实现了由品牌产品、品牌企业到品牌产业的跨越，并正在向品牌城市迈进。积极开展“质量兴市”活动，帮助和指导民营企业推行质量、环保体系认证，有67家企业通过ISO9000系列认证，7家企业通过ISO14001环保体系认证。

二是外向带动。通过组织民营企业参加国内外的招商活动，制定和落实激励政策，积极引导有条件的民营企业利用内外资嫁接改造，借外力壮大自己。目前，全市有2115家民营企业利用存量土地、现有厂房和产品优势与内外资企业进行合资合作，累计实际利用外资3.74亿美元，实际利用内资107.2亿元。三是科技带动。引导民营企业加大技改投入，注重产学研合作，建立技术中心，重点加强具有自主知识产权的产品研发，不断提高民营企业的科技实力和研发能力。2004年，即墨市规模以上民营企业完成技改投入15.1亿元。目前全市有122家民营企业与高等院校及科研机构建立了产学研合作关系，138家民营企业建立了研发中心，27家民营企业被认定为青岛市高新技术企业，其中即发集团技术中心被认定为中国针织行业唯一的国家级企业技术中心。全市针织服装服饰民营企业40%以上的设备达到了国际先进水平，即发集团的针织项目、红领集团的高档西装项目等在国际上处于领先地位。

三、搭建两个平台，培植民营经济发展优势。民营经济与市场商贸业互促双赢，是即墨民营经济发展的一个显著特点。近年来，该市坚持“以商促工、工商联动”的发展思路，深入实施“商贸兴市”战略，着力搭建市场平台。先后新建扩建了即墨服装批发市场、小商品城等24处专业市场，其中年交易额过亿元的市场达到14处。市场的持续繁荣，催生了红领、好事中、一诺、琴岛、雪达、红妮等一大批民营企业，目前全市围绕市场从事地产品加工生产的企业达到3200多家，带动运输、餐饮服务等三产人员达12.5万人。同时，为了培植民营经济的集聚优势，促进民营企业向规模化、集约化发展，我们着力搭建园区平台。对全市产业布局进行了合理调整，集中规划建设特色园区，并制定出台鼓励政策，引导行业相同或相近的民营企业进入园区发展。即发、金王、红领、好事中、雪达等骨干民营企业还兴建了自己的生产基地，其中即发工业基地已累计投资10.5亿元，建起厂房31万平方米，与美国、日本、罗马尼亚等国家合资的9个外资项目全部建成投产，初步建成了高档针织服装生产和出口基地。去年以来，即发集团又规划建设了即发龙山高档服装面料及成衣加工基地，计划总投资50亿元，建设世界一流的高档服装面料生产基地。金王工业基地现已累计投资2.8亿元，初步建成了国内一流的蜡制工艺品生产出口基地。

四、实施一项战略，提升民营经济核心竞争力。为了促进民营经济提档升级，感到，即墨市积极实施产业集群发展战略，引导民营企业走集群化道路，努力提升核心竞争力。围绕这一战略，适时调整完善产业规划，积极引导骨干民营企业发展配套产业，不断提高企业的关联度和产业集聚度。同时，鼓励骨干民营企业加强与国内外知名品牌企业合资合作，实施强强联合，逐步建立品牌集群的发展模式。青岛即发集团凭借在针织行业的突出实力，积极实施品牌扩张和经济国际化战略，目前已和日本双日、东丽、东绵、丰田、伊藤忠等10家世界500强企业进行了合资合作。2004年，即发集团完成销售收入31.8亿元，出口创汇2.46亿美元，上缴税金2.14亿元，在中国纺织工业协会组织的全国针织行业综合实力排名中位居榜首。目前，全市已初步培育形成了针织服装服饰、电子及电子配件等产业集群，特别是针织服装服饰业已成为具有较强竞争力的特色产业。全市共有926家针织服装服饰企业，有100余个服装品牌，初步形成了棉纺、织布、染整、服装加工、品牌经营等产业链条完整的针织服装服饰产业集群，被中国纺织工业协会命名为“中国针织名城”。2004年，全市119家规模以上针织服装服饰企业共完成产值117亿元，占全市规模以上工业总产值的46.3%。

围绕资源城市转型 建设循环经济强市

◆中共邹城市委书记 刘仲本 邹城市人民政府市长 朱庆安

邹城市位于山东省南部，是战国时期著名思想家、政治家、教育家孟子的故乡，素称“孔孟桑梓之邦，文化发祥之地”，是国家历史文化名城、国家重要能源基地。近年来，邹城市坚持以科学发展观为指导，以加速资源城市转型、建设循环经济型强市为目标，努力转变经济增长方式，大力发展循环经济，经济社会实现了全面协调可持续发展。2004 年，全市地区生产总值完成 233.32 亿元，比上年增长 20.6%；境内财政总收入达到 34 亿元，其中地方财政收入突破 10 亿元。

一、围绕土地可持续利用，大力实施采煤塌陷地综合治理

邹城市压煤面积 357 平方公里，现有国家、地方煤矿 9 对，年产原煤 3000 多万吨，是我国八大煤炭生产基地之一。煤炭的大量开采在促进经济发展的同时，造成了大面积的地表塌陷和严重的生态环境破坏。截至目前，全市已塌陷土地 6.6 万亩，其中绝产面积 4.3 万亩，10 多个村庄人均耕地不足 0.3 亩。为实现资源枯竭后经济的可持续发展，我们科学制订规划，按照“政府引导建设、多元投资开发、公司化运作、示范带动增效、一园多能”的模式，有计划、有步骤地开展了采煤塌陷地综合治理，治理效果得到国土资源部的肯定。自 1998 年以来，全市各级累计投资 1.6 亿元，先后实施了一系列塌陷地治理工程，共治理塌陷地 3.2 万亩，复垦耕地 1.8 万亩，取得了良好的生态、经济和社会效益。一是借势利用治理模式。坚持塌陷地治理同发展高效农业相结合，对常年深积水区，科学整治，借势开发，初步完成了一园六区 2 万亩塌陷地的开发治理，建设高标准日光温室 320 栋、精养鱼塘 138 个，大水面养殖网箱 500 个，培植北晨养殖、呱呱鸭制品、华强园艺等龙头企业 8 家，形成了无公害蔬菜生产示范区、林果生产区、无公害水产养殖区、畜禽养殖区、西故农业观光区等六大功能区。2003 年，北宿生态科技园被认定为省级农业特色园。二是滚动式治理模式。坚持边塌陷、边治理，对浅层塌陷区和即将塌陷区实行抢土垫高与生产排矸相结合的循环治理模式，委托德国 GPE 项目工程开发公司规划设计了总体方案，实施了矸石山绿化美化和矸石回填造地工程建设，相继开发建设塌陷地 3500 多亩，修建鱼塘 500 亩，既解决了煤矸石占地和环境污染问题，又提高了经济效益。三是挖深垫浅治理模式。对季节性积水区实行挖沟排水、削高填洼，或在塌陷区的深部取土填在浅部，复垦成耕地，本着种、养、加立体开发，深部建塘养鱼，坡地栽树植草，逐步形成了林、牧、渔、菌良性循环，提高了塌陷地的种植效益。目前，已发展速生丰产林 3000 亩，牧草 2000 多亩，种植双孢菇 10 万平方米，养殖肉牛 2000 头。同时，严格建设用地审批，从严控制用地规模，努力提高土地集约利用水平。经山东省政府批准，设立了经济开发区和里能工业园，采取“项目集聚”、“退城进区”、“退二进三”等措施，推动新上项目向园区集中。目前，开发区已入区项目 95 个，总投资 48.9 亿元，投资强度达到 400 万/亩，建筑密度在 40%以上。

二、加速转变经济增长方式，努力构建以产业链为支撑的循环经济发展模式

邹城市坚持从源头抓起，从发展循环产业做起，着力延长和拓宽产业链条，全力推进产业结构优化升级，初步培植起“煤化工”和“煤一电一铝一铝制品精深加工”两大循环产业链。培植壮大煤化工循环产业链，实现煤炭企业的可持续发展。邹城市高硫煤产量每年高达150万吨。为此，邹城市与兖矿集团联合投资22亿元，开工建设了50万吨甲醇项目，既有效解决了高硫煤利用问题，又形成了新的具有较高技术含量和经济价值的下游产品。项目采用世界先进的水煤浆加压气化、低温甲醇洗脱硫脱碳等技术装置，配套建设2.5万千瓦的联产发电装置和完善的环保设施，每年可消耗高硫煤72万吨，年均销售收入10亿元、利税2亿多元，提高了煤炭附加值，延长了矿区服务年限，推进了洁净利用高硫煤和能源结构优化调整。下一步，邹城市将围绕建设大型煤化工基地的发展规划，开工建设二期50万吨甲醇项目，加大丙烯、乙烯等下游产品开发力度，为构建全国最大的“煤一甲醇一丙烯、乙烯”转化基地奠定坚实基础。培植壮大煤电铝产业链，实现资源的跨产业循环利用。为扩大煤电效益，邹城市与兖矿集团、澳大利亚龙澳公司合资，投资35.84亿元，建设了煤电铝一体化资源综合利用项目——科澳铝业有限公司。项目采用节能、降耗、低污染的清洁生产工艺，利用低热值燃料发电的资源比较优势，建设坑口电解铝和铝制品精深加工产业。目前，年产14万吨电解铝、8.2万吨铝用阳极碳块和1.5万吨阴极碳素制品项目已经建成投产，预计2005年可完成销售收入14.3亿元。同时，为进一步发挥整体优势，实现煤电铝资源的高效利用和循环利用，该公司已与多家公司达成铝制品精深加工项目合作意向，合资开发铝铸件、汽车配件等下游产品，不断增强煤电铝产业链对发展循环经济的支撑带动能力。

三、坚持开发和节约并重，推动资源高效循环和综合利用

邹城市煤电企业较多，这既极大促进了区域经济的快速发展，同时在开采生产过程中也伴生了大量的废弃物，每年产生煤矸石350多万吨、粉煤灰200万吨，占用了大面积的土地，严重污染了环境，实现持续发展和治理污染的任务非常艰巨。为此，市政府大胆创新思路，坚持用循环经济先进理念指导经济工作，大力推进资源的综合利用，转变经济增长方式，实现了经济效益、社会效益和环境效益的统一。一是坚持清洁生产，提高资源生产率。煤矿企业从生产源头抓起，努力生产清洁产品，实现废物排放的减量化。积极采取煤矸分流措施，减少煤矸石割出量；采用煤矸石井下充填技术，减少了煤矸石流向地面的数量；推广了矿水复用技术，实现了循环利用，每年减少矿井水外排量1000万立方米；加大煤炭洗选力度，减少了产品中的灰分、硫分，原煤入洗率达到60.62%。探索改进综采放顶煤开采技术，综放、普通综采、高档普采、条带式开采等多措并举，加大边角煤、薄煤层的开采力度，煤炭资源回收率明显提高，采区回采率达到79.16%，超国家标准4.16个百分点。二是着眼循环利用，科学治理工业“三废”。积极开展了烟尘、废水、废气等污染专项治理，引导企业推广新技术，研发新工艺，全面提高资源利用效率，实现经济效益的最大化。华电国际邹县发电厂投资1700万元，建设了废水处理改造工程，日处理废水2.4万吨，处理后的水全部补入循环冷却系统进行复用，年节省地下水800万吨，基本实现工业废水的零排放。各煤矿的矿用水、洗煤水和生活污水，全部进行无害化处理，利用率达90%以上。峄化集团投资2000多万元兴建了氨氮回收、吹风气回收、驰放气回收等设施，实现了全厂闭路水循环，把装置的副产品、“三废”进行综合利用，既减少了污染，又提高了经济效益。三是采取先进技术，综合利用煤矸石和粉煤灰。邹城市先后投资23亿元，建设了9座煤矸石、煤泥低热值电厂，形成了以发电为龙头、热电气联供，污水处理、余热养殖、建材生产并举的综合利用产业链。9座电厂总装机容量达到52.7万千瓦，安排就业3400人，年发电17.42亿千瓦时，低热值发电已成为邹城市重要的能源产业。1997～2004年，累计消耗煤矸石3700万吨。邹城市与华电国际邹县发电厂等电力企业联合投资8000多万元，先后建设了干灰装置、输运分选系统、地面砖和彩砖生产线、新型建材厂，拓宽了粉煤灰综合利用途径，减少了污染，变废为宝、化害为利，提高了效益，粉煤灰综合利用率提高到100%。

四、强化组织领导，为加速资源城市转型、建设循环经济强市提供有力保障

邹城市始终坚持把加速资源城市转型、建设循环经济强市作为实现经济社会全面协调可持续发展的重大举措，强化领导，明确责任，加大投入，有力促进了资源城市转型，为构建循环经济强市提供了坚强保障。一方面，加强领导，明确责任，形成加速推进资源城市转型、建设循环经济强市的整体合力。坚持把加速资源城市转型、建设循环经济强市列入

重要议事日程，成立了由市政府主要领导为组长，市直有关部门、重点企业主要负责人为成员的领导小组，指导企业特别是煤电企业围绕可持续发展，制定中长期发展规划，明确发展目标和任务措施，加快发展接续产业。建立健全了工作责任制，把发展循环经济纳入各级考核指标，建立起政府绩效评估体系，形成了全力以赴推动资源城市转型的工作格局。另一方面，加大投入，注重引导，营造加速资源城市转型、建设循环经济强市的社会氛围。围绕构建竞争力较强的循环经济产业体系，不断加大政府专项资金投入力度，鼓励煤电企业拉长产业链条，做大做强非煤产业。同时，注重搞好宣传引导，通过新闻媒体以及采取一定的激励机制，抓典型、树榜样，对发展循环经济成效显著的企业大力宣传推广，充分调动全市上下加速资源城市转型、建设循环经济强市的积极性，在全社会营造起人人为加速资源城市转型尽责、人人为建设循环经济强市出力的良好氛围。

推进经济结构调整 努力构建和谐社会 加快建设山水园林型的现代化中等工贸城市

◆中共长兴县委书记　邵毅　长兴县人民政府县长　刘国富

近几年来，长兴县全面实施“工业立县、开放兴县、科教强县、城市化和可持续发展”五大战略，经济社会持续健康协调发展。该县先后获得全国综合治理先进县、国家卫生县城、全国科技进步先进县、浙江省文明城市、浙江省教育强县、浙江省文化先进县、省级园林城市等荣誉称号。长兴县在2003年的全国社会经济综合实力百强县(市)排名中由上年的107位跃至63位，上升了44位；在全国县域经济基本竞争力百强县排名中由上年的87位上升至82位，实现了长兴历史上的跨越。

2004年，长兴县以邓小平理论和“三个代表”重要思想为指导，认真落实科学发展观，以“项目推进年”和“环境建设年”为抓手，主动适应国家宏观调控，坚持发展不动摇，创新破难攀新高，扎实推进了全县经济社会又快又好发展。

一、重抓项目，经济发展实现新突破。以项目推进年为抓手，优化项目投入结构，努力促进县域经济扩量提质增效。2004年实现地区生产总值129.26亿元，增长17.2%，是1995年以来增长最快的一年。财政总收入13.52亿元，同比增长31.05%，增幅列浙江省第2位，其中地方财政收入6.83亿元，同比增长49.26%，增幅连续两年列浙江省第1位。工业经济提速增效。工业投入“173”工程成效明显，完成全社会固定资产投入76.78亿元，增长32.2%，其中完成工业性投入40.68亿元，增长33.1%。新型纺织、新型建材、新能源、信息机电四大产业实现工业总产值88.88亿元，占县属规模以上企业总产值的65.3%。规模企业新增65家，总数达到287家，县属亿千企业24家，新增5家。规模以上企业完成工业总产值136.16亿元，增长36.6%。企业技术创新能力进一步增强，新增市级以上高新技术企业7家，完成科技创业园二期扩建工程，启动项目开发中心建设。现代农业稳步发展。农业“510工程”全面实施，累计新发展吊瓜、花卉苗木、人造林、特种水产、商品蔬菜8.5万亩。新增农业龙头企业27家，其中投资千万元以上农业加工企业7家，市级农业龙头企业4家。农产品注册商标、无公害农产品基地建设、农业新品种引进均取得新进展。加快泗安塘拓浚工程、水库除险加固、河道整治、千万农民饮用水等工程建设，全年完成投工385万工、土石方370万方。认真开展土地市场秩序治理整顿，顺利完成土地整理、建设用地复垦、农业综合开发目标。长兴被国家林业局和中国特产之乡组委会分别命名为“中国银杏之乡”和“中国栝楼(吊瓜)之乡”。服务业快速增长。全社会消费品零售总额42亿元，增长12.9%。完成《长兴县城区商贸发展规划》编制，长兴轻纺国际贸易城一期工程、长兴建材城一期工程相继竣工。中国扬子鳄村、“金钉子”地质公园、古银杏长廊、水口顾渚茶文化景区、陈武帝故宫恢复工程等五大旅游景点建设加快推进，中国扬子鳄村已对外开放，“金钉子”地质公园二期工程等正抓紧建设。全县金融机构存款余额91.47

亿元，比年初增加5.6亿元；贷款余额75.1亿元，比年初增加14.87亿元；异地融资14.6亿元，比年初增加6.16亿元。

二、狠抓招商，改革开放再上新台阶。全县上下牢固树立开放是第一动力的理念，创新方法推进招商引资。坚持内外并举，深入实施招商引资“一号工程”，成功举办“长洽会”暨“招商引资月”活动，首次开展以乡镇和开发区为主体的招商活动，相继推出“浙商·长兴论坛”、日韩专题招商会等系列招商活动。产业招商、委托招商、驻点招商、境外招商取得新成效，分别在韩国、日本、瑞典卡尔马省设立了招商联络处。全年合同外资、实到外资和引进内资分别突破了3亿美元、1亿美元和26亿元人民币。平台建设整合提升。县开发区基础设施建设步伐加快，投入建设资金3.7亿元，实现了“九通一平”。入园企业共有226家，全年新批外资项目44个，实到外资7477万美元。接轨上海加快推进。与美国《财富》杂志合作，成功举办了“长三角暨环太湖区域经济发展论坛”，初步形成与上海在工业、农业、文化、科技、教育等多方位接轨。到2004年底，上海企业在长兴投资已有32个项目，总投资达6.09亿元，实到资金1.16亿元。外经外贸不断拓展。全县共有自营出口企业106家，新增28家，共有出口实绩的企业63家，新增13家，累计自营出口额达1.37亿美元，增长74.4%。外派赴日本、新加坡研修人员216人，境外研修总人数达358人。民营经济增量提质。新发展个体工商户6481户，民营企业508家；私营企业注册资金累计超百万的有404家，超千万的有44家，民营经济上交税收占全部税收的60%以上。

三、注重和谐，环境建设呈现新面貌。以环境建设年为抓手，强化综合环境建设，不断增强环境竞争力。城乡生态环境明显改善。完成了《长兴县生态县建设规划》编制，同时抓紧编制16个乡镇的生态规划。出台了《长兴县环境违法行为责任追究办法》，推行生态危害官员问责制。严把环保审批关，坚决执行“环保一票否决制”。以“壮士断腕”的决心，开展了矿山企业、耐火窑炉企业、蓄电池企业、喷水织机水污染和包漾河水源保护区等五大环保专项整治，依法关闭污染企业300多家，财政支付补助资金3050万元，直接影响财政收入超亿元。完成矿山复绿面积640亩，同时完成绿色通道工程、生态公益林工程和长江防护林国债项目造林工程建设任务。创建工作深入开展。巩固、深化“国家卫生县城”创建成果，全面启动创建全国文明城市达标工作和国家园林城市、全国双拥模范城的创建工作。有4个乡镇通过市级卫生镇验收，2个乡镇荣获省级卫生乡镇称号，1个镇通过省文明镇验收。“平安长兴”强势推进。层层建立“平安长兴”责任制，严厉打击各类严重刑事犯罪。加大投入充实治安防控力量，不断健全社会治安防空网络。成立信访突出问题和群体性事件专项协调小组，妥善处置重大群体性事件和信访突出问题。全县刑事案发率同比下降了5.4%，万人发案数57件，低于全省、全市水平。大力开展交通环境整治，全面落实安全生产责任制和追究制，开展“安全生产无事故百日竞赛”活动，全县各类事故起数下降了28.3%。认真开展小煤矿集中整治活动，于2004年6月底前关闭了所有的5家小煤矿。以“拆违、拔钉、治乱、打恶”为重点，启动“依法执行城镇规划，大力整治建设环境”活动。

四、强化基础，城乡统筹谱写新篇章。加快推进城市化，深入推进城乡一体化“八大工程”。中心城区功能日趋完善。完成城市设计方案以及其它专项规划的修编，城市框架已拉开到25平方公里，建成区20平方公里，人口达到20万，城市化水平达到41%。全年累计投资6.07亿元，建设完成县前街西延伸线等七项工程。完成接轨“西气东输”的天然气门站建设，新增天然气用户3055户。龙山新区建设进展顺利，完成投资3.5亿元，新增融资2.3亿元。2004年七大绿化工程全面完成，新增绿地面积145公顷，绿地率、绿化覆盖率、人均公共绿地等三大指标已分别达到30%、33%和6.9平方米。出台并实施《长兴县城乡一体化行动纲要》，城乡一体化步伐加快。投资2.2亿元启动小城镇建设43项基础设施项目，全面完成9个“城中村”改造工程。村庄示范整治工程创建了3个省级和2个市级全面小康建设示范村，完成了35个整治村的整治工作；区域供水工程完成49个行政村的供水任务，受益人口9.5万人。乡村康庄工程完成等级化改造219公里、路面硬化193公里、桥梁44座。交通基础设施建设完成投资6.58亿元，申苏浙皖高速公路长兴段、104国道白改黑、长洪公路改建等十项交通工程均完成年度目标。电力三项重点工程已全部竣工，完成投资2.01亿元。全面实施城网建设、改造工程和农网增容补点工程，共完成投入9300万元。

五、协调推进，社会事业开创新局面。积极创建全国文化先进县，建立12个“百叶龙”艺术培训基地，“百叶龙”获中国第七届艺术节金奖，举办了乡村文艺百场巡回演出、千场电影下乡、中国歌手“金号奖”颁奖典礼等文化活动，群众性文化活动丰富多彩；稳步发展竞技体育，圆满完成全国女排联赛浙江赛事8场比赛。教育事业得到新发展，城乡教育布局作了调整，高中段教育全部集中到县城。启动“农村园丁工程”，农村教师经济待遇和工作生活条件进一步改善。实施名师名校长工程，师资队伍建设得到加强。全县初中毕业升高中段比例达87.4%，高考上线率达96.5%。完善教育救助制度，累计发放教育券4905张，金额达146.8万元。创新人才政策体系，引进具有专科以上学历和中级以上专业技术资格的人才421人。加快公共卫生体系建设，全县建立了13个城镇社区卫生服务站和19个农村社区卫生服务中心。开展了争创省级计划生育优质服务先进县、计划生育优质服务示范乡镇和星级服务村的“三级联创”活动，强化流动人口计生管理与服务，荣获全国计划生育行风建设先进单位。人口自然增长率控制在3‰以内。

六、以人为本，人民生活得到新提高。坚持执政为民，多渠道增加群众的收入，提高居民生活水平。城镇居民人均可支配收入达到13426元；农民人均纯收入达到6438元，增长14.5%，是1997年以来增长最快的一年。在全省率先实施“五费合一”的征收制度，社会保障体系建设进一步健全。全县社会保障费共征收2.84亿元，增长57.1%，企业养老保险基金支付能力达到8.7个月，比2003年底上升了4.14个月。全县低保对象8247人实现应保尽保。农村劳动力培训和转移工程共培训2.82万人，其中就业技能培训6672人；转移农村富余劳动力2.76万人，其中输出到县外就业4058人。帮助4242名城镇下岗失业人员实现再就业，城镇登记失业率控制在4.1%以内。出台了被征地农民基本生活保障制度，失地农民得到了基本生活保障。全部免征农业税，出台对种粮大户实行直补政策。实施新型农村合作医疗制度，全县农民合作医疗参与率达到85.65%。实施贫困家庭安居工程，完成了312户农村贫困家庭危房改造。农产品质量安全检测中心、检测车、检测点“三位一体”的安全检测监督体系初步建立，市场食品质量检测合格率从初期的77.4%上升到95%左右。全面实施农村“五保”对象和城镇“三无”人员的集中供养工作，新建和改建13所敬老院，全县集中供养和入敬老院集中供养比例分别达到91.4%和75.1%。

率先突破 和谐奋进
努力实现县域经济的持续快速健康发展

◆中共唐山市委常委、迁安市委书记 姚自敏 迁安市人民政府市长 刘桂东

迁安位于河北省东北部，处于京津唐秦承城市圈中心位置，总面积 1208 平方公里，总人口 67.8 万。共辖 19 个镇乡、1 个城区街道办事处，有 534 个村、10 个居委会。

近年来，迁安市牢牢抓住发展这个第一要务，围绕建设“钢铁迁安、中等城市”和走在全国最前列的目标，不断抢抓机遇、开拓创新，实现了县域经济的协调健康快速发展。到 2004 年底，全市共完成地区生产总值 178.8 亿元，同比增长 24%；完成全社会固定资产投资 55.6 亿元，同比增长 46%；全部财政收入达到 21.2 亿元，同比增长 69.5%。全市综合经济实力自 2002 年以来已连续三年位列河北省县级 30 强之首；在第四届全国百强县（市）测评比中，迁安列第 52 位。

一、抢抓机遇，立足实际，理清科学的发展思路

发展思路至关重要。有了正确的符合自身实际的发展思路，就有了工作的方向，就有了统领经济社会各项事业发展的总纲。2001 年 7 月，迁安紧紧抓住北京承办奥运、首钢把原材料基地建在迁安的历史性机遇，引导全市上下深入分析市情市力，在市委二届九次全会上提出了建设“钢铁迁安、中等城市”的奋斗目标。围绕实现这个目标，全市上下积极推进思想观念和工作思路创新。工业上，确定了“依托首钢、服务首钢、发展迁安”的方针，使迁安与首钢的合作关系进入了一个崭新的阶段；城建上，确定了“把城市作为最大的国有资产来经营，以经营促发展”的理念，使城市的建设驶上了快车道；农业上，确定了实施“菜篮子工程、苗木工程、花卉工程、绿色食品工程”、发展城郊型农业的思路，加快了农业结构调整步伐；双向开放上，确定了域外就是外的理念和全面发展开放型经济的思路，使大开放的局面迅速形成。

二、努力做大做强主导产业，加速推进工业化进程

实施工业化战略，是推进县域经济跨越式发展的必然选择。近年来，迁安市始终坚持产业兴市、工业强市的原则，依托资源优势和产业优势，不断加大对工业的投入和支持力度，全力推进工业化进程。一是抓改革，创造机制优势。牢牢抓住企业产权这个核心，努力促进资本向优势企业、优势行业和优秀企业经营者集中，2001 年底完成了原有 564 家乡村集体企业和 105 家市属企业改革任务，置换资金 23.8 亿元，盘活存量 19.5 亿元，2004 年全市完成工业总产值 314 亿元，实现利税 27.9 亿元。二是抓龙头，做大做强钢铁产业。按照“依托首钢、服务首钢、发展迁安”的方针，全面加强与首钢的合作。目前，总投资 49 亿元的首钢 200 万吨钢联一期工程、220 万吨焦化一期工程、200 万吨氧化球团、合作开发孟家沟矿体等 4 个项目已全部竣工投产，首钢迁钢基

地形成了年产220万吨铁、220万吨钢、200万吨球团、110万吨焦炭的生产能力，年可新增销售收入56.6亿元，税金7.1亿元。同时，实施了37个为首钢项目的产业服务和冶金工业链条延伸的项目，其中九江公司60万吨高速线材项目、天津轧一联成公司40万吨带钢项目全面投产，并顺利完成了天津轧一制钢公司收购金京钢铁公司、荣信钢铁公司收购瑞林钢铁公司、磨盘山铁矿收购金龙钢铁公司的优势重组工作，使钢铁企业的实力进一步壮大，活力进一步增强。2004年，全市冶金铸造业完成增加值67.5亿元，占全市生产总值的37.9%，实现税收11.4亿元，占全部财政收入的53.86%，其中钢铁行业完成增加值38亿元，占全市生产总值的21.27%，实现税收2.75亿元，占全部财政收入的13%。三是抓技改，突出经济特色。传统产业是迁安的优势，也是迁安再上台阶的基础。2001年以来，累计投资20多亿元，先后实施了37个重点项目，完成了对水泥建材、地毯服装、造纸包装、医药食品、电线电缆、化工等支柱产业的三轮技改。弘业公司机织地毯、迁化公司20万吨甲醇、华北戴尔特公司三期扩建等重点项目先后竣工投产，全市形成了1100万平方英尺地毯、360万件服装、280万吨水泥、19万吨纸及纸制品、20万吨尿素和20万吨甲醇的生产能力。四是抓载体，为工业化提供平台。重点建设重工业园区、轻工业园区、高科技园区三个工业园区，将其建成重点项目的聚集区、体制创新的实验区、科技创新的示范区、管理创新的样板区和城镇化建设的功能区。2004年，全市销售收入500万元以上企业达到139家，其中工业产值超千万元企业达到107家，超亿元的26家；利润超百万元企业达到81家；纳税超百万元的企业110家，超千万元的29家。

三、坚持城乡统筹发展的原则，加速推进城镇化进程

一是科学定位，不断完善城镇化发展体系。确定了“中等城市——小城市——建制镇——文明生态村”的发展层次，努力构筑布局合理、功能完善、特色鲜明的现代化城市发展体系，市区，利用8～10年时间，按照园林城市、旅游城市定位和“一河两区”的发展格局，将滦河迁安市区段列入中等城市的重要组成部分，建成河东、河西两区并以高等级城市道路相连接、总面积达到40平方公里、人口30万以上的中等城市。建昌营、野鸡坨、马兰庄、沙河驿、夏官营有一定基础的建制镇建成小城市，其他乡镇建成建制镇，各村建成生态经济、生态环境协调发展，人居环境良好、人民生活更加殷实的文明生态村，形成以市区为中心、5个精品小城市为纽带，辐射其他镇乡，城乡统筹发展、布局合理、各具特色、良性互促的现代城镇发展格局。二是以规划为龙头，以经营促发展。在全省率先完成了城市总体规划和控制性详规，并完成了第五轮的城市总体规划修编工作。同时，牢固树立把“城市作为最大的国有资产来经营的理念”，重点抓好两件事、实施“两个停止”、坚持“两个放开”。抓好两件事就是控制规划，包括总体规划、控制性规划和建设性详规；垄断土地一级市场，成立了土地收购储备中心，实行统一规划、统一征用、统一开发、统一出让、统一管理的“五统一”管理办法。实施“两个停止”，就是停止审批市区内各单位自建住房；停止审批市区内各单位利用存量土地搞房地产开发项目。坚持“两个放开”，就是放开规划设计市场和建筑市场，目前，除了集中供热、上下水管网、城市道路、水厂、污水处理厂等基础设施建设由政府投资外，其他城市建设项目全部由社会投资。三是以产业为依托，以基础设施建设为突破口，加快小城镇建设。2001年以来，建昌营镇等5个重点镇已累计完成小城镇建设投资近4亿元，实施了一大批重点建设项目，初步形成了以工（工业园区）建镇的夏官营、马兰庄模式，以商（商贸流通）建镇的建昌营模式，沿路（交通干线）建镇的野鸡坨、沙河驿模式和旅游建镇的蔡园模式。四是以“三化”建设为重点，扎实推进文明生态村建设。2003年，迁安本着“统一规划、因村制宜、示范引路、分批实施”的指导思想，开展了以造林绿化、道路硬化、院街净化为重点的文明生态村建设。首批确定的55个试点村共完成投资7214万元。2004年，按照“全面推进、重点推进、整乡镇推进、有特色推进”的思路，以“三化”建设为重点，全面推开了全市534个村的文明生态村建设，共投入3.6亿元，硬化村街道路2070.6公里、新建沼气池23136个、村街绿化植树371.5万株，已有一大批条件较好的村率先建成了高标准文明生态村。

四、始终把人民群众的利益放在首位，凝聚、激发广大人民群众建设“钢铁迁安、中等城市”的力量

发展县域经济的目的就在于让人民群众得到更多更大的实惠。在工作中，市委、市政府每年都从群众关心、关注的热点难点问题入手，坚持为人民群众办一批实事和好事，努力把那些一家一户办不了、办不好、办了不合算的事情办实、办好、办到位。一是全面解决“三农”问题。立足于落实科学发展观，紧

密结合迁安的实际，创造性地提出了“公共财政向农村倾斜、基础设施向农村延伸、城市文明向农村辐射、社会保障向农村覆盖”的工作思路，不断加大对农业农村的投入力度，1996年以来每年安排支农资金都在1000万元以上，并在河北省率先免征了农业税及附加，率先普及了新型农村合作医疗制度，率先建立了失地农民养老保障制度。2004年，各级财政支农资金达1.06亿元，平均每个农民受益150元以上。2005年，坚持在现有的惠农政策不变、已给农民的实惠不减的基础上，从22个方面加大对“三农”的投入支持，资金投入达到2亿多元，农民人均受益达到了350元以上。二是全力推进社会事业发展。教育事业，累计投资3.4亿元，先后实施了迁安一中搬迁、二中整合，第一实小、第四实小、第三高中新建，第一镇中扩建工程，先后投资4500万元彻底改造了中小学危旧校舍。从根本上改善了中小学办学条件。成立了海侨外国语学校，实现了民办教育的新突破。卫生事业，2001年以来，累计投入1.54亿元新建扩建四家市区医院，投资4064万元，完成15所乡镇卫生院标准化建设工程，投资220万元，完成了259所农村卫生室标准化建设任务。市、乡、村三级卫生服务网络建设受到卫生部肯定。农村新型合作医疗试点经验已经在全省推广。科技文化事业，2004年被确定为国家级科技示范县。农林、钢铁、医药等几个领域都在积极实施市（迁安市）院（省以上科研院所）合作项目，成功地举办了第二届国际书画名家作品邀请展暨中韩书艺家协会交流展等大型文体活动，评剧《戚继光》在中国第四届评剧节荣获多项殊荣。社会保障事业，在农村，实行了失地农民实行了养老保障制度；城镇，实行城镇居民新型合作医疗制度，进一步完善了老有所养、贫有所济、病有所医、残有所助、灾有所救的社会保障体系，城乡低保覆盖率达到100%，养老金、失业金等社保资金全部按时足额发放。三是切实维护好社会安定。在全市构筑市、乡镇（办事处）、村（居）三级，点、线、面立体的治安防控体系。建立了以党支部为核心、村（居）干部和党员为骨干的基层矛盾纠纷排查调处工作网络体系。市四大班子成员长期坚持信访接待日制度，各乡镇坚持每月召开一次民情分析会，及时排查纠纷，化解矛盾。

五、牢固树立环境是第一竞争力的观念，大力营造良好的发展环境

市委、市政府始终坚持“一切为了发展，一切服务发展”的指导思想，全方位优化环境，实现了优化环境与加快发展的良性互动。一是营造政通人和、人心思进的政治环境。坚持从四大班子做起，每周一召开联席会，交流沟通情况，研究重点工作；坚持思想解放先行，每年市财政都拿出300万元以上资金专门用于学习考察、招商引资，每年都开展“解放思想、加快发展”大讨论活动和“生在迁安、热爱迁安、建设迁安”为主题的群众性教育活动，在全市上下形成了聚精会神搞建设、一心一意谋发展的良好局面。二是营造宽松的投资环境。按照域外就是外的理念和全面发展开放型经济的思路，出台了吸引、鼓励域外投资的一系列优惠政策，在招商引资、项目审批、证照办理等方面给予方便，使大开放的局面迅速形成。以与英国戴尔特印刷包装有限公司合作彩印包装项目为标志，对外开放日趋活跃；以与首钢合作实现历史性突破为契机，对内开放成绩斐然，全国最大的民营企业希望集团、余姚增州管业公司、天津家乐超市、保定天威集团纷纷落户迁安。来自北京、天津、福州、深圳等20多个城市的新投资者参与“中等城市”建设。三是营造快捷高效、公开透明的服务环境。提出了“让人民感到政府是人民的政府，让政府及其工作人员感到责任、感到压力”的要求，全力打造“服务政府、诚信迁安”；设立了经济110、建立了经济环境建设委员会和行政审批服务中心，推行全程一站式办公，简化行政审批程序。深入开展“阳光行动”和“双评议”活动。通过环境的优化，逐步形成了生产要素聚集的“洼地”效应。2001年以来，累计利用外资2553万美元，实现出口创汇7699万美元，合同利用内资60多亿元，合资合作伙伴涉及世界18个国家、地区和国内30多个大中城市。

以科学发展观为指导
促进县域经济持续快速健康协调发展

◆中共巩义市委　巩义市人民政府

巩义市位于中原腹地，南依嵩岳，北濒黄河，东瞻河南省会郑州，西望九朝古都洛阳，国土面积1041平方公里，属典型的豫西浅山丘陵区。秦时置县，因"山河四塞，巩固不拔"得名巩县。1991年撤县建市，现辖16个镇、5个街道，292个行政村，人口79万，耕地50多万亩。2004年，全市完成GDP191亿元，实现财政收入14亿元(其中地方财政收入8.2亿元)。1992年以来，综合经济实力连续13年位居河南省县(市)首位，连续8届跻身全国百强县(市)行列，是河南省赋予省辖市经济管理权限和部分社会管理权限的扩权县市。

近年来，巩义立足实际，提出了以科学发展观为指导，以"三个集中"(工业向园区集中、人口向城镇集中、土地向规模经营集中)为总揽，强力推进"三化"(新型工业化、城镇化、农业现代化)进程，进一步加快县域经济发展的工作思路，有力促进了全市经济社会的快速健康发展。主要做法是：

一、遵循新型工业化发展方向，加快推进工业向园区集中

一是狠抓工业园区建设。从巩义产业基础、产业层次和产业结构出发，制定了产业发展和布局规划，对工业园区实行了封闭式管理和基础设施建设奖补政策，严格"四率一高一底"(单位面积投资率、产出率、容积率、绿化率、产品科技含量高、环保底线不能突破)项目建设标准，在加大招商引资力度的同时，提高准入条件和投资密度，以园区发展带动结构调整。目前，全市已初步形成"市级工业园、乡镇特色工业园、骨干企业工业园"三级工业园区协调发展的格局，入园企业上千家。2004年，各类工业园区实现工业产值329亿元，占全市工业产值的72%，其中，回郭镇铝加工园区铝加工能力达45万吨，是全国最大的普通铝板带箔加工基地。二是狠抓科技创新。与中科院建立了首家院地合作关系，聘请51名博士作为巩义市(行业)发展顾问，利用期权、高薪等形式，引进、聘请各类高科技人才5000多名，引导和支持企业建立自己的技术创新体系，目前，全市已建成产学研基地28个，省级以上高新技术企业17家，科技进步对全市GDP的贡献率达到45.6%。科技创新力度的不断加大，促进了新兴产业的迅速发展和传统产业的不断优化升级。目前巩义市电解铝及铝制品产量已达到近100万吨、耐材产量约占全国市场的1/5，净水剂产量占国内市场的1/2，电线电览、水泥建材、化工化纤等产品在国内市场也占有相当份额。三是狠抓信息技术的应用普及。建成了市信息化服务中心，筹建了巩义市信息发布平台，全市3000多家企业在互联网上建立了网页，60多家企业建立了自己的网站。四是狠抓规模经济发展。实施了"扶优扶强"战略，对30家重点企业进行重点扶持，引导企业通过提高科研开发能力、优化产品结构、改制上市、资产重组等措施，进一步做大做强。目前，全市企业集团达到25家，销售收入超20

亿元的企业2家、超10亿元的企业3家，超亿元的企业43家，上市企业3家。五是大力发展民营经济。以产权制度改革为核心，盘活存量资产，激发企业活力。止2004年底，全市已完成改制企业700多家，盘活存量资产19亿元。通过出台政策、优化环境等措施，不断激发全民创业热情。2004年，全市民营工业企业已发展到6300多家，完成工业增加值128.7亿元，占全市生产总值的67.3%，对全市经济的贡献率达80%以上。

二、以建设现代化中等城市为目标，加快城镇化进程

巩义市牢固树立抓城镇建设就是抓经济、抓发展的观念，以建设中等规模城市为目标，以规划龙头，以基础设施建设为重点，统筹城乡一体发展，加速推进城镇化进程。一是坚持规划先行。高质量完成了《巩义市城镇化发展规划》、《巩义市区总体规划》和《绿化体系规划》等远期和近期规划的修编工作，确定了“一城两区四组团三个副中心”的整体功能构架，带动全市80个明星村建设，到2007年，市区建成区面积将达到36平方公里左右，全市城镇人口达到45万左右，城镇化水平达到50%以上。二是集中力量加快城镇建设。坚持新区开发、老城改造和小城镇建设并举，创新投融资体制，推进城镇建设全面提速。近三年来，实施城镇建设项目上百项，完成投资40多亿元，市区建设区面积由2002年的14平方公里扩大到18平方公里，人口由16万增长到23万，市区规划面积由原来的36平方公里，扩大到了55.4平方公里，初步拉开了中等城市的发展框架。建成国家级明星镇2个，国家级卫生镇3个，竹林镇被联合国授予“全球百佳人居环境范例奖”，北山口镇北山口村被联合国教科文组织授予健康教育示范村。三是强化城市管理。进一步调整了行政区划，设立了5个街道办事处，明确了市、镇、街道和社区的管理职能，以创建文明城市、卫生城市、园林城市为载体，加大城镇综合治理力度，实施了净化、绿化、美化、亮化四大工程，城市面貌有了明显改善。2003年被评为省级文明城市。四是加快城镇聚集步伐。先后出台了《关于进一步加快小城镇建设的决定》、《关于小城镇户籍管理制度改革实施方案》、《巩义市国有土地有偿使用管理方法》、《巩义市统一征地暂行规定》等一系列政策性文件，降低进城“门槛”，放宽资本准入，加大城市经营力度，积极为农村人口和社会资本向城镇集中创造条件。仅2004年，全市就新增城镇人口13600人。

三、狠抓招商引资和项目建设，增强县域经济发展后劲

坚持“跳出巩义谋划巩义，走出巩义发展巩义”，不断加大招商引资和项目建设的力度，为县域经济跨越式发展积聚后劲。在招商引资方面，坚持“巩义以外都是外，内资外资一起抓”的思路，通过政策、环境、网络、亲情以及成立驻外招商办事处等多种形式，不断加大招商力度。目前，全市拥有自营进出口权企业118家、外商投资企业35家。在项目建设方面，在全市强化“项目兴业、项目兴镇、项目兴市”意识，大力开展“项目建设年”活动，引导鼓励全市上下大上项目、上大项目、上好项目。2005年，全市实施百万元以上的项目374项，总投资96.85亿元，其中，投资超亿元的项目12个，超5000万元的项目12个，超1000万元的项目61个。这些项目建成投产后，年可新增销售收入50亿元以上，利税10亿元以上。

四、不断优化经济发展环境，增创区域发展新优势

坚持以硬措施抓软环境建设，努力创造一流的发展环境。一是努力建设服务型政府。在全省率先建立行政审批服务中心，审批事项由原来的1111项精简到140项，精简幅度达87%。深入贯彻《行政许可法》，进一步创新行政管理方式，规范行政审批程序，坚持依法行政，降低行政成本，着力提高行政效率和服务质量。成立了行政效能监察投诉中心，出台了《关于进一步优化经济发展环境的意见》等政策措施，不断加大监督监察力度，促进了行风的进一步好转。二是积极营造安全稳定的社会环境。狠抓安全生产和社会稳定责任制的落实，加大各种安全隐患的排查力度，进一步完善下访工作制度和群防群治网络体系，严厉打击各种违法犯罪活动和扰乱市场经济秩序、损害巩义形象的各类案(事)件，确保社会大局稳定。三是大力实施生态工程建设。强化土地、水源、山林等自然资源的保护工作，实行合理、有效的开发和利用，大力实施园林绿化、退耕还林、植树造林工程，不断扩大城乡绿化覆盖面；以水污染和空气污染防治为重点，加大对现有工业企业的污染治理力度，努力实现工业污染源治理全面达标，仅去年就关闭、取缔、限期治理污染企业96家。四是营造积极向上的人文环境。以创建全国文明城市为目标，深入开展“道德规范进万家”活动和“百里文明长廊”创建活动，建立健全市民评议政府部门制度和

企业个人诚信红黑名单制度，不断提高全社会的文明程度和信用意识。大力弘扬改革精神、创新精神、创业精神和社会新风，努力在全社会形成鼓励干事创业的良好社会氛围。

五、坚持执政为民，努力提高人民群众生活水平

不断强化民本意识，努力维护和实现好群众利益。一是大力发展现代农业。坚持以市场为导向，以科技为依托，以高效生态农业和畜牧业发展为重点，大力发展高新技术农业、精品农业、品牌农业，推进农业结构调整，提高农业综合效益。二是统筹城乡劳动力就业。大力发展劳动密集型产业、社区服务业和非公有制经济，千方百计增加就业岗位；继续完善城乡一体的公共就业服务体系，建立镇级农村劳动就业服务中心，实行农民求职登记制度，为农村劳动力转移创建“绿色通道”，让更多农民离土离乡，进城进企。2004 年新就业人口 5166 人，城镇登记失业率为 2.5%。三是统筹城乡社会保障。切实做好“两个确保”，及时把企业新分流人员和出中凡的下岗职工纳入最低生活保障范围，做到应保尽保；完善基本养老保险、基本医疗保险制度，扩大各项社会保险覆盖面，并积极向农村延伸，形成覆盖城乡的社会保障体系。全市养老保险、城市低保、农村特困户救助实现全覆盖，农村新型合作医疗参保率达到 82%。四是积极为群众办实事、办好事。坚持每年推出十件实事工程，真正让人民群众得到更多实惠；建立和完善城乡特困户救助体系，深入开展“扶贫济困送温暖”活动，切实帮助群众解决生产生活中遇到的实际困难。

在工作推进中，巩义市有以下几点启示：

第一，解放思想是加快发展的先机。思想解放程度决定发展速度。谁能占领思想观念的制高点，思想解放的程度、力度大，谁就能与时俱进，变挑战为机遇，变压力为动力，赢得发展的主动权。近年来，巩义市着眼全国县域经济发展，以“全面建设小康社会、率先基本实现现代化”为目标，以破除因循守旧、固步自封、安于现状等思想为重点，深入开展解放思想大讨论活动，并组织广大干部到国内发达地区、高校甚至国外去学习，引导广大干部群众牢固树立科学的发展观，自觉把思想认识、领导方式、工作方法从那些不合时宜的观念、做法和体制的束缚中解放出来，增强服务意识和效率意识，提高工作水平和工作实效，在全市上下营造“加快发展、率先发展、协调发展”的浓厚氛围。

第二，制度创新是加快发展的动力。经济发展存在一个成本问题，主要是商务性成本和制度成本。内地和沿海相比，虽然商务成本比沿海低，但制度成本相对较高，因此创新制度显得尤为重要。近年来，巩义市在体制、机制、监督等方面做了大量工作，取得了明显成效。如在行政审批方面，通过大力压缩审批事项，全面推行并联审批和代理服务，严格落实职能部门联席办公制度，及时协调解决有关问题。同时，认真清理收费项目，凡不上缴国家的一律不收。在企业改制方面，通过完善企业联系制度、服务制度，大力实施“公退民进”战略，推进相关行业的兼并、联合、控股、租赁等，实现企业的低成本、高速度裂变扩张。

第三，环境优化是加快发展的条件。环境重于资源。发展县域经济，不仅要营造一个良好的基础设施和生态空间的硬件环境，更要营造一个规范、高效和富有发展激情的软环境。市场经济条件下，党委政府的首要职责就是创造环境，提供公共产品、公共服务。近年来，围绕“政府创造环境，企业创造财富”，巩义市坚持一手抓硬环境建设，一手抓软环境改善，倾力打造廉价巩义、诚信巩义、平安巩义、生态巩义、文明巩义，有力促进了巩义经济社会的快速发展。

第四，招商引资是加快发展的翅膀。先进地区的发展实践证明，无外不快，无外不活，无外不富，无外不强，必须合理运用内、外两种资源，才能促进区域经济协调发展。巩义市坚持把招商引资作为头等大事来抓，按照“壮大内源，强攻外向”的工作思路，牢固树立“吃亏就是解放思想，让利就是转变观念”的意识。认真把握国际国内产业梯度转移的机遇，强化领导、健全机制、创新方法、完善措施，充分发挥土地、劳动力、区位、交通等比较优势，不断扩大招商引资的规模和实效，极大地提高了经济外向度。

第五，科技投入是加快发展的引擎。市委、市政府坚持把科技创新作为经济社会发展的生命线和推动器，认真制订科技进步发展规划，研究出台了一系列发展高新技术产业的优惠政策和措施，不断加大投入力度，全面推进科技进步。近几年，市、镇财政科技投入每年都在 500 万元以上。特别是 2000 年以来，巩义市先后召开了三次由国内科研院所、大专院校与企业共同参加的科技大会，并与中科院等多家科研院所、高校建立了科技合作关系。成功组织了百名博士巩义行，聘请 51 名博士为行业顾问，8 名中科院院士为市政府科技顾问，为院地合作搭建了良好平台。

第六，人才建设是加快发展的关键。完善和落

实人才政策，积极创造有利于吸引人才、留住人才、用好人才的优越环境，狠抓人才的引进、使用和培养，是加快区域经济发展的重要一环。在中央没有提出党管人才的时候，巩义市就于2001年提出了抓"三百工程"：培养一百名党政干部，一百名企业管理人才，一百名科技人才，大批人才的引进、使用和培养，为巩义经济发展提供了强有力的人才支持和智力保证。

今后一个时期，是巩义全面建设小康社会、率先基本实现现代化的关键时期。巩义市委、市政府将继续坚持科学发展观为指导，以结构调整为主线，以"三个集中"为抓手，以新型工业化、城市化和农业现代化为基本途径，统筹城乡发展，强力推进城乡一体化，努力实现经济社会更快更好更全面发展，让全市人民共享改革发展地成果和实惠。

（执笔：崔炳伟　吴大勇）

发挥优势 培强做大 努力推动县域经济跨越发展

◆中共莱州市委书记 刘延林

莱州市总面积1878平方公里，海岸线108公里，辖16个镇街、1040个村居，人口86万。近年来，坚持以科学发展观总揽全局，把“赶超发展、走在前面”的要求体现在精神状态上、贯彻到衡量标准上、落实到具体工作上，社会经济保持了良好发展态势。先后荣获“国家卫生城”、“国家环保模范城”、“中国石都”、“中国草艺品之都”等称号，并连年跻身全国农村社会经济综合实力百强县行列，位次不断前移。2005年，全市预计实现生产总值245亿元，同比增长20%。地方财政收入8.1亿元，同比增长42.1%。人均GDP将跨越3000美元大关，各项主要经济指标可较2001年翻一番。

一、牢固树立正确的政绩观，坚持不懈地强基固本，为持续发展提供有力支撑。着眼长远打牢基础，构建加快发展的支撑体系。一是打牢设施基础。以莱州港为龙头，沿海岸线开发陆岛、朱旺、海庙等特色码头，发挥港口一类开放口岸、陆路直通口岸作用，建设区域性物流集散中心。莱州港3个5万吨级泊位和2个2万吨级泊位建设工程进展顺利，确保2006年年底港口吞吐能力达到1500万吨，2010年吞吐量达到5000万吨。完成城乡电网改造、变电站扩建工程，新上变电站项目已完成选址，主变电量2007年达到120万千伏安；4×1000MW火电项目已列入省计划，年内热电项目发电、风电项目开工。新修、硬化道路1100公里，与威乌高速、大莱龙铁路构建起经络畅通的交通网络，有效融入山东半岛经济圈。积极推进现代化生态型水网工程，新建王河地下水库，改造留驾等水库，加固防潮堤，新增蓄水能力7000万方。四年多来，累计投入42亿元加快基础设施建设，承载发展的能力明显提升。二是打牢产业基础。着力引进和培植项目群，不断加大有效投入。2001年以来，建设投资过千万元生产性项目222个，实现生产性投入210亿元。其中，新上天赐宝物产、成达食品等农业项目32个，新上子午线轮胎、汽车配件城、环球石材、铁矿开采等工业项目160个，新上金海岸旅游、大基山森林公园等服务业项目30个。目前，莱州在建投资过千万元项目总数达到145个，其中过5000万元的55个，过亿元的25个。三是打牢社会基础。坚持以人为本的执政理念，全方位地维护和发展群众利益。累计实现城镇职工就业再就业2.1万人次，培训转移农村劳动力15万人；减免农业税、特产税1.1亿元，投入财政支农资金1.7亿元；财政拨付社会事业和社会保障经费6.42亿元，教育拨款总额、城镇职工参保人数和农村居民投保人数均居烟台市各县市区首位；偿还农村基金会、重点建设资金等欠帐6.1亿元，核销、清理银行贷款、呆帐、死帐12亿元。目前莱州金融机构存款余额已达160.7亿元，同比增长17.1%，较2000年底增加了67亿元。

二、把握大势确定发展思路，切实转变增长方式和发展模式，提高县域经济竞争实力。聘请中国科学院系统科学研究所、国家发改委地理研究所等机构，重新编制了城市、产业发展规划，以科学的发展思路引领莱州实现赶超。一是崛起特色鲜明的优势区域。依托108公里的岸线资源，承接烟台北部沿海经济产业带建设，以三山岛辅城片区为龙头，高标准打造一条新的经济隆起带，与沿城三线经济隆起带构成"T"字型的生产力新布局。三山岛辅城片区坚持以港兴城，协调推进港区、国际物流区、临港产业区、旅游度假区和新城区的建设。2005年在建投资过千万元项目达到21个，成为莱州发展重要增长极。经济开发区围绕汽车行业发展现代制造业，建成区面积增至9平方公里。2005年销售收入过5000万元的企业增至16家，2007年区财政收入可过亿元。石材产业聚集区先后建成国际会展中心、海关陆路直通口岸、集装箱监管场站和石材质检中心，开工建设环球石材等大项目，吸引中国国际石材工业展览会由广州迁至莱州。2005年石材产业销售收入可达80亿元。盐及盐化工产业聚集区投资20亿元，建设新型盐化工区，年内原盐生产能力、深加工能力实现翻番，利税过亿。二是构建持久永续的产业结构。综合考虑市场前景、资源禀赋和产业基础，打造百年立市产业。做强传统产业，鼓励机电、石材、黄金及铁业、盐及盐化工、工艺品等五大支柱产业集中布局，着力培植现代物流、临港制造、滨海旅游、海洋渔业等新兴支柱产业，发展产业集群。一批拥有自主知识产权企业为一汽、二汽、本田、德国曼等公司直接配套，工艺品集团跃居"世界竹、藤、棕、草艺品生产500强"中国入选企业首位。目前，规模以上工业企业已由2000年的183家，增加到326家。做活服务产业，利群、国货、中百、三联、同仁堂、肯德基等企业先后入驻，社会销售品零售额多年位居烟台各县市首位。深入发掘道教、书法的文化内涵和碧浪金沙的自然景观，积极推进黄金海岸旅游度假区建设，打造现代滨海休闲度假胜地，形成集碧海、金滩、松林、海岛于一体的滨海风光带。2007年左右年接待游客可超过100万人。大力发展会展经济，先后举办了国际石材工业展览会、名特优食品展销会、医疗器械及药品展销会、汽车摩托车展销会、国际果蔬·食品博览会种苗交易会等大型展会，莱州石展会已成为全国三大石展会之一，2005年会展交易额可突破40亿元。做大临港产业，抓住重化工、制造业向港口聚集的机遇，发展临港物流业和制造业。投资8.6亿元的东方油储、凯联化工、等项目顺利推进，投资1200万美元的大豆蛋白提取项目已开工。三是强化活力充足的驱动机制。坚持开放和民营两翼齐飞，引导多种所有制经济和谐发展。一方面，以对外开放统揽全局。成立了7个专业招商局，与中国建材协会、中国汽车工业协会、中国贸促会和韩国石材协会等组织密切合作，强化与德国大陆公司、美商康家公司等世界500强企业，香港环球、趋时、中海等东南亚知名企业的对接。四年多来，累计引进外资项目320个，实际利用外资4.7亿美元；出口创汇10.5亿美元，年均增长30%，欧美高价位市场已占主导地位。另一方面，放手发展民营经济。着眼于让更多的家庭有自己的产业，鼓励市民兴办实业。目前，莱州民营企业达到3705家，占企业总数的68.6%；注册资本达到44.8亿元，占资本总额的49.9%。获国家、省科技进步一等奖3项，被命名为国家民营科技密集区。登海种业在深交所上市，募集资金3.67亿元。四是建设环境友好的新型社会。借助宏观调控，加快转变增长方式。鼓励企业循环式生产，推广新城金矿创建国家级环境友好型企业的做法，在5个企业进行清洁生产试点，对小型原盐生产企业进行整顿，新上石材加工企业投资规模提升到千万元以上。鼓励产业循环式组合，推动钢铁行业和铸造行业联合，使两行业增加利润4000万元。鼓励资源循环式利用，推行溴—盐—盐化工联产，资源利用率提高26个百分点；沿海水产养殖业水资源循环利用，节水50%。鼓励社会节约消费，城区集中供热、供气、供水面已分别达到49.4%、20.4%和98%，今后将继续提高，以减少能源、资源消耗。五是打造富有魅力的城市形象。整合全国百强县、国家卫生城、国家环保模范市等品牌资源，提炼创树"云峰魏碑"、"东海神庙"、"金海岸"等品牌，彰显城市的个性和魄力。同时，加紧实施"东进南扩"战略和老城"改造提升"工程。拉开新区发展主框架，云峰湖古城新区流绿水乡、人文家园开始规划建设。老区先后推进莱州广场、教育路小区、新一中等标志性工程建设，实施云峰路改造、南阳河改造和城市污水处理、垃圾场等工程。连续开发住宅小区21个，文苑星城、紫景家园等智能化小区正在建设。四年来，城区建成区面积由13.5平方公里扩展到29平方公里，城市人口由11.5万增加到23万。

三、大力提高社会文明程度，深入构建和谐社会，为发展营造良好环境。几年来，妥善处理城市与农村、发展与稳定、富裕和文明的关系，促进社会和谐发展。一是完善城乡网络，实现城市和农村协调发展。着力建设基础设施、社会事业深入农村、惠及农民的"八大网络"。在完善路网、水网、电网的同时，完善林网，新增林地18.8万亩，森林覆盖率由2000年的21.6%提高到26.5%；完善信息网，有线电视入村率达到100%，入户率达到85%。全市固定、移动电话达到44万部，邮电业务总量位居全省前列；完善教育网，四年多来投资4.8亿元，新建、改建、维修校舍37万平方米，建成拥有万人规模的一中新校，2005年普通高考本科首榜上线1981人，夺得全省文理两科双状元；完善卫生网，1.5万平方米的急救中心投入使用，各类医疗机构达到864个；完善社会保障网，城乡最低生活保障标准分别提高到每月205元和每年800元，累计向优扶对象发放抚恤补助4800多万元，向贫困学生、困难家庭提供救助1760多万元。农村养老保险投保人数达到26.9万人，城镇职工基本养老保险参保人数达到9.1万人。同时，开发建设东南山区，各级每年投入达到400万元。二是建设平安莱州，实现发展与稳定相互促进。坚持重心下移、力量下沉、技防下联，构建城乡社会治安防范体系，加大严打整治力度，多年没有发生涉黑、涉毒案件。强化安全生产源头治理，狠抓道路安全，交通事故起数下降19.1%，死亡人数下降21.3%；开展大规模矿业秩序治理整顿，已实行采矿权有偿出让239个，关停矿区115个。研究提出“五项要求”，以满足群众合理诉求为前提解决信访问题，引导群众依法维权、干部廉洁勤政。先后获得全省“平安山东建设先进市”、“安全生产监督管理工作先进单位”、“信访工作先进单位”等称号，省委召开现场会推广了莱州市的做法。三是创建文明城市，实现富裕和文明双重目标。以“文明市民、诚信社会、高效政府”为主题，坚持不懈地开展了多层次创建活动，市民文明素质和城市文明水平不断提高。近几年，连续六届获得“山东省精神文明建设工作先进市”称号，2005年首批跨入全省文明城市行列。

京东明珠——三河

◆中共三河市委　三河市人民政府

三河因洵河、泇河、鲍邱河三水流经县域而得名。全市总面积643平方公里，有山有水有平原，耕地总面积53.9万亩。现辖10镇2区（河北省级燕郊经济技术开发区、国家级农业高新技术园区）4个街道办事处，395个行政村街。总人口47.8万人，其中非农业人口14万人，占29.3%。人口出生率7.3‰，人口自然增长率3.6‰。

三河历史悠久，气候宜人。三河春秋战国时属燕，秦属渔阳郡，汉属幽州潞县，唐武德二年（627年）置临洵县，唐开元四年（716年），建三河县，清康熙年间，曾在三河燕郊建造行宫，为皇帝拜谒东陵往返歇息之所，素有“天子脚下、御驾行宫”之美称。建国后，先后隶属于河北省通县专区、唐山区、唐山市、天津市、天津专区、廊坊地区、廊坊市。1993年3月，经国务院批准撤县设市。三河境内拥有辽代宝塔、皇叔院、唐代白果树、千年古槐、唐王点将台等多处古迹。三河属暖温带半湿润大陆性季风气候，四季分明，年平均气温12.1度，气候宜人，整体环境质量良好。

三河区位优越，交通发达。三河地处首都东大门，市区西距北京58公里、南距天津125公里、东到唐山121公里，是京、津、唐三大城市构成的金三角的核心地带，在京津冀一体化和环渤海经济圈中居重要地位。102国道穿腹而过，京秦、大秦两条电气化铁路横贯东西，西北直通首都机场，东南连接天津、京唐两大港口，形成了陆海空立体交通网络，可谓半小时能上天、一小时可入海。在以三河为消费中心的150公里市场范围内，囊括了北京、天津、唐山、廊坊等大中城市，消费人口达1.2亿，是目前我国北方最具实力的、潜力最大的、辐射面最广的消费市场之一。

三河经济发展，社会进步。全市经济实力连续12年居廊坊市首位，连续7届进入“河北十强”，2000～2004年连续5年进入全国最发达县市。先后被国家和省命名为“全国科技百强县（市）”、“全国文化工作先进市”、“全国教育改革先进市”、“省级卫生城市”、“省级文明城市”。2004年地区生产总值完成120亿元，同比增长13.3%；财政收入完成10亿元，同比增长19.85%；全社会固定资产投资49.8亿元，同比增长22.6%；规模以上工业实现增加值25.6亿元；全社会消费品零售总额完成22.6亿元，同比增长16%；城镇居民人均可支配收入达到10138元，农民人均纯收入达到5046元，分别增长9.7%和8.0%；城乡居民储蓄余额达到58.8亿元，人均12301元。

回顾近年来的发展历程，坚持把上级的有关精神与三河实际结合起来，充分发挥自身优势，积极谋划科学思路，抢抓各种发展机遇，推动经济和社会事业实现协调可持续发展。具体工作中，坚持做到了“六个始终”：

一、始终明确结构调整这个主攻方向，在产业层次上达到新高度。积极适应经济和社会发展的新形势，按照“农业调优、工业调强、三产调活”的思路，加大产业结构调整力度，三次产业特色日益鲜明。

一产，着力打造以规模养殖和食品深加工为主导的现代高效农业。坚持以市场为导向、以效益为中心，全面加快产业化发展步伐。一是壮大龙头。目前，全市共有各类龙头企业17个，其中国家级龙头企业3个、省级龙头企业1个。福成集团已成为全国最大的私人养牛企业，并于2004年6月在上海证券交易所成功上市；汇福公司已发展成为亚洲单体生产能力最大的大豆加工企业，年加工大豆能力达300万吨；明慧集团已成为全省最大的私人养猪企业，每年定单供应北京生猪9.6万头，被国家八部委评为“国家农业产业化重点龙头企业”；燕赵园林公司苗圃基地被评为“全国特色种苗基地”，是廊坊市苗圃企业首次获得国家级荣誉。二是扩建基地。建成了国家级农业高新技术园区，对全市农业新品种、新技术的推广和应用起到了很好的示范引导作用。2004年，全市粮食总播种面积54.3万亩，总产22.01万吨，单产405公斤，被确定为全国200个“粮食生产先进县”之一，也是我国北方第二个实现“吨粮县”的市。蔬菜面积达到20.5万亩，建成无公害蔬菜生产基地环评面积12万亩，发展花卉苗圃面积1.6万亩。同时，建成了肉牛、奶牛、生猪、蛋鸡、肉羊等五大畜牧养殖基地，全市牛、猪、羊、禽饲养量分别达到35.1万头、89.9万头、88.7万只、1743.5万只。三是强化服务。积极发展节水农业，采用喷灌、微灌及低压管道等多种灌溉技术，节水面积30万亩；大力实施“种子工程”，农作物优种覆盖率达到100%；广泛推广农业机械化，发展大型农机具4500台件，小麦生产的全过程和玉米生产的主要环节基本实现了机械化；加强标准化建设，全市7个蔬菜品种被农业部认证为“绿色A级产品”，牧渔业已完成无公害产地认定6家，无公害产品质量认证2家。2004年农业产业化经营率达到65.8%，比上年提高了6.7个百分点。

二产，着力打造以电子信息、新医药、新材料为主导的现代制造业。以河北省（燕郊）软件产业基地、海外留学生创业园为载体，以“整体引进、嫁接改造”为主要实现形式，全面加快高新技术产业发展步伐，初步形成了以信息产业、新医药、新材料为主导的产业群体。信息产业：先后引进了信息产业部45所微电子设备研发生产、53所光电对抗技术设备、39所柔性钣金中心以及汉王制造、世维通、凯帮光纤电子后封装设备等38个项目，总投资35.1亿元。新医药：先后引进神威药业、协和药业、福尔生物制药、量子高科研究院和国际制药中心等17个项目，总投资11亿元。新材料：先后引进日本富士PS板感光材料、新加坡平易PS板、台湾华夏塑胶、哈特新型建材、新宇陶瓷、和平铝材等46个项目，总投资12.8亿元。目前，全市拥有高新技术企业达109家，2004年技工贸总收入达52亿元，科技对经济增长的贡献率达52%。在大力发展高新技术产业的同时，依靠科技进步对建筑建材、印刷装订、机械制造、服装加工等传统产业进行了大规模的技术改造，推动了产业结构、产品结构的优化升级，走出了一条高科技、低耗能、无污染的新型工业化路子。

三产，着力打造以休闲旅游、商贸流通为主导的现代服务业。先后兴建了五星级的燕苑国际度假村、四星级的思菩兰国际度假村、福成名厨俱乐部、行宫宾馆、奇丽大厦、燕龙大酒店、金都大酒店、新东大酒店等一批高档宾馆和圣德花园、和安花园、天子庄园等高档次的别墅区；建成了华堂高尔夫、京华高尔夫两个18洞的高尔夫球场，建设了燕郊人民公园、潮白河万亩自然公园、新世纪文化广场、洵河带状公园等休闲娱乐设施，以及富达购物中心、万家福商厦、北京京客隆超市分店、华联超市、兴达超市、运河源建材批发市场、京北图书批销中心、福成物流中心等大型购物场所和物流基地。依托东北部山区众多人文景观和自然风光，恢复修建了灵山寺、灵山塔等旅游景点。同时，成功运作了总投资4.5亿美元的马来西亚成功大广场项目、一期投资6.8亿元的华北国际原料基地、燕郊国际会议中心等大的三产项目。2004年，三产增加值达到36亿元，占国内生产总值比重达到30%。

二、始终把握招商引资这个关键环节，在对外开放上迈出新步伐。坚持把扩大对外开放、强化招商引资作为三河的强市之基、立市之本，以开放拓展发展空间，以招商壮大发展实力。

1. 构筑载体，打造招商平台。1992年，伴随全国改革开放的热潮，三河市在紧邻北京的燕郊镇建设了燕郊经济技术开发区，经过十几年的发展，燕郊开发区已发展到30平方公里，总人口20万人，形成了高科技工业园区、休闲旅游度假区、金融商贸区、科技文化服务区等布局合理、功能齐全的高尚社区，1999年12月被河北省人民政府批准为省级高新技术产业园区，2001年成为全省首家软件产业基地和软件产品出口基地。累计引进中央国家机关直属单位38家、各类大专院校8所；引进各类项目600余个，项目总投资160多亿元，其中来自美、德、意、澳、加、韩、日及港澳台25个国家和地区的外资项目150余个。综合经济实力在全省8个省级开发区中排第三位，在县域开发区中名列第一，已成为三河改革开放的桥头堡。

2. 广泛宣传，营造招商氛围。三河市采取多种方式，加大对外宣传力度，提高对外知名度，扩大影响力。每年都组织元宵商贸灯会，邀请国内外客商、各级领导参加活动；积极参加各种展览会、推介会，特别是在人民大会堂举行了燕郊开发区投资环境推介会；冠名赞助了全国武术散打争霸赛、国际象棋大师赛，独家赞助了中国女子乒乓球超级俱乐部联赛河北队两场主场比赛；聘请国内外著名小提琴和钢琴家盛中国、濑田裕子为燕郊开发区形象大使；在中央电视台插播宣传开发区投资环境的广告。特别是举办了由8万余人观看的中央电视台“同一首歌走进燕郊”大型演唱会。随着中央电视台多次滚动播出，各大媒体的宣传报道，使三河特别是燕郊迅速走向了全国，知名度进一步扩大，有力地促进了全市招商引资工作水平的全面提高。

3. 强化举措，提高招商实效。三河市立足现有条件，坚持外引内联全方位出击，做到四个面向，即面向科研院所、面向大专院校、面向著名专家和留学生、面向国内外大企业，综合运用网络招商、以商招商、代理招商、外出招商、借势招商、中介招商、存量招商等多种招商形式，提高招商的实效性。特别是积极参加国内外的各种经贸洽谈活动，并组织了三次“3·28”百家重点项目开（竣）工庆典。为增强各部门、各单位招商引资的积极性，每年市委、市政府都与各镇区、市直部门一把手签定招商引资责任状，并严格进行考核，从而有效调动了广大干部招商引资的积极性、主动性。2004年，全市共运作千万元以上项目178个，投资规模322.5亿元，其中，竣工、在建项目82个，投资规模42.5亿元；新注册三资企业11家，实际利用外资9698万美元，引进域外资金14亿元。

三、始终坚持与时俱进这个思想精髓，在推进改革上采取新举措。积极适应经济和社会发展的新形势，按照“三个有利于”的标准，积极探索，大胆实践，突破经济和社会发展中的各种障碍，以创新注活力，以创新求发展。

一是全面实施了国有集体企业产权制度改革。坚持以市场为导向、以效益为中心，本着“不求所有，但求所在”的指导思想，通过采取股份制、股份合作制、兼并、拍卖、租赁、嫁接、破产等多种方式，对国有集体企业进行了大刀阔斧的改革，全市579家市、镇、村三级企业95%已完成了改制任务，国有集体资本已基本退出了生产经营领域。

二是扎实推进了行政事业单位改革。本着“精简、统一、效能”的原则，对各镇的内设机构进行了大幅精简，统一调整为“七办四站”，精简机构50%，清理分流人员817人。在此基础上，对各镇和市直党政机关、事业单位的超编、混岗人员及临时工进行了清理清退，共精简各类人员1410人，清退代课教师500余人，不仅提高了工作效率，而且有效减轻了财政压力和农民负担。

三是积极完善了投融资体制改革。拓宽建设渠道，实行基础设施多元化投入机制，市第二水厂、汇津水厂、飞虹热力厂、第五热力厂、华焱燃气公司、污水处理厂等基础设施都是通过引进域外资金或利用民营资本建成。加强了金融信用体系建设，全市授信企业达到115家，授信规模达到85亿元，特别是国家开发银行对我市经济发展和城镇基础设施建设给予了7亿元的大额授信，使三河市成为国家开发银行在全国范围内给予县级大额授信的第一个县（市）；农村信用社改革全面展开，利用财政信用，运用国家长期政策性贷款24亿元；推动福成集团成功上市，实现了廊坊市企业在国内上市“零”的突破。

四是进一步深化了财政管理体制改革。进行了财政集中支付制度改革、部门预算改革，实行了政府采购制度和财政投资评审制度，进一步完善了工资发放银行化、非税财政收入“收支两条线”管理，对矿山、河砂、土地资源开采权、使用权实行公开拍卖，加强了国有资产管理，实现了国有资产的保值增值。同时，推进了农村税费改革，落实惠农政策，在廊坊市率先免除了农业税，2004年为农民减负960万元。

四、始终强化发展环境这个根本保障，在综合竞争中构筑新优势。坚持把优化环境作为“第一竞争点”，全力打造“亲商、安商、富商”的良好格局。在硬环境方面，每年都投资10多亿元，连续实施“爱民十件实事”，东西市区基础设施实现了供水、排水、供电、供暖、通讯、通路、工业蒸汽、天然气、信息高速公路、土地平整“九通一平”。国家“八五”重点能源建设项目——投资70亿元、装机总容量140万千瓦的三河电厂一期机组已并网发电，二期工程即将动工。全市备有河北、北京两套供电网，燕郊地区实现了双回路供电线路；开通了有线通信、无线通信、光纤通信、数字微波等业务，局域交换机总容量已达到13.2万门，全市固定电话用户达到11.8万户，小灵通用户达到1.3万部，移动电话用户发展到17万部；省内首家县级ADSL宽带网投入使用，用户将近10000户；北京电信“6159”局延线到三河，北京市930路公交车直通三河，创下了两项省际间合作的全国第一；建成了4座污水处理厂和垃圾处理厂。随着西部进入北京第二、第三出口和东南部连接天津出口的打通，以及供热、污水处理、公共交通、轻轨等方面与北京的逐步对接，三河的基础环境将提高到一个新的层次。在软环境方面，在国家政策允许的范围内，制定各种优惠政策，对高新技术产业优先安排土地并优惠出让，优先享受科技风险基金的支持，优先享受贷款担保；对引进的高科技人才优先解决户口、住房、子女入学、社会保障等现实问题。为解决融资难问题，建立了地方财源建设基金、中小企业科技创新基金、农业产业化基金等，并开放了房产、土地、会计师事务所等中介机构。同时，积极促进银企对接，实现多渠道融资。为解决土地紧张问题，坚持抓重点项目报批、抓闲置收回、抓集约利用、抓存量盘活、抓用地置换，保证了项目建设用地。为解决乱收费问题，在开发区以及全市纳税100万元以上企业、印刷装订企业分别建立统一收费中心，实行一家收费、多家分流。为提高服务水平，组建了印刷装订、交通运输、矿山等行业协会；市直各部门实行了服务承诺制、首问负责制、企业联络人例会制、项目服务跟踪制。同时，对损害发展环境的行为实行责任追究制，有效规范了执法行为。

五、始终遵循统筹兼顾这个基本原则，在全面发展上取得新成效。在发展中，三河市做到了既突出重点，又统筹兼顾；既立足当前，又着眼长远，促进了经济社会的协调可持续发展。

*一是统筹城乡发展。*在全力抓好东西市区建设的同时，加大对各镇和村街的投入力度，促进城乡互动、协调发展。10个建制镇全面启动了以“一个规划、一条迎宾路、一条样板街、一个工贸小区、一个商贸小区、一个市场、一所卫生院、一个文化娱乐中心”为主要内容的“八个一”工程，正在向布局合理、设施配套、功能齐全、环境优美的高标准城镇方向发展。同时，在全市范围内实施了以“村村通公路，户户吃自来水”为主题的“双通”工程，投资7641万元打井358眼，铺设管网198万延米；投资4745万元修路293公里，铺设油面120万平方米。全面加快了文明生态村建设，已投资6800万元，为首批71个村街硬化村内街道11.8万平方米，栽植风景树16万株，安装路灯2510盏，建设文化大院62个，使农村生产生活环境得到明显改善。

*二是统筹对内对外开放。*充分利用两个市场、两种资源，在全面扩大开放的同时，积极扶持民营经济发展。全市民营经济已发展到11091家，总资产338亿元。2004年，完成销售收入376亿元，形成了交通运输、建材、食品加工、印刷装订、机械制造加工五大支柱产业，共有企业3021家，包括汇福粮油、福成集团、长城橡胶、宏昌公司、兴达集团等规模型企业，其中汇福公司2004年入围中国企业500强，成为廊坊市唯一入围的企业，福成集团、鼎盛集团入围2004年“河北百强民营企业”。打造出“汇福”精炼植物油、“福成分割肉”、“长城”冶金链条、“奥泰”牌橡胶制品等国家、省部级优质名牌产品。

*三是统筹经济社会发展。*科技力量不断壮大。市内共有专业科研机构26个、8所大专院校、4所中等专业学院、3所高中，拥有各类专业技术人才4.9万人。教育事业稳步发展。加大投入力度，荣获国家级“两基”工作先进市称号，并率先在全省县域范围内普及了学前三年教育，在廊坊普及了高中阶段教育，高考成绩连续9年在廊坊夺冠，第二中学获省级“示范性重点高中”称号，职教中心被教育部确立为“国家级示范性重点职业高中”。医疗保健水平不断提高。全市共有各类医疗机构678所，其中市属市级医院3所，其中市医院、燕郊人民医院通过了ISO9000质量管理体系认证，急重症抢救成功率达95%以上。计生工作扎实推进，荣获“全国婚育新风进万家活动先进单位”。文化事业成效显著，建设了高标准的图书馆，坚持搞好“彩色周末”，积极推进文艺创作，全国著名作家浩然同志在三河创办的“文艺绿化工程”成果丰厚。精神文明建设硕果累累，广泛开展了各种文明创建活动，燕郊镇被中宣部等五部委命名为“全国文明小城镇示范点”。环保工作全面加强，加大了“三废”整治力度，特别是对矿山进行了集中治理，空气污染指数小于100的天数占全年天数的77%以上。社会保障事业全面推进，“三项保险”（养老、失业、医疗）、“两条保障线”（城市、农村）建设质量提高，参保人员1.5万人，覆盖率100%；先后发放城市低保金1100万元，做到了应保尽保；在全省率先进行了农村合作医疗试点，全市共有288038名农民参加合作医疗，参合率90.13%，已发放补偿金202万元。就业再就业工程深入实施，全市共有3312名下岗失业人员实现了再就业，城镇登记失业率为1.6%。

富春更秀丽 桐庐更潇洒

◆中共桐庐县委 桐庐县人民政府

“潇洒桐庐郡,江山景物妍”。桐庐县位于浙江西北部,地处钱塘江中游,隶属于杭州市,属长江三角洲经济区域,是国务院批准的第一批沿海地区对外开放县。境内总面积 1825 平方公里,辖 7 镇、4 乡、2 街道,39.44 万人。

在改革开放的春风沐浴下,桐庐县经济建设和社会事业都取得巨大成就,尤其是近年来,坚持科学发展观,注重统筹发展,按照强化招商、优化结构、深化服务、美化环境,努力构筑社会发展新优势的工作思路,大力实施工业化、城镇化两大战略,县域经济综合实力明显增强,社会事业全面发展,城乡面貌日新月异,人民生活安居乐业,桐庐已走上和谐发展之路。

看今朝,富春更秀丽,桐庐更潇洒。2004 年,桐庐再次跻身全国百强县(市)行列,并从上年的第 92 位前进至 72 位,名次跃升 20 位。

注重速度效益并举 经济质量稳步提高

桐庐自 2003 年跨入全国百强县(市)行列后,2004 年的经济建设继续在快车道上行驶,全县生产总值(GDP)达 95.40 亿元,按可比价格计算比上年增长 15.1%,是 1998 年以来增幅最高的一年,人均生产总值 24213 元,按同期汇率折算达 2928 美元;财政总收入达 7.12 亿元,同口径比上年增长 22.6%;全社会固定资产投资额 52.68 亿元,比上年增长 29.9%;城镇居民年人均可支配收入 12996 元,农村居民年人均纯收入 6120 元,分别比上年增长 11.2%和 11.7%;城乡居民储蓄存款年末余额 41.38 亿元,比上年末增长 13.1%。

坚持主攻工业,工业化水平有新提高。桐庐县积极实施“工业立县”战略,走可持续发展道路,认真落实“接轨大上海,融入长三角”的工作举措,开创工业投入和招商引资工作新局面。2004 年共引进项目 375 个,其中投资亿元以上的大项目 9 个。实际利用县外资金 21.50 亿元,比上年增长 18.9%,其中利用外资 4145 万美元,比上年增长 32.4%。工业生产性投入 29.10 亿元,比上年增长 35.3%。重视技术创新,重点鼓励针织、制笔等传统产业加快技改,共实施市级以上重点技改项目 18 项,完成工业技改投入 14.61 亿元,比上年增长 35.4%,技改投入占工业投入的比重达到 50.2%。

实施扶优扶强战略,积极培育规模经济的发展。狠抓对规模以上企业的培育扶持工作,坚持以大企业、大项目带动来挖掘经济新增长点。一是加大对规模企业的扶持力度,培育一批带动力强、市场竞争能力强、抗风险能力强的“航母”式企业,进一步鼓励其做大总量。二是鼓励发展前景好的规模企业在原有基础上加快技改步伐,积极促进规模经济总量和质量的同步提升。三是加大对引入项目的服务力度,对在建项目实施全程服务,对投产项目抓好后续服务,促使项目早日投产,形成较高生产能力,尽早进入规模行列。2004 年新增规模企业 54 家,总数达到 321 家,其中亿元企业新增 2 家,达到 14 家,规模工业总产值 106.45 亿元,比上年增长 49.5%,为历年来最高增幅,占工业总产值比重达 41.2%。

加快推进块状特色经济发展,推动产业结构调整，发展壮大针织、制笔等支柱产业。一是鼓励企业实施技改，并积极向省、市申报先进制造业基地建设、医药产业发展等各项财政资助，为企业的进一步发展与壮大提供尽可能的财政扶持与政策优惠；二是积极推进企业技术进步，抓好企业技术创新工作。把推进企业信息化、发展电子商务作为加快内涵发展的切入点，引导企业在设计、研发、生产、营销、管理的全过程，提高信息技术和网络经济的应用水平。

推进省级经济开发区和重点城镇工业功能区基础设施建设，开发区和五个城镇工业功能区企业当年产值占全县工业总产值比重达30.3%，比上年提高5.5个百分点。深化工业企业服务月活动，着力开展为企业"解百难"百日服务。做好有序供电，深化银政、银企合作，努力缓解土地、电力、资金瓶颈制约。

坚持"好中求快、稳中求进、紧中求活"方针，工业经济继续在总量、速度、运行质量和发展后劲等方面保持同步提高的良好发展态势。2004年全县工业总产值达258.65亿元，比上年增长23.7%，比2001年增长101%，如期实现"三年翻番"目标。工业增加值占全县生产总值的份额达59.4%。

围绕农民增收，"三农"工作有新成效。按照"提升农业、保障农民、建设农村"的要求，高度重视"三农"问题，让更多的农民共享现代文明成果。落实粮食生产扶持政策，优化种植结构，发展效益农业，2004年实现农业总产值14.89亿元，比上年增长10.9%。农产品加工企业不断壮大，产值超千万元企业新增3家，总数达到17家。重视农业技术进步，18个项目获得市级奖励。建立农产品质量安全检测中心，推行农业标准化生产，建成省级无公害农产品基地10个、都市农业示范园区7个，培育市级示范性专业合作组织3个。完善农业信息服务体系，"进村入户"工程网点覆盖率达到69.0%。"桐江"牌蜜梨、"蜂之语"牌蜂产品被认定为浙江省名牌产品。取消农业税，减轻农民负担512万元。农田水利设施不断完善，农业综合生产能力明显提高。

注重内活外拓战略 旅游贸易不断发展

桐庐是"西湖—富春江—新安江—千岛湖—黄山"国家级黄金旅游线上的一颗璀璨明珠，境内山水秀美，旅游资源得天独厚，素有"潇洒桐庐"的美誉。1982年被列入国家级风景名胜区以来，逐步发展成旅游大县。现已形成溶洞奇观、文化陶冶、乡情体验、野趣度假、休闲娱乐等各具特色的景点20余处，配套功能基本完善。旅游业的不断发展，推动了商贸服务业的发展。桐庐已成为"观光旅游、休闲度假、投资创业"的好地方，是上海和杭州的后花园。

旅游事业有新举措。启动"百姓生活游"主题活动，加强旅游促销，培育发展"农家乐"乡村旅游。2004年共接待游客283.00万人次，其中接待国外和港、澳、台游客1.11万人次，全社会旅游业总收入9.10亿元。

国内贸易有新发展。推进新桐庐宾馆、海陆世贸中心等项目建设；上海景文百货桐庐商场、肯德基富春江餐厅等连锁经营网点陆续登陆桐庐，使桐庐的商贸服务业进一步活跃。2004年，全县社会消费品零售总额达23.79亿元，比上年增长13.6%。

对外贸易有新进展。开展国际合作，开拓国际市场，突出发展加工贸易和自主出口品牌建设，调整产品结构，提高产品档次，积极融入全球生产体系，加强与国际市场联系，更好地利用国外资源和国外市场。2004年实现外贸出口交货总值达90.30亿元，比上年增长28.9%，外贸出口交货总值占全县工业销售产值的比重为35.3%，比上年提高1.4个百分点。年末有外贸生产企业868家，比上年增加95家。现有外贸自营出口权企业92家，比上年增加29家，自营出口总额3.05亿美元，比上年增长28.0%。

注重城乡一体发展 二元结构逐步改变

近年来，桐庐围绕城市化建设这一目标，把优化资源配置由县城拓展到全县城乡，积极推进县域现代化、农村城镇化建设。目前，城市化进程已进入提速期，农业比重降到10.5%，城市化率达到45.3%。在此基础上，桐庐采取了一系列措施，加快改变城乡二元结构。

空间布局。实施行政区划调整，乡镇建制从23个调整为7镇、4乡、2街道，村规模从405个调整为186个，形成了规划有序、各具特色的"一主一副四极"（以县城为主中心，分水镇为副中心，富春江镇、江南镇、横村镇、瑶琳镇为"四极"）的县域城镇网络体系。"一主一副四极"的划分，使桐庐有限的发展资源进一步趋于集中，县城及中心城镇呈现出较强的区域带动力。行政区划的调整，则使街道、乡镇以及村庄的布局更趋合理，为整合资源、拓展空间、促进集聚、加快城乡一体化进程奠定良好基础。

城市风貌。县城坐落在美丽的富春江畔，南倚国家森林公园——大奇山，北靠华夏中药鼻祖圣地——桐君山。桐庐确立县城"以山水风光为特色的现代化风景旅游城市"的主题目标，按照现代化、生态型要求进行了深度规划，形成了较完善的城市规划体系，城市建设品位较高。2004年，桐庐大力推进县城“1215”工程(新建、改建12项即新区“四横八纵”道路工程和实施15项市政、公建及配套工程)建设,建成乔林路、金东路等主干道,完成中心广场二期工程,县城污水处理厂一期工程投入运行,开工建设新自来水厂等项目,着手开展滨江区块城中村改造,以不断提升城市品位。

以创建国家级卫生县城为契机,大力开展美化、绿化、亮化、洁化建设,城市面貌得到较大改善,到2004年末,县城绿化率达35.4%,人均绿化面积8.13m^2。县城经过勤劳而又智慧的桐庐人的精心规划和建设,已呈现出“城在景中,人在画中”之美好景象,是名符其实的“山水福地、人居佳境、旅游胜地”。

社保机制。完善职工基本养老保险制度,调整完善征缴机制,不断提高参保覆盖面,县内所有企业的全部职工均可自愿参保。实施被征地农民基本生活保障制度,政府实行财政补助,补助额度占交费总额的35%,比省规定30%的指标高5个百分点,被征地农民的基本生活得到了保障。实行“三医合一”。即对现行的城镇职工基本医疗保险、新型农村合作医疗和城乡困难人员医疗救助制度实行“结报体系并轨、网络平台共享”,以达到“资源整合、规范高效、方便群众”的目的。2004年末参加新型农村合作医疗保险的人数达25.33万人,参保率达82.9%,全体参保人员门诊都实行刷卡即时报销制度,广大参保农民既得利又便利。

注重投资环境优化 发展活力日趋增强

一个地方的发展能不能吸引人们的目光,很多时候取决于当地的投资环境。近年来,桐庐切实加大了投资环境建设与改造力度,发展活力日趋增强。桐庐的发展活力水平2003年就位居全国第38位。

交通设施。桐庐投资环境优越,交通便捷。距杭州市区80公里,穿境而过的杭(杭州)千(千岛湖)高速公路2005年底将开通,双向四车道的320国道和4条省道构成交通干线,乡村公路四通八达。境内公路总里程达1024公里,公路密度为每百平方公里56.11公里。

05省道和16省道改建工程的竣工,雪水岭隧道的投入使用,横村二桥的建成通车,“乡村通达”工程的推进,初步形成了县域“40分钟交通圈”。杭千高速公路建成通车后,从桐庐到杭州市区的“大门”——绕城高速,开车只需40分钟。

电力设施。电力设施日臻完善。经过近几年大规模的电网建设和改造,桐庐的网架结构更趋科学合理,供电能力显著提高,电能质量明显改善。目前,桐庐电网拥有35千伏及以上变电所14座,变电总容量达到68.81万千伏安,35千伏及以上变电所实现两个电源互为备用,城镇主要10千伏线路实现环网供电,为经济社会发展提供强有力的保障。

供水用水。桐庐县城用水条件十分优越。水源来自富春江,水质优良,供应充沛,管网线路交叉连接每个企业,确保企业用水的需求。富春江水质达到地面水II级水质标准,适应发展高水质要求的电子、精细加工等工业。

信息传递。信息传递渐趋现代化。2004年末固定电话用户达18.23万户。每百户城乡居民拥有127.3部固定电话;移动电话19.71万部,城乡居民平均每百人拥有移动电话50.0部;电脑宽带用户2.51万户。

工业园区。具有现代化标准的省级经济开发区和五个城镇工业功能区又似一幅幅美丽的画卷,展现在桐庐的大地上。各个区内水通、电通、宽广的大道纵横交错,有线电视与杭州联网,数字电视也已开通,邮电通讯和宽带网络连接全球,宾馆、商务齐全。其优越的地理位置,便利的交通条件,完善的基础设施,良好的生活环境,完备的便民服务措施,优惠的投资政策和优势的理念吸引中外投资者。

交通设施的日趋优化,投资环境的不断改善,既促进了桐庐经济社会的快速协调发展,也吸引了许多国内外人士到桐庐投资创业。同时又实现了不少人“工作在天堂杭州、居住在仙境桐庐”的梦想。

注重三个文明建设 加快构建和谐桐庐

桐庐坚持“物质文明、政治文明和精神文明”一齐抓的方针。在坚持党的领导的同时,加强人大的监督,重视发挥政协的参政议政作用,促进政府的科学民主决策。全面推行政务公开、完善内外监督机制,致力打造实干创业的“创业政府”、改革创新的“创新政府”、以人为本的“亲民政府”、依法行政的“法治政府”和公正廉洁的“阳光政府”。积极开展“平安桐庐”创建活动。认真处理群众来信来访,落实信访“一把手”责任制。加强社会治安综合治理,继续保持安定团结的良好局面。

在此同时,把抓经济提速增效与抓精神文明有机结合,坚持以经济为中心、以卫生为基础、以育人(教育)为根本,以文化为内涵、以服务人民为宗旨,积极开展“四创”(争创国家级卫生县城、争创省级教育强县、争创省级科技强县和争创全国文化先进县)活动,促进社会事业协调发展,加快构建和谐桐庐。

争创国家卫生县城,加快卫生事业发展。深化国家卫生县城创建,推进卫生镇、村创建活动,深入开展改水、改厕和垃圾处理工作。2004年末，农村自来水普及率达98.1%，“三格式”户厕普及率达到38.1%。继续推进医疗机构产权制度改革，形成“多元投入、多种所有制结构、多层次服务”共同发展的格局。激活医疗机构内部管理机制，创新管理和服务模式，提高服务质量。完善药品采购办法，规范药品招标行为，加强医药市场管理。加大与县外知名医院的交流合作，实施“名院工程”，逐步解决群众看病难问题，让更多的群众看得起病和享受优质医疗资源。

争创省级教育强县，加快教育事业发展。加大教育投入，加快教育资源整合步伐，优化资源配置，改善办学条件，努力创建省级教育强县，让更多的人享受优质教育资源。

整合全县基础教育资源，推出“高中向县城集中，初中向中心镇集中，小学向集镇集中”的整合方案，使学校布局更趋合理，提升学校档次和办学水平。

深化教育教学改革，推进素质教育，全面提高教育质量，中考、高考升学率等各项指标实现稳中有升。2004年，在初中毕业学生数没有减少的情况下，初升高的比例达到了88.5%，比上年度提高了近7个百分点；高考成绩整体上有重大突破，总上线率达到了97.1%，本科上线率达到65.0%，分别比2001年提高23.0%和31.8%。

乡镇创强、学校创优取得重大突破。桐君街道、分水镇、江南镇顺利通过了省级教育强镇(街道)评审，2004年末省级教育强镇(乡、街道)数达到8个，占乡镇、街道总数的60%以上。桐庐二中通过了省三级重点普通高中的验收，至此，7所普、职高中有5所已成为省级以上重点学校。县第一实验小学、春江小学、深澳中心小学和横村镇中心学校被确定为省级示范学校，实现了小学、初中省级示范学校“零”的突破。深澳中心小学、春江小学、凤川镇中学、桐庐四中被评定为杭州市文明学校。

重视特殊教育。高度重视未成年人思想道德建设。着力解决外来人员子女入学问题。

争创省级科技强县，提高科技创新能力。全面实施科技创强规划。加快科技工作体系、创新体系、服务体系和考核体系建设，实施好“六个一批”科技项目(即实施一批技改项目、抓好一批科研项目、培育一批科技型企业、建设一批研发中心、寻找一批科技合作对象、造就一批科技人才)。开展专利试点县工作。推进“人才强县”战略实施，完善“招才、育才、用才、留才”机制和服务体系。多渠道引进各种高层次、急需专门人才，创新人才培养机制，为经济社会发展提供智力支持。全县共有各类登记注册的专业技术人员1.48万人。

争创全国文化先进县，繁荣文化广电体育事业。按照“政事分开、管办分离”原则，推进文化体制改革。加快文化体育设施建设，体育馆、游泳馆投入运营。以“三百”活动(即在县城开展一百场社区文化活动，在农村放映一百场优秀电影，开展一百场群众文体活动)为载体丰富群众文化生活。加强文化市场管理，正确引导文化消费，培育和规范文化市场，不断满足群众日益增长的文化需求。2004年，开展各类大中型文化活动401次，接待文艺团体70个，下农村演出567场，举办书画展、故事比赛、剪纸比赛等文艺活动，并成功举办首届“神州风韵”中国民间艺术之乡剪纸邀请赛暨“十大名剪”命名授牌活动。文艺作品获国家级奖项2个、省级9个、市级50个。体育事业健康发展，竞技体育再创佳绩。获省、市金牌10枚、银牌9枚、铜牌6枚；桐庐籍运动员郑雄鹰参加雅典残奥会女子坐式排球比赛获得集体金牌。升级改造广播电视网络，开通数字电视，全县有线电视终端7.5万个；年末全县电视综合覆盖率98.3%，广播综合覆盖率98.5%。

经过桐庐人民坚苦卓绝的奋斗，一个现代化的新桐庐正在崛起，随着桐庐经济社会的快速协调可持续发展，桐庐必将吸引更多的海内外有识之士和四方宾朋前来投资兴业，旅游观光，休闲度假，洽谈贸易，与桐庐人民共同走向灿烂的明天。

(执笔：姚洪竹　潘晓萍　姚健云)

江海明珠北上海 状元故里新海门

◆中共海门市委　海门市人民政府

江苏省海门市古称东布洲，设县至今已有一千多年历史。面积 1149 平方公里，人口 103 万。海门是全国闻名的“科技之乡”、“纺织之乡”、“建筑之乡”、“教育之乡”和“长寿之乡”。

一、海门——独特的区位优势

海门历史悠久，区位独特，人文荟萃，交通便捷，与国际大都市上海隔江相望，被誉为“金三角上小浦东”，是名副其实的“北上海”。

1. 区位优越。海门是国务院最早批准的对外开放县市之一。辖 22 个乡镇、1 个省级经济开发区。海门位于中国沿江、沿海两大开放带的交汇点上，东濒黄海，南倚长江，西靠开放城市南通，北连广袤的江海平原，素有“江海门户”之称。海门与长三角核心城市上海比邻而居，有着一衣带水的渊源，我们的海永乡就与上海的崇明紧靠在一起，用“地域相邻、人缘相亲、经济相通、文化相融”来概括海门与上海的关系可以说是毫不为过。众所周知，上海已成为长三角腾飞无可争议的“龙头”，而我们海门则通过近年来的飞速发展，日益成为这个“龙头”上一颗明亮的“眼睛”。

2. 人文荟萃。海门是“中国近代第一城”南通的重要组成部分。这里是中国近代民族工业的发祥地之一，清末状元、著名民族实业家张謇先生在家乡兴办纺织工业，首开民族工业之先河。海门人杰地灵、物华天宝，除了张謇先生外，还诞生过现代著名金石书画家王个簃，中国农工民主党前主席季方，现代著名诗人卞之琳等一批名人。海门有“苏北的周庄”——千年古镇余东，有潮涨为礁、潮落为岛的世界奇观蛎蚜山等一批文化旅游资源。海门先后荣获了“全国综合实力百强县”、“中国明星县”、“中国最佳商业城市”等 50 多项国家级殊荣。

3. 交通发达。海门交通便捷，附近有三大机场、两大港口、两大汽渡相抱。南有上海浦东国际机场和虹桥机场，北有南通机场；海门距上海港仅两个多小时车程，距南通港国际集装箱码头仅 30 分钟车程；海太（海门—太仓）、崇海（崇明—海门）两个渡口把海门与上海及苏南各大城市紧紧相连。宁启（南京—启东）高速公路横穿全境；宁启（南京—启东）铁路南通至启东段正在加紧建设之中，为海门走遍全国、走向世界开辟了新的快捷通道。总投资达 122 亿元，全长约 25 公里的上海到崇明越江工程已于去年 8 月获国务院批准立项，沪崇苏大通道建设迈出了实质性的一步，海门已被纳入上海一小时经济圈之内。正在建设中的苏通长江大桥（苏州—南通）和即将建设的崇海大桥（崇明—海门）将会把长江天堑变通途，届时海门必将成为全国沿江沿海开放的东大门、苏北地区通往上海的桥头堡和万商瞩目的投资宝地。

二、海门——坚实的经济基础

近年来，海门市始终坚持“苏中地区比领先，长三角上比超前、百强县中比进位”的工作方针，开拓进取，团结拼搏，奋勇争先，在跨越发展的征程上一路高歌猛进，成绩斐然。

1. 经济建设高位攀升。2004 年，实现地区生产总值200.3亿元，增幅为15.9%，取得了历史性突破。同时开创了七项主要经济指标在苏中县(市)名列第一的好局面。即：实现全市人均地区生产总值19734元，增幅15.6%；完成地方一般预算收入6.24亿元，增幅30.1%；完成注册外资实际到帐2.1亿美元，增幅90.9%；实现社会消费品零售总额61亿元，增幅16.6%；实现人均居民储蓄存款14142元，增幅13.46%；实现农民人均纯收入5881元，增幅12.1%；实现城镇居民人均可支配收入10670元，增幅12.5%。

2. 产业集群突出鲜明。经过多年的培育和引导，目前海门已形成轻纺服装、生物医药化工、特种材料、电子通信、机械冶金等五大特色产业，各个产业都拥有相当的规模，初步形成了集群化发展的态势，配套能力十分突出。全市拥有纺织企业200多家，从业人员4万多人。三星叠石桥国际家纺城是全国规模最大的家纺专业市场，被国务院研究发展中心列为“中华之最”，2004年的市场成交额超100亿元。全国最大的西药研发基地——江苏原创药物研发中心就位于市经济开发区。在特种材料方面，主要有特种钢材、特种铜材、特种陶瓷、特种玻璃钢、特种铝材等“五朵金花”。电子通信方面，有通光集团、东州通信等高新技术企业。机械冶金方面，近年来形成了电力机械、液压机械、印刷机械、矿山机械、橡胶加工机械、各种风机、电动机、电焊机等产业群和有色金属冶轧等系列特色产品。海门的五大特色产业不仅拥有一批全国领先的拳头产品和本领域的“单打冠军”，而且产业链长，上中下游企业密集，市场化程度较高。此外，建筑业既是海门经济蓬勃发展的支柱产业，更是海门人民兴旺发达的富民产业。海门是江苏省首批命名的“建筑之乡”。全市拥有建筑业从业人员15万多人。近年来，在全省率先创得鲁班奖和国优工程奖14个，全国住宅样板工程和省级优秀工程奖380多个，享有“建筑铁军”的美誉。2004年，全市实现建筑业施工产值140亿元，增加值40.5亿元。

3. 对外开放发展迅猛。近年来，海门市积极推行外向带动战略，对外开放驶入快车道。到目前为止，全市累计批准外商投资企业近800家，投资规模超千万美元企业近100家，累计新批注册外资超过15亿美元，注册外资实际到帐达到6亿美元。全市已形成韩国、台湾等八大外商投资区，许多外资企业在海门得到了迅速发展，已成为全市支柱产业的中坚力量，并进入市骨干企业行列，对全市经济发展的贡献份额不断扩大。在出口贸易中，外资企业出口量已占到了全市的85%以上，外向型经济在全市经济中的比重超过了55%。特别是2004年，市利用外资实现了历史性突破，新批外资企业超过200家，注册外资达5.61亿美元，注册外资实际到帐2.1亿美元，均达到了前5年的总和，并首次跻身江苏省利用外资八强县(市)行列，率先融入苏南板块。

三、海门——和谐的人文环境

在经济建设持续、健康、快速、协调发展的同时，海门的各项社会事业也取得了长足进步，人文环境建设成效显著。

1. 人居环境堪称一流。海门市容整洁，环境优美，景色宜人，文明程度高，是最适宜人居住的地方。海门是苏中、苏北唯一的国家卫生城市、国家环境保护模范城市和全国生态示范市。海门是有名的长寿之乡，现有百岁以上老人146人，人口平均预期寿命达78岁，均高于全省和全国的人口平均指标。海门居住环境优雅，高标准水泥道路延伸至农户的庭前屋后。城镇和农村居民人均住房面积分别达32.9平方米和45.6平方米。海门享有“江滨乐土、粮棉故里”的美誉，农林牧副渔五业兴旺，是全省无公害农产品整体推进示范市，建有国家级农业标准化园区1个，建成省级以上无公害农产品基地91个，总面积60万亩，获得认证的无公害农产品达63个，绿色食品有7个。

2. 科技事业快速进步。海门是国家科委在全国首家批准的国家火炬计划新材料产业基地和首批命名的国家星火技术密集区，先后获得了“全国科技进步示范市”、“全国科普示范市”、“全国科技进步先进市”等国家级荣誉称号。目前，基地拥有几十家高新技术企业，其中国家级重点高新技术企业4家。已形成涉及特种钢材、特种铜材、特种铝材、特种陶瓷、化工医药及中间体、电子信息材料、特种纺织材料、复合材料及医用高分子材料等众多领域数百个品种的高新技术产品群体。近年来，共组织实施了省以上各类科技计划122项，其中火炬计划项目48项，星火计划项目40项，有37个产品进入国家级新产品行列。

3. 社会事业蒸蒸日上。海门基础教育享誉全国，先后获得了“全国教育工作先进市”、“全国两基工作先进市”、“全国特殊教育先进市”等多项殊荣。海门是江苏省首批实验学校普及市(县)，基础教育水平全国一流，作为江苏省首批基础教育课程改革实验区，取得了显著的成绩。海门名校名师群体凸出，海门中学、东洲中学、东洲小学等在全国范围内有较大影响。发达的职业教育为社会进步提供了大量高素质的人力资源。同时，文明和谐的海门也吸引了一大批外来高级人才，目前在海工作的研究生和博士已达150多人。海门卫生体育稳步提高，是江苏省农村初级卫生保健先进县（市）和江苏省农村中医工作先进县（市）。全民健身等群众体育活动成为时尚，全市建有全民健身工程（点）41个，被评为“全国体育先进市”。

四、海门——一流的承接平台

近年来，海门精心打造载体平台，倾心营造服务环境，日益成为众商瞩目的投资创业宝地。

1. 发展要素完备。海门依江揽海，土地资源十分丰富。按国际标准，海门建成了较为完备的水、电、热、通讯、互联网等基础设施。全市已形成“四横五纵”道路网络，区内交通四通八达。海门电力充沛，拥有2座22万伏输变电所，4座11万伏输变电所，能为广大投资企业提供双回路不间断用电保障。海门滨江临海，水资源极其丰富，拥有59.3公里优质沿江岸线，12公里黄海岸线，在海太汽渡西侧6公里左右的沿江深水岸线适合建造大用水量、大吞吐量项目。长江水厂日供水量达20万吨。海门供热设施完备，拥有鑫源热电公司和三厂大千热电公司等供热企业，年供热能力123万吨，可提供充足的蒸汽保证。污水处理设施完备，已建成海门污水处理中心、青龙污水处理中心，日处理总能力3万吨。职业教育发达，人力资源十分丰富，劳动力素质高且成本低。

2. 创业载体完备。在发展的过程中，逐步建立了较为完备的投资载体，即以省级海门经济开发区为龙头，以22个乡镇工业集中区为补充的开发开放群。海门经济开发区目前已形成中心区与海门港区、青龙港化工园区、灵甸港化工园区“一区三港”的投资创业载体。开发区内基础设施配套齐全，服务功能日益完善，近年来重点实施了5000吨级海门港杂货运码头、海门河码头、热电厂、污水处理中心、道路、桥梁等20多项基础设施工程，使开发区的产业容纳能力和承载能力有了极大的提高。另外，经过多年发展，乡镇工业集中区的产业承载能力更趋优化。

3. 标准厂房充裕。近年来，为了节省宝贵的土地资源，努力形成产业集聚效应，大力发展标准厂房，精心构筑经济发展新平台。目前，全市已建成各类标准厂房36.5万平方米，分布于市开发区和海门镇、三星镇、棉种场、三和镇等10多个乡镇，适合于轻工类、机械类等不同类型的企业进驻。我市标准厂房大多位于工业园区，交通便捷、电力充沛、水源丰富、排污通畅，办公、生活服务设施一应俱全，企业一旦进驻，即可生产经营。凡进驻市标准厂房的外商投资企业，包括购买或租用，均可享受针对外资企业制定的优惠政策。此外，也竭诚欢迎商界朋友到海门发展标准厂房，将给予一定的政策扶持。

4. 服务环境一流。建立了审批服务中心，实行集中办公，对所有投资项目实行“一站式审批、一条龙服务、一口子收费、一次性办成”，确保投资早立项、早开工、早投产、早获利。海门社会稳定，治安秩序良好，是全国综合治理模范市，全市从未发生过危害外来投资者人身和财产安全的事件。通过为外资企业提供“保姆式”服务；建立外资企业检查申报制度和挂牌保护制度；定期举办外商沙龙活动，倾听外商心声；开辟外商就医、子女就学“绿色通道”，全面落实外商市民待遇等措施，精心打造海门在长三角地区政策最优、商务成本最低、回报最丰厚的投资热土、创业乐园。

五、海门——广阔的发展前景

在未来几年里，将围绕精心打造“速度海门、精品海门、效率海门”，努力将海门建成“苏南板块十强市、全面小康富裕市、环境优美生态市”。

1. 精心打造速度海门。坚持走外向拓展之路，全力提高对外开放水平，充分利用国际、国内两种资源、两大市场，集聚各类生产要素，加快基础设施配套，增强承载能力，大力发展外向经济、沿江经济、项目经济、园区经济和富民经济，使海门在经济建设上始终快人一拍、胜人一筹，实现超常规跨越式发展。

2. 精心打造精品海门。坚持打造清新宜人的城市环境，巩固和提高国家环境保护模范城市和全国生态示范市创建成果，争创国家园林城市，以证大花园建设为重点，不断扩大城市建设外延，丰富城市发展内涵，努力把海门的城市规模做大、实力做强、功能做优、形象做美，使海门人气更旺、商气更足、名气更响。

3. 精心打造效率海门。坚持加快转变政府职能，以创建“全国文明城市”为契机，积极推进“法治海门”、“平安海门”、“诚信海门”建设，加快构建海门和谐社会。大兴求真务实之风，发扬攻坚克难精神，强化服务发展意识，进一步提高行政效率，建设勤政、廉洁、务实、高效的政府，把海门建成公务员服务最优、投资者获利最多、群众满意度最高的开放城市。

勤劳勇敢的百万海门人民将以海纳百川的广阔胸怀，热忱欢迎五湖四海客商来海抢占投资先机，携手开创更加美好的未来。

学强赶强超强 实现新的跨越

◆中共威海市委常委、乳山市委书记　赵熙殿

近年来，乳山市以建设“生态型花园式滨海旅游城市”为目标，狠抓投入这一主线，强化开放、民营两大动力，实施借韩国、借青岛、借旅游“三借”战略，着力构筑优化“三区兴城、四带兴经”带形块状经济布局，推动全市经济呈现出稳中趋快、活力趋强、后劲趋大的良好态势，步入超常规跳跃式发展的新阶段。2004年完成国内生产总值150亿元，同比增长19.7%，比97年翻了近两番；地方财政收入5.5亿元，增长35.8%，是97年的3.2倍；全社会固定资产投资91亿元，增长49.4%，是97年的6倍；实际利用外资2.13亿美元，增长91%；实际到位内资31.4亿元，增长67%；农民人均纯收入4680元，增长12%。特别是今年以来，全市上下以科学发展观为指导，以进入全国综合发展百强县为动力，承接近年来超常规跳跃式发展的良好态势，结合正在开展的先进性教育活动，深入开展“同心跨越年”活动，奋力推进全市经济社会发展“新的跨越”。1—10月份，全市完成地方财政收入6.7亿元，同比增长31.4%，其中税收所占比重达到71.04%；实现固定资产投资103.8亿元，增长23.6%；工业用电量增长18.3%。

一、以跻身全国百强为契机，高点定位再促新跨越。立足乳山进入全国综合发展百强县这一起点，以解放思想为先导，认真谋划做好“强后文章”，奋力推进新的跨越。一是围绕“三个共识”，凝聚新的跨越的强大合力。以进入全国综合发展百强县为契机，明确提出学强赶强超强的要求，引导上下学习百强中前30强的创新精神，追赶中30强的发展速度，超越后30强的经济总量，确定了奋战6年到2010年“全国百强进入60强，全省强县跻身10强”的奋斗目标，形成了新的跨越的目标共识；以开展“破满增忧、破小增大、破旧增新、破难增进”新一轮思想解放活动为抓手，引导上下强化敢与强的比、敢与勇的争、敢与快的赛的信心和勇气，形成了新的跨越的思想共识；结合研究制定全年工作思路，高点定位谋划发展措施，确定要抓大项促投入增势蓄能，抓集群促产业优化结构，抓基础促配套构建平台，抓作风促实干激励创业，形成了新的跨越的措施共识。二是立足“四个高于”，体现新的跨越的更高要求。结合乳山实际，按照自我加压、务实可行的要求，确定全市今后一段时期，各项主要经济指标要高于威海市的平均水平，高于学赶对象胶州市的水平，高于山东省30强县的平均水平，高于全国百强县的平均水平。三是实施“四个对接”，构建新的跨越的崛起板块。抢抓山东省建设半岛制造业基地、半岛城市群和打造山东黄金海岸线的机遇，在全国、全省尤其是胶东半岛大框架下谋划乳山的产业布局、经济发展，积极做活配角文章，主动对接区域合作，对接胶东半岛加工制造业基地突破工业，对接国内外产业转移提升开放，对接半岛城市群建设上档城建，对接沿海旅游圈建设促上旅游，在对接中承接辐射、构建特色，加快推进新的跨越。

二、以配角经济为基本定位，项目建设再掀新热潮。抢抓国际产业转移和国内大企业重组拓展的机遇，发挥乳山地处中、日、韩“大三角”和青、烟、威“小三角”中心腹地的区位优势，强化配角理念，深入实

施借韩国、借青岛、借旅游“三借”战略，把招商引资与承接产业转移相结合，主动对接区域合作、承接外部辐射，推动对外开放呈现领域拓展、层次提升、项目优化的良好态势。借韩兴乳层次提升，发挥临近韩国的区位优势和交流密切的感情优势，以纺织染整园和韩国工业园为载体，采取小分队、多批次、政府组织、企业参与、概念招商、强化跟踪等办法加强与韩国的合作，全市累计利用韩资突破4亿美元，实际利用韩资占全市总和的60%以上，目前正在跟踪落实世界500强企业韩国浦项制铁投资电机项目和韩国最大纺织企业京纺集团投资2000万美元的纺织项目；借青兴乳多元对接，以配角理念为指导，以建设青岛后花园为定位，科学赋予“后花园”以“旅游的延伸地、产业的辐射区”两大内涵，坚持直接对接、间接对接、传导对接“对接三法”，努力建设青岛人走亲访友的亲情园、旅游度假的休闲园和大有作为的创业园，青岛在乳投资企业达到78家，总投资过百亿元，实际投资80多亿元，目前正在抓紧实施青岛海润集团控股华冠丝绸退城进园项目，努力促成投资5000万元的海尔配件、青岛保税冷库以及海信集团、青钢集团等已达成意向的合作项目，力争全年引进20家青岛较大企业；借旅兴乳全面融汇，以对接半岛旅游圈、建设旅游度假地为目标，突出旅游大项的带动作用，先后开工了投资6亿元的融国际名车、游艇、绿地运动“三位一体”的东方国际如意城、投资20亿元的蓝湖国际游艇度假中心、投资10亿元的大乳山风景区，落实了东方水城、东方黄金公园、山巨山禹山开发等一批旅游大项，力争早日开工建设，乳山旅游正在变资源优势为产业优势，成为山东沿海旅游带中的重要特色板块。以项目开工建设为重点，今年成功举行了首季百项开工活动，到目前累计开工、开业投资500万元以上项目308个(不包含房地产项目)，总投资235亿元，并呈现出“一多四高”的新特点：“一多”就是项目数量尤其是大项目数量多，过亿元项目38个，总投资106亿元；“四高”一是产业比重高，工业项目249个，占81.2%；二是项目科技含量高，海馨康生物科技、胶东生物制药等21个科技含量高的项目同时开工；三是项目外向度高，开工了投资过500万美元的22个外资大项；四是经济集群度高，抱团介入、集约发展的态势明显，城西纺织染整工业园目前已开工过千万美元的纺织印染项目9个、达成协议项目10个，台湾客商联合投资16亿元建设的台湾科学园，现已签订落户协议台资项目8个，开工了物流中心、科技产品交易展览中心、果的食品、鹏联自行车等4个项目。

三、以培育四大产业链为重点，工业集群再创新规模。以把乳山建设成为胶东半岛制造业基地“小而特、特而专”的特色产业集聚地为目标，按照“工业经济特色化、特色经济产业化、产业经济规模化”的思路，进一步修订完善了鼓励工业企业发展的有关政策，引导各类企业优势互补、资源整合、配套协作，培植支柱产业，培育骨干企业，不断壮大延伸金属冶炼、染纺服装、汽车配件、食品加工四大产业链，初步形成了龙头企业带动、关联企业集中、协作配套紧密、规模效应显著的链式产业集群。1—10月份，全市工业在建技改项目290个，完成技改财务支出58.3亿元，规模以上工业增加值、利税分别增长36.76%和27.18%。一是以鑫山冶金、金洲集团、金华集团分别新上投资过亿元的技改项目为标志，金属冶炼企业技改扩规，多业拓展，贡献份额进一步扩大，其中鑫山冶金公司投资1.3亿元的高炉喷煤项目全部投产后，年可增加销售收入3.9亿元，在去年实现税收6000万元的基础上今年有望突破1亿元；二是以城西纺织染整工业园开工6个、全年可达到10个投资过千万美元的印染项目为标志，全市染纺服装企业传统优势进一步巩固，并向特色化、专业化方向聚集，产业链条不断延伸，特别是随着韩国染纺企业向纺织染整园的大规模转移，正在打造着胶东半岛乃至中国北方最大的纺织染整基地；三是以引进机械配件企业48家、总投资95亿元为标志，机械配件企业形成了一批“小件巨人”，正在由“配角”转向“名角”，其中双连公司成为国内摩擦配件企业唯一为美国主机厂家配套的企业，新上的鼓式刹车片项目年可新增销售收入1.2亿元，出口创汇1500万美元；四是以国投中鲁和华隆公司上市融资后进一步扩大技改为标志，食品加工企业呈现出龙头带动、全面膨胀的良好态势，进入了发展快车道，其中华隆公司通过与外合作的形式成立了食品加工区，引进食品加工企业7家，总投资4亿元。与此同时，正在抓紧谋划攸关乳山长远发展的港口、能源兴市战略，加快运作好中外合资50亿元的乳山口港改扩建、248亿元的核心电站和15亿元的风能发电三大项目，目前乳山口港改扩建项目已拿出预可行性方案，硝石口核电站已完成选址工作，风能发电项目已进入前期准确阶段，明年可开工建设。为保证重点大项目和未来战略的有效实施，筛选了总投资100亿元的16个大项，实行领导分包、专人负责，设立了纺织染整园管委会、驻青岛办事处两个常设机构，成立了港口建设、山巨山禹山开发、核电站建设等5个专门工作班子，强势推进项目落实。

四、以优化环境为目标，发展载体再聚新优势。以打造“生活乐园、创业乐园”的环境品牌为目标，在硬体环境上，牢固树立“追求卓越、管理立城、经营活市”的理念，按照“外延扩量、内改提质”的思路，推进城区的“南扩、东拓、西展、北环”，努力建设半岛城市群框架下的新兴滨海城市。特别是以完善城市功能、改善生活环境、体现区域特色为方向，开通了银金大道、环城道路、城区西出口等连接城区、经济开发区、银滩旅游度假区“三区”主干道，形成了“三区”对接的重要纽带，不仅拉开了城市建设大框架，而且打造起园园相连、区区相通、四通八达的园区公路网络，完善了区域内“四横四纵一环”的公路网络，提升了城市支撑产业发展的载体功能；按照以民为本、建城为民的要求，围绕解决与群众生产生活息息相关的实际问题，开工了城市供水供暖设施改造、镇村道路改造、疾病控制中心建设和妇幼保健院搬迁等15件年度投资3亿元的便民利民工程，目前妇幼保健院搬迁、城区供水管网改造、教育设施改扩建等5项工程已基本完工。在软体环境上，以开展“同心跨越年”活动为抓手，重点抓了行政服务中心的规范运作，形成了“一站式”高效快捷服务体系；每半年开展一次最差单位和最不满意个人评选活动，对“两评”反映出的并经查实的问题负责人进行相应问责处理，有效提高了机关干部的服务意识；特别是结合正在开展的先进性教育活动，狠抓优化服务落实，建立了跟踪机制、评议机制、处置机制，做到经常调度、即时掌握、定期检查、限期整改，做到“基层投诉的坚决不放过、不进行整改的坚决不放过、整改不彻底的坚决不放过”，引导各级以优质的服务为新的跨越多做贡献，为先进性教育多增亮点，使全市服务的软环境更硬。

去年新进全国百强、今年百强位次前移的乳山，面临着难得机遇和全新挑战。当前，全市上下正以此为新的起点和新的动力，以“强县更强”为主题，以凝聚“站在新起点、实现新跨越”共识为目标，采取走出去、请进来、专题学等形式，全面开展“解放新思想、谋划新发展”活动，以思想新解放引领强后新发展，认真谋划明年思路和“十一五”规划，牢牢把握由一般性承接转向层次性对接的发展走势、由碎石型分散工业转向链条式特色集群的产业走势、由边缘区域小城转向区域次中心城市的城市走势、由以经济为主转向经济社会统筹的社会走势，确保乳山“百强位次再前移、全省强县跻前列”，力争“十一五”期间进入全国前50强、跻身全省前10强。

大力弘扬求实创新精神 积极推进县域经济发展

◆中共诸城市委书记 刘德成

近年来，诸城市按照党的十六大关于“壮大县域经济”的要求，大力弘扬求真务实精神，积极探索县域经济发展的新路子，取得了明显成效。2004年，全市完成生产总值176.4亿元，比上年增长19.5%；财政总收入11.7亿元，增长33.1%；完成固定资产投资118亿元，增长87.6%；城镇居民人均可支配收入7103元，农民人均纯收入5008元，分别增长11.2%和17.9%。今年1—9月份，全社会固定资产投资累计完成105.5亿元，同比增长13.5%；实现财政总收入10.6亿元，其中地方收入6.1亿元，分别增长29.2%和36.3%。

实施“四化”战略 创新发展思路

面对经济全球化的大背景和全面建设小康社会的新任务，诸城市进一步理清发展思路，提出并深入实施工业化、民营化、国际化、城镇化“四化”战略，开创了县域经济超常规跨越式发展的新局面。

一是深入实施工业化战略。牢牢坚持“全党抓经济、重点抓工业、关键抓投入、突出抓招商”的工业经济发展思路，把实施工业化战略作为县域经济发展的重中之重、“第一要务”的核心内容，动员全市上下一心一意、聚精会神、全力以赴发展工业经济。去年，全市限额以上工业增加值达到85.5亿元，销售收入340.3亿元，利税24.2亿元，分别增长30%、40.4%和34.4%。工作中，主要是抓大项目建设，培植新的经济增长点。去年全市共落实投资过千万元的大项目292个，总投资163.2亿元，实际完成投资86.1亿元，分别增长51.4%和63%。抓调整，优化经济结构。培植起了食品加工、纺织服装、汽车及零部件“三大产业群”，其产值、利税已占到全市工业的85%以上。以外贸公司为主的外贸城、以福田公司为主的汽车城、以桑莎集团和新郎公司为主的纺织服装城、以得利斯集团及和生公司为主的食品加工城“四大工业城”，正在加快建设之中。抓改造，提升工业水平。围绕加快新型工业化发展步伐，近年来全市每年技改投入都在20亿元左右，集中用于提高企业技术、工艺和装备水平，加大高新技术产业产品开发力度，加快了传统产业高新化、高新技术产业化进程。目前全市高新技术企业达到23家，其中国家级的5家，从事高新技术产品生产的企业达到30多家，高新技术产品达30余个；并创出了一批在全省、全国有一定影响的名牌产品，其中中国驰名商标2件、中国名牌产品4件、国家免检产品2件、省名牌产品7件、省著名商标22件。

二是深入实施民营化战略。诸城市在率先推行股份合作制改革的基础上，通过多种形式将国有资产逐步从现有企业中退出来，把原先的国有、集体经济转化为民营经济，全市共有136家原国有集体企业转为有限责任公司、股份有限公司等民营企业；按照《公司法》的要求和“一化两推”的思路，进一步深化企业改革，用民营经济体制和机制改造现有企业，把企业和职工真正推向市场；坚持放手、放胆、放开、放活“四放”方针，营造发展民营经济的良好氛围和宽松环境，全力发展民营经济；进一步拓宽发展空间，允许和支持民营经济进入垄断行业、基础设施建设等新领域，促进民营经济遍地开花、全面发展。截止目前，全市民营业户达到2.94万户，从业人员23.6万人；民营企业3628家，其中限额以上民营企业295家。2004年山东省和潍坊市分别在诸城召开了民营经济发展现场会，诸城市还被省政府表彰为"全省发展民营经济先进市"。

三是深入实施国际化战略。坚持"引进来"和"走出去"相结合，全面提高对外开放水平。主要是狠抓招商引资，实现资源配置国际化。把招商引资作为"要务之要务、重点之重点、中心之中心"，积极研究新对策，不断推出新举措，努力增强招商引资的针对性和实效性，进一步扩大利用外资规模，以大招商促进大开放、大发展。去年全市新签合同项目980个，到位市外资金42.6亿元，其中境外资金8943万美元，增长63.1%。今年前9个月，全市完成招商引资额53.1亿元，其中利用境外资金9055万美元，同比增长42.2%。同时，狠抓出口创汇，实现产品市场国际化。充分发挥诸城市外贸、桑莎、福田、新郎、得利斯等优势骨干企业的资金、技术、人才、产品优势，进一步扩大出口创汇；狠抓标准化生产，优化出口产品结构；创新产品营销方式，大力发展现代物流业，扩大产品销售，抢占国际市场。2004年诸城市完成出口创汇3.5亿美元，增长12%。2005年1—8月份，诸城市完成进出口总额3.2亿美元，同比增长19.8%。

四是深入实施城镇化战略。发展壮大县域经济，必须坚持以城镇化为载体，通过推进城镇化，转移农村劳力，聚集生产要素，支撑和带动区域经济发展。近年来，诸城市以争创"两城一市"（国家卫生城、环保模范城和生态市）为总抓手，按照高起点规划、高标准建设、高水平管理的要求，不断加强城市建设管理，完成了新一轮城市总体规划和控制性详细规划；改造完善了城市道路，市区道路总长达到218公里，硬化率达100%；配套完善了供排水、排污、供热等管网建设，实现了统一供热、供气，城区自来水普及率达100%；绿化美化水平进一步提高，人均绿地面积14.8平方米。初步形成了"城在园中、水在城中、楼在绿中、人在画中"的现代化城市格局，先后被评为省级文明城市和村镇建设先进市。特别是抓住中国陆海铁路大通道过境诸城的机遇，在新建火车站附近规划建设了25平方公里的新城区，其中工业项目区10平方公里，目前"八通一平"基本结束，入区项目已达128个，其中投资过亿元的大项目35个，协议引进资金100多亿元，引进市外资金40多亿元，实际利用境外资金1.4亿美元。狠抓小城镇建设，集中力量规划建设了4处中心镇、7处重点镇，使其成为县域经济发展的新的隆起带和辐射源，加快了全市的城镇化进程。目前，全市城镇化水平达到39.6%，被国家建设部列为全国乡村城市化试点市。

破解"三农"难题 打牢发展根基

针对新时期农业农村工作的新形势、新特点，诸城市坚持与时俱进，狠抓机制创新，有效破解"三农"难题，全力加快社会主义新农村建设步伐，为促进经济社会和谐健康发展奠定了坚实基础。

一是提升产业化水平。把加强龙头企业建设作为提升农业产业化水平的关键环节，按照"大、高、外、强、多"的五字方针，大力加强龙头企业建设，在分散的家庭经营和瞬息万变的国际国内大市场之间架起桥梁，使农民、农产品成建制、大批量地进入市场。主要是膨胀提高骨干龙头。经过多年发展，全市现有各类龙头企业1200多家，其中潍坊市级以上农业重点龙头企业17家，省级以上农业重点龙头企业5家，外贸公司、得利斯集团被列入全国首批151家农业产业化重点龙头企业。外贸公司总资产38亿元、职工2.6万人，现已形成年加工冻鸡15万吨、分割出口5万吨、加工熟食品8万吨的生产能力，是全国最大的肉鸡出口生产企业之一；玉米淀粉年加工能力160万吨，居全国同行业前列；饲料色素年加工能力3亿克，占世界总产量1/2。2004年实现销售收入61.4亿元，利税2.2亿元，出口创汇1.26亿美元。同时，积极培育新建龙头。日本仁木食品株式会社投资1680万美元，相继建成了山东仁木、清清仁木、麦丽香食品加工企业，年产面食8000吨，创汇2000万美元。目前全市各类龙头年加工农副产品300万吨，其中粮食200万吨，畜产品60万吨，蔬菜40万吨。在龙头企业连接带动下，全市85%的农民进入国际国内市场，把农产品销往30多个国家和地区；全市70%的农产品得到就地加工转化，增值率达到50%以上；优化了经济结构，去年诸城市三次产业比例调整为15∶59∶26。

二是实行标准化生产。主要是健全完善农产品质量标准体系，制定了肉鸡、生猪、烤烟、大蒜、辣椒、茶叶等主要农产品的质量标准体系，其中肉鸡、烤烟质量标准体系及操作规程被国家有关部门采用和推广。加强农产品质量检测检验体系建设，市里投资1400万元，建起了农畜产品质量检测中心，成立了执法大队，其中农产品质量检测中心已通过省级资质认证。狠抓畜禽生产加工环节的安全控制，加快建设国家级无疫区及示范区，对全市32个定点屠宰场和5个畜禽加工企业派驻了官方兽医；引导龙头企业建立生产自控体系，严格按标准化要求加工产品。

*三是推进合作化改革。*重点探索推行了以"四个一体化"为主要内容的县域经济合作化改革。横向一体化,就是组织农民主动开展横向联合,大力发展合作经济。目前,全市发展起规范的新型农村合作经济组织815个,农村经纪人2.6万人,覆盖农民近10万户。纵向一体化,就是积极构建"龙头企业+农业公司+农业工人"的纵向紧密相联的新型经济模式,逐步实现"农田变农场、农民变工人"。市外贸公司在乡镇建起了55个自属规模养鸡场,年饲养能力达6000万只,就地吸纳农村劳动力5000多人。城乡一体化,就是将城市的资本优势与农村的资源优势有机结合起来,打破城乡二元经济结构,实现区域经济统筹协调发展。市义和车桥公司累计投资2.6亿元,到农村扩建车桥项目,吸纳了大批农村劳力,实现了经济效益与社会效益双丰收。服务一体化,就是组织全社会关心关注"三农"问题,充分调动一切积极因素,形成强大合力,服务"三农"发展。目前,全市100多个部门、1000多个基层单位参与联动服务,有力地推动了全市改革发展的顺利进行。

建设"两大"环境 构筑发展平台

全市上下牢固树立"环境就是生产力、改善环境就是提高生产力"的观念,把环境建设作为加快县域经济发展的生命线,努力营造县域经济发展的良好外部环境。

*一方面,狠抓硬环境建设。*先后投资近10亿元,拓宽改造了境内国道、省道,市乡干线路全部硬化;自2003年起,诸城市启动了"村村通油路"工程,到去年底全市累计投资近2亿元,新修农村油路600公里,维修改造老油路88公里,城乡油路总里程达到1000公里,预计到2005年底全市90%的村庄将实现"村村通油路",油路总里程达到1160公里;投资3亿元加强城市基础设施建设;中国陆海铁路大通道诸城段已建成通车;青莱高速公路正在加紧建设中。同时,实施市区"北扩东移"战略,主动接受青岛1小时经济圈辐射,为县域工业经济发展提供有效载体;市里陆续投资1.6亿元,搞了潍河开发系列工程,被省水利厅确定为省级水利风景区,并推荐申报国家级水利风景区,既增强了蓄水、防洪能力,又美化了城市环境、提高了城市品位。

*另一方面,狠抓软环境建设。*重点是优化服务环境,成立了行政审批服务中心、经济发展软环境投诉中心和行政效能投诉监察中心,加强对部门服务监督约束,彻底根治"三乱"行为。开通"行风在线"直播,在电台开办了"行风在线"直播节目,由密切关系群众生产生活的56个市直部门的主要负责人,轮流走进电台直播间,通过热线电话与群众直接公开对话交流,解答群众咨询,接受群众监督。今年以来,共为群众解答问题468个,群众满意率达95.6%。优化治安环境,努力建设"平安诸城"。通过创造一流环境、搭建一流平台,有效地聚集了生产要素,促进了经济发展。

健全"一套"机制 扩大发展成果

县级处在改革发展的第一线,上级的方针政策需要县级传达贯彻,经济建设的各项决策需要县级督促落实。建立一套行之有效的工作运行机制,是促进工作开展、振兴县域经济的关键所在。

*一是层层建立联系点制度。*市级领导干部带头,每人联系一处乡镇、一个村、一家企业、一所学校,定期到各联系点开展调查研究,帮助解决经济发展中的实际问题。既保证了决策的科学性,又促进了工作落实。

*二是实行全民招商制度。*动员干部群众全方位招商引资,一批世界和国内知名企业纷纷落户诸城,加快了全市对外开放步伐,增强了全市经济发展后劲。

*三是完善考核激励制度。*对企业,设立了发展奖、贡献奖和名优产品奖,其中今年市里共拿出2378万元奖励优秀企业家,最高的奖到315万元。对部门,组织企业负责人等一年开展两次评议活动,对评议出的最差单位主要负责人第一次通报批评、第二次诫勉、第三次免职。对乡镇(街道),实行百分制考核,今年有16个乡镇(街道)受到表彰,其中一等奖20万元、二等奖15万元、三等奖10万元。

下一步,诸城市要以贯彻落实党的十六届五中全会精神为契机,紧紧抓住国家"十一五"规划这个战略机遇期,按照"瞄准一个目标、突出四个重点"的工作思路,进一步解放思想、振奋精神,开拓创新、扎实苦干,确保站在新起点,实现新发展。

"瞄准一个方向":就是瞄准对接青岛这个大的发展方向。青岛是山东省委、省政府确立的半岛城市群、半岛加工制造业基地的"龙头",具有强大的辐射带动能力。诸城邻近青岛,且第二条济青高速公路已开工建设,在接受青岛"龙头"辐射和带动方面,具有得天独厚的优势。要坚持"主动接轨、借青兴诸、突出特色、互动双赢",做好接轨青岛这篇大文章,努力实现与青岛市场相通、体制相融、政策互惠、产业互补。

"突出四个重点":一是全力推进新型工业化进程。围绕我市的电子信息、生物医药、新型材料等新兴产业，从资金、土地、税费等各个方面加以扶持，开发一批具有自主知识产权的规模化的高新技术产品。建立完善以企业为主体、产学研相结合的技术创新体系和多元化投入机制，提高科技自主创新能力，增强产业和企业的核心竞争力。

二是大力发展现代服务业。突出发展休闲娱乐、商贸物流、旅游业等具有比较优势的重点产业。特别是以建设第二条济青高速公路为契机，充分挖掘我市的名人、恐龙、佛像、山水四大旅游资源，积极融入青岛—泰安—曲阜这条黄金旅游线。

三是加快建设社会主义新农村。按照“经济发展、生活富裕、乡风文明、村容整洁、管理民主”的总体要求，统筹城乡经济社会发展，积极改善农村生产生活条件，加快推进社会主义新农村建设。

四是努力建设节约型社会。积极创建节约型机关、节约型企业和节约型产业体系，厉行节约，坚决杜绝铺张浪费；发展一批节能型产品、链条式产业、节约型园区，实现资源的综合高效利用。

深入落实科学发展观 全面建设现代化强县

◆中共广饶县委书记 徐春福　广饶县人民政府县长 王玉波

近年来，广饶县坚持以党的十六大精神和“三个代表”重要思想为指导，积极树立并深入落实科学发展观，大力实施工业强县、农业立县、商贸兴县、城乡联动、文化促动“五大战略”，努力实现经济运行质量、人的生存环境、社会文明程度、群众生活水平“四个提高”，推动经济社会步入了全面发展、科学发展、和谐发展的轨道。2004 年，全县实现生产总值 113 亿元，境内财政总收入 7.8 亿元，地方财政收入 3.7 亿元；城镇居民人均可支配收入 9693 元，农民人均纯收入 4204 元，社会经济综合发展指数跨入全国百强行列，居第 80 位，比上年前移了 42 个位次。

一、突出产业聚集、结构调整、开放发展，不断放大工业主导作用

坚持把工业放在优先发展的位置来抓，优化存量、培植增量、提升质量，壮大了县域经济综合实力。一是坚持“三个做大”，培植整体优势。把工作重点放在培植大项目、大企业和大产业上来，围绕产业集群化方向，高标准编制产业发展规划，依托大王镇、稻庄镇、广饶镇 3 个工业强镇，沿广青路、潍高路、辛河路 3 条工业聚集带和 1 处省级经济开发区，形成了造纸、橡胶、纺织印染、石油化工、农产品加工 5 大优势产业集群。其中新闻纸产量今年将达到全国总量的 1/3，广饶县成为全国最大的新闻纸生产基地和重要的全钢载重子午胎生产基地。不断完善落实扶优促强措施，着力培育骨干龙头企业。全县产值过亿元的企业达到 32 家，上市公司 2 家，其中华泰集团跻身全国特大型企业集团行列，入围中国最具发展力上市公司 50 强。围绕优势产业，依托骨干企业，全力增上大项目，增加大投入。2004 年，全县累计完成工业投入 53.9 亿元，实施了 47 个投资过千万元、14 个过亿元的新项目。2005 年以来实施了 43 个投资过千万元的工业项目，其中过亿元的 11 个，40 万吨新闻纸、60 万千瓦热电、4 万吨甲烷氯化物、6 万吨笨胺、3 条 120 万套全钢载重子午胎等一批重点项目顺利实施，2005 年可完成工业投入 80 亿元，高投入拉动全县工业增加值始终保持 50%以上的高速增长。二是推进结构调整，优化发展质量。从传统产业升级、新兴产业培育和高新技术应用入手，积极调整优化工业产业产品结构。鼓励扶持重点企业加快研发机构和科技人才队伍建设，健全了政府支持、企业主导、产学研结合的技术研发体系。全县建有各类科研机构 34 家，其中国家级 2 家，省级 5 家，先后研制开发了高级轿车碳基刹车片等 53 种高新技术产品。坚持技术引进和自主创新相结合，大力发展高新技术产业。全县省级以上高新技术企业发展到 26 家，高新技术企业实现产值和利税在限额以上工业中的比重分别达到 53.5%、71.6%。2005 年 9 月份广饶县被确定为山东省工业产品结构调整示范县。三是坚持开放发展，提升发展水平。深入推进大开放、大发展，招商引资、外经外贸、对外合作不断扩大。东方希望集团、英国协和集团、德国福依特集团等多家国内外知名企业先后到我县投资办厂。2005 年，华泰集团与全球最大造纸企业一芬兰斯道拉·恩索公司成功对接，合资建设 20 万吨超级压光纸项目，年内开工建设。全县

有出口业绩的企业达到46家，特色农产品、纸制品、橡胶制品和机电产品出口规模不断扩大。2004年全县进出口总额3亿美元，其中出口1.4亿美元，增长36.7%，2005年出口将突破2亿美元，县域经济的外向化水平不断提高。

二、高度关注“三农”、富裕农民、繁荣农村，加快建设社会主义新农村

深入落实党中央关于建设社会主义新农村的战略部署，坚持以工业化理念经营农业，以工业化成果反哺农村，开创了“三农”工作新局面。一是龙头带动，促进农业增质增效。按照“每个产业都有龙头、每个龙头都能带动产业”的目标，通过市场引导、政策倾斜、资金扶持，多渠道、多方式培育发展农业龙头企业。目前，全县龙头企业发展到258家，其中规模以上龙头企业33家，国家级1家，省级4家，销售收入过亿元的8家，形成了年加工小麦50万吨、蔬菜25万吨、棉花35万吨、肉牛6万头、肉食鸡3500万只、鲜奶11万吨的生产能力，拉动农业主导产业全部进入产业链经营。大力推行农业标准化、规模化、品牌化生产，发展起20万亩蔬菜基地、规模化畜牧饲养小区等8大优势农产品生产基地，其中高效生态农业科技园和绿色产业示范区被联合国工发组织确认为国际绿色产业示范区，培育形成了黄河口鳖、华誉中草药鸡、凯银特菜、半球面粉等一批名牌产品，农产品优质率达到46%。积极发展花卉、林木等特色农业，大王镇被命名为“中国花木之乡”。二是拓宽渠道，带动农民持续增收。一方面，深挖农业内部增收潜力，组织农民“当好农民”。大力发展壮大农村经纪人队伍和专业协会，建立起上联市场、下联基地和农户的有效体制。全县已组建畜牧、蔬菜、棉花等22个专业协会或合作社，会员达1.2万户，农民经纪人队伍发展到2700人。农村合作经济组织引领4.6万农户从事订单和专业生产，年户均增收2000元以上。另一方面，拓宽就业渠道，引导农民“不当农民”。目前，全县到企业就业和从事第三产业的农民已达13万人，农民收入的40%来自非农产业。近年来，全县农民人均纯收入始终保持10%以上的增幅。三是深化改革，激发农村发展活力。坚持“以改革激发农村内部发展活力，以改革调动农民积极性，以改革寻求农业可持续发展的根本途径”，不断深化农村税费改革及配套改革、农村金融体制改革和乡村财政体制改革等各项农村改革。积极完善和落实“减、免、补”等各项支农惠民政策，2004年全县农业税税率降低3个百分点，农民人均减负48.5元。成立了全省首家农村合作银行，畅通“三农”贷款绿色通道。2004年全县龙头企业新增贷款4亿元，农户新增贷款9.3亿元，为乡村建设与发展提供了有效的资金保障。

三、发展商贸经济、旅游经济、文化经济，不断提升第三产业发展水平

把发展第三产业作为广饶县新一轮发展的重要增长点、改善提升城市功能和竞争力的重要突破口，深入发挥现有优势、挖掘潜在优势、积聚后发优势，扎实推进“第三产业跨越计划”。一是优化规划布局。聘请上海财经大学专家完成了商贸兴县战略发展规划，确定了“建设大市场、发展大贸易、搞活大流通”的发展定位，与城市建设充分结合，合理布局第三产业发展空间，着力推进广饶市场外延的“三个有机接轨”：依托县内企业建设了东营华泰直通场站和公用型保税仓库，实现青岛港出口业务向黄河三角洲地区延伸，加速与国际市场的接轨；重点规划建设了8大市场，全县市场体系更加完善，加速与江浙等南方发达地区的接轨；运作实施了东青高速公路广饶互通立交、兴广地方铁路等重点基础工程，构筑起现代化的交通网络，进一步畅通人流、物流、信息流，加速与县外流通体系的接轨，逐步形成以商贸物流为主导，布局合理、多业并举、配套联动、互补发展的第三产业现代化新格局。二是打造竞争优势。采用外商投资、外商开发、外商招商、外商经营模式，努力加快市场集群建设。其中，总投资28亿元的中国广饶义乌小商品批发市场一期工程已启动运营，以此为龙头，启动建设了广饶汽车总站暨物流中心、广饶汇通汽车配件市场、广饶机动车及配件市场3个组团式大型专业批发市场。同时，依托兴广铁路，以华泰、西水等大型企业为基础，建设工业原材料及产品物流网；依托黄大铁路，建设丁庄站物流中心，逐步把广饶建设成为辐射全省、连通全国、接轨国际的流通平台。三是拓宽发展领域。深入挖掘历史文化资源，着力打造孙子故里、吕剧故乡两大文化品牌，加强文化设施配套建设，促进了文化事业繁荣和文化产业发展。整合旅游资源，重点依托淄河水库开发建设孙武湖主题文化公园，发展集旅游观光、休闲度假、餐饮娱乐、文体会展、生活居住于一体，以开放型滨水空间和绿色生态走廊为特色的现代化生态旅游。把发展教育作为一个重要产业，依城引校、以校兴城，完善了基础教育、职业教育、成人教育网络，积极引进外地高校的二级学院，教育经济快速发展。积极发展会展经济，成功举办了首届“中国·广饶孙子国际文化节”，已先后承办了两届山东省秋季糖酒

商品交易会，打造起人流、物流、信息流的高层次平台。

四、坚持超前规划、以城带乡、协调推进，全面加快城乡一体化进程

把统筹城乡发展作为提升县域经济发展水平、全面建设现代化强县的重要内容，抓住关键，重点突破。一是统筹城乡建设。按照把广饶建成功能完善、环境宜人、具有丰富文化底蕴、园林式的现代化新型城市的定位，确立了县城区、大王镇、稻庄镇三大板块相向对接的总体思路。坚持“着眼长远，适度超前”原则，高标准编制实施了县城新一轮总体规划，依次布局的工业区、商贸区、住宅区、教育区和行政办公区全面启动建设，提升了城市建设的整体水平。突出以城带乡，大力加强小城镇建设，突出抓好1个中心镇、2个重点镇和55个中心村建设，形成了布局合理、各具特色的城镇体系。大王镇荣获“全国小城镇建设示范镇”称号。目前，全县小城镇居住人口已达19.5万人，城市化水平达到41%。二是统筹区域经济发展。针对乡镇之间发展不平衡的问题，制定出台了《支持基层工作加快乡镇发展的意见》，确定实施了“突破李鹊带动农业乡镇，突破丁庄带动北部乡镇，突破稻庄促城乡统筹”三个突破，完善了相关扶持措施，从项目安置、资金投放、人才支持等方面予以重点倾斜，并实行了部门对口帮扶乡镇制度，逐步构建起了发达乡镇率先发展、中等乡镇加速崛起、欠发达乡镇跨越式赶上的发展格局，推动了县域经济全面发展。三是统筹城乡社会进步。最大限度地整合城市资源和农村要素资源，努力确保城乡基础建设和社会事业良性互动、协调发展，实现了“五通五保五救助”：村村通柏油路、通客车、通自来水、通有线电视、中小学微机联网校校通；农村养老保险、低保、医保、失地农民基本生活保障、五保老人集中供养；教育救助、灾害救助、住房救助、残疾人救助、老年人救助。同时，在科技、教育、卫生等社会事业发展上坚持城乡统筹，协调推进。实行了教师工资县级统筹，全面落实了“以县为主”的农村义务教育管理体制。全面推行新型农村合作医疗保险制度，全县农村合作医疗乡镇覆盖率和农业人口覆盖率分别达到100%和95%。狠抓城乡科技进步，大力完善科技创新、应用与推广“三大体系”，城乡群众的科技应用能力不断提高。2004年我县先后被表彰为全国初级卫生保健先进县、全国科技进步示范县。

五、建设节约广饶、生态广饶、和谐广饶，开创统筹和谐发展新局面

在经济社会发展实践过程中，始终贯穿和谐理念，着力实现经济与社会的和谐、人与自然的和谐、人与人的和谐。一是积极建设节约型社会。把建设节约型社会作为事关长远的重大任务来认识和落实，列入了“十一五”规划的重要内容，并制定具体的落实措施，将长远规划与近期安排结合起来，用循环经济理念指导各方面的工作，在全社会倡树节约意识、勤俭理念，大力推行节约生产、节约建设、节约消费和节约管理，逐步走上循环发展的轨道。二是大力改善生态环境。牢固树立保护环境就是保护生产力、保护可持续发展能力的观念，制定和实施了《生态县建设规划》，积极推进生态县、环境优美乡镇、生态文明村建设。重点抓了“三个一批”：实施了淄河水库、北水南调、三干节水改造等一批引水补源工程，涵养地下水源。大力推进“两线三环”绿化、生态防护林建设等一批造林绿化工程和路域综合整治工程，逐步形成以县内重要水系、交通干线为支撑的“四纵八横”绿色长廊，构建起广饶“大绿化”网络。实施了环保专项行动、城区封井并网等一批环境治理工程，指导企业推行清洁生产，下决心治理水污染、大气污染，有效改善了环境质量。三是深入构建“和谐广饶”。牢固树立民本思想，切实维护群众利益，推进社会公正、公平。根据群众实际需求，每年都为民办10件实事、实施10大利民工程，使广大人民群众共享改革发展成果。深入弘扬“信仰、忠诚、奋进、卓越”的广饶精神，大力开展精神文明创建活动，营造了心齐、气顺、风正、劲足的良好社会氛围。高度重视维护稳定工作，严格落实“一岗双责”，健全维护稳定的措施和机制，坚决杜绝群体性事件和重大恶性事故的发生，有效维护了全县政治安定、社会稳定、生产安全，为加快发展提供了可靠保障。

今后发展中，广饶县将深入学习贯彻十六届五中全会精神，坚定不移地实施“五大战略”，做好做活膨胀经济总量、优化经济结构、转变增长方式三篇文章，在全面建设现代化强县中加速崛起。“十一五”期间基本实现“把广饶建设成为经济繁荣、环境优美、社会和谐，最适宜居住、最适宜创业，全国县域经济最发达地区之一”的奋斗目标。

立足“两个率先” 推进富民强区 在争先进位中实现快速发展

◆南京市副市长、六合区委书记 陈维健

六合，一座古老的城市，有文字记载的历史可追溯到公元前559年；六合，一座崭新的城市，呈现出现代工业化快速发展的勃勃生机。

近年来，在“三个代表”重要思想和科学发展观的指引下，六合86万人民抢抓机遇，攻坚克难，埋头苦干，在建设“沿江开发的先行区、三个文明协调发展的特色区、南京现代化的新市区”道路上阔步前进。特别是撤县并区三年来，六合区、沿江工业开区、南京化工园区“三位一体”，紧紧围绕“两个率先”、富民强区目标，坚持加快发展、科学发展、协调发展、可持续发展，进入了经济社会发展最快、最好的历史时期。三年来，全区GDP增长1倍；财政收入增长2.2倍；全社会固定资产投资增长2.4倍；合同利用外资、实际利用外资均是并区前三年的7.5倍；农民人均纯收入年递增10%以上。

2004年，实现地区生产总值124亿元，比上年增长18.3%；完成财政收入18.5亿元，增长40.5%；完成全社会固定资产投资60亿元，增长47%；完成合同利用外资5亿美元，实际利用外资1.9亿美元，均实现翻番；社会消费品零售总额56亿元，增长18%；农民人均纯收入5269元，增长13.3%。

六合现代大工业框架已经拉开。形成了以“三带六园”为核心，各工业集中区为主体，重化工、精细化工、钢铁、纺织服装、机械电子五大板块为支撑，“链式”发展、集群式推进的工业新方阵。作为国家级重化工基地，南京化学工业园区先后引进了一批国际先进水平的大项目，初步建成了乙烯、醋酸、氯碱三大产业链。总投资29亿美元的扬巴一体化工程、总投资1.48亿美元的美国塞拉尼斯60万吨醋酸、总投资5500万美元的德国德斯达纺织染化料、总投资9800万美元的香港惠生公司20万吨甲醇等一批大项目相继开工建设。2004年6月，国家科技部火炬计划南京精细化工产业基地在南京化工园挂牌成立。扬子石化、南化、南钢、华能、南热等驻区国家大企业，生产经营迈上新台阶。六合区大力推动工业结构调整，已培植产值亿元以上企业42家。2004年，南京化学工业园区实现技工贸总收入355.19亿元，工业总产值335.73亿元。扣除驻区大企业因素，六合区规模以上工业实现总产值161.9亿元，同比增长30.4%。

六合统筹城乡建设体系日趋完善。完成了城乡建设总体规划和近期规划，雄州主城、沿江工业开发区、南京化学工业园区“三大组团”加速融合扩大，形成了以江北大道、沿江高等级公路为轴，三纵五横、东进南移的新城发展框架。小城镇布局体系优化，建设速度加快，2004年完成投资4.8亿元，横梁镇、八百桥镇被列为全国重点中心镇。全区城镇化率接近60%，比三年前提高10个百分点。供电、邮电设施坚持超前发展，基站、网络、变电站等设施逐步现代化。建成两座日供水10万吨的水厂和部分街镇水厂。城乡交通网进一步完善，宁启铁路建成通车，宁淮高速、宁蚌高速加速推进，飞机场建设开始启动。全区新建改建二级以上等级公路60.9公里，使各镇融入了半小时高速公路圈；新建农村水泥路1265公里，把城区的发展效应延伸到农村。

六合商贸物流中心的地位逐步显现。构建了与城市现代化相衔接、与推进工业化相匹配、与人民群众需求相适应的服务业体系，成为承接南京、辐射苏皖的重要中转站。形成了雄州主城商业环、沿江工业开发区商业环、江北大道沿线“两环一线”商贸设施布局，现代超市、连锁经营、物流配送等新型业态不断拓展和延伸。国家科技部在南京化学工业园区建立了“国家电子商务与物流试点”，使六合成为沿江最大的化学品物流集散基地。以沪江五金商贸城、华泰化工商品城、农产品集散调控中心、苏皖边界交易市场等为主体的一批专业市场，集聚了人气，增强了辐射带动作用。

六合都市型农业发展速度不断加快。南部生态林业经济区、中部现代高效农业经济区、北部绿色生态经济区三大农业功能区特色明显。富硒大米、特色蔬菜、花卉苗木、草食畜禽、特种水产和农业旅游六大优势主导产业不断壮大，已形成50万亩蔬菜、20万亩富硒水稻、15万亩花卉苗木、15万亩水产、20万只山羊养殖规模。超大蔬菜、金海苎麻等11家农业龙头企业带动作用增强。2004年，全区实现农业增加值16.6亿元，52个农产品基地、23个农产品通过无公害认证，50多个农产品注册了品牌。“远望”牌富硒大米、“华平”牌茶叶、“大圣”牌水芹、“神功”牌活珠子等11个特色农产品分别获得省市名牌农产品称号，特色农产品已出口到世界50多个国家，每年出口创汇近3000万美元。

六合对外开放格局基本形成。南京化学工业园区、六合经济开发区、红山精细化工园、中山科技园等6大工业园区和工业集中区建成区面积近70平方公里，基础设施进一步完善，投资环境进一步优化，承接国际产业资本转移的能力明显提高。南京化学工业园区被授予“中国石油和化学工业最具投资价值园区”称号，六合经济开发区在全省66个省级开发区中排名第18位。2004年，六合区实现合同利用外资5亿美元，实际利用外资1.9亿美元，连续三年实现翻番；新批外资企业49个，其中千万美元以上企业8个。先后引进了总投资3亿美元的宁翔电子、总投资4.5亿美元的法伯尔粘胶纤维、总投资9000万美元的兰精纤维等一批产业关联强、技术含量高、发展前景好、投资规模大的项目。南京化学工业园区实现合同利用外资4.65亿美元，实际利用外资1.24亿美元；新批与增资各类企业71个，其中外资企业37个，千万美元以上企业28个。

六合人民生活水平明显提高。2004年，企业在岗职工年均工资达13770元，同比增长20.7%；农民人均纯收入5269元，增长13.3%；原六合县居民存款余额达45亿元，比3年前净增加21.5亿元；新开发就业岗位1.2万个，新增再就业5964人；新增农村劳动力转移1.55万人，累计转移总数20.56万人，占全区农村劳动力总数70%；新发展民营企业1439家、个体工商户4103户，新增注册资本13.5亿元。以养老、失业、医疗、工伤、生育保障为主的社会保险框架基本形成，基本养老、医疗和失业保险覆盖面分别达到89.8%、86.3%和87.9%。全区共投入资金5.51亿元为农民办实事，新增改水受益人口28.5万人，新型合作医疗村覆盖率达100%，有线电视实现“村村通”，城乡低保基本实现应保尽保。

在推动发展的过程中，六合结合六合实际，始终坚持“五化”发展方向：

一、坚持特色化发展方向，全面增强综合经济实力。近年来，六合按照“特色就是优势，特色就是竞争力”的发展思路，加快构筑特色鲜明、适应市场、面向未来的产业体系。一是积极打造新的制造业中心。按照建设先进制造业基地目标，六合实施了传统产业的新型工业化改造，构建了以高新技术产业为先导，优势传统产业为基础，先进制造业为支撑的产业结构新体系。其中重点围绕五大产业板块的规模扩张，大力调整产业结构，形成了布局集中、产业集聚、企业集群的发展局面。二是积极打造商贸物流中心。顺应城市发展竞争由产业领域向综合服务领域扩大的新趋势，围绕建设南京江北物流中心、商贸中心、旅游休闲中心的目标，充分发挥深水港、航空港、铁路、公路所形成的交通优势，构建了以商贸圈、市场群、特色街为支撑的服务业发展格局。三是积极打造特色农副产品生产配供中心。六合紧紧围绕农业结构调整目标，按照人与自然、经济与社会统筹发展的要求，坚持以精取胜，扬优成势，初步构筑了经济、生态、旅游、科技于一体的都市型农业体系框架，增强了农业综合生产能力和农产品竞争能力，促进了农业可持续发展。

二、坚持工业化发展方向，提升工业经济带动作用。做大地区经济总量，工业是重点，企业是主体，项目是关键。按照这一思路，全区上下狠抓工业投入，狠抓项目落地，实施大开发、大建设。一是集中力量抓项目。成立大项目协调推进工作领导小组，每周一上午集中办公，排定工业各类项目，明确承办部门负责制，项目主体负责制，专门班子服务制，一个项目一个责任人，签约的促批准，批准的促开工，开工的促投产，切实解决项目推进中遇到的困难。全区从部门到街镇、村，层层抓项目，每年实施100万元以上的工业项目200多个，其中1000万元以上的50多项。二是遵循规律抓项目。始终坚持科学发展观，认真研究国家产业政策和投资导向，结合六合区位、资源、交通、产业优势，精心选择大项目、好项目、带动强的项目，并利用规划手段，推动产业发展的相对集中，重点延长五大产业板块的产业链，使其上下游结合，配套成龙，不断延伸发展。三是破解难题抓项目。在国家加强宏观调控的情况下，六合顺时应势，开动脑筋，既不把规范作为限制，也不把搞活变成违规，自觉执行国家宏观经济政策，努力抓国家鼓励支持的产业，抓有特色、有竞争力的产业，千方百计调整产业结构，把发展的重点放在科技进步上，放在特色培植上，放在速度和质量的全面提高上。

三、坚持外向化发展方向，着力提高对外开放程度。坚持把招商引资作为经济工作的重中之重，从对接长三角产业分工、承接国际产业资本转移的目标出发，从加快沿江开发的速度、提升沿江开发的带动作用入手，创新招商方式，扩大招商领域，创优招商环境，全力扩大利用外资规模。一是打造招商活动平台。通过动员全党、全民、全社会参与招商引资，精心组织好三区联合招商、重洽会、金洽会、茉莉花节、蟹黄汤包节等一系列主题招商活动，天天忙招商、月月搞活动、季季掀高潮。二是打造招商载体平台。六合充分利用国家和省、市的各项扶持政策，着力提升省级经济开发区和各工业集中区的配套承载能力，特别是充分利用南京化工园区国家级重化工基地政策优势，倾全区之力支持化工园建设，不断改善园区环境，推动园区的快速发展。三是打造招商产业平台。围绕壮大五大产业板块，延伸产业链，带动企业群，不断扩张产业规模，提升发展档次，实施优势资源开发、特色产业开发、基础设施开发，在特色招商上形成了自己的新优势。四是打造招商服务平台。六合始终按照“亲商、安商、富商”的要求，进一步强化部门间的协作联动，增强合力，高效率解决好投资者生产生活中遇到的实际困难，真正做到了支持投资者、关心投资者、让利投资者。

四、坚持城市化发展方向，全力推进城乡统筹发展。要在新一轮竞争中实现跨越发展，必须以城市功能的大改善和环境特色的大展示来实现生产要素的大集聚。六合在推进工业化的过程中，高度重视了城市化的互动并进。一是优化城市布局。按照南京市“一城三区”、“三城九镇”规划，坚持全区“三大组团”联动建设。主城区坚持新城开发与老城改造并举，凸现滨江、滨滁城市风貌。沿江工业开发区和化工园区立足增强服务大企业的功能，加快建设好市政公用设施和商贸服务设施。二是完善基础设施。六合按照适度超前的原则，加速推进基础设施建设，初步建立了覆盖城乡的系统化、网络化、现代化的基础设施网络。全区的供电网、供水网、邮政通信网基本满足了工业化推进的需要。以推进国家和省市基础设施工程建设为重点，构建高速公路、城区干道、街镇村公路配套结合的现代交通体系，带动了区域经济的发展。三是创建良好环境。良好的生产、生活和生态环境是实现可持续发展的重要载体。为此，六合通过实施“清洁生产”工程，“亮化、美化、净化”工程和“绿色六合”工程，在经济快速发展的同时，实现了保持良好人居环境的目标。

五、坚持协调化发展方向，构建和谐社会生动局面。首先，六合把加快全面小康进程，作为协调发展的一项重要任务来抓，通过齐心协力抓就业，加大力度抓创业，统筹兼顾抓平衡，立足长效抓保障，使协调发展成为破解城乡二元结构的过程，成为缩短城乡差距的过程，成为六合百姓人人受益的过程。其次，六合通过开展创建学习型组织，创建文明城区活动，通过深入贯彻《公民道德建设实施纲要》，充分调动了人民群众的积极性和创造性，全面提升了广大市民的思想道德素质和科学文化素质，形成了全社会共建美好家园的强大合力，实现了城市文化品味和文明程度的明显提升。再次，六合进一步加大了对科技、文化、教育、卫生等社会事业的投入力度，办好了一批事关全区经济社会发展大局、与人民群众利益息息相关的实事工程，有力地维护了社会公平，促进了社会和谐发展。

今后几年，是六合实现经济快速崛起、社会全面腾飞的关键时期。六合将以“三个代表”重要思想为指导，认真贯彻落实科学的发展观，动员全区上下，始终坚持科学发展、率先发展，坚持三个文明一起抓，为加快“两个率先”、富民强区进程，建设全面、协调、可持续发展的新六合作出新的贡献。

构筑现代化中等城市 建设生态型经济强县

◆中共宁海县委书记 林静国　宁海县人民政府县长 马晓晖

近年来，坚定不移地坚持以经济建设为中心，以科学发展观为指导，紧紧围绕县第十一次党代会提出的“构筑现代化中等城市、建设生态型经济强县”的奋斗目标，加快推进改革开放和现代化建设，全县经济和社会各项事业持续快速健康发展，先后跻身全国县域经济基本竞争力百强县、全国综合实力百强县行列，相继获得省级文明城市、省级教育强县、省级卫生县城称号。2004年，全县实现生产总值115.3亿元，完成财政总收入13.69亿元(按老口径计算)，其中地方财政收入6.14亿元，城镇居民人均可支配收入达到14379元，农民人均纯收入6104元。2005年上半年，全县实现生产总值62.53亿元，增长12.3%；完成财政总收入8.88亿元，增长21.2%；城镇居民人均可支配收入达到9358元，农民人均纯收入4999元，分别增长21.2%和20.7%。

一、坚持走新型工业化道路，工业经济综合竞争力显著增强

着力培育特色行业。凭借开放早、转制早而形成的先发优势，立足本地实际，积极实施“以特取胜”战略。经过十多年的滚动发展，培育形成了以模具、文具、灯具、五金机械、汽车配件、电子电器六大特色行业为主体的块状产业集群，先后被授予“中国文具生产基地”、“中国模具生产基地”和“浙江省文具商标品牌基地”等称号，宁海模具城被列为国家“十五”规划重点项目、省级特色工业园区。全县现有文具生产企业近300家，模具生产企业1700余家。2004年六大特色行业规模以上企业实现产值93亿元，占全县规模以上企业总产值的62%。

加快工业园区建设。按照“做优基础、完善功能、形成特色、提高容量”的总体要求，坚持外延扩张和内涵提升并举，坚持园区特色化、生态化发展，逐步形成了以省级经济开发区为龙头、区域性工业区块和特色工业区块为支撑的发展格局，推动了传统产业改造提升和高新技术产业发展，促进了城区企业向城外转移、同类企业向特色园区转移。2004年共投入园区基础设施建设资金8亿元，入园企业共达695家，实现工业产值超60亿元。

突出发展循环经济。牢固树立生态生产力理念，以促进生产“减量”化、废弃物资源化、产业组合化和资源利用集约化为核心，以实施“2133”工程(即打造2个循环经济示范基地，建设10个循环经济重点项目，创建30家清洁生产示范企业，培育30家废弃物回收和资源综合利用企业)为重点，在各个领域积极探索发展循环经济，初步走出了一条具有宁海特色的循环经济发展之路。在浙江省实施的循环经济发展“911”工程和工业领域“4121”工程中，宁海县被列为省循环经济试点示范县，临港区块被列为省循环经济示范基地，国华宁海电厂被列入省循环经济示范企业。《领导决策信息》刊发编辑部文章，将我县的一二三产业资源共享模式归纳为全国县域循环经济发展五大模式之一。

大力发展外向型经济。坚持对外开放不动摇，不断提高外贸发展水平。2004年全县规模以上企业实现外贸出口交货值66.87亿元，自营进出口总额5.24亿美元，机电产品出口比重和高新技术产品

出口增幅名列宁波市前茅。深入推进招商引资。按照“资源招商、政策请商、服务亲商、环境留商”的招商思路，依托产业优势和生态优势，逐步从全民招商向专业招商、产业招商转变，招商引资质量不断提高。2004年全县合同利用外资1.27亿美元，实际利用外资6100万美元，特色优势行业合同利用外资额占到了总数的85%。

积极推进科技创新。把提高科技创新能力作为转变经济增长方式的中心环节，不断强化技术要素支撑，先后建立了县生产力促进中心、文具设计中心等科技创新公共服务机构和中国文具网、中国模具资源网等特色产业信息平台，并计划建立科技创业园和国家级模具检测中心、省级汽配橡胶件检验中心等科技服务机构，从而使宁海县的六大特色产业都拥有一个公共技术服务平台。目前全县共有高新技术企业17家，其中国家级高新技术6家，高新技术企业产值达到40亿元。全县100家实力工程企业，基本设立了技术开发机构或有稳定的技术依托单位。全县技改财务投入从1998年的6亿元增加到2004年的20亿元，年均增幅达24.7%。

二、坚持以发展生态高效农业为核心，农业产业化水平明显提高

宁海农业资源丰富，山有竹木茶桑果之盛，海有鱼虾蟹贝藻之丰，为浙东的“鱼米之乡”。近年来，宁海县充分依托资源的比较优势，按照工业思路抓农业，围绕“一二三四”的总体思路(即“围绕一个中心，突出两个重点，深化三项改革，建设四大体系”)，以“产业特色化、生产规模化、产品品牌化、经营公司化”为方向，大力发展生态高效农业，着力构筑现代化农业产业体系。2004年，全县农村经济总收入达375.8亿元，农业总产值23.05亿元。

大力扶持主导产业和主导产品，培育形成了海水养殖、林特、畜禽三大优势产业和茶叶、土鸡、无公害蔬菜等十大主导产品，2004年主导产业、主导产品实现产值13.09亿元，占农业总产值的56.8%。积极实施海洋经济“升级增效”工程，加快推进海水养殖从量的扩张向质的提高转变，全县海水养殖面积连续六年位居全省第一，2004年渔业总产值达到10.9亿元，占农业总产值的54%。深入实施品牌战略，加快发展绿色农产品，共创有国家、省、市级绿色农产品21个、名牌农产品5个，国家级无公害农产品9个，认证绿色农产品基地20个。逐步壮大农业龙头企业，2004年25家县级以上农业龙头企业完成销售6.65亿元。按照“龙头企业＋基地＋农户”的发展模式，建立农业龙头企业原料基地5.36万亩。不断加强生态农业基地建设力度，浙江东海岸10万亩绿色农产品基地被列为国家级建设示范项目，三门湾百里生态型海水养殖基地和西部山区万亩绿色农业基地建设初具规模，逐步形成了“蓝色东部”和“绿色西部”的特色农业发展格局。坚持“依法、自愿、有偿”的原则，通过加大扶持力度、开展土地整理、培育经营主体等途径，不断完善土地使用权流转机制，推进农业适度规模经营，目前全县流转土地面积达到24.6万亩，占全县耕地总数的70.3%。着力缓解农业企业融资难问题，设立县农信担保中心，累计为农业企业提供担保4076万元。

三、坚持以产业结构调整为主线，现代服务业蓬勃兴起

近年来，宁海县以产业结构调整为主线，在做优一产、做强二产的同时，按照“规模适应、特色鲜明、功能完善、结构合理”的原则，积极构筑生态休闲旅游、现代商贸、现代物流“三大高地”，倾力打造长三角地区著名的生态休闲旅游中心和宁波南部区域现代商贸中心、现代物流中心“三大中心”，不断加快发展现代服务业。服务业已成为拉动宁海县经济增长的重要力量。2000年到2004年，服务业增加值由14.6亿元增长到33.1亿元，占GDP比重由22.9%上升到28.7%，对国民经济拉动力达到35.3%。2004年，全县服务业从业人员达6.2万人，占总从业人数的22%；服务业的地税收入达2.68亿元，占地税总收入的42.4%。

重点突破生态休闲旅游业。宁海县生态资源丰富，历史文化底蕴深厚，森林温泉、古村群岛、碧海渔帆，各具魅力。近年来，宁海县深入挖掘生态资源优势，将生态休闲旅游作为现代服务业发展的重点和突破口，坚定不移地实施“生态立县”发展战略。通过“做足宁海真山真水、培育生态休闲天地、打造黄金度假海湾”的战略路径，大力整合旅游资源，相继建成并对外开放了浙东大峡谷、宁海温泉、前童古镇、“十里红妆”江南民俗艺术馆、野鹤湫、伍山石窟等景区景点，逐步形成了“一带、两区、多点”旅游发展大格局。做深做足化以节为媒文章，充分利用《徐霞客游记》开篇地这一独特的人文资源，先后成功举办了三届中国(宁海)徐霞客开游节，打响了“天下旅游，宁海开游”的旅游品牌。2004年，全县共接待海内外游客108万人次，旅游总收入5.4亿元，宁海现已成为“长三角”地区重要的生态休闲旅游基地。

积极发展现代商贸业和物流业。宁海县地处宁波和台州两个经济区域之间，集铁路、公路、水路于一体，是宁波南部交通要塞。杭州湾大桥、甬台温铁

路等的开工建设，更为宁海县物流业带来了历史性机遇。因此，宁海县立足优越的区位交通条件，抓住机遇，扩大优势，大力推进物流平台建设，着力培育物流企业，积极发展物流市场，努力加快形成“一个物流园区、两大港口物流基地、多个行业配送中心”的区域物流布局，倾力打造宁波南部区域现代物流中心。在商贸业发展方面，宁海县中心城区服务业集聚辐射功能不断提升，长期保持了对周边地区较强的辐射和吸纳效应；专业市场和特色街建设初见成效，逐步形成了桃源南路、气象北路等一批服务业相对集聚的区域。为进一步推进商贸业的结构调整提升，宁海县将加快构筑“一主三副中心”（城市商贸商务中心和东、西、北部三大副商贸中心）的现代商贸业发展基本框架，着力建设城市五大商贸商务功能区，倾力打造宁波南部区域现代商贸中心。

四、坚持以人为本，城乡统筹建设步伐不断加快

稳步推进城市化建设。按照“拉开框架、突破重点、完善功能、改善环境，建设宁波南部中等城市”的总体思路，以“高档次规划、高标准建设、高效能管理”为原则，切实加强城市规划，修订完善城市总体规划，合理调整行政区划，积极实施“三改一推进”（即旧城改造、旧村改造、村改居，推进中等城市建设）工程，逐步完善城市基础配套功能。目前县城建成区面积已达23平方公里，城区人口集聚达20万人，城区绿化覆盖率为32％，城市化水平达到46％，一个组团型、开放式、生态化的现代化中等城市雏形基本形成。

不断加快城乡一体化进程。切实加大中心镇培育力度，全面启动以中心镇为依托的区域性工业区块建设。以“千村示范、万村整治”工程为载体，广泛开展新农村建设，花园、南溪等5个村被命名为市级以上“全面小康示范村”。深入实施下山脱贫工程，2004年共转移农村劳动力1.9万人次，计划到2007年底完成下山移民4.6万人。积极实施城乡一体的“五大网络”工程，促进城市优质公共资源向农村延伸。“路网”建设方面，建成“十横八纵”的城市交通网络，行政村通公路率超过90％，基本形成县内“半小时交通圈”。“水网”建设方面，全面实施水资源可持续开发利用规划，有序推进水源工程、供水工程和供水管网建设。“垃圾处理网”建设方面，基本形成县、镇乡、村“三级联动、三级负责”的垃圾处理运行机制，建成运行一批重点镇乡垃圾中转站和村级垃圾简易暂放点。“就业网”建设方面，建成重点镇乡劳动力分市场，实现就业信息联网运作，大力实施农民素质培训工程，2004年培训农民2.36万人次，城镇登记失业率保持在3.5％以内。“保障网”建设方面，新型农村合作医疗制度全面推开，农民参保率达88.5％；农村低保覆盖面继续扩大，五保户集中供养率达85％。

全面发展社会各项事业。大力实施科教兴县战略，教育综合实力显著增强，高标准普及义务教育，基本普及高中教育，职业教育和成人教育快速发展，成功创建成为省级教育强县。卫生文化体育事业不断进步，建成7个省级“东海明珠”镇，先后被授予“全国体育先进县”、“省级文明城市”和“省级卫生县城”等荣誉称号。深入开展“平安宁海”建设。突出城区警务运作机制、动态防控机制、群防群治机制和特殊群体教育管理机制等“四大机制”建设，不断提高信访矛盾化解能力，切实加强公共安全体系建设，确保社会政治稳定。

党的十六届五中全会为加快现代化建设、全面建设小康社会进一步明确了目标，指明了方向。“十一五”规划期间，宁海县委、县政府将以邓小平理论和“三个代表”重要思想为指导，坚定不移地以科学发展观统领经济社会发展全局，紧紧围绕“构筑现代化中等城市，建设生态型经济强县”的总体目标，全面贯彻实施县委“五五举措”，转变发展观念、创新发展模式、提高发展质量，努力推进增长方式转变、经济体制转轨、社会结构转型，积极培育循环经济示范区、最佳生态人居区、和谐发展先行区的三大优势，着力构筑宁波大都市南部核心区。

实施“龙门三跳”战略构想 建设现代化新型工业城市

◆中共河津市委书记 雷郭堂 河津市人民政府市长 刘振华

河津市位于山西省西南部，黄汾两河交汇处，人口37.2万，国土面积593平方公里，辖5乡2镇2个街道办148个行政村，是一个资源丰富、区位优越、厂矿聚集、经济繁荣的工业城市。近年来，河津市委、市政府认真实践“三个代表”重要思想，坚持和落实科学发展观，团结和带领全市人民奋力实施“龙门三跳”战略构想，实现了“两年当三晋首富，三年进全国百强”的宏伟目标，目前正向建设现代化新型工业城市迈进。

一、逐步完善了“龙门三跳”战略构想

河津作为晋陕大峡谷经济开发带县市，有着独特的区位优势、资源优势、人才优势、人文优势和产业优势。我市正在全力实施的“龙门三跳”战略构想的提出和形成，大致经历了三年多时间。2001年初，我们新一任市委、市政府班子主要领导调整后，在充分调研的基础上，针对我市的资源、人文、技术和区位等方面的比较优势情况，把发展经济的目标定位，确定在用3—5年时间，摘取三晋首富市桂冠上。经过两年的努力，2002年财政收入就由2000年的2个亿增加为4.6亿，顺利实现了当三晋首富的目标，2003年则把加快经济发展的目标定位，放在了一个较高的起点上，提出力争用三年时间，跨入全国经济百强县市。欣喜的是，经过一年的顽强拼搏，经国家统计局和全国县域经济基本竞争力评价中心按照百强县市8个方面36项评价指标全面考评后，2003年就顺利跻身了全国经济百强县市第95名，填补了我省没有百强县市的空白。特别是财政总收入比上年又翻了一番，达到了8.1亿元。2004年，我们重新确立了新的奋斗目标，就是建设现代化新型工业城市。明确提出经济发展要翻番翻番再翻番，百强位置要前移前移再前移。去年底，全市完成生产总值103.2亿元，财政总收入16.5亿元，农民人均纯收入5065元。四年时间，取得了两年当三晋首富，三年跻身全国经济百强县市，四年财政收入翻了三番的好成绩。

我们确立的“龙门三跳”战略构想，也可用这样两句话概括：第一句是：“龙门三跳”前两跳是两年当上了三晋首富，三年跻身了全国百强，跳出了山西、跳向了全国；第二句话是：“龙门三跳”第三跳是建设现代化新型工业城市，将跳出一个较高的水平，跳向全国经济百强县市的前列。但是，我们也清醒地认识到，“龙门三跳”是一跳更比一跳高，一跳更比一跳难的目标。我们的口号是：明知征途有艰险，越是艰险越向前，扭住目标不放松，不达目的不罢休。

我市经济快速发展，应当说是省市领导关心关怀的结果。省委书记张宝顺三年时间三次亲临我市视察调研。2003年10月30日，第一次视察调研时，把我市称赞为“全省最具活力的县域经济板块”、并“探索出一条县域经济实行目标管理的新路子”；2004年10月27日，第二次视察调研时为我们作了重要批示：“河津率先进入全国百强县，成为全省县

域经济发展的榜样，希望以科学发展观为指导，建设新型现代化城市，百尺竿头，更进一步。”2005 年 9 月 25 日，第三次视察调研时，与新到任的于幼军省长，对河津实施“龙门三跳”的辉煌成就给予了充分肯定。运城市委书记黄有泉、市长胡苏平，把河津工作摆在全市工作的重要位置，多次深入我市现场办公，为河津发展排忧解难。这些都极大地鼓舞了全市干部群众的士气，有力推动了河津各项事业的发展。我市经济的快速发展，也引起了国内众多经济学家的关注，他们纷纷到我市调查研究，普遍认为我市已成为中部崛起的“一颗新星”。

二、扎实迈开了实施“龙门三跳”战略构想强健步伐

这方面我们主要抓了四方面工作：

1. 狠抓项目建设，强力推动民营经济快速膨胀

民营经济是我市的一大优势。几年来，按照传统产业新型化、新型产业规模化、支柱产业多元化的要求，我们大力转变政府职能，以“保姆”式的优质服务加快新项目、大项目的建设。我们突出用地、路建、供电、供水、引资五个重点，努力打破制约民营经济发展的瓶颈。企业用地共解决 5000 余亩；道路建设投资 2 亿元，先后完成了东张、樱西、万苍 15 条市、乡公路建设，并建成了 10 条园区路，解决了 60 余家民营企业物流不畅的问题；电力建设大上了一批环保节能自备电厂；工业用水投资 1.2 亿元，铺开了禹门口 10 万方工业供水工程，解决了 30 余户企业用水问题；每年在珠江三角洲、长江三角洲举办招商引资活动，引进资金 40 多亿元。同时，我们制订并实施“三重奖、五鼓励”的优惠政策，先后奖励高级轿车 61 辆，价值 1000 余万元，大大调动了全市上下发展民营经济的积极性。全市民营企业连续三年保持了 20 亿元以上的投资规模，累计建设千万元以上的重大调产项目 50 多个，形成了一批新的经济增长点。我们大力发展园区经济、块状经济，高标准规划和建设了三大特色工业园区，提高了产业集中度和关联度，做强做大了煤电铝、焦铁铸、煤焦化三大独具河津特色的优势产业链条。目前，煤电铝工业园区已形成了 20 亿产值、2 亿利税的规模。焦铁铸工业园区已形成 5 亿产值、3000 万利税的规模。煤焦化工业园区已形成 20 亿产值、4 亿利税的规模。2004 年，民营企业完成总产值 132.4 亿元，营业收入完成 127.1 亿元，上交税金 6.9 亿元，吸纳劳力 4.4 万人，提供农民人均纯收入 2500 元。全市涌现出 15—20 亿元产值企业 2 家，5—10 亿元产值企业 3 家，亿元产值企业 33 家，千万元产值企业 112 家。民营经济在我市已成为最具活力的主板块，结构调整的主力军，小康建设的主战场，财源建设的主角色，农民增收的主渠道，劳动就业的主阵地。2003 年 6 月，全省还在我市召开了乡镇企业暨民营经济发展现场会。

2. 狠抓环境建设，强力推动国有企业做强做大

山西铝厂、河津电厂和即将开工兴建的王家岭煤矿是我市境内的三大国有企业。新一届市委政府班子调整后，把靠大工业拉动作为地方经济快速发展的新定位，明确提出要像战争年代支前、像北京申办奥运那样，全力支持国有大工业发展，并研究制定了整治大工业周边环境的工作思路。即：经济发展靠拉动，拉力形成靠环境，环境优化靠整治，整治环境促发展。之后，在山西铝厂召开了全市整治企业周边环境暨“打黑除恶”公捕公判大会。紧接着，又组织有关部门集中三个月时间，对山西铝厂、河津电厂附近乡村私拉乱接水电、随意挡工挡路以及在厂区占道经营、乱搭乱建等问题进行集中整治，对康家庄、任家庄两个村实行了整体搬迁，有效解决了长期令企业头疼的老大难问题，确保了山西铝厂三期、河津电厂二期、王家岭煤矿工程的立项和开工建设，三大国有企业“十五”和“十一五”期间在我市投资达到近 150 亿元。目前，山西铝厂三期新上 28 万吨电解铝、扩建 80 万吨氧化铝和 60 万千瓦自备电厂工程已顺利竣工投产；河津电厂新上 120 万千瓦项目、年产原煤 800 万吨的王家岭煤矿力争明年开工建设。这些项目建成后，可新增工业产值上百亿元，利税 20 亿元。在改善生态环境上，去今两年，已大力度关停了一批土小企业，仅焦化行业整顿就关掉炭化室高度 2.8 米以下机焦炉 40 余座，同时还把今年作为环境整治建设年，拿出 1 亿元资金用于环境整治。

3. 狠抓城市建设，强力推动城市品位上档升级

从 2001 年开始，我们先后完成了总投资 2000 万元的龙门广场，完成了总投资 8000 万元的百川超市，完成了总投资 5000 万元的城市双供一期工程，建设了龙虎、卫生、城建、三联、海鑫、国税大厦等一批高层建筑，建成了龙门大厦、新耿大厦、天都大厦三个四星级酒店，形成了一批城建亮点和精品工程。在城市道路体系建设上，投资 2.5 亿元，先后改造了紫金街、龙岗路，新建了府前路、文苑西路，延伸打通了新耿南街，开工建设了振兴东路等 10 余条城市街道，形成了较为完善的市政道路体系。特别是今年以来，城市建设再掀新高潮。市区从北到南铺开了总投资为 2 亿元的龙门大道、樊城路、新兴东路、中兴路、振兴路、永兴路、汾滨南街等 7 条市政道路工程。这些工程建成后，市区将形成龙门大道、永兴

路、新耿大街、南环路等四条十里长街，构架起城市道路主框架。此外投资6000万元的体育馆建设已全面开工，投资1.5亿元的行政中心、投资5亿元的汾河公园，也在论证、立项、设计之中。我们加大城市绿化力度，仅今年就高标准完成了新耿南街绿化工程，建成了17个园林式单位和7个园林式小区，新增绿化面积11.5万平米，环城绿化、龙门大道绿化工作也正在实施之中。通过几年来坚持不懈的努力，我市城市规模不断扩大，城市品位大为提高，城市功能日臻完善，连续三年被评为全省卫生城市。

4. 狠抓小康建设，强力推动社会各项事业全面进步

在加快工业经济发展的同时，我们认真落实科学发展观要求，不断加大以工补农、以工促农、以工建农力度，促进城乡协调发展和社会全面进步。我们积极推进农业产业结构调整，在柴家、城区、赵家庄发展3万亩优质粮食基地，在黄汾两滩发展2万亩芦笋基地，在阳村、城区、樊村发展1万亩无公害蔬菜基地，在城区、工矿区发展400头奶牛，四条特色产业带初步形成，区域优势和市场效益日益凸现。农田水利和生态环境建设上，完成了6000亩中低产田改造和1万亩优质粮食基地建设，完成水保初治3.5万亩，退耕还林1万亩，三北防护林1万亩，农田林网2万亩，天保工程3000亩，解决饮水困难人口0.9万人。2004年全市拿出2000万元，一次性减免了全部农业税。今年又拿出3000万元，一次性减免了农村九年制义务教育阶段学杂费。我们大力扶持农村各项事业的发展，四年累计投入资金3.5亿元，主要用于小康示范村镇建设和农村巷道硬化，先后建设了龙门、干涧、康家庄、高家湾、西辛封等一批小康建设示范村。硬化了1500公里农村巷道，仅今年全市就有50个村铺开了总长度为1000公里的巷道硬化工程。在教育事业上，全市共撤并中小学22所，建成了3所城区学校、13栋农村教学楼和10个标准化学校。在农村医疗卫生事业上，推进农村新型合作医疗制度试点工作，全市87.48%的农民纳入了保障范围，对5万农民进行了体检建档，使农村真正体会到，百强不百强就是不一样。

三、充分展示了“龙门三跳”第三跳，建设现代化新型工业城市强劲态势

我们认为，两年当三晋首富，三年进全国百强，仅仅是迈开了全面建设小康社会的第一步。“十一五”期间，我市工作的指导思想和奋斗目标是：以“三个代表”重要思想和科学发展观为指针，以贯彻党的十六届五中全会精神为指导，以建设速度河津、现代河津、绿色河津、小康河津、人本河津、和谐河津为载体，实施好我市“龙门三跳”发展战略，经济发展要翻番翻番再翻番，百强位置要前移前移再前移，2010年初步实现建设现代化新型工业化城市的第三跳目标，并跻身全国经济百强县市的前50名，真正把河津建设成为经济持续发展、社会全面进步、人民生活富裕、生态环境良好的社会主义和谐社会。

初步规划是：在2004年实现财政收入四年翻三番的基础上，力争到2006年全市生产总值达到200亿元，财政收入达到32亿元，实现六年翻四番的目标；2010年，生产总值达到300亿元，财政总收入突破60亿元，实现十年翻五番的目标，并跻身全国经济百强县市前50强行列。

建设现代化新型工业城市是一个以“三个代表”重要思想和科学发展观为指导，立足于我市率先实现现代化而提出的经济和社会、生态和环境、城市和农村、物质文明、精神文明和政治文明全面发展、共同进步、相互协调的综合性目标。如果说冠首富、争百强是量的积累，那么建设现代化新型工业城市则是质的飞跃，紧紧围绕这一目标，“十一五”期间，我们将着力打造“四大优势品牌”，建设“四大特色基地”。

一是着力打造铝工业品牌，建设好铝产品深加工特色基地。充分发挥我市的铝工业优势，坚持在延伸产业链条上下功夫，以山西铝厂和振兴集团为龙头，大力发展铝材深加工，把铝工业做全做大，做深做精，力争三至五年内，全市铝材深加工能力达到20万吨，成为全国知名的铝产品深加工基地。

二是着力打造煤化工品牌，建设好精细化工特色基地。立足于国家的产业环保和能源政策，进一步加大煤焦行业的资源整合力度，延长产业链条，提高科技含量，在煤炭资源的综合利用上作文章，以阳光集团30万吨煤焦油深加工和红光集团20万吨甲醇项目为龙头，引导煤焦生产企业尽快走上高端化、链条化、新型化的高附加值发展之路，力争在三至五年内成为中西部地区精细化工产品的重要生产基地。

三是着力打造精密铸造品牌，建设好汽车发动机配件加工特色基地。立足于我市已形成800万吨商品焦、200万吨生铁和100万吨特种钢的生产优势，以三联集团为龙头，大力发展精密铸造和机械加工业，积极促进企业与科研院所的联合，力争三至五年内使汽车发动机缸体缸盖为代表的精密铸件生产加工规模，由现在的2万吨扩大到10万吨，把我市尽快建成在全国有影响的汽车发动机缸体缸盖生产基地。

四是着力打造人居环境最佳城市品牌，建设好龙门文化观光旅游特色基地。坚持高起点规划、高水平建设、高效能管理，拓展城市空间，加快城建步伐，完善城市功能，提高城市品味，力争在3至5年内，投资1.5亿元建设好体育中心工程；投资3至5亿元，“引黄入津”，建设好总长为5—8公里的汾河公园；投资2至3亿元，建设好行政中心、会展中心和老年公寓工程；投资3至5亿元，建设好以环城绿化、道路绿化、企业绿化、校园绿化、村庄绿化、机关绿化为主要内容的“碧水蓝天”工程。围绕“一心、两带、三区”的总体规划，开发特色旅游资源，打造旅游拳头产品，启动龙门和黄河滩地旅游景区开发工程，实施候禹高速桥头公园项目，建好黄汾两河风光旅游带，提升我市旅游业整体水平，逐步形成“北工南农中旅游”的产业格局。力争使我市两年建成省级文明卫生和园林城市，三年建成国家级文明卫生和园林城市。

目前，全市干部群众正以饱满的热情，认真贯彻落实党的十六届五中全会精神和胡锦涛总书记视察山西的重要讲话精神，按照省委、省政府“加快科学发展，建设和谐社会，致力求真务实”的号召，竭尽全力实施“龙门三跳”战略构想。今年1—8月份，全市生产总产值完成86.5亿元，同比增长32%，财政收入14.6亿元，同比增长30.1%，民营企业总产值101亿元，同比增长17.9%。预计到年底，全市生产总值可达到130亿元，财政总收入超过20亿元。我们有决心、有信心，在不长的时期内，把河津打造成“上海的浦东”、“广东的深圳”，为全省的经济快速发展真正起到榜样和示范作用。

加快产业集聚 打造竞争优势 推动通州经济在更高平台上实现新跨越

◆中共通州市委　通州市人民政府

产业集聚是工业化进程的必然趋势,是生产力空间布局的优化配置,是各种生产要素在一定地域的大量集聚和有效集中。加快推进产业集聚,是树立和落实科学发展观,实现经济跨越发展的重大举措,是当前和今后相当长一个时期通州加快工业结构调整的战略措施,是提升区域经济综合实力,推进工业化向高级阶段发展的必然过程。

一、把握宏观经济总体走势,顺应产业集聚发展潮流

20世纪后半叶开始,世界经济局势发生了一系列重大变化:一方面,经济全球化、信息化、市场化的进程势不可挡;另一方面,产业集聚化、融合化、生态化的趋势日益凸现。这两股潮流,不仅主导着传统经济增长方式的转变,而且推动了新一轮国际产业结构的大调整。从产业的角度看经济,集聚化发展尤为显著。这种态势,被理论界称为"经济马赛克"、"板块经济"和"产业集群"现象。这种现象的背后,预示着世界经济已经从企业竞争跨越到了产业竞争的时代,国际产业布局正面临着一次大的"洗牌"。通州要寻求新的区域经济竞争力,就必须高度重视产业集聚,着力构建产业发展的新高地。

(一)产业集聚发展,已经成为区域经济的重要引擎

从国外情况看,美国已形成了380多个产业集群,它们雇用了全国57%的劳动力,创造了61%的国民产出;意大利的中小企业集群达到199个,它们吸纳了全国30%的就业人口,出口额占到全国的50%以上;西班牙是世界第二大瓷砖出口国,其90%的产品来自北部的卡斯特兰平原。从国内情况看,广东、浙江的产业集聚起步最早。目前,浙江86个县(市、区)中有85个属于集群经济,大约形成了170多个大大小小的产业板块,年产值超过6000亿元。它们的皮革占全国市场的18.5%,服装占17.7%,纺织品占17.7%,化学纤维占13.9%,普通机械占13%,文体用品占12.9%,塑料制品占12.3%。在此拉动下,浙江GDP的位次,已经由"六五"末的全国第8位,上升到2004年的第4位,走出了一条持续快速健康发展的道路。从江苏情况看,产业集聚虽然起步稍晚,但各个地区的集聚步伐正在加快。沪宁线的IT产业、苏南的纺织服装、沿江的装备制造业以及一些传统产业板块,扩张迅猛。通州市南部、西部地区的板块经济,也开始崭露头角。可以预见,长三角地区未来的产业资源,将出现大规模的集结和整合,从而引发新一轮的产业大分工和经济大发展。

产业集聚的动力在竞争,活力也在竞争。集聚产生了独特的经济效率。产业资源的集结,不仅壮大了产业规模和特色,而且推动了产业内部的细化分工和相互协作,出现了专业的工艺加工、终端产品生产和生产服务企业,使生产的配套和服务半径大为缩短,成本大幅降低。集聚以市场为纽带,以法人

企业为组合方式，使效率至上成为每个企业的自觉追求。与此同时，产业规模的作用，促进了区域内专业市场和营销系统的发展，加速了产品的集散。集聚造就了独特的创新环境。产业位置的集中，使企业间的“能见度”提高，有利于企业增强持续创新的意识。新技术、新管理的相邻，使创新主体更容易受到启发，并形成相互仿效又有所创新的局面。大量中小企业的灵活性，使创新体系柔性更大、应变性更强，加上支持机构与生产企业的紧密合作，使技术成果的产业化速度明显加快。集聚形成了独特的群体优势。对外，形成品牌效应，提升影响力和整体竞争力；对内，群体越大，越拥有浓厚的创业氛围，不仅使每个创业者绷紧进取之心，不断激发前进动力，而且增强了对国内外资本的吸引力，进而形成良性循环。由此可见，产业集聚符合时代特征的发展大势。通州惟有把握大势，乘势而上，才能拓展加快发展的崭新空间。

(二)推进产业集聚，符合通州多年形成的市情实际

经济总量的扩张，为产业集聚奠定了雄厚的物质基础。2004年，全市GDP突破200亿元，财政收入近17亿元；实现工业产值673亿元，在2002年的基础上翻了一番；工业投入63.73亿元，是2000年的4倍；实际利用外资连续两年突破1亿美元，实现了“撑杆跳”。2005年全市经济继续保持高速增长态势，说明通州市已经进入了跨越发展期，具备了产业集聚的基础条件。

市场取向的改革，为产业集聚创造了市场化的体制环境。1995年以来，通过大力度推进企业产权制度改革、所有制结构调整和公有资产的有序退出，不仅使经济领域的改革基本到位，而且把市场机制引入了社会事业和基础设施等领域，市场经济体制框架已经形成，市场配置资源的基础性作用得到发挥。在基本完成产权大改革之后，面临的首要任务就是产业大发展。

板块经济的初现，为产业集聚开拓了良好的发展途径。20多年来，从家庭作坊到园区经济，从乡镇工业到块状产业，通州市已经自发地走上了产业集聚的发展道路。目前，初步形成家用纺织品、纺织服装、电子电器、船舶修造及钢结构、食品加工等产业板块和其他板块雏形。特别是家用纺织品和纺织服装板块，拥有的企业数量分别接近1000家，2004年的销售收入达到240亿元和220亿元，分别占工业经济总量的25%和23%。加快这些板块的发展，必将起到“四两拨千斤”的效果。

园区经济的态势，为产业集聚提供了优质的发展平台。建成省级开发区1个，部级工业园区1个，省级示范工业园区3个，南通市级示范园区4个，规划面积7.06万亩，已建成3.1万亩，入园企业1500多家，年销售收入超过300亿元。园区的开发建设，不仅初步解决了企业散点布局的问题，而且形成了大开发、大开放、大发展的基本框架。

企业素质的提升，为产业集聚孕含了强大的内在动力。全市4504家工业企业中，规模以上企业已超过800家，亿元企业82家，其中，超10亿元的企业5家，基本形成了大中小企业的梯次结构。在长期的磨合中，企业的协作关系日趋紧密，家用纺织品业已经形成了“公司加农户、加工在万家”的发展模式；纺织服装业也初步形成了“五纺”俱全、“六纶”齐备的产业体系；电子电器业拥有国家、省和南通市级研发机构9家，并与国内数十个科研机构建立了紧密合作关系。

(三)形成集聚格局，事关通州经济社会的未来发展

今后一段时期，围绕建设全面小康社会，通州市最重要的目标是“两个率先”，最根本的取向是“以工兴市”，最基本的原则是“科学发展”。实现既快又好发展，需要以产业发展作基础、以产业集聚来实现。产业集聚是实现“两个率先”的迫切要求。面对百舸争流的发展局面，如果没有强有力的产业作基础，就不可能有率先的发展速度；没有率先的发展速度，就不可能有率先目标的实现。东莞、温州、昆山等产业集聚城市，多年来经济增长在20%左右；浙江产业集聚区的经济增长速度每年快于全省3—5个百分点。这些活生生的事实表明，产业集聚有着非凡的爆发力，是一个地区迅速崛起的希望所在。通州市一定要充分运用这个抓手，抢先一步，棋高一着，占据产业发展的一席之地，力争在激烈的区域竞争中脱颖而出。产业集聚是“以工兴市”的重要途径。目前，全市三次产业的结构为10.5:54.9:34.6。以二产的比重超过50%为标志，工业化正孕育着质的转变。当前，在工业经济发展中，还存在产业发展不充分和知名度不够高、企业整体竞争力不够强、市场发育不够完全等问题。解决好这些问题，就是发展的潜力；解决不好这些问题，就会滞缓工业化进程。为此一定要以产业集聚为动力，加快项目建设、要素互动、发展集约，在新一轮的产业分工和协作中，不断强化竞争优势，加快工业化步伐。产业集聚是“科学发展”的题中之义。无论是全面协调发展，还是可持续发展，都需要转变经济增长方式，统筹好城乡发展、区域共同发展，用集聚发展的办法克服资源不足等制约，靠大量地引进外来生产要素，实现发展目标。总之,推进产业集聚,既是立足通州发展历史和现实的理性抉择,也是进一步提高发展质量和水平的内在要求。

二、目标打造区域性制造业基地,强化产业集聚的战略举措

本世纪头20年是我们必须紧紧抓住并且可以大有作为的战略机遇期,也是应对国际国内经济形势变化、强势推进产业集聚的最佳时期:从国际背景看,全球经济出现了明显的复苏迹象,进入新一轮增长期和投资活跃期;从国内情况看,国民经济依然保持较快的增长势头,区域产业结构调整的步伐明显加快;从自身条件看,随着苏通长江公路大桥竣工期的临近,就要迎来无限美好的大桥经济时代,必须进一步解放思想,振奋精神,牢牢把握住产业集聚发展的历史性机遇。

今后一个时期,通州市推进产业集聚发展的总体思路是:以科学发展观为指导,紧紧围绕“以工兴市、全面小康”的战略目标,着力转化区位、资源、产业、人文等优势,充分发挥市场导向、政府调控、龙头带动、科技推动的作用,大力度开发特色产业园区,培育市场流通体系,有效吸纳生产要素,推动产业结构调整,促进家用纺织品和纺织服装主导特色产业的改造提升,电子电器、船舶修造及钢结构、食品加工三大新兴产业的发展壮大,建筑业、服务业等其他产业不断成长,积极加以规划和政策引导,不断完善社会服务网络和公共服务平台,形成合理的产业地域分工和生产力布局,提高产业集中度和核心竞争力,加快建设区域性制造业基地,为推进通州新型工业化进程提供强有力的产业支撑。

目标任务是:到2010年,全市形成销售超百亿元的产业5个,其中,家用纺织品进入全国重点培育的产业集群行列,纺织服装、船舶修造及钢结构进入全省重点培育的产业集群行列,电子电器、食品加工进入南通市重点培育的产业集群行列;形成一镇一业、一村一品的总体格局。通过5年左右的努力,使主导产业销售收入在2004年的基础上翻两番,销售和工商税收规模占全市工业经济比重由现在的50%提高到70%以上。

实现上述目标,要突出抓好以下四个方面:

(一)因势利导,全面提高板块的综合实力

做优家纺和服装产业集群。围绕研发自主化、生产链条化、产品品牌化,促进家用纺织品业快速升级。加快发展具有较强国际竞争力的“旗舰型”企业,增强在生产、销售、研发、信息等方面的牵动功能。整合民营出口加工区内各工业集中区的定位,致力于发展主业突出、创新和创牌能力强的企业,发挥辐射带动作用。积极引导中小企业错位竞争,促进板块扩张和产业链延伸。大力发展配套产业,形成龙头带配套、配套引龙头的生动格局。2010年实现销售收入1000亿元,在全国乃至世界范围内形成较高的知名度。围绕企业上规模、装备上水平、产品上档次,促进纺织服装业快速升档。鼓励具有一定规模的企业,大胆引进最新技术和最新设备,广泛运用先进工艺,使生产水平得到提高,产品档次得到提升,快步走上自主创新、自主品牌的道路。积极引进和培育较高层次的产业项目,以增量发展促结构升级,拓展新的领域和空间。2010年实现销售收入900亿元,中高档产品比重提高到50%左右,建成全省重要的纺织服装业基地。

做大三块产业集聚地。以现有优势骨干企业为基础,以企业家办园为载体,以引进重大项目为抓手,加快建设电子电器业基地。积极鼓励中联科技园和江海国际电子城、综艺数码城、东源电器工业园扩大开发,依托企业运作,着眼做大实业、引进外资,打造国际级的特色产业基地。2010年三大基地的年销售收入要分别接近或达到100亿元。以沿江开发为契机,以临江开发区为载体,以江苏省建设亚洲造船基地为切入口,加快建设船舶修造及钢结构业基地。通过大力度承接国际产业转移,加快发展万吨级以上轮船的批量生产,高技术、高附加值的功能型船只的生产,以及海洋石油平台、大跨度空间网架结构等研发生产,使船舶修造及钢结构业成为全省规模型生产基地之一。2010年形成年产80万吨船、60万吨钢结构的能力和水平,销售收入达到200亿元。以市场为导向,以龙头企业为牵引,以资源转化为着力点,加快建设食品加工业基地。鼓励外资、内资、民资投资这一领域,扶持和发展一批龙头企业,在长三角经济圈中确立起优势地位。依托银河面粉、港德油脂等重点企业的带动孵化,壮大粮油食品加工业的实力;在东部和北部地区规划建设海产品、无公害食品和绿色农产品生产加工基地,转化特色资源;支持大富豪公司与世界著名啤酒企业合作,打造全国同行业强势企业。2010年全行业的销售收入达到200亿元。

做强建筑业之乡。继续推动建筑业强势发展,确保综合实力全省第一,首批进入由省政府命名的“建筑强市”行列。加大市场开拓力度。充分发挥高资质企业在承接“高、新、尖、大”工程项目上的竞争优势,强强联合,强弱联手,加快向高端市场挺进,向海外市场拓展,抢占更大的市场份额。加速企业资

质提升。推动成长性好、扩张力强的企业，高点定位，增创优势，早日进入特、一级资质行列；促进南通四建以晋升特级资质为契机，集聚要素，跨越发展，早日建成百亿集团。通过资质提升，打造建筑业“高资质军团”。加快增长方式转变。着力增强科技创新能力，健全质量保证体系，提高贯标认证层次，加快经营结构的深度调整。立足建设精品工程，尽显“通州铁军”形象。2010 年实现总产值 300 亿元，特级资质企业达 2 家，一级资质 18 家，鲁班奖总数突破 40 个。

做特农村经济板块。推进专业村建设。立足现有的产业基础，挖掘潜在的资源优势，发挥能人的带动效应，充分调动全民创业的积极性，加快发展特色种养业、家庭手工业和村级加工业，逐步形成一村一品的新格局。2010 年全市亿元村达到 120 个，其中 5 亿元以上的村 35 个。推进特色镇建设。按照产业规划，引导各镇聚焦优势产业，主攻优势产品，推动产业向优势区域集中，同产业、同行业、同类产品适度集聚。欠发达地区要放大比较优势，争取在产业梯度转移中有更大作为。2010 年特色产业销售超 20 亿元的镇达到 17 个，其中超 50 亿元的镇 8 个，并有一批成为全省乃至全国特色产业镇。推进农业区建设。加大农业结构调整力度，加快发展具有比较优势的蔬菜、果品、药材等十大特色农业园区，着力特色化、规模化经营。2010 年十大特色农业园区的产值达到 30 亿元。

（二）因地制宜，大力促进产业的优化布局

不断优化空间布局。把园区作为产业集聚的主要载体，按照节约、集约的发展方向，推动产业园区化、园区产业化。积极引导企业向园区集中。加快园区基础设施建设和框架扩展，减少零星工业用地的供给，大力引导“有产业、有技术、有规模、有税收、无污染”的项目进园区发展。通过集中发展，逐步形成以产业基地为龙头，市开发区、大桥工业区、民营出口加工区、临江开发区为支撑，镇工业园区为配套的产业布局架构，促进布局优化、产业集聚、土地集约。积极引导工业园区向产业园区转型。明确定位，彰显特色，加快各级工业园区转型步伐，把产业做大做强，使之与全市产业集聚发展规划相衔接。今后，凡新上项目，都要严格按照产业关联度，落户相应的产业园区，对异地落户的，建立合理的利益分配机制。开发区作为综合性园区，要加快发展园中园，围绕不同的产业分工形成内部特色。积极引导工业园区向组团方向发展。统筹把握园区的布局关系，依托沿江、沿海、沿路资源，推进“四区”和各镇工业园区由点状分布向带状分布发展；鼓励空间相近、产业相关的园区进行整合，最终形成区域统筹、特色鲜明、配套完善的组团式发展格局。

不断优化业间布局。尊重生产力发展的客观规律，正确处理好产业之间的发展关系。在突出工业主体地位的同时，坚持一二三产一起上。既要把主要力量、主要资源放在打造工业经济板块上，又要促进一二三产协调发展，充分利用临近上海的区位优势和路桥港的交通枢纽优势，大力发展外向型农业和新兴服务业，使三次产业相互支持、相得益彰。在优先发展支柱产业的同时，重视培育新的增长极。一方面，要不断使主导产业规模做大、质量提高、实力增强，发挥支撑作用；另一方面，又要追踪最新的产业动态，大力培育和发展新兴产业，打造新的亮点和支撑点。在加快发展高新产业的同时，注重改造提升传统产业。要充分发挥“国家电子元器件及材料产业基地”、“国家星火技术密集区”作用，促进高新技术产业的发展，显著提高高新技术在国民经济中的比重和贡献份额。与此同时，坚持以信息化带动工业化，积极运用高新技术和先进适用技术改造提升传统产业，形成核心竞争力，实现可持续发展。

不断优化规模布局。促进大中小企业分工合作、共同发展，提高协同度和整体竞争力。优先培植骨干企业。把支持企业发展的重点，放在培育符合产业发展方向的规模企业上，对达到一定规模和增长速度的，给予政策激励，加快崛起一批重量级的大型企业集团，成为引领产业集聚的第一军团。通过 5 年的努力，力争使年销售 10—30 亿元的企业达到 20 家，30－50 亿元的企业 6—8 家，超 50 亿元的企业 5—6 家。积极扶持成长企业。对技术领先、扩张力强的科技型、成长型企业，给予积极支持，鼓励它们迅速发展壮大，进入规模企业行列，成为推动产业集聚的中坚。力争每年新增规模企业 200 家左右。做专做特中小企业。大力引导中小企业以协议、加盟等形式，与大企业包括境外企业建立互利的协作关系，在配套中开辟大市场，涌现更多的行业单打冠军，成为产业集聚的助推器。

（三）多方突破，广泛推动要素的有效集聚

全方位开展产业招商。优化招商方略。正确把握国际资本、产业转移正在由分散投入向组团式投入转变的新趋势，努力由引进项目向引进产业的“链式招商”转变。要以培育产业为重点，着力引进孵化性强、带动力大、供应链长的综合项目，通过项目的纵向配套延伸和横向辐射拓展，形成关联度更高的企业集群。要把“接轨上海、策应广深、学赶浙江、融入苏南、对接南通”等活动继续引向深入。突出招商重点。既重视招商引资量的扩张，更重视质的提升；

既依靠中小项目打基础，更依靠大项目作支撑；既实行全面开花，更突出产业方向，增强招商引资的针对性。要通过全员招商，广泛网罗项目源；通过专业队伍招商，推进一批关键项目；通过重点园区和企业家招商，突破一批千万美元以上的大项目。切实加强项目开发，按照产业门类建立完善的项目信息库，提高项目可行性和吸引力。拓宽招商思路。着力以优引外，把重点发展的产业推介出去，把优势的领域展放出来；着力以民引外，引导民营企业通过合资合作、资产重组等形式，实现民资与外资、内资的相互融合、相互促进；着力以外引外，继续加强对落户外资企业的服务，鼓励企业增资扩股，鼓励他们吸引更多的合作伙伴、配套企业投资落户。同时，要积极应对贸易摩擦，实施外贸市场多元化战略，提高拓展境外市场的能力。

多层次推进民营经济。推动全民创业持续升温。要坚持创业政策的连续性，保护好、引导好、发挥好各方面的积极性。要抓住民间融资开始解禁的新机遇，千方百计吸引并激活民资，寻求资金与项目、人才结合的最佳途径，让有投资意向的人投到位，想干事的人干成事。推动创业活动不断升级。要以党员先进性教育为载体，把“双带”活动延伸到广大党员队伍；继续广泛开展“小康户”竞赛活动，形成家家户户比创业、比致富、比贡献的生动局面；引导广大个体工商户和私营业主进行“二次创业”，实现事业的再次跨越。推动民资引进更大突破。加大引进民资力度，吸引更多的市外民营企业家来此投资兴业。积极动员通州籍在外企业家返乡创业，促使他们“人回乡、钱回流、凤还巢”。推动“五大工程”深入实施。强势推进亿元工程、质量效益工程、技术创新工程、创建名牌工程和企业家培养工程，促进民营经济提质增效，加快民营经济向集约化、规模化的方向发展。

大力度推动企业扩张。增强企业的扩张意识。突出舆论引导、政策鼓励、要素倾斜，引导企业特别是重点企业加大投入，扩张总量，通过技术改造成长一批、向外联合壮大一批、内部兼并扩张一批，做到月月有新看点，年年有新进展。提升企业扩张的能力。引导企业发展新产品，自主开发、向上争取或与科研院所合作项目，广泛开辟项目源。鼓励企业采取上市融资、跨地区兼并等方式，广纳民间资本、社会资本和法人资本，实现快速扩张。

（四）多措并举，不断开拓集聚的发展途径

深入挖掘传统优势。名不见经传的传统工艺、手艺等，往往就是特色和优势。多一点引导，它就会发展壮大；给一个舞台，它就会大有作为。要立足市场需求，分析市场空间，搞好市场开拓，发现优势，挖掘优势，下力气组织、引导和支持，尽快把潜在的优势转化为现实的优势。

加快发展专业市场。大力发展商品流通市场、生产资料交易市场和其他要素市场，以大市场带动大生产、促进大集聚。加快中国南通家纺城建设和江苏川港寝饰有限责任公司的升级改造。在条件成熟的区域，规划建设纺织服装、钢丝绳、钢材等交易市场，构建与产业发展相配套的市场体系，尽快崛起一批年成交额超亿元、十亿元、百亿元的市场网络。搞好城区商贸区块的发展，重点引进和培育一批大型商贸企业，增强城区的中枢功能。积极推动物流配送、连锁经营、电子商务等新型流通体系建设，促进新型物流业的发展。

充分发挥龙头作用。引导龙头企业把总部建在本地，把核心生产放在本地，促进地方经济。引导龙头企业裂变扩张，不断将非核心业务转移出来，促进配套企业的形成和发展。引导龙头企业采用多种方式，对其上下游配套企业进行重组改造，逐步衍生或吸引更多的企业集聚。

积极创塑区域品牌。整合各种资源和要素，营造品牌优势，增强吸引力。大力实施企业品牌战略，引导企业加大品牌建设力度，力争5年内使每个支柱产业集群都拥有“中国名牌”，乃至国际品牌。鼓励联合创牌，围绕同类产品、同一行业，促使企业联合打造共享品牌，减少单个企业创牌成本。鼓励广大中小企业贴牌生产，提高品牌的利用效率。通过各种途径，加大造势力度，塑造区域品牌。

有效利用会展载体。积极组织企业参加各类大型博览会，广泛捕捉商机。举办具有国内乃至国际水平的专业博览会或高层论坛，扩大影响力。对原有的经贸洽谈会、投资说明会等活动，不断创新形式，丰富内涵，提升层次，力争办出新特色和新成效。

三、创新经济工作组织方式，营造产业发展良好环境

企业是市场竞争的主体，政府是服务发展的主体。在推进产业集聚的过程中，政府要与企业建立起默契的和谐关系，该“无为”时顺其自然、该“有为”时全力以赴，该“退位”时简政放权，该“到位”时守土有责，形成良好的发展环境。

切实加强调节引导。通过正确的导向，让一切有利于产业集聚的资源充分释放出来，把一切有利于产业集聚的积极性因素充分调动起来。一要优化创业氛围。通过大力弘扬“自信、包容、求实、创新”的通州城市精神，引领新一轮思想大解放，推动新一

轮产业大发展。进一步弘扬创业精神，使艰苦创业、自主创业、全民创业成为通州人的自觉行动。要围绕全市产业集聚规划，鼓励、引导和支持百姓创家业、能人创企业、干部创事业，努力实现家业殷实、企业兴旺、事业发达。进一步弘扬创新精神，使思想解放、敢干敢变、与时俱进成为通州人的精神特质，着眼做大产业，鼓励、引导和支持制度创新、科技创新、管理创新。进一步弘扬创优精神，使争先进位、勇于攀登、争创一流成为通州人的永恒追求，鼓励、引导和支持岗位创优、行业创优、区域创优，形成各个劳动者创优争先、各个单位励精图治、各个镇竞相发展的生动格局。二要强化定向扶持。通过制定加快产业集聚的政策措施，达到“五个促进”。即：促进项目集聚。对符合产业集聚发展规划和有关要求的项目，优先供地，重大项目实行一企一策。对新办有利于产业集聚、达到一定规模的外资民资企业和引荐者予以奖励。对产业招商实绩突出的部门给予经费补助。促进企业发展。对成功上市的企业，以及获中国名牌产品、中国驰名商标和省名牌产品称号的企业，予以奖励。对主导产业组团参加国内、境外展览会、博览会的，给予一定的摊位费补助。促进市场建设。对建办符合产业发展方向、具有显著带动作用的专业化特色市场，优先供应建设用地，地方性行政规费给予适当减免，开业后形成的税收给予一定返还。对民间投资新办生产要素市场的，给予一定奖励。对达到一定标准的新办现代物流企业，给予奖励和部分地方性行政规费减免。促进科技创新。对列入国家、省和南通市级的工程技术中心和科技孵化器，进行奖励或资助。对列入国家、省科技计划项目，优先安排地方配套资金。设立科技成果转化资金，支持重大科技成果转化项目。企业引进当前国际、国内一流设备或装备，达到一定水平的，进行奖励。对被有权部门认定为循环型企业的，进行奖励。促进要素供给。实行农村建设用地减少与城镇建设用地增加挂钩制度，调节指标支持产业集聚。组建多元投入、市场运作的产业园区开发经营主体，推进园区建设投融资的市场化。鼓励各类主体包括个人投资建设标准厂房，达到一定要求的，市级土地受益金予以返还。奖励在信贷方面给予产业集聚大力支持的金融机构，鼓励吸收各类社会资本建设非银行金融机构，组建中小企业贷款担保公司和民营企业投资公司。三要争取上级支持。认真研究国家、省和南通市在产业发展方面的一系列政策措施，尽可能用足用活上级政策，争取最大支持。

着力构建服务体系。通过政企互动、社会参与的方式，大力发展与制造业配套的生产型服务业，构建促进产业集聚的八大支撑体系。一是研发创新体系。以重点企业研发中心为基础，加快发展主体明确、服务共享、利益均沾、市场运作的公共技术研发创新中心。二是质量检测体系。整合质量检测资源，进一步提高技术水平和权威性、公信度，并根据需要，发展行业性质量检测体系。强化国际标准的宣传、培训、采纳、认证，促进企业按照国际标准组织生产。三是人才培训体系。完善人才柔性流动机制，发展人才交流市场。通过与高等院校联合办班等途径，加强企业家素质建设。充分利用本地与外地两个培训渠道，形成系统性的人才培养机制和载体。在劳务输出大省建立招工培训窗口，增强劳动力流入的有序性。四是产品展示体系。以市场运作为取向，政府和商会共同促进，加快建设产品、技术展示中心。五是信息共享体系。建立专业网站和产业信息、统计中心，发展信息咨询服务企业，建立高效的信息引导机制。六是基础设施体系。结合“十一五”规划，前瞻性建设基础设施，保证经济社会可持续发展的供水、能源、交通、物流等需要。七是中介机构体系。加快发展产权交易、资产评估、知识产权、法律和会计服务等各类中介机构。社会力量兴办的，给予适当资助。八是人文环境体系。探索有效的文化建设载体，培植企业的诚信文化、协作文化、创新文化、人本文化、制度文化，提高企业的发展内涵；营造包容、互助、守法的社会氛围，构建和谐社会。

努力提高组织水平。加快推进产业集聚，是一项复杂的系统工程，必须加强领导，精心组织。一要统筹协调。通过建立产业经济工作组，统一协调全市产业集聚发展工作，围绕产业集聚制订相应的工作计划。充分发挥总商会和行业商会在产业集聚中的作用，增强自我发展、自我服务、自我约束的能力。二要整体联动。统一思想，及时调整有关工作部署，不断完善行政审批、经济服务等措施，适应产业集聚发展的要求。加强政策清理，对已不符合发展要求的及时废除，尚有欠缺的加以完善。认真做好“十一五”规划工作，切实与产业聚集发展规划相衔接。三要促进落实。对确定的主导产业和公共支撑体系，市领导直接挂钩，靠前指挥，指导牵头部门制订详细工作方案，明确责任，跟踪落实。要改进作风，深入基层、深入实际，及时把握产业集聚发展动态，不断发现新情况、解决新问题。

率先发展铸辉煌 和谐发展谱新篇

◆中共武安市委书记 王俊祥　武安市人民政府市长 孟广军

武安市位于河北省南部，太行山东麓，共辖22个乡镇、502个行政村，总人口71.8万，总面积1806平方公里，是全省24个山区县（市）之一，也是首批22个扩权县（市）之一。近两年来，该市坚持科学发展观和正确的政绩观，围绕率先发展、和谐发展两大主题，依托煤铁资源丰富的优势，大力培育特色经济，统筹发展社会各业，推动经济社会发展实现了新跨越。主要表现为以下几个特点：

综合经济实力显著增强。2003年全市综合经济实力跃居全省第六位。2004年，全市生产总值完成175亿元，同比增长29.5%。人均GDP达2.5万元，增长30%；财政总收入达到21.9亿元，其中县级财政收入达5.05亿元，分别增长95.1%和78.2%；全社会固定资产投资达到37.8亿元，增长34%；全社会消费品零售总额达31.3亿元，增长20%；金融机构存款余额达138.2亿元，比年初增长26.3%。在"2005年全国百强县（市）"评比中，首次榜上有名，由第173位跃居第88位。

发展活力日益旺盛。民营企业总量迅速提升，成为全市经济发展的主力军。2004年民营经济增加值完成125亿元，占市属GDP的86%；实缴税金11亿元，占全部财政收入的50.2%。民营企业形成了25家年销售收入超亿元、15家纳税超千万元的企业簇群，有4家企业跻身河北"百强"企业，3家跻身全国大型工业企业前1000名和"中国制造业企业500强"行列。

经济发展特色突出。钢铁工业两年实现了"铁变钢"、"钢变材"两大跨越，产业产品结构更加优化，形成了集采、选、炼、铸、轧比较完整的产业链和企业群，铁、钢、材年产能分别达到1000万吨、1000万吨、360万吨。2004年完成增加值80亿元，占市属GDP的55%，实缴税金10亿元，占财政总收的45.7%，钢铁业在国民经济中的主导地位和支柱作用更加突出。农业产业化水平稳步提高。已经形成了以瘦肉型猪为主的畜牧业和以花椒、核桃等干果为主的林果业两大龙头经济，瘦肉型猪年饲养量达到80万头，优质林果基地达33.4万亩，农业产业化经营率达55%。小米及小杂粮种植面积达35万亩，获得"全国小米之乡"的美誉。旅游开发初见成效。京娘湖风景区被评为国家级水利风景区，洺河源被评为国家级地质公园和省级森林公园，开发打造了京娘湖、古武当山、朝阳沟、东山文化公园等8大精品景区和红色革命圣地、绿色太行风情、古色中华文明等3条精品旅游线路，旅游业成为该市最具活力和潜力的经济增长点。

城市功能日臻完善。城市建成区面积由2002年的12.3平方公里增加到19平方公里，人口由10.5万增加到17万。新城区框架基本形成，旧城改造步伐明显加快，城市路网结构进一步完善。煤、热"两气"集中供应面积分别达到3万户和105万平方米；城市公交线路达到12条，运营里程70公里；完成了武安广场、中兴路综合改造、西岭湖北园等十几处城建工程，进一步提高了城市品位；城区绿化覆盖率、绿地率、人均公共绿地分别达到42.5%、36.5%、9.5平方米，荣获"省级园林城市"称号和"河北人居环境范例奖"。小城镇建设步伐加快。磁山镇被列入全国重点小城镇和中国魅力名镇，阳邑、徘徊、邑城分别被列入省、邯郸市重点镇。

社会事业蒸蒸日上。科技进步对经济增长的贡献率达51%。新建了市一中新校区、九中，高中入学率达68 %，高考成绩连续7年在邯郸市19个县(市)区17个招生统计单位中位居榜首；初中、小学入学率分别达99%和100%，巩固率达98%、100%。实施了市医院扩建和19所乡镇卫生院改造，城乡医疗卫生条件显著改善。文化产业蓬勃兴起。全民健身运动日益普及，被评为国家级"全民健身先进单位"。人口、资源、广播、宗教等各项工作都取得了新成绩。

人民生活明显改善。2004年，城镇居民人均可支配收入和农民人均纯收入分别达到7425元和4091元，分别增长12.3%和13%。城乡居民储蓄存款余额达110.2亿元，比年初净增21.6亿元。养老、失业保险参保人数分别达到2.3人和2.7万人。城乡低保范围扩展到城镇2805户6297人、农村2466户4718人。

2005年以来，全市经济社会继续保持了稳步、快速、健康的发展的良好态势。1—9月份，全市生产总值完成171亿元，同比增长25%；全部财政收入达到22.7亿元，其中县级财政收入6.5亿元，分别同比增长26.2%和42.1%；全社会固定资产投资达到45亿元，同比增长53.3%；全社会消费品零销总额达到20.5亿元，同比增长12.6%；城镇居民人均可支配收入和农民人均现金收入分别达到7399元和3183元，同比分别增长25%和12.4%。

在推进经济社会发展中，主要把握了以下四个方面：

一、立足市情，明晰发展思路。2003年5月市级领导班子调整之后，围绕如何实现率先发展、和谐发展，在广泛调研的基础上对市情做了深入分析，通过市第四次党代会和五届一次人代会，确定今后五年乃至更长一个时期的发展思路是，紧紧围绕建设工业强市、生态强市、中等城市和优秀旅游城市四大目标，大力实施开放带动、工业立市、城乡协调、可持续发展四大战略，在工业改造升级、农业产业化经营、城市建设、旅游开发四个重点上求突破，正确处理经济社会发展中的各种矛盾和关系，努力实现率先发展、和谐发展。由于决策科学民主，思路切实可行，迅速在全市上下形成了共识，进一步激发了全市干部群众全面建设小康社会的发展热情。

二、突出重点，活跃经济全局。从增强全市经济竞争优势出发，坚持把"谋求四大突破"作为经济建设的重头戏，以重点突破活跃了经济全局。在工业改造升级上，围绕转变经济增长方式、提高市场竞争力，加大结构调整力度，一手抓精，推进产品精品化；一手抓宽，促进品种多元化，努力做强钢铁产业，做精煤化产业，做大建材产业。谋划实施了文丰100万吨中宽带、120万吨中厚板，普阳90万吨中厚板，玉洲60万吨捣固焦，新峰百万吨新型干法回转窑水泥生产线等一批重点项目，积极鼓励扶持新兴接续产业发展，邯武棉机、科力型钢等一批骨干企业发展后劲充足，有力地提高了工业经济的效益和竞争力。2004年全市工业增加值完成42.25　　亿元，同比增长12.3 %，运行质量明显提高。在农业产业化经营上，坚持强龙头、壮基地、扩规模，着力把林果业和以瘦肉型猪为重点的畜牧业育大育强，提高农业产业化经营水平，促进农民增收。2004年，全市干鲜果品总产量达到2.7万吨；共有百头以上规模猪场450家，其中万头猪场7家，规模化养殖水平达到80%；龙头企业绿源牧业开发有限公司新建了年加工40万头生猪的"冷鲜肉"生产线，晶品果业有限公司新上了核桃深加工项目，辐射带动能力进一步增强。在城镇建设上，围绕构建规划合理、功能完备、设施齐全、环境优美的城市格局，按照"新区现代化、老区古文明，城区园林式、全市生态型"的定位，大力实施"西扩东改"战略，一手抓旧城改造，一手抓新区扩张。聘请省城乡设计院专家，重新编制了城市规划；两年来累计投资5.75亿元，实施了30多项重点城建工程，极大地完善了城市功能，提高了城市品位。在旅游开发上，按照"规划先行、道路先通、多元开发、规范管理"的工作思路，聘请天津大学和大连老撒设计院专家，编制了《武安市旅游业发展总体规划》和重点景区修建性详规，累计投资2亿多元开发景点景区，促进了生态游、文化游、红色游全面发展。2004年旅游业综合收完成1.5亿元。

三、狠抓关键，增添发展动力。在推进发展过程中，我们抓住项目、民营、环境、资源不放松，为经济发展提供了强大的动力和支撑。一是抓项目，增强后劲。着眼快发展，加强大项目、好项目的谋划和建设。与清华大学、河北科技大学等21家高校院所进行了项目对接，达成一批项目合作意向，其中有的已开工实施。2005年20个市属重点项目当年计划投资28亿元，目前均完成或超额完成了投资计划。二是抓民营，激活主体。充分发挥民营经济在全市发展中的"主体"和"主力"作用，从方向引导、政策扶持、服务推动、重奖激励等方面，加大鼓励、扶持力度，并完善了集中审批机制、工作协调机制、领导帮扶和走访对话机制，促进了民营经济的快速、健康发展。三是抓环境，搭建平台。着眼打造政策"洼地"、服务“高地”、诚信“宝地”，重点抓了政策、政务、市场、人文环境的优化，为加快发展添力助推。四是抓资源，提供支撑。积极开辟铁矿外采基地。强化土地的集约、节约利用，加大土地开发复垦力度，在保证土地供给的同时，保持了耕地总量动态平衡。加强电力、水资源的使用管理，提高了资源、能源的使用效益。

四、统筹兼顾，促进和谐发展。围绕实现和谐发展、构建和谐武安，在发展中，着力处理好以下五个关系：一是处理好加快发展与维护稳定的关系。针对武安的复杂社情，坚持抓发展首先抓稳定，抓稳定就是抓发展，全市构建起“打防结合、命案必破”的社会治安综合治理工作机制和“上下左右形成合力，多措并举化解矛盾”的大信访工作格局。2004 年，全市刑事治安案件总量同比下降 27.3%，1.2 万人次的上访群众被稳控在市内，绝大多数信访问题得到有效化解。二是处理好经济建设与环境保护的关系。坚持把环境保护放在与经济建设同等重要的位置来抓，加大污染企业整合、企业治污和绿化三个力度。先后取缔小高炉 54 座、小转炉 2 座，小选厂、小水泥、石子厂和白灰厂 460 多家，关闭小煤矿、小铁矿 243 家；投入 3.23 亿元，使 25 家重点企业安装环保设备 300 多台（套），2005 年投资 1.9 亿元实施了“城区蓝天工程”；投资 1.2 亿元用于绿化造林，全市新增绿化面积 13 万亩。三是处理好发展经济与搞好社会事业的关系。坚持经济社会协调发展，累计投资 4 亿多元，用于科教文卫、交通、广播电视等事业；投入扶贫资金 1000 多万，使 1.9 万人摆脱了贫困；确保了企业离退休人员基本养老金和国有企业下岗职工基本生活费按时足额发放，城乡低保人数增加到 1 万人，农村养老保险覆盖面扩展到 22 个乡镇 300 个村，参保农民 9 万人，启动了农村新型合作医疗试点。四是处理好加快城镇化进程与建设社会主义新农村的关系。立足于城乡协调发展，在抓好城区和中心镇建设的同时，更加注重广大农村的建设和发展。把文明生态村创建作为农村工作的牵总性工程来抓，以“五化两提高”（净化、绿化、硬化、亮化、沼气化，提高农民素质、提高群众生活质量）为目标，坚持全面部署、整体推进，突出重点、典型示范，因地制宜、创出特色，通过全民参建、村村联建、村企共建、部门帮建，累计投入 3.1 亿元，首批 80 个村基本达标，有效地改善农村人居环境和农民群众生活。五是处理好支持民营企业与倡导良好风尚的关系。一方面，通过定政策、搞服务、创环境、解难题，大力支持民营经济的快速发展壮大。另一方面，积极引导民营企业回报社会。2003～2004 年，全市民营企业家共投入 1.2 亿元，兴办公益事业，救助弱势群体。2005 年 3 月，又有两家民营企业分别一次性捐款 600 万元，用于市一中迁建。促进社会各阶层各得其所、和谐共处。

“十一五”时期将是全市加快经济结构调整、为建设全面小康社会奠定坚实基础的关键时期。我们将认真贯彻落实党的十六届五中全会精神，坚持用科学发展观统领经济社会发展全局，继续围绕率先发展、和谐发展，瞄准建设工业强市、生态强市、中等城市和优秀旅游城市的目标，进一步明确思路，强化措施，统筹兼顾，狠抓落实，加快全市全面建设小康社会进程。重点抓好以下五个方面：

一、加快建设工业强市步伐。按照走新型工业化道路的要求，一手抓以钢铁产业为重点的传导产业改造升级，一手抓接续替代产业的培育和壮大。在改造提升传统产业上，进一步加大产业结构调整和企业组织结构调整力度，延伸产业链条，开发新产品，提高产品科技含量，以 150 万吨冷轧薄板项目为依托，加快组建武安钢铁集团。在接续替代产业培育上，积极发展机电一体化、生物制药、新材料等高新技术产业，重点发展机械制造和铸造上，按照建设冀南机械制造基地和全国知名铸造基地的目标，突出抓好一批新产品的开发和企业规模扩张，形成新的竞争优势。通过河滩垫地、置换土地，加快曹公泉工业区开发建设步伐，重点发展钢后延伸、金属制造等现代制造业，发展集群经济。把环境保护放在更加突出的位置来抓，大力发展清洁生产和循环经济，建设资源节约型、环境友好型社会，实现可持续发展。

二、扎实推进社会主义新农村建设。继续高度关注“三农”问题，做到加大“三个力度”，实现“三个新突破”。即：加大工业反哺农业力度、城市支持农村力度、财政支出向农村倾斜力度。在文明生态村创建规模上实现新突破，以“两环两线”建设为重点，创建达标村由 80 个增加到 380 个，占全市农村的 76%。在农村社会保障体系建设上实现新突破，农村养老保险覆盖面扩展到 22 个乡镇 300 个村，参保农民达到 9 万人；农村低保由现在的 4700 人扩展到 6800 人；农村合作医疗以全省试点县（市）为契机，在全市全面铺开。在农业产业化经营上实现新突破，重点抓好瘦肉型猪和林果两大主导产业的龙头企业建设，晶品果业有限公司要在产品开发和多元化上做文章，绿源牧业开发有限公司主要做好与双汇公司的合作，创品牌，拓市场，带动全市农业产业化经营水平达到 52%。

三、大力构建中等城市格局。围绕建设中等城市、国家级园林城市的目标，坚持“以人为本、方便高效”的城建理念，“建筑精美、环境优雅”的城建标准，“新区现代化、老区古文明”的城建效果，按照照既定的城市建设规划，加快商业广场、中兴路中段改造、南关商业步行街开发、垃圾处理厂、污水处理厂等工程建设步伐；加强城市生态建设，扩大绿化覆盖率，创造适合人居、宜于创业的城市环境。加强小城镇建设，推进农民市民化、农村城镇化和城乡一体化。

四、积极创建中国优秀旅游城市。坚持“规划先行、道路先通、多元开发、规范管理、强化宣传”的工作思路，发挥国家地质公园、国家矿山公园、国家水利风景区的品牌优势，将自然生态、人文历史、红色经典融为一体，全方位、大力度地推进京娘湖、朝阳沟、古武当山、东山文化公园等景区的改造升级，尽快建设一批 4A 景区和精品旅游线路，完善旅游“吃、住、行、游、购、娱”六要素，打造“东太行山旅游胜地”。确保我市 2006 年创建成为中国优秀旅游城市。

五、努力构建“和谐武安”。坚持以人为本、和谐统筹原则，正确处理经济和社会各业的关系，更加重视科教、文体、公共卫生等社会事业的发展，抓好科技园区、教育园区、体育场馆、文化中心、市医院扩建、乡镇卫生院改造等一批工程的实施，提高群众生活质量；更加注重社会保障、解困再就业工作，建立健全就业再就业和社会保障体制；更加注重安全生产和信访、社会治安工作，加大保稳定工作力度，保障群众的生命财产安全，努力创造一个安定祥和的发展环境，促进经济和社会实现更快更好地发展。

打造经济强市　建设生态鹿泉
推动鹿泉经济持续快速发展

◆鹿泉市人民政府市长　安树国

鹿泉市位于河北省中西部，东环省会石家庄市，面积603平方公里，辖8镇4乡1个省级高新技术产业开发区，人口36万。鹿泉建县已有1000多年历史，是汉代著名战役“背水一战”的发祥地，自古以来就是商贾云集之地，被誉为“晋冀咽喉”、“三省通衢”。1994年经国务院批准撤销获鹿县、改为鹿泉市。近年来，鹿泉市委、市政府带领全市人民紧紧扭住经济发展这个第一要务，以项目建设为核心，以培育壮大特色主导产业为重点，以优化发展环境为基础，市域经济实现了持续、快速、健康发展。2004年，全市生产总值完成112亿元，增长14.1%；财政收入完成5.67亿元，增长21.4%；规模以上工业增加值实现19.5亿元，增长33.5%；全社会固定资产投资完成36.5亿元，增长18.5%；农民人均纯收入4913元，增长12%。2000～2004年，社会经济综合发展指数连续5年跻身全国“百强”县（市）行列。20世纪90代后，综合经济实力位居全省“十强”县（市）前列。2004年，4个乡镇、34个村分别入围石家庄市“十强乡镇”和“百强村”。

加快县域经济发展要有一个好的发展思路。在外出考察和深入研究本地优势的基础上，鹿泉市进一步明确了“抓投入、打基础、增后劲”和“在发展中调整，在调整中提高”的经济发展思路，确立了“打造经济强市，建设生态鹿泉”，率先全面建设小康社会的总体发展定位，即到2005年底，全市经济总量比2000年翻一番，力争2008年，确保2009年再翻一番，推动经济跨越式发展，实现综合实力明显增强、产业结构明显优化、科技水平明显提高、财政总量明显增大、人民生活明显提高，使全社会走上生产发展、生活富裕、生态良好的发展道路，把鹿泉建成自然环境怡人、城乡建设赏心悦目、人文环境和谐向上、社会管理规范有序的高标准、现代化、生态型山水园林城市，率先在全省建成全面小康社会。

加快县域经济发展要抓好项目，特别是立市大项目建设。近年来，鹿泉市把项目建设作为加快发展的重要载体和有力支撑，坚持“有利于财政增收，有利于促进就业，有利于带动群众致富”的原则，不断加大项目投入和建设力度。1998年～2004年，全市共建收益性项目2755项，完成投资85.3亿元。鼎鑫水泥、冀中水泥、神兴沙棘、三鹿乳品等一批符合国家产业政策、投资规模大、科技含量高、市场前景好、环境污染少的立市大项目相继建成投产。项目建设走上了建成投产一批、签约建设一批、谋划跑办一批的良性轨道。

加快县域经济发展要做大做强特色主导产业。近年来，鹿泉市按照“一特三化”的要求，依托区位、资源等优势，着力培育发展了新型建材、乳业、信息产业、制药业和旅游业等五大特色主导产业。一是建材业。按照“控制总量、上大压小、调整结构、改善环境”的思路，1998年以来，对水泥业进行战略性结构调整，先后关停取缔了90家立窑水泥企业，削减立窑水泥熟料生产能力452万吨。同时，按照“远看无烟、进厂无尘、花园工厂、清洁生产”的标准，对保留企业全部进行了环保综合治理，全部实现粉尘达标排放。与此同时，大力发展新型干法旋窑水泥，先后建设了鼎鑫两条2500T/D、冀中一条5000T/D和曲寨两条2500T/D旋窑水泥熟料生产线，旋窑水泥生产能力达700万吨。目前，冀中第二条5000T/D旋窑熟料生产线正在建设，项目建成后，鹿泉市将成为长江以北最大的、环保型、现代化的旋窑水泥生产基地。二是乳业。依托三鹿集团，大力发展奶牛养殖和乳品加工业，先后建成了三鹿乳业、三鹿乳品、三鹿乐时、天缘乳业等4家乳品加工龙头企业，鲜奶日加工能力900吨；全市200头以上规模养殖小区达67个，奶牛存栏3.3万头，到2005年底，全市日加工鲜奶能力将达1000吨，奶牛存栏达到4～5万头，乳业成为财政增收、农民致富的重要产业。三是信息产业。总投资30亿元的石家庄信息产业基地是中电集团在全国建设的三大信息产业基地之一，与石家庄高新区铜冶火炬创新创业园项目一并列入了石家庄市高新技术产业发展规划；目前，石家庄信息产业基地一期投资3.4亿元的6个项目正在建设，项目投产后，将极大地促进鹿泉产业结构优化升级，并通过信息化带动工业化，推动全市经济走上新型工业化道路。信息产业成为我市最主要和最具潜力的新型产业。四是制药业。围绕石家庄市建设“中国药都”的产业定位，先后引进建设了神兴沙棘、贝丹药业、海天药业、满友医疗器械等近20多家制药和医疗器械制造企业，呈现出强劲的发展态势。五是旅游业。按照“统一规划、分期实施、市场运作、法人开发”的思路，不断加大旅游资源开发力度，先后建成了抱犊寨、龙凤湖、九景山庄、西山森林公园等景区，长达50华里的西部环山旅游带正在形成。其中，抱犊寨被国家旅游局评定为4A级旅游风景区，投资2.8亿元的石家庄动物园搬迁项目已简易开园。下一步通过强化规划控制，加大开发力度，力争将鹿泉市建成集休闲健身、旅游度假、商务谈判等为一体的“省会西花园”。在做大做强五大特色主导产业的同时，加大了冶金铸造、化工等传统产业技术改造力度，使传统产业重新焕发了生机，2004年，冶金铸造业上缴税收6073万元，占全市税收总额的10.7%。

加快县域经济发展要创造良好的发展环境。环境是第一竞争点，抓发展必须抓环境。一是不断完善发展硬环境。根据各乡镇地理位置和产业优势，合理规划了上庄、铜冶等7个工业聚集区，完善了区内的水、电、路、讯等配套设施建设，积极引导项目向园区集中。市区基础建设日益完善。拥有数字微波光缆传输网络，拥有移动通讯基站24座，程控电话装机容量达9万多门；拥有变电站15座，变电总容量达91万KVA；污水处理厂日处理污水2万吨；城区自来水日供水能力1.2万吨，集中供热面积达100多万平方米；近年来，新开通了北斗路、石柏大街、西外环等道路，市区内形成了四纵六横的路网框架；城市公园、太平河综合整治等工程初见成效，城市形象大为改观，城市功能不断完善。二是不断改善发展软环境。全面推行了行政许可窗口办理，制定了一次性告知和AB角接待制度，规范了行政许可行为。实施了“一口对外、封闭管理”、“全程一站式”服务、“一门受理、首问负责、限时办结”集中收费等制度，深入开展了民主评议、行政效能监察、阳光投诉、投资环境集中整治月等活动，在全社会形成了“人人都是投资环境，人人都是鹿泉形象”和“亲商、爱商、富商”的浓厚氛围。投资环境不断改善，促进了对内对外开放水平进一步提高。2004年，全市引进域外资金8亿元，增长27%，出口创汇4927万美元，增长33%。

加快县域经济发展要努力构建社会主义和谐社会。鹿泉市坚持以人为本，把更多的精力和财力投入到社会事业中，促进经济和社会全面、协调发展，让人民群众更多地享受到经济发展带来的实惠。2004年实施了以美化、绿化、亮化为主要内容的城市包装工程，城市容貌焕然一新，荣获河北省城市容貌“燕赵杯”竞赛环境综合整治进步最快奖。全市98.6%的村实现村村通油路。深入开展文明生态村创建活动，157个村实现主要街道硬化，改厕率达到51.5%，30个村达到示范型标准，60个村达到普及型标准，农村生活环境得到改善。深化水泥和矿山粉尘、燃煤烟尘以及二次扬尘治理，大气环境质量进一步提高，全年二级和二级以上天数达到157天，同比增加82天。实施“十项民心工程”，带动了社会各项事业全面发展。科技进步贡献率达到54%，被国家科技部授予“科技进步先进市”。全面实施素质教育，教学质量进一步提高，高中阶段入学率达到75%，高考专科上线率达到96.5%。新型农村合作医疗全面启动，农民参合率达到84.8%。率先在石家庄市建立了农村低保和医疗救助制度，完善了五保供养和临时救济制度，农村社会救助机制初步完善。

今后，鹿泉市将坚持以科学的发展观为指导，深入贯彻党的十六大精神，坚定不移地发展壮大县域经济，为构建和谐鹿泉和率先在全省实现全面建设小康社会目标而奋斗。

坚持科学发展 建设特色高淳

◆中共高淳县委书记 刘以安

在区域经济竞相发展的新形势下，一个地区发展有特色才有优势，有优势才有竞争力。作为地处苏皖交界、距离南京主城最远的高淳县，如何按照科学发展观的要求，科学发展、创新发展，加快实现富民强县、全面建成小康社会目标呢？我们认为，必须始终立足县情，培育发展特色，增创发展优势，坚定不移地走特色发展之路，这是贯彻落实科学发展观的必然要求，也是全面建设小康社会的战略选择。为此，在深刻分析高淳资源优势、经济结构特点的基础上，我们提出了“工业强县、生态立县、特色兴县”的发展战略，明确了加快建设特色高淳的战略任务，全力打造产业特色、城市特色、生态特色和人文特色，积极探索并走出了一条符合高淳实际、具有鲜明特色的科学发展路子。

致力培育产业特色
提升综合经济实力

发展县域经济，重在培育形成产业特色。一个地区产业特色的培育形成不仅取决于要素集聚能力的强弱，更取决于自身的资源和区位特点。高淳从自身的区位特点、资源禀赋、产业基础出发，按照“区域经济特色化，特色经济产业化，产业经济规模化”的思路，以外资牵引、民营崛起为突破，致力培育形成空间集聚、企业集群、产业配套的特色产业群。

一是培育两大经济增长极，即以外向型经济为特征的外源型经济增长极和以民营经济为特征的内生型经济增长极。

全力突破招商引资，培育外源型经济增长极。按照“突出主业、延伸产业、完善配套、加速集聚”的原则，抢抓国际国内资本和产业向长三角转移的机遇，着力引进农副产品加工业、先进制造业等有根产业和产业链项目。创新招商方式，更加注重招商引资的导向性、集聚性、成长性，从铺天盖地、全方位招商向以资源为依托、培育核心主导产业、延伸产业链招商转变。近年来，高淳发挥农产品资源优势，成功引进了江苏野生科技植物公司、台湾新东阳公司、南京凯博士公司、荷兰富臣（南京）公司等一批知名绿色食品加工企业，使绿色食品工业异军突起。目前，全县拥有食品加工企业85家，2004年实现销售收入22.7亿元，利润5783万元，就业人数4000多人；依托劳动力资源优势，积极引进和培育服装加工等劳动密集型产业，现已拥有出口服装加工企业187家，产值超20亿元，从业人员1.6万。

全力突破民营经济，培育内生型经济增长极。充分利用藏富于民的民间资本优势，强化规划引导、政策扶持，倾力支持村干部创业、现有企业“二次创业”、在外能人返乡创业、规模企业多元拓展，积极鼓励民间资金转化为创业资本，形成全民创业磁场效应。按照“分类指导、相对集中、龙头带动、集群发展”的思路，大力发展民营特色工业，培育壮大中小企业规模，形成了机油泵、分析仪器、光源制品等五大块状产业。充分发挥园区的“孵化”功能，积极引导机油泵产业向园区集中，分析仪器、光源制品等块状经济向特色配套区集聚，实行区域化布局、集群式发展，加快工业向园区集中。

二是扩张三大产业群，即工业主导产业群、富民特色产业群和旅游商贸产业群。

扩张工业主导产业群。重点构建了以机械电子等五大主导产业为龙头、高新技术产业为支撑、块状特色产业和新兴产业为扩充的新型工业产业群。积极鼓励红太阳集团、高陶公司等骨干企业加速资产重组、兼并扩张，做大区域产业龙头，使之成为产业集群、要素集聚的关键性企业。红太阳集团在以往单一产品向高新技术产业转变的基础上，加快裂变成生物制药产业链、基因种业产业链、农资连锁产业链等四个强势产业链。目前，该集团下属南京第一农药厂、海邦药业公司即将进入上市辅导。同时，积极推动重点企业和成长型企业加快股权结构向开放型转变、管理模式向现代企业制度转变、发展方向向专精特新转变，做强主导产业核心竞争力。

扩张富民特色产业群。建筑业、造船水运业、水产养殖业是高淳最具有竞争优势和富民特色的三大支柱产业。建筑业，采取加快高等级资质裂变、加快市场开拓、加快经营结构调整的办法，全力主攻规模项目、标志工程和高新工程。目前，全县拥有国家一级资质企业 5 家。2004 年实现施工产值 50.6 亿元，上缴税收 1.53 亿元，吸纳劳动力 4.23 万人，人均年收入 1.35 万元。造船水运业，按照“规划引导、利益纽带、市场运作、政策驱动”的方针，加快推进“产业集团化、经营公司化、造船工厂化”步伐，培育形成了以武家嘴水运集团为龙头的旗舰型企业，建立了南京八卦洲等沿江沿河 3 个不同等级的现代化造船基地。目前，全县在运船舶 1562 艘 119 万吨位，年营运收入达 11.85 亿元。水产养殖业，大力推进螃蟹生态立体养殖模式，建立了国家级中华绒螯蟹原种场，制定了全国第一个螃蟹生态养殖标准，创建了全国第一个有机螃蟹品牌和江苏省唯一的水产品著名商标。2005 年螃蟹养殖面积 20.5 万亩。

扩张旅游商贸产业群。旅游业，着力培育“生态和文化”特色，科学编制 6 个旅游规划及开发规划要点，整合资源，加大投入，建成高淳老街 3A 级景区和游子山、迎湖桃源、瑶池山庄 3 个 2A 级景区，在南京郊区县中首屈一指。商贸业，利用苏皖经济梯度差及南京主城辐射等有利条件，大力实施商贸重点项目，培育壮大高淳大市场等五大特色专业市场，加快发展以“红太阳千县万乡农资连锁项目”为重点的连锁经营，积极构建以中山步行街、通贤街为主的特色街区，全力打造“融入南京、承接苏南、辐射皖南”的边贸中心，目前全县拥有包括皖南腹地在内的 100 万传统消费群。

致力打造城市特色
提升城市品位

城市有特色才有品位，有个性才有魅力。在推进县域城市化进程中，我们认为，过度集中，就会增加生产生活成本，对环境形成压力；过于分散，基础设施就不能发挥最佳效益，产业就难以形成规模。我们围绕“湖滨新区”的发展定位，根据高淳人口密度、自然地理等实际，既避免城市空间扩展过度集中与过度分散的两种趋势，又统筹考虑城镇发展空间布局和产业支撑体系，确立了“生态为基、文化为魂”的城市建设理念。

一是构建新型城镇体系。依托县城地理、河湖、森林等自然要素，以生产生活的最佳半径、最佳成本规划建设新型城镇体系，形成了“新城—重点镇—中心村”三梯度的城镇空间布局。在新城规划布局上，将石固河以西的老城区定位在凸现古镇风貌、独具文化魅力、富有民俗风情的历史文化街区，石固河以东的新城区定位为生态保护与产业发展相协调的现代制造业基地，使之成为与南京“一小时都市圈”融为一体、富有特色的综合型卫星城。在重点镇规划建设上，全力支持发展重点镇—— 桠溪镇和历史文化名镇—— 东坝镇，形成了淳溪新城和桠溪、东坝两个重点镇三足鼎立的新型城镇格局。在中心村规划布局上，着力建设一批符合康居要求的中心村，引导村民从自然村向中心村集中，变散居为集居，变村落为社区。

二是全力做大做美新城。按照南京市“三城九镇”发展战略，高起点、高标准建设新城区，集中力量建设一批市政项目、景观工程和标志工程，加大绿化美化力度，精心打造生态环境最优、人居环境最佳的湖滨生态城市，彰显“城在湖边、林在城中、人在林里”的独特魅力。高起点、高标准改造旧城，规划建设沿面沿路沿街生态景观工程，整体改造宝塔路商业景观街、镇兴路行政中心，展现历史文化与现代文明交相辉映的古镇新貌。目前，县城建成区面积达到 11.5 平方公里，人口达到 11 万人。

三是丰富城市发展内涵。以人为本是城市发展的本质内涵。坚持走城市内涵式发展之路，主动适应现代人追求人与自然和谐的生活和居住环境的要求，严把建筑单体设计、建筑高度、建筑密度关，力求做到错落有致，自成风格，和谐发展。以创建国家卫生城市、国家园林城市为目标，健全城市生态环境体系，全力打造“青山、碧水、蓝天、绿城”的最佳人居环境。整体提升城市功能，加快实施芜太高速、芜申运河等重点交通工程，全面提高县镇公路等级，构建以高速公路、省道干线为依托，以县镇公路、市政道路为框架的交通网络。

致力打造生态特色 提升“生态高淳”形象

高淳是国家级生态示范区，生态是高淳最大的特色和优势。近年来，大力实施“生态立县”战略，按照“科学规划、合理开发、永续利用”的要求，坚定不移地打造“蓝天碧水”的生态特色，正确处理好经济建设与生态建设的关系，找准产业发展与生态保护、资源开发和可持续利用的最佳结合点，致力建设生态环境最优、生态产业充分发展、人与自然和谐统一的生态高淳，在推进工业化进程中保护好生态，在培育生态品牌中促进工业化，形成了加快发展与生态建设相互促进、相得益彰的良性循环。

一是以发展的眼光保护生态。始终坚持环境就是生产力、环境就是竞争力的发展理念，大力实施“蓝天、碧水、青山、绿地”生态保护工程，把生态作为高淳最大的财富加以严格保护，立足长远，将固城湖周边所有化工企业全部进行了关停并转，对固城湖内水产网箱养殖予以了清理，将红太阳、红宝丽两大化工企业新投资13亿元的项目转移到治污能力强的南京国家级化工园落户生产，力保高淳一方蓝天碧水。尊重生态自然禀赋，将“两湖一河”流域确定为生态功能保护区、生态修复区，完整地保留新区规划区域内具有景观价值的湿地生态、丘陵生态和原始生态风貌，使之彰显自然顺畅、空间开畅、视觉流畅的生态魅力。强化环保第一审批制度，严格实行项目准入制度，严禁新上污染项目，下大力关闭了一批污染严重、治理无望的企业，关停了县内所有石材开采加工企业，以严格的制度实现生态资源的最佳保护。

二是以科学的规划建设生态。把规划作为生产要素优化配置的重要资源，按照整体布局科学化、单体设计个性化的要求，高标准、高起点编制了全县生态资源保护和开发概念性规划、控制性详划、专项建设规划，明确了生态保护区、生态建设区、生态控制区、生态协调区等功能定位，大力推进生态观光区、生态湿地区、生态产业区三大生态区域建设，促进生态资源有形化、景观化、产业化，努力实现生态、经济、社会效益的最佳结合。在生态观光区规划建设上，以“绿色高淳”建设为抓手，大力实施点线面相结合的绿化美化工程，投资1.5亿元将全长5.3公里的湖滨大道建设成为亲水显绿、自然雅致、功能完备、彰显生态景观的沿湖风光带，高标准建设双牌石生态绿地广场、宝塔公园人居森林工程等“生态示范窗口”，立体化建设双湖路、双望路、芜太公路等“生态经纬观光带”，凸现“生态特色、水乡景观、丘陵风貌”的独特魅力。在生态湿地区规划建设上，把湿地作为生态之母，高标准建设了筑城圩生态湿地公园，使高淳老街、筑城圩、湖滨大道沿途人文景观、自然景观有机融为一体，成为一个生态景观观光带。在生态产业区规划建设上，高标准建设无公害、绿色和有机农产品原料基地，突出发展绿色食品加工业，生态农业做成品牌。做大做美以双高路沿线为主的生态工业走廊，培育形成了生物医药、机械电子、绿色食品等生态工业。市场化、多元化开发生态休闲度假旅游和生态农业体验旅游景点，阳江高墩、椏溪瑶宕被列为南京市首批农业农家乐专业村。

三是以市场的手段经营生态。始终把生态资本作为最具有升值潜力的资产，充分发挥生态观光区、生态湿地区建设规划的引导作用，先做环境后开发，开发一块、增值一块，增值一块、再开发一块，有效带动了土地资源的升级升值，使有限的土地资本达到了地域空间利用效率的最佳规模。充分利用生态资源在招商引资和产业发展中的独特优势，运用生态化景观效应，抓住投资者的眼球，成功吸引了一批客商来淳购房置业。充分挖掘和利用生态品牌的价值内涵，通过举办中国·南京固城湖螃蟹节暨经贸洽谈会等多种途径，全方位对外宣传推介高淳生态特色，使生态逐步成为高淳集聚人气、集聚外力的“金字招牌”。

致力打造人文特色 提升社会文明程度

培育和塑造体现时代要求的人文特色，是激发全民创业创新创优的内在动力。围绕发展先进文化的要求，以“吴风楚韵”的人文底蕴为根基，以开放包容的姿态，培育新时期文化特色，不断增强文化对经济社会发展的推动作用。

1. 大力弘扬高淳精神。人文精神是一个地区文化的内核。高淳地处吴头楚尾，历经吴越文化的熏陶，“吴风楚韵”的历史文化积淀造就了高淳人朴实务实、精细精致、诚信诚实的优良传统。面对新形势、新任务，不断赋予高淳精神大气开放、开拓创新的时代内涵，大力培育和塑造以创业创新创优为主要特征的人文精神，促进人文优势转变为人力资本优势。近年来，在全县上下深入开展了“解放思想、争先进位”主题教育活动，积极引导广大干部群众冲破守成有余、开拓不足的思维定势，摒弃自我满足、不思进取的思想束缚，为全县争先进位、加快发展提供了持续的动力源。

2. 培育开发人力资源。人力资本的优势是最具活力的发展后劲。坚持以德才论素质、凭实绩用干部的用人导向，按照“把优秀人才集聚到关键岗位，把能创造财富的干部集聚到创造财富的岗位”的要求，实行“首次上岗看潜力、再次任用凭实绩”的竞争法则，以公推公选、竞争上岗的方式选拔任用干部，在招商引资一线、农村一线和重点项目一线磨砺干部，在实践中识人选人用人，全县上下出现了一心一意谋发展、只争朝夕抓落实的喜人局面。紧扣县域经济发展需要，开辟人才“绿色通道”，构建人才柔性流动机制，着重抓好党政人才、专业技术人才、农村实用型人才等三支队伍建设，积极为懂经营、会管理、敢想敢干的创业者创造更多的发展机遇和更大的发展空间，努力使人力资源成为创业发展资本。

3. 不断优化制度环境。优越的制度环境是一个地区最具竞争力的优势。始终把优化制度环境作为塑造人文特色的重中之重来抓，不断增创后发优势。着力创建服务型政府。围绕“服务发展、改进作风、提高效能”目标，建立完善告知承诺、一站式审批等优质服务制度，最大限度地降低商务成本，使县内有权审批事项全部进入投资服务中心办理，全力构建项目审批“绿色通道”和项目推进“快速通道”。实行软环境建设责任追究制，制定“红本本”、设置“高压线”，对破坏投资发展环境的人和事，一律不搞下不为例，用“铁的制度”营造一个“说到能够做到”的环境。着力创建“信用高淳”。诚信是发展之本，诚信的优势就是制度的优势。致力培育塑造诚信政府、诚信企业、诚信居民，真正做到政府有亲和力、群众有亲近感、社会有亲商氛围。目前，全县建成信用镇3个、信用村84个。着力创建“平安高淳”。科学制定平安创建规划，广泛开展平安社区、平安企业、平安大道、平安校区等系列创建活动，积极构建“大防控”、“大调解”、“大稳定”工作机制，疏导民情，化解矛盾，创造了安定和谐的发展环境。着力创建“和谐高淳”。深入开展“春风活动”，多渠道、多形式做好就业和再就业、扶贫解困等工作，扎实推进农村八件实事，为构建“和谐社会”打下了良好的基础。

4. 大力发展文化事业。着眼提高全民素质。广泛开展文明村镇、文明单位、文明行业及群众性精神文明创建活动，全面启动“文明家园示范村”争创工作，实施“清洁家园”、“绿化美化家园”、“文明新风进家园”三大战役，有效提升了农村文明水准。着眼繁荣文化产业。注重在保护开发中发展历史文化产业，推出了跳五猖、大马灯等一批富有地区文化特色的民俗文化精品。坚持在服务群众中发展公益性文化产业，建成总面积7200平方米的县文化艺术中心，全县8个镇全部创建成省级群众文化先进乡镇。着眼促进人的全面发展。整合社会事业资源，大力实施有线电视村村通工程，全县有线电视入户率达70.9%，走在全省前列；全面推行新型农村合作医疗制度，参保率达90.3%；扎实开展全民健身活动和群众性体育活动，竞技体育水平不断提高，成为“全国武术之乡”。

落实科学发展观 实现仪征新跨越

◆中共仪征市委 仪征市人民政府

仪征市位于江苏省中部，东临扬州，西界南京，南濒长江，北依两淮，已被纳入南京都市圈和扬州“一体两翼”城市发展规划。全市总面积901平方公里，下辖11个乡镇，总人口59.3万人。近年来，我们在上级党委、政府的正确领导下，认真落实科学发展观，努力破解发展难题，坚定不移地推进经济项目建设、城市建设和机关作风建设三大建设，全市经济和社会事业保持了快速发展势头，呈现出经济发展、社会进步、政通人和的新气象。2004年，全市实现生产总值88.1亿元，增长16.2%；实现工业总产值243.9亿元，规模工业总产值199.4亿元，分别增长34.9%和36.7%；实现财政收入15亿元、一般预算收入5.4亿元，分别增长33.5%和37.9%；全市固定资产投资46.6亿元，增长34.9%；社会消费品零售总额33亿元，自营出口总额6100万美元，年末全市金融机构存款余额突破百亿元大关。2004年仪征经济和社会发展主要有以下五个特点：

一是沿江开发全面提速，招商引资实现新突破。加大沿江开发和园区建设力度。宁启铁路仪征段开通运行，沿江高等级公路仪征段一期工程建成通车、二期工程全面开工，建成东门泵站、一心泵站等防洪排涝工程。污水处理厂、污水收集管网、220千伏农歌输变电等工程加快建设。工业园区建成道路11公里、桥梁5座，铺设给排水管道23公里。大连化工、汇众汽车等一批项目建成投产，联众热电、瑞祥热电等配套项目加快实施，重交沥青、亚新科凸轮轴、博纳化纤、百佳丽照明灯具等项目顺利落户。大力开展招商引资。举办“招商活动月”2次，组织项目集中签约、开工、授牌仪式12次，不间断派出招商小分队外出进行招商推介。全年全市新批外资项目50个，新开工外资项目30个；合同利用外资2.1亿美元，实际利用外资1.2亿美元。新开工民资项目552个；实际招引民资36亿元，新增民资注册资本12.8亿元。

二是城市建设扎实推进，人居环境展现新面貌。进一步加强城市规划管理。组织修编了仪征城市总体规划，对68项城市建设工程选址方案进行了规划审议，拆除违法建设2915平方米。大力推进城市重点工程建设。全市十大类32项重点城建项目累计完成投资8.7亿元，火车站站前路及货站连接线、石桥河清淤整治等10项工程相继竣工，仪城河南岸、天宁塔景区综合开发等5项续建工程加快推进。积极开展城市环境综合整治。新建、改造城区主次干道4.4公里，改造城区巷道102条，新建公厕10座。铺设改建城区给排水管道34公里，铺设污水主干管道8公里。新建、改造绿地9.1万平方米。依法关闭非法采砂企业39家。环境质量综合指数达80.5。创建国家卫生城市、国家环保模范城市工作取得新进展。

三是各项改革继续深化，经济发展增添新活力。进一步完善农村税费改革，农民人均负担下降67.1元。全市发放水稻直补和弱筋小麦良种补贴资金953万元。撤并行政村43个。稳步推进企事业单位改革。首批12家经营服务型事业单位产权制度改革加快实施；314家事业单位实行全员聘用制度，聘用职工8997人，占应聘人数99%。市属企业改制扫尾工作有序进行。加快推进全民创业步伐。出台支持民营经济发展的22条政策措施，全市新增私营企业704家、个体工商户3321户、从业人员15489人。

四是社会保障不断加强，人民生活得到新改善。 认真做好就业再就业工作。积极开展失业培训、转岗培训，落实再就业扶持政策，实现城镇安置就业3257人，其中，政府购岗安置就业330人。抓好农村富余劳动力就业工作，新增转移农村劳动力1.25万人。进一步完善社会保障体系。下岗职工基本生活费和企业离退休人员养老金按时足额发放，社会化发放率达100%。城镇职工养老保险、失业保险、医疗保险覆盖面均达96%。新型农村合作医疗制度基本建立。城乡低保标准进一步提高，4984户13005人纳入最低生活保障，实现应保尽保。不断提高人民生活质量。积极实施农村八件实事，改造通乡公路80公里，建成通村公路310公里，新增农村自来水受益人口2万人。改造农村贫困户危房162户，建成解困房和廉租房40套。城市居民人均住房面积达17平方米。城镇在岗职工年平均工资16175元，农民人均纯收入4500元。城乡居民储蓄62亿元，人均超过1万元。

五是社会事业全面进步，文明程度有了新提升。 加快发展科教文卫事业。全年共组织实施科技项目63项，其中省级以上科技主管部门立项27项，获得全国"科技工作先进市"称号。各类教育加快发展，教育信息化工程全面实施，教学质量进一步提升。建成博物馆、图书馆，组织"月月喜相逢"广场文化活动20场。全市计划生育率达98%以上。新增有线电视用户7800户。深入开展精神文明建设。以创建"全国创建文明城市工作先进市"为重点，广泛开展群众性精神文明创建活动。加强和改进未成年人思想道德建设。大力推进民主法制建设。深入开展"四五"普法教育。认真做好群众来信来访工作，成立了社会矛盾纠纷调处中心，各类社会矛盾纠纷得到及时排查化解。深入开展"平安仪征"创建工作，切实维护好社会稳定。

在具体实践中，我们始终以科学发展观统领各项工作，突出四个坚持，全力推进经济社会又快又好发展。

一是坚持以人为本，认真落实科学发展观。 以人为本是树立和落实科学发展观的核心。我们在重点抓好沿江开发和园区建设的同时，统筹抓好城乡共同发展、经济社会协调发展、人与自然和谐发展。从人民群众最关心的事情抓起，努力办好实事项目，进一步完善了城乡交通、供电、供水、通讯等基础设施和居民小区的公建设施，加大了对科教文卫体事业的投入，加强生态区和生态走廊建设。我们时刻牢记群众利益无小事，千方百计解决就业、教育、环境、卫生等与群众生活密切相关的问题，使广大人民群众都能分享到仪征经济社会发展的成果。

二是坚持开拓创新，全力破解发展难题。 积极探索具有时代特征和自身特色的发展新路，是实现加快发展、协调发展的重要前提。针对国家加强宏观调控后出现的新情况、新问题，我们一方面主动服从，全面贯彻国家加强宏观调控各项方针、政策，另一方面创新思路，努力化解土地、能源、资金等发展难题。全年新增地方经济建设贷款4.6亿元，实现土地出让净收益2.55亿元，新增用电量1.45亿千瓦时，有力保障了经济发展和重大项目建设的基本需求。我们紧紧抓住工业投入、园区建设、招商引资、重大项目等重点工作，一以贯之推进，全力以赴突破，保持了经济发展的良好势头。

三是坚持协调和谐，切实维护社会稳定。 发展是硬道理，维护稳定是硬任务，百姓满意是硬要求。我们针对经济发展和城市建设征地、拆迁引发的各类矛盾，强调依法办事，认真落实征地补偿和拆迁安置政策，及时兑现经济补偿金，扎实做好拆迁户安置工作；坚持关注民生、纾解民困，千方百计解决失业职工、失房居民、失地农民的生活困难；引导群众用合理合法的方式表达利益诉求，集中力量解决了一批信访热点、难点问题。我们正确处理改革、发展、稳定的关系，按照发展经济、善待百姓的要求，既引导和保护好各方面加快发展的积极性，又切实维护好群众的切身利益，进一步形成了全市上下聚精会神搞建设、一心一意谋发展的强大合力。

四是坚持依法行政，努力提高执政能力。 加强执政能力建设，是新形势下做好各项工作的重要保障。我们按照科学行政、民主行政、依法行政的要求，认真实施《行政许可法》，抓好行政许可事项清理和配套制度建设，建立专家咨询和重大事项听证制度；进一步修订和完善各项规章制度，出台了廉政建设和政务公开意见，实行行政责任追究制度，严肃查处政府公务员失职、渎职案件；加强机关作风建设，开通行风热线，组织机关部门与市民进行网上交流，政府机关行政效能和服务水平有了新的提高。

回首过去，我们感到自豪；展望未来，我们信心百倍。中共仪征市委十届九次全体会议描绘了我市今后三到五年发展的宏伟蓝图，作出了"大干三五年，再造新仪征"的战略部署，规划全市经济发展在未来三年迈上一个新台阶，五年实现五个翻番，即到2007年，人均生产总值突破3000美元；到2010年经济总量、财政收入、固定资产投资、利用外资和招引民资五大指标在2005年的基础上翻一番。面对新形势、新任务，我们将进一步牢固树立和认真落实科学发展观，围绕“大干三五年，再造新仪征”的宏伟蓝图，持之以恒地推进经济项目建设、城市建设和机关作风建设，大力实施沿江开发，继续狠抓招商引资，做大做强工业主体，促进城乡统筹发展，着力构建和谐社会，以更加饱满的热情，更加昂扬的斗志，更加扎实的工作，开创仪征更加美好的未来。

依托农业资源优势 培育壮大主导产业 强力推进市域经济跨越式发展

◆中共双城市委 双城市人民政府

近年来，双城以科学发展观为统领，立足市情，依托农业，把培育壮大主导产业作为统筹城乡发展和打造经济强市的主体措施，实现了资源优势向经济优势的跨越，走出了一条平原农区加快发展市域经济的新路子。2004 年，全市生产总值实现 126 亿元，同比增长 16.5%，财政总收入实现 60128 万元，增长 25.17%。主要作法是：

一、依托农业资源优势，主攻大项目建设，培育壮大四大主导产业群体

立足农畜产品资源丰富的优势，大力发展农产品精深加工业，着力构建乳、蛋、猪、粮主导产业新格局。一是做大做强乳品产业。经过十几年来的精心培育，双城雀巢公司已成为支柱企业，日加工鲜奶能力 1500 吨，上缴财政税金 3.27 亿元，占财政收入的 52%，有 2.6 万个农户饲养 19.5 万头奶牛为公司提供鲜奶，农民奶资收入 7 亿多元。为了使雀巢公司进一步扩大生产规模，不断做大"蛋糕"，经过与雀巢公司的多次洽谈，雀巢总部决定四期扩建，工程已全面启动，拟投资 1.4 亿元，将世界最先进设备，最先进技术引进双城，达产后日加工鲜奶能力可达 2000 吨，雀巢为双城带来的效益将成翻论倍增长。2002 年引进的双城娃哈哈食品饮料公司，在较短时间内历经两次扩建，主要生产娃哈哈液体奶、娃哈哈果汁、茶饮料、激活维生素水饮料等系列产品，日处理鲜奶 150 吨，其产品供不应求。公司三期扩建增加的 2 条 AD 钙奶生产线现已筹备动工，全部达产后可增加财政税收 2 亿元。为了确保雀巢公司和娃哈哈奶源供应，市财政投入 250 万元对种植青贮玉米的农户给予补贴；投入 1000 万元小额贷款担保资金扶持农户建牧业小区，发展规模经营；为搞好奶牛繁育改良，对使用特优质精配种的养殖户每剂补助 10 元；奶牛全部实行保险。到 2005 年年底，奶牛存栏可达到 22 万头，增加优质鲜奶 7.5 万吨。二是拉伸延长禽蛋产业。蛋鸡是双城的传统产业，过去销售鸡蛋没有统一的市场，产业发展波动性大。2000 年，按照"牵动全省、辐射全国、东北最大"的目标定位，双城多方筹集，投入 4880 万元资金在养鸡基础好、交通便利、区位优越的新兴乡建设了黑龙江省新胜蛋禽批发大市场。对进入市场的客商免费提供经营场所、无偿提供信息服务和实行零收费，使禽蛋销售迅速形成规模。围绕市场发展了产品包装、屠宰加工、饲料生产、餐饮、运输、金融(开设一家银行办事处)等为市场配套的相关产业。目前，市场辐射半径超过 300 公里，日销售鲜蛋 800 吨，年交易额达 12 亿元，产品远销到广州、上海、北京等 27 个大中城市，并打入俄罗斯市场，市场规模居全国同类市场第二位。在新胜蛋禽批发市场的强力牵动下，市蛋鸡饲养量已达 1600 万只，牵动周边地区饲养蛋鸡 3100 万只，直接和间接参与生产经营的农民达 2 万人。三是培育壮大生猪产业。由于缺少龙头企业的牵动，全市的生猪生产发展一直比较缓慢，产业规模

小，起伏性大。为此，双城主动出击，引进了江苏雨润集团收购的哈尔滨大众肉联有限公司，在新兴项目园投资建厂，项目总投资5亿元，拟建年屠宰分割生猪150万头、年生产熟肉制品5万吨、年屠宰分割清真肉牛10万头及骨血综合利用四条生产线。项目全部建成达产后，可拉动全市生猪饲养量实现100万头，吸引2万农户从事养殖业，增加农民收入1亿多元，实现税收2.6亿元。5月中旬一期工程已开工建设，第一条屠宰分割生猪生产线年底前达产。四是巩固发展粮食产业。双城有300万亩耕地，玉米年种植面积占耕地面积的80%以上，产量30亿斤左右。多年来，双城大力发展玉米精深加工，开发系列产品，形成了以玉米为原料的白酒、味精两大加工产业。双城五家白酒集团、春华贸易公司、三得利、双城酿酒、龙池等518家白酒加工企业年转化粮食3亿斤。这些白酒企业已成为全国白酒行业的重要组成部分，产品在南方市场供不应求。去年，双城将国内500强企业之一的江苏菊花味精集团成功引进兰棱镇，项目投资6亿元，以玉米为原料，生产淀粉、味精等系列产品，全部达产后，年可加工玉米3亿斤，增加财政税收7600万元。

二、围绕主导产业，精心打造三大平台，为市域经济创造优良的发展环境

双城从基础设施建设和创造服务环境入手，着力打造经济承载能力强的硬环境和最宽、最活、最足的软环境，减少投资成本，创造最优良的发展空间。

（一）集中有限财力，打造基础设施平台。为使项目引得进，留得住，养得大，双城把有限财力用在刀刃上。两年来，通过压缩经费，减少支出，财政节余资金8490万元，全部用于经济技术开发区和新兴项目园建设上。双城经济技术开发区由过去的4.4平方公里扩大到18平方公里，水、电、气、通讯等基础设施建设达到“五通一平”。2003年，抓住哈市部分企业退城进郊的有利契机，规划建设了50平方公里的新兴工业项目园。投资5000万元，在项目园区铺筑道路10万平方米，建设6.6万千伏变电所和输电线路，完善了供排水设施。良好的载体功能吸引了171个投资1000万元以上的大项目落户双城，特别是杭州娃哈哈集团、江苏菊花味精科技有限公司、北京汇源集团、江苏雨润集团、哈尔滨亚麻集团、山东富荣集团、哈尔滨北鹤木业公司、哈尔滨华崴集团等8个超亿元的大项目落地生根，极大地增强了龙头企业对市域经济发展的牵动。

（二）创造“洼地效应”，构建政策平台。为培育和扶持新办企业快速发展，我们先后出台鼓励主导产业发展的一系列优惠政策，对外来投资者从征地、免税、让利等方面普遍给予优惠，对重点企业采取一事一议，一企一策等办法给予特殊优惠。台湾旺旺集团是以大米为原料生产膨化食品的加工企业，为使其尽快投产达效，双城投入资金1000万元，建设了两栋1.4万平方米的厂房租给企业，为企业节约了大量资金，实现了低成本扩张，企业效益大幅度攀升，现已将厂房全部回购。

（三）针对企业需求，搭建服务平台。为加强企业与基地之间的沟通，全市成立了25个奶牛协会、11个养鸡协会、6个白酒协会等群众服务组织，围绕原料生产、加工运输和流通消费开展服务。2005年，双城从各乡镇抽调24名技术骨干，专门负责为雀巢公司奶户提供经常性的技术服务，解决了长期困扰企业的培训与生产相脱节的问题。江苏菊花味精集团落户双城后，根据企业生产所需高淀粉含量玉米的实际，急企业之所需，组织和引导农户种植淀粉含量高的丰禾系列玉米20万亩，不仅可以使农民增收，而且将大幅度提高企业效益。

三、坚持既定发展思路不动摇，真抓实干，促进市域经济快速发展

只有坚持发展思路，创新工作机制，转变工作作风，形成强大的工作合力，才能确保市域经济实现跨越式发展。

（一）几届班子一以贯之抓。十多年来，双城的班子换了好几届，但一心一意加快发展市域经济的思路始终没有改变。每一届班子都能按照既定的发展思路，不为突出自己的政绩而朝令夕改，或标新立异另起炉灶，而是扎扎实实延续前任思路抓下去。2001年，南京雨润集团有意在双城投资，但提出的条件非常苛刻，要求零地价收购双城的肉类加工厂，同时帮助协调6000万元的银行贷款。当时存在一定的难度，无法满足企业提出的要求。新一届班子成立后，觉得这个项目对全市畜牧业发展具有很强的拉动作用，必须引进来。但时间已经过了两年，集团老总们根本就不接电话，经过三个多月的跟踪、寻找，费尽周折，才与企业集团的副总见了面，几经艰苦洽谈，2003年底雨润集团终于做出落户双城的决定。就是以这种“咬定青山不放松”的精神，将一张蓝图绘到底，始终如一地坚持下来，使双城的经济发展之路越走越宽。

（二）创新机制激励抓。一是实行“激励”机制。引导各级干部强化责任意识和合力意识，将一大批想干事、会干事、能干事、干成事的干部推到了经济建设的主战场。从全市后备干部中选拔一批优秀人

才在经济职能部门组建了20个招商局，对在招商引资工作中取得突出成绩的后备干部，优先提拔重用。两年来，已有11人由一般干部提拔为副科级，2人由副科级提拔为正科级。市财政还在预算中列支100万元资金对招商引资有功人员进行重奖。二是实行“挂靠”机制。鼓励农村乡镇挂靠开发区，解决农村乡镇在招商引资中存在的基础条件和地缘区位的差异，双城在市经济技术开发区为每个乡镇提供5万平方米的土地，作为各乡镇引进企业的建设用地，对引进建成的企业实行分税制，企业上缴税金地方留成部分50%划归乡镇使用。三是实行“捆绑”机制。组织市直48个有实力的部门分别包扶24个乡镇和24个村，帮助乡村引进一个项目，办一件实事，建设一个专业基地，培养一个业务典型。对市直部门与乡镇工作一起部署，一起考核，形成联责、联效、联利的工作机制。

(三)转变作风真心抓。在全市广泛开展“干部会招商，群众会创业，政府会服务”的比学创活动，将全市广大干部群众的思想统一到干事业、抓发展上来，统一到为企业排忧解难上来，要求各级干部深入实际，真正把精力集中到抓各项工作的落实上，主动深入企业解决实际问题，形成推进工作的强大合力，使工作效率在各个环节都体现出提速增效。在娃哈哈集团项目引建过程中，市级主要领导带领相应部门每天早晨5点就到施工现场，协调解决工程建设过程中出现的问题，大到项目选址，小到清理门外小贩等各种问题，随时出现随时处理，使娃哈哈集团的乳品加工项目从签定协议到加工生产仅用了三个月时间，被企业称为“深圳速度”。

以实施“三化两提升”为重点推进“十一五”发展

◆中共阜宁县委书记 祁彪 阜宁县人民政府县长 尹金来

阜宁县地处苏北平原中部，县域面积1439平方公里，人口106万，辖20个镇、1个省级经济开发区（生态化工园）。阜宁历史悠久，古称黄浦，宋称庙湾，清雍正九年(1731)建县，素有“江淮乐地”之称。阜宁是革命老区，抗日战争时期，曾是华中抗日根据地的政治、军事、经济、文化中心，1941年7月—1942年12月，中共中央华中局、新四军军部移驻阜宁，刘少奇、陈毅、黄克诚、张爱萍、洪学智等老一辈革命家在这里留下光辉的足迹，时有“北有延安，南有盐阜”之说。

改革开放以来，特别是“十五”以来，全县上下坚持以科学发展观为指导，按照江苏省和盐城市委“两个率先”的总体部署，紧紧围绕全面建设小康社会的目标，大力实施以工强县、兴农富民战略，突出工业化、城市化、体制机制创新三大重点，加快推进园区经济、税源经济、环境经济，经济社会得到长足发展。农村经济富有特色。先后获得全国商品粮生产基地县、全国粮食生产先进县、全国肉类产量百强县、中国苗猪之乡、全国绿化模范县、江苏省建筑之乡和水产养殖示范县称号。新兴工业快速崛起。被列为国家级星火技术密集区、全国科技工作先进县和食品工业强县，已形成纺织服装、机械电器、医药食品、化工塑胶、玻璃建材五大支柱产业，拥有宁富肉制品、浩源电器、海马龙虾等20多个省、市级名牌产品，是全国最大的手工玻璃工艺品加工出口基地，华东地区规模较大的工业用布生产基地。城市建设日新月异。按照苏北现代化工业商贸城市的总体定位，以河为轴，对称发展，完善老城，建设新区，做大城市，做美环境，已形成近20平方公里、20万人口的城市规模。对外开放全面扩大。先后有10多个国家和地区的客商来此投资兴业。美国伊士曼、阿波罗、柏威集团，香港协鑫集团、鸣泰集团、众豪集团、星河乐器公司、德顺公司，国内上市公司大亚集团、法尔胜集团、黄河集团等一批知名企业纷纷落户阜宁。园区经济欣欣向荣。江苏省阜宁经济开发区2002年4月被省政府命名为省级经济开发区，已形成中心园、生态化工园、民营科技园“一区三园”格局。开发区中心园累计进区项目151个，其中超亿元项目17个。生态化工园坚持“绿色环保、科技兴园”，已实施超千万元项目37个。民营科技园已实施5000万元以上项目4个，亿元项目1个。园区集聚效应初步显现。

“十一五”是全面建设小康社会的关键时期、阜宁经济社会发展的重要时期、城乡居民生产生活显著改善的时期。阜宁经济社会将进入园区主导型、投资拉动型、骨干支撑型、城市扩张型、服务提升型和创业致富型的新的发展阶段。“十一五”全县经济社会发展总的指导思想是：认真贯彻落实党的十六大和十六届四中、五中全会精神，以科学发展观统领经济社会发展全局，紧紧围绕2012年全面建成小康社会的目标，以工强县，兴农富民，大力实施新型工业化、城市化、经济外向化战略，提升城乡居民收入水平，提升和谐发展水平，努力把阜宁建成苏北沿海中部承接产业转移、外商投资密集、人居环境优美、经济社会协调的生态型新兴工业商贸城市。主要目标是：地区生产总值到2007年超百亿，“十一五”期末达182亿元，比“十五”末净增百亿，年均增速17.3%。三次产业结构更趋合理，到2010年三产增幅超过二产，三次产业比例达到13:50:37。财政收入前三年较“十五”期末翻一番，到2010年达18亿元，占地区生产总值的10%。技改投入总量五年翻两番，达270亿元。外贸出口2010年达4亿美元，年均增速58.5%。注册外资实际到帐五年翻三番，到2010年达3.2亿美元，年均增速51.2%。农民人均纯收入6900元，年均增速9.42%。城镇居民人均可支配收入12600元，年均增速12.8%。围绕上述指导思想和总体目标，重点抓好“三化两提升”。

1. 加快推进新型工业化。坚持新型工业化第一方略，推进企业集中、产业集群、企业集成。一是突出园区主导。按照“阜宁经济希望之区、社会和谐新城区、科学发展样板区、对外开放示范区”的要求，举全县之力办好开发区“一区三园”。开发区中心园实现区域、规模双倍增，进区项目300个，实现销售100亿元。生态化工园重点发展精细化工、生物化工，着力招引支撑园区发展的重大项目，进区项目100个以上，实现销售50亿元。民营科技园重点引进体量大、吞吐量大的项目，实现销售30亿元。阜城、沟墩集中区各实现销售20亿元。二是培植产业集群。加快运用高新技术提高现有产业层次，促进产业优化升级，纺织服装、机械电器、医药食品、化工塑胶、玻璃建材五大支柱产业占工业经济比重达85%以上。开关柜、阀门、玻璃工艺品、工业用布四大产业集群总量翻两番，实现销售80亿元。三是加快企业集成。坚持新上规模项目和重组做大现有企业并举，重点培植销售超5亿元乃至10亿元的企业，到“十一五”末实现销售超10亿元企业5个，5—10亿元企业20个。规模企业达700家。以品牌促规模、强企业。“十一五”期间创国家级名牌1—2个，省级名牌20个；培育国家驰名商标1—2个，市以上著名商标130个，其中省级30个。

用发展工业的思路谋划农业，以新型工业化带动农业产业化，充分发挥粮食大县的优势，围绕畜牧业、水产业、蔬菜业、林果业等特色产业，重点培育农业产业化龙头企业，特别是农产品深加工企业，以龙头企业推动农业结构调整，提高农业比较效益。“十一五”期间，每年新增农业产业化龙头企业20家。

2. 加快推进城市化。坚持工业化、城市化互动并进，推动二、三产业融合发展，实现城市做大做强。一是加快城市建设。县城瞄准30平方公里、30万人口的目标，完善提升老城，加快建设新区，形成商贸集中区、行政办公区、文化教育区、居民住宅区等功能齐全、布局合理的新区建设框架。“十一五”期间，县城每年新增2万人，扩域2平方公里，城市化率提高2个百分点，到2010年达48%。整合乡镇资源，合理设置建制镇，促进建制镇加快发展。稳步推进中心村建设，将城市文明向农村延伸，加快城乡统筹发展。二是注重发展服务业。加速发展现代物流业，全面提升商贸流通业，积极推动房地产业，大力突破旅游业，重视培育新兴服务业，到2010年，服务业增加值在现有基础上翻一番以上，达68亿元。三是配套基础设施。实施沿海高速接线、204国道县城段改线、省道329线拓宽、省道231线新建等交通基础设施工程，建成射阳河港二类口岸。新建生态化工园、民营科技园、双多公司三个热电厂和协鑫热电厂扩能项目。以配套的基础设施促进城市快速发展。

3. 加快推进经济外向化。大力实施外向带动战略，以外向化促进工业化，不断开创“三外”工作新局面。一是重引外资。主攻韩台，扩大欧美，突出新批外资项目和外企增资扩股，全面扩大实际利用外资总量，努力争取在引进国际战略投资者方面实现重大突破。“十一五”期间，新上投入1000万美元以上项目30个。主攻长三角，承接大转移，每年引进长三角转移项目60个以上，把阜宁建成长三角产业转移的配套基地。二是扩大外贸。充分利用国内外两个市场、两种资源，加大科技投入和产品开发力度，增加出口产品品种，优化出口产品结构，提高出口产品质量。培植加工贸易出口基地和绿色农副产品出口基地，扶持三资企业、自营生产企业、科技民营企业产品出口，实现出口贸易多元化。三是拓展外贸。积极实施“走出去”战略，加快对外劳务协作，积极参与国际工程承包，不断提升对外技术合作层次。鼓励有条件的规模骨干企业到国外开设窗口、投资办厂。

4. 提升城乡居民收入水平。坚持以人为本，富民优先，多渠道增加城乡居民收入。一是全民创业。把全民创业作为扩大就业和富民增收的重要途径，拓宽创业渠道，放宽进入领域，降低准入门槛，通过制定政策、改善环境、搭建平台等推进民营经济大发展。“十一五”期间新增民营企业2500家，个体工商户5000户。二是转移劳力。在提高粮食综合生产能力、着力培育特色产业的基础上，加快农村劳动力向城市、集镇转移，鼓励更多的农民从事二、三产业，增加工资性收入、经营性收入和资产性收入。“十一五”期间，每年新增转移农村劳动力1.5万人，培训农村劳动力1万人次，切实减少第一产业从业人员。三是扩大就业。重视提升传统服务业、劳动密集型产业和中小企业，广开就业门路，增加就业岗位。

“十一五”期间，每年净增就业人数3000人，促进2500名城镇下岗失业人员实现再就业。四是完善社会保障体系。基本建立以养老保险、医疗保险、最低生活保险为重点的农村社会保障体系，稳步推进城镇养老保险、医疗保险、失业保险等扩面征缴工作，让改革发展的成果惠及最广大人民群众。

5. 提升和谐发展的水平。坚持经济建设、政治建设、文化建设、社会建设一起抓，推进经济、社会和人的全面协调可持续发展。一是促进经济社会的和谐。深入推进科教兴县战略，加快科技创新，促进科技成果转化，提高科技进步对经济发展的贡献率。把教育放在优先发展地位，提升义务教育，发展民办教育，突破职业教育，实现教育大县向教育强县跨越。全面推进党政干部、企业经营管理者、专业技术人才和创业型人才队伍建设。加快建立公共卫生体系，大力发展文化事业，广泛开展全民健身运动，创建江苏省群众文化先进县。二是促进社会关系的和谐。正确处理人民内部矛盾，完善社会矛盾纠纷大调解机制，妥善协调不同利益群体关系。加强社会治安综合治理，深入开展平安创建活动，健全打防控一体化机制，依法严厉打击各种犯罪活动，保持社会大局稳定。三是促进人与自然的和谐。大力实施可持续发展战略，认真落实计划生育、资源管理、环境保护基本国策，坚持开源与节流并举，大力发展循环经济，合理开发和节约使用土地资源、水资源，加大污染防治和生态环境建设力度，加快建设资源节约型、环境友好型社会，打响“江淮乐地、水绿阜宁”品牌。

在全面建设小康的道路上跨越前行

◆中共响水县委员会　响水县人民政府

在广袤的苏北大地，有一条被誉为“苏北黄浦江”的灌河，在美丽的灌河南岸，有一个年轻的县份——响水。自1966年建县以来，特别是近年来，全县人民始终坚持以邓小平理论和“三个代表”重要思想为指导，牢固树立和认真落实科学发展观，紧紧围绕“以工兴县、跨越发展，全面建设小康社会”的总目标，解放思想不停步、加快发展不动摇、创新创业不争论、真抓实干不空谈、艰苦奋斗不变色，强势推进“项目大突破、结构大调整、私营大发展、环境大变化”四项重点工作，取得了加快发展、科学发展、跨越发展的显著成绩。先后荣获了全国粮棉生产先进县、平原绿化县、科技工作先进县、棉花百强县和浅水藕之乡等称号，被评为国家级生态示范县。

坚持经济建设为中心，发展的位次大幅提升。2004年，实现地区生产总值36.12亿元，固定资产投资23亿元，工业用电量1.89亿千瓦时，财政总收入2.66亿元，农民人均纯收入3605元，城乡居民储蓄18.59亿元，与“九五”末相比，地区生产总值增长72%，固定资产投资增长2.4倍，工业用电量增长1.5倍，财政总收入增长2倍，农民人均纯收入增长43%，城乡居民储蓄增长1.1倍。在全省52个县（市）中，人均地区生产总值列第43位，规模以上工业增加值列第41位，地方一般预算收入和人均地方一般预算收入列第38位，粮食产量列第36位，人均居民储蓄存款列第38位。规模以上工业增加值、人均地方一般预算收入、人均居民储蓄分别比“九五”末提升11、10和12个位次。财政收入占地区生产总值比重由“九五”的4.3%提高到9.5%。2005年将全面超额完成“十五”计划，实现地区生产总值48亿元，比“九五”末增长129%财政总收入4亿元，增长344%；工业用电量2.5亿千瓦时，增长233%；农民人均纯收入3966元，增长56%。

强势推进以工兴县，发展的后劲显著增强。全县上下始终坚持一切工作以经济建设为中心，经济建设以工业经济为中心，工业经济以招商引资上项目为中心，以大招商推进大发展，项目投人之大前所未有，工业运行态势之好前所未有，经济发展后劲之足前所未有。工业集中区快速发展，2002年新建的陈家港化工集中区和响水工业集中区，落户企业100家，2005年实现税收超亿元。项目突破势头强劲，几年来，全县项目协议总投资213.8亿元，实际完成投资74.4亿元，培植了裕廊化工、题桥纺织、融凡制衣、泰日针织、威耳化工、南方化工、森达热电、气体雅克、南京桂花鸭等一大批投资超亿元的规模企业。项目突破工作连续三年受市委、市政府表彰。2004年全县二产对生产总值的贡献份额首次超过一产和三产，达35.2%，比“九五”末净增15个百分点。2005年全县新增超千万元税收企业7家以上，超百万元企业达55家，其中裕廊化工今年实现销售12亿元、纳税5500万元，工程全部竣工投产后，将成为销售50亿元、利税8亿元、税收超亿元的大型规模企业，建成苏北最大的化工航母，树起苏北工业发展的一面旗帜。

切实加强“三农”工作，发展的基础牢牢巩固。坚持“富民优先”，把解决好“三农”问题作为重中之重，以农民增收为中心，大力推进农业结构调整。认真贯彻党在农村的各项方针政策，全面落实粮食直补、良种补贴、农机推广补贴等政策措施，充分保护和调动农民种粮积极性，粮食生产保持人均千斤粮水平。农业产业化进程不断加快，大力实施“强龙行动计划”，龙头加工企业不断取得突破，新上了一批投入500万元以上的农业龙头加工企业，特别是总投资1亿元、年加工桂花鸭600万只的南京桂花鸭项目已成为省级龙头企业，正在申报国家级龙头企业。大力发展效益农业，建立国家级农业标准化示范区2个、无公害生产基地10个。坚持把劳务输出作为现阶段最大的农民增收致富工程来抓，“十五”初提出的“五万人在家种田，十万人外出挣钱”目标已提前两年实现，2005年全县农村劳动力输出总量将突破13万人，农民人均劳务收入达1500元以上。加快推进“农村五件实事”。全县农村自来水通村率100%、入户率95%，瓦房率99.6%，农村新型合作医疗参合率81%，2005年年底前实现村村通水泥路。

推进城镇建设，发展的环境不断改善。“十五”以来，累计完成基本建设投资24.3亿元，改建扩建了黄海路、响灌路、长江中路、红旗中路，兴建了滨江路步行街、县城地面水厂、盛世鼎迎宾广场、响水中学及县二中扩建、妇儿活动中心、县医院门诊大楼、204国道县城段改造、亚邦物流中心、响灌路农贸超市、花苑小区等一批实事工程，县城面貌焕然一新。加快推进城南新区建设，组织实施了滨江路三期、204国道大市场、教育城二期、党校教育大楼、青少年活动中心、体育馆、广电大厦、职工培训中心、亚邦大酒店等一批重点项目，进一步完善县城功能，做大做强县城。交通基础设施建设加快推进，改造了国道204、省道307、308、326、响黄公路、海堤公路，全县新增等级公路390公里、农村公路360公里，县乡公路全部实现黑色化，达到二级公路标准。大力加强水利、电力基础设施建设，改造中低产田，改造城网、农网，城乡生产生活条件得到极大改善。

加快改革创新，发展的活力明显激发。坚持把改革作为加快发展的主动力，把开放作为加快发展的推进器，通过改革开放，扫除制约发展的一切障碍，调动加快发展的一切积极因素。大力推进企业改制，全县工业企业改制基本完成，金兰、汇中两大骨干企业的改制，实现了“工人不丢、工资不少、税收不减、生产不停”的目标。金兰集团通过改制激发了新的活力，2005年税收可望突破2000万元。加大流通企业改革力度，引进了农工商、苏果、华联超市、雅家乐和文峰大世界等一批三产服务业企业。稳妥实施事业单位改革，吸收多元化投资，积极推进生产经营类、行政管理类、科教文卫等事业单位改革。深入开展全民共创业活动，民营经济发展迅猛，累计发展私营企业1300多家，个体工商户1.4万户，吸纳从业人员6万多人，分别比“九五”末增长165%、90%、260%。

着力构建和谐响水，发展的局面更加协调。坚持把构建和谐社会作为全面建设小康的目标内涵，作为促进加快发展的重大战略举措，突出重点，整体推进，促进全县三个文明建设更加协调、更加和谐。各项社会事业协调发展。坚持科教优先，全面推进教育创新。民办教育发展迅速，职业教育取得突破，教学质量全面提高，适龄儿童入学率达100%。坚持把科技作为第一生产力，科技对工业、农业的贡献率分别达34.3%和50.2%，比“九五”末提高2.05和2.27个百分点，跻身全国科技先进县行列。计划生育工作先进县、国家级生态示范区、双拥模范县创建工作扎实推进。社会大局保持稳定。牢固确立“发展是政绩，稳定也是政绩”的理念，始终坚持把维护稳定工作摆在突出位置。坚持一把手亲自抓稳定，不断健全完善信访问题集中排查和领导信访接待日制度，重大信访问题由有关领导包案负责，对群众的来信来访有信必批，有访必接。“平安响水”建设扎实推进，认真落实安全生产责任制，健全大防控、大调解机制，社会大局始终保持稳定。发展成果惠及全县人民。扎实做好扩大就业和社会保障工作，巩固“两个确保”和城镇“低保”成果，实现“应保尽保”，全县医疗保险覆盖率达100%。2004年城乡居民可支配收入5960元，比“九五”末增长40%。千方百计帮助困难家庭解决看病难、子女上学难的问题，保证了全县每个困难群众都有饭吃、有衣穿、有房住，每个困难家庭的子女都有学上，努力使发展的成果惠及全县人民，为更快更好发展营造安定有序的社会环境。

加强党的执政能力建设，党的建设进一步加强。深化干部人事制度改革，先后对团县委书记、老舍乡党委书记、县委办主任、卫生局局长实行公推公选，对空缺的财政局长等22个正科职岗位实行民主推荐。积极推进人才强县，引进26名硕士以上高层次人才和200多名应届本科毕业生到响工作。扎实推进“双强”型示范村和“双强”型村干部队伍建设，培育了李伯祥、邹洪彩等一批先进典型。县委常委在全市第一家作出保证自身廉洁的公开承诺。在保持共产党员先进性教育活动中，坚持把胡锦涛总书记“务求实效”的要求落到实处，在全县领导干部中开展了“抓学习、促发展”目标承诺，把先进性教育的出发点和落脚点紧扣在发展上，用发展的成果检验先进性教育的成效，经验在省、市推广。

年轻的响水已进入加快发展、科学发展的关键时期，全县56万干群将更加紧密地团结在以胡锦涛同志为总书记的党中央周围，在省市委、政府的正确领导下，进一步解放思想，抢抓机遇，加快发展，科学发展，实现“十一五”经济总量超百亿、财政收入超十亿，在全面建设小康社会的道路上向更快更好发展的新高峰阔步前进！

以工业化理念发展农业 全面提升农业综合素质

◆怀远县人民政府县长 秦仲鑫

一、怀远县基本情况

怀远地处淮河中游，位于安徽省北部，淮北平原南缘，面积2396平方公里，乡镇19个，耕地面积13.7万公顷，人口127.2万人，其中农业人口114.1万人。京沪铁路从东侧经过，206国道、307、225省道、合徐高速公路、界阜蚌高速公路穿境而过并在境内互通，交通便捷。淮河、涡河、茨河、茨淮新河、怀洪新河等河道排列其间，常年通航。怀远是全国商品粮生产基地、安徽省杂交稻制种基地、蔬菜生产基地、水产品生产基地，盛产优质水稻、小麦、蔬菜、棉花、花生、淡水鱼、螃蟹、畜禽等，拥有化工、酿造、机械、建材、造纸、纺织、食品等工业门类。县城座落在淮涡两水交汇、荆涂两山对峙处。荆涂山风景区是安徽省重点旅游风景区，集宗教文化、自然景观、人文景观为一体。早在唐虞时代怀远就是涂山氏国的聚居地，大禹治水曾会诸侯于涂山，民间盛行花鼓灯歌舞，蜚声中外，被誉为“东方芭蕾”。

二、“十五”期间怀远县农业和农村经济发展现状

“十五”以来，怀运县坚定不移地调整和优化农业结构，突出农业在县域经济中的基础地位，围绕农业增效、农民增收，用工业化理念办农业，从重视生产向更加重视市场、销售和加工转变，从重视产量增长向更加重视质量和效益转变。一是围绕结构调整，实施规模化工程。坚持以市场为导向，立足资源优势，稳定种植业，扩大养殖业，发展林果业，着重培育具有区域特色的农产品生产基地，一批各具特色、各显优势的作物带、产业带初具规模。全县形成了65万亩优质水稻、35万亩优质小麦、30万亩棉花、30万亩花生、30万亩蔬菜、25万亩玉米、80万头生猪、30万头肉牛、80万只山羊、1000万羽家禽、7万亩水产品、1万亩石榴等农业产品生产基地。二是围绕农产品质量安全，实施优质化工程。适应市场需求的变化，以科技进步为支撑，创建了一批农产品名优品牌。全县农副产品注册商标已达50个，纯王种子、雁湖面粉、五岔烧全鸡、白莲坡贡米、高庄黄瓜、神禹牛肉等成为省内外著名品牌。积极推进农业标准化生产，先后制定了30多个农产品生产规程和质量标准，大力发展无公害农产品和绿色食品、有机食品。2002年评为省无公害蔬菜生产示范县、农业标准化生产示范县；2003年评为全国粮食生产先进县、全省蔬菜生产十强县。2004年入选全国粮食、棉花、油料生产“百强县”。“雁湖”牌面粉、“雪雁”牌面条获全国质量免检产品和全国放心食品称号；梅桥大青豆、许桥西芹、圣泉三元杂交猪、白莲坡贡米获安徽省无公害农产品认证。三是围绕提高农业综合效益，实施产业化工程。大力培植农产品加工龙头，不断完善“公司＋基地＋农户”的产业化经营机制。纯王种业、圣泉养殖、金淮河食品、大宏纺织、威斯食品等企业生产规模不断扩大，产品质量不断提高，有力地拉长了杂交稻制种、优质稻米、棉花、蔬菜、石榴、畜牧养殖等产业链，成为带动农业结构调整的龙头。全县培育和壮大省市农业产业化龙头企业8个，从事农副产品加工的企业3000多家，集

约化程度逐步提高。四是围绕农产品销售，实施市场化工程。积极发展各类合作经济组织，着力加快农产品批发市场建设，引导和帮助农产品流通，提高农业的组织化程度。目前，全县农民各类合作经济组织达49个，带动全县12万户农户走上产业化经营之路；发展农民经纪人队伍7100多人，为农产品产销牵线搭桥，带动全县农民年增加收入2亿多元，人均180元以上；建成农产品批发市场11个，占地总面积120.7亩，年成交额达4.7亿元左右。与此同时，坚持以招商引资为抓手，努力增加农业投入。仅2003年，怀远县就引进江苏大宏集团、新加坡威斯公司、湖北仙桃油脂厂等多家县外企业投资该县农业，投资额1.44亿元；协调、支持金融部门加大对农业的投入，全年共发放农户小额贷款8.2亿元。

2004年，全县实现农业增加值17.3亿元，农业增加值占地区生产总值比重34.0%；全县粮食总产101.4万吨、棉花总产2.4万吨、油料总产8.4万吨、肉类总产6.83万吨、水产品产量3.3万吨。主要畜禽产品检疫合格率达96%；完成成片造林22万亩；乡镇企业增加值13.7亿元，年均递增率达8%；乡镇企业从业人员达15.8万人；农村中农业劳动力43.4万人，占全社会从业人口比重下降到62.2%；农用机械总动力达195万千瓦；全县农民人均收入2650元。

近年来，怀远县农业和农村经济发展取得一定成效，但存在的问题和矛盾仍比较突出，主要是：农业产业化还没有真正破题，龙头企业拉动力有待进一步提高；农村劳动力整体素质不高，农业结构战略性调整和劳动力有效转移受到明显制约；农业基础设施建设欠帐较多，现有生产设施不能满足新的生产项目对外界条件的要求。解决这些问题关键靠发展。目前，我国农村经济发展环境进入了最好时期。中央高度重视“三农”和粮食生产，加大对农业和农村经济发展的支持，对怀远这个农业大县来讲，带来了新的发展机遇；沿海发达地区产业加速向中部地区转移，对具备优良区位条件和资源优势的怀远，更带来了新的发展机遇。

三、坚持用工业化理念办农业，千方百计增加农民收入

“十一五”期间，继续坚持以“工业化为核心，大力推进工业化、农业产业化、城镇化进程”发展思路不动摇，以工业化有效地拉动就业，增加财政收入；以农业产业化延长农业产业链条，增加农产品附加值；以城镇化有效聚集生产要素，推动二、三产业发展。怀远县是农业大县，实现农村经济快速发展，必须借鉴工业组织形式发展农业产业化龙头企业，移植工业社会化大生产方式组织农业生产，运用工业营销策略搞活农产品的流通，引入工业融资方法增加农业投入，推动传统农业向现代农业转变。力争到2010年农业增加值年均增长5%左右，农民人均纯收入年均增长5%左右；粮食总产、油料总产、棉花总产、肉类总产、水产品产量分别稳定在88万吨、8.5万吨、2.4万吨、7.4万吨和3.1万吨。主要发展重点和措施是：

（一）调整农业生产结构，提升农业竞争力。坚持以市场为导向，稳粮扩经上畜牧，积极发展优质专用粮食、蔬菜、棉花、花生等高值、高效作物，巩固完善已有商品粮棉油基地，争取列入国家扶持计划。种植业，在保证主要农产品有效供给和粮食安全的前提下，以提高单产和质量为重点，优先发展优质专用品种。粮食生产，在稳定小麦种植面积和产量的前提下，大力发展市场需求量大的优质专用品种。棉花生产，合理调整种植面积，积极推广优质高产品种。油料生产，加快花生的品种更新，发展高油、高蛋白等优质专用品种。蔬菜，压减大路品种，大力发展品质好、耐储运、无公害及名特新稀品种。水果，大力培育和开发有地方特色的石榴优质品种，积极推广先进的贮藏、保鲜、加工技术。畜牧业，继续抓好生猪生产，大力发展食草型、节粮型畜牧业，加快肉牛、肉羊的发展步伐，发展适度规模饲养，努力提高品质和产量。加强畜禽产品质量卫生安全工作，推进绿色畜禽产品生产。水产业，重点培育和扶持龙头企业，抓好养殖基地的建设，发展名优珍稀品种养殖。合理开发利用国有水面，全力做好渔业生产的管埋和服务工作，使渔业生产步入可持续发展轨道。

（二）依托农业产业化龙头企业，抓好基地建设。紧紧围绕农民增收这个中心任务，坚持走“龙头+农户”的产业化道路。根据本地资源特点、生产模式，重点依托大宏纺织、威斯蔬菜、金淮河肉牛加工、沪安木业、果酒加工等县内的农业产业化龙头企业，以及丰原食品等县外的农业产业化龙头企业，通过“订单农业”方式和发展“品牌农业”，加强优质稻米、棉花、蔬菜、花生、玉米、石榴、生猪、肉牛等农产品基地建设，壮大规模，形成优势；瞄准以上海为龙头的长江三角洲，按照长三角农副产品地方准入标准，大力发展绿色食品、有机食品和无公害农产品生产基地和生态农业示范区，大力发展农副产品加工、包装、保鲜、储运业，做好石榴、白莲坡贡米等特色农产品的营销工作，标准农产品进超市，一般农产品深加工，扩大长三角农副产品市场占有率，把怀远县建设

成为面向长三角的农副产品供应基地。

（三）大力推进小城镇建设，加快农村劳动力的转移。配合工业化和农村劳动力转移的客观要求，在城镇建设上，坚持走以产业兴城镇、以城镇促发展的路子，依托区位优势、交通优势和资源优势，突破“行政板块”，形成以县城为龙头，以城关、大龙亢为轴线，以龙亢？河溜、鲍集、马城、常坟、唐集等中心镇为依托的“四星拱月”经济发展板块，促进土地向规模集中、农民向城镇集中、工业向园区集中。县城建设按照蚌埠市卫星城的建设标准，高起点规划、高标准建设成为居住适宜、休闲旅游的山水城。中心镇建设坚持规划先行，集中财力、物力做大做强，并以小城镇为载体，把乡镇企业发展与小城镇建设结合起来，改造提升商品流通、交通运输、金融保险等传统产业，大力发展社会服务、休闲娱乐等新兴产业，加快服务业发展步伐，促使更多的农村劳动力向小城镇转移。

（四）强化技能培训，大力发展劳务经济。认真组织实施“阳光工程”，充分发挥县技工学校等7个培训基地的作用，有针对性地进行专业技能培训，努力将本县的人力资源转化为人才资源，带动农民增收致富。充分发挥市场机制作用，依靠社会力量，大力培育和支持劳务输出中介组织、专业协会、经纪人，建立劳务输出信息平台，尤其是加强与长三角用人单位的联系和合作，通过强化培训、引导、服务和管理，促进农村劳动力向长三角有序流动，建设面向长三角的劳务输出基地，不断提高劳务输出的组织化水平。鼓励和扶持外出劳务人员回乡创业，对带回资金、技术、项目返乡创业做出成绩的人员，给予表彰和奖励。

（五）加大项目建设力度，改善农业基础条件。紧紧抓住国家加大对淮河流域治理力度的机遇，加快淮北大堤等防洪基础设施项目争取和建设步伐；对境内涡河左右堤实施除险加固，提高防洪标准；加大对洼地治理投资，切实增强内河的防洪除涝能力。大力开展农田水利基本建设，在境内南部水作地区搞好工程配套，排灌分开，扩大有效灌溉面积和旱涝保收田面积；北部旱作地区加大水源工程建设，实行河灌与井灌同步，提高农业抗御旱灾的能力；利用黄淮海农业综合开发、商品粮基地建设、世行贷款和粮棉大县项目资金，进行中低产田改造；教育和引导广大农民改变传统的灌溉习惯，大力推广和示范水稻控灌、喷灌等节水型灌溉技术。拓宽农业投入资金渠道，积极争取安排国债项目，重点加强水利、农业科技、动植物检疫等设施和商品粮棉油基地建设；积极协调金融机构增加农业信贷资金投放，搞好面向“三农”的金融服务；积极探索农业利用外资的新形式，吸引各类工商企业向农业投资，争取在大项目利用外资上有新的突破。

（六）落实农业和农村政策，调动农民生产积极性。依法保障农民对土地承包经营的各项权利，农户在承包期间可依法、自愿、有偿流转土地承包经营权。采取灵活有效的政策措施，鼓励和引导农村个体私营等非公有制经济有更大的发展，引导农民进行资金、技术、劳动力等生产要素的联合，发展协会等合作经济组织。深化农村税费改革，切实减轻农民负担。健全农产品市场体系，继续完善粮食直接补贴办法，用政策保护和调动种粮农民的积极性。

四、“十一五”期间农业和农村经济发展的建议

一是面对当前农村外出务工人员迅速增加，如何引导农村土地流转，加快农村土地逐步向农业生产大户和种田能手集中，增加规模效益，逐步改变千家万户小生产面对全国统一大市场的不利局面，应作为一个重要问题认真研究，制定政策，加以明确规范。

二是加大对农业产业化龙头企业的扶持力度，培育出一批辐射面广、带动能力强的龙头企业；大力发展“订单农业”，加快农村经济和农民收入增长速度，早日实现农村小康目标。

三是适当调整投入政策，整合农业投入，改变分散切块格局，建立农业投入的直通机制，减少中间环节，保证投入效益；加大对县及县以下农业开发、水利等中小型基础设施的投入和项目建设，改善农业生产条件，增加粮食生产能力。

四是目前农村金融服务主体少、能力弱，难以满足农户和农村中小企业对信贷的需求，已成为制约农村经济发展的一个“瓶颈”。要按照有利于增加农户和企业贷款，有利于改善农村金融服务的要求，改革和创新农村金融体制，完善农村金融服务体系。

五是要解决好小城镇发展中存在的布局分散、重点不突出的问题，研究和制订鼓励农村中小企业向小城镇集中的政策，引导乡镇企业向小城镇集中。鼓励多渠道、多形式投资兴办小城镇基础设施和公用事业，完善小城镇功能。

六是怀远县是全国产粮百强县，正常年产量约100万吨，粮食企业收购量在30%以上，按正常市场价年收购资金约需3亿元，粮食企业虽然千方百计筹措小额资金，但很难满足收购的需要，这对保护农民群众种粮积极性将会产生重大的影响，如连续出现丰年，一但出现卖粮难问题，国有粮食企业将无力

投入大量资金收购，希望国家出台保障粮食收购资金供应的政策。

面对新形势、新任务，怀远将牢固树立和落实科学发展观，统筹城乡经济社会发展，把县域经济发展与国家产业政策及产业布局结合起来，把农业产业化经营、中小企业发展和小城镇建设结合起来，把产业基础设施建设和改善县域经济发展环境结合起来，全面繁荣农村经济，加快农村小康社会建设步伐！

4

第四部分　百强风采

江苏

昆山市

中共昆山市委书记 曹新平

昆山市人民政府市长 张国华

昆山地处江苏省东南端的太湖下游，素有江南“鱼米之乡”美称。东邻上海，西依苏州，地理位置优越。沪宁铁路、沪宁高速公路、312国道贯穿东西，境内河网密布，水陆交通便捷。市域总面积927平方公里，户籍人口64万人，共有10个镇、188个行政村和1个国家级经济技术开发区。

昆山历史悠久。境内有良渚文化遗址。春秋时属吴，因吴王寿梦曾在此豢鹿狩猎，故又有“鹿城”之名。公元前221年，秦在此建娄县。南朝梁大同元年（公元535年）改名为昆山县，沿用至今，1989年撤县设市。昆山人文荟萃。以提出“天下兴亡、匹夫有责”的杰出思想家顾炎武为代表的历代先贤，留下了众多传世之作和丰富的历史文化遗产。诞生于昆山的昆曲有“百戏之祖”之称和“戏曲百花园中的一枝幽兰”之誉，列入联合国首批人类口述和非物质遗产代表作。昆山风光秀丽，物产丰饶。市区的玉峰山，百里平畴，一峰独秀。中国第一水乡——周庄、盛产清水大闸蟹的阳澄湖、碧波荡漾的淀山湖皆为旅游胜地。

改革开放以来，昆山充分发挥区位优势，率先自费创办开发区，大力实施外向带动战略，推动经济快速发展，走出了一条以开放型经济为主导的“昆山之路”，逐步形成了经济社会协调发展，三个文明同步推进的良好局面。先后荣获国家卫生城市、国家环保模范城市、全国创建文明城市先进市、全国优秀旅游城市、国家园林城市、全国生态示范区、最佳中国魅力城市等称号。

娄江风情

行政服务中心大厅

金秋经贸2005

液晶彩电生产线

笔记本电脑生产线

光盘生产线

好孩子产品陈列室

出口加工区

图书馆

城市生态森林公园

体育馆俯瞰

体育馆远眺

昆山海关

沪宁高速昆山互通

周庄夜景

昆曲“牡丹亭”剧照

农民新村

喜领养老金

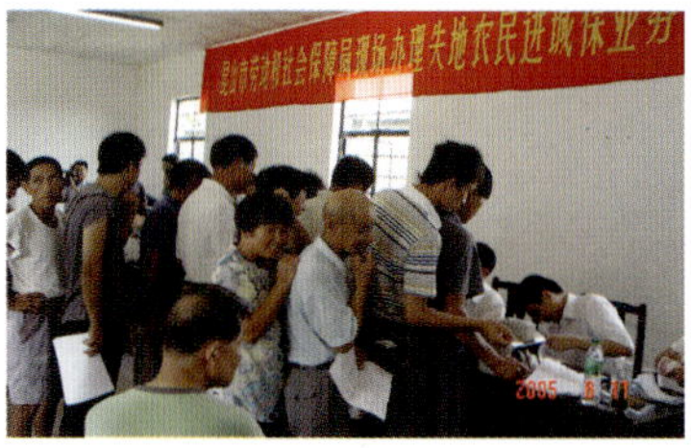

农民进社保

城市广场夜景

广东

顺德区

中共佛山市委常委、常务副市长、顺德区委书记 陈云贤

顺德区人民政府区长 周天明

顺德，位于中国珠江三角洲腹地，面积806平方公里，北邻广州，南近港澳。顺德设县于明景泰三年即1452年，1992年撤县建市，2003年撤市建区。全区现有10个镇（街道），户籍人口114万人，流动人口86万人，另有近40多万港澳台同胞和海外侨胞。

改革开放以来，顺德充分发挥政策、地缘优势，开拓进取，求实创新，逐步由一个传统的农业县发展成为现代新兴工业城市，经济社会发展取得令人瞩目的成就。2004年，全区实现地方生产总值601亿元，工业总产值1507亿元，出口贸易总额72亿美元，地方一般预算财政收入32亿元，城乡居民储蓄余额683亿元，职工人均工资18281元，农民人均纯收入8819元。

顺德的经济结构以工业为主，在家用电器、电子通信、机械装备与模具、纺织服装、精细化工、医药保健、包装印刷、家具制造等支柱、特色产业中，拥有6个中国驰名商标，18个中国名牌产品，42个国家免检产品，以及“中国家具商贸之都”、“中国牛仔服装名镇”、“中国家具制造重镇”、“中国家具材料之都”等知名区域品牌。顺德是目前中国最大的空调器、电冰箱、热水器、消毒碗柜、电饭煲生产基地之一，是全球最大的微波炉、电风扇供应基地，拥有“家电王国”、“家电之都”的美誉。顺德还是中国最大的淡水鱼养殖基地和花卉种植与销售基地之一，家电、家具、木工机械、涂料、塑料、花卉、钢铁、机床等行业会展在国内外均享有较高的知名度。顺德外向型经济发展迅速，目前全区有“三资”企业1400多家，其中世界500强企业的投资项目达28个。

顺德的教育、科技、文化、卫生等社会各项事业繁荣发展，先后被评为全国的“基础教育先进区”、“幼儿教育先进区”、“特殊教育先进区”、“职业教育先进单位”和首批“广东省教育强区”。科技创新能力强。1985年至2004年，我区累计专利申请24145件，授权17372件，专利申请和授权连续9年位居全国同级单位第一位；博士后工作站9个，在全国同级县区中也是遥遥领先。国家级家用电子产品产业园、高新技术产业孵化基地和家用电器、机械装备、金属材料三大基地建设全面启动，产业核心研发区逐步形成。顺德已有100多个产品标准成为国家标准，每年均有超过800多个企业产品标准进入国家标准备案库，参与国家标准制订。医疗卫生事业全面进步。公共卫生环境进一步改善，全区现有2个国家卫生镇、3个省卫生镇、4个省卫生先进镇，大良街道已通过国家卫生城市验收。顺德还建立了覆盖城乡的区、镇、村三级公益性劳动就业培训体系，建立并推行了社会养老保险、基本医疗保险、工伤保险、失业保险、居民合作医疗保险制度，以及最低生活保障制度、临时救济和重危病特殊救助制度。

目前，顺德正以建设珠三角西岸区域性中心城市和中国制造业名城为目标，以提高区域综合竞争力为核心，加快推进工业化、城市化、国际化进程，努力实现经济社会全面协调可持续发展。

专业会展

工业－金型

新城区

设施－广珠西线

彩虹桥

勒流保税区

流光异彩

第五届中国花卉博览会

美好家园

清晖园

新 区

日 出

北滘医院

顺职院正门

顺职院全景

顺峰湖夜色

顺峰山

顺峰山公园俯瞰

江苏

江阴市

中共江阴市委书记 朱明阳

江阴市人民政府市长 王锡南

中国百强县(市)—江阴

改革开放以来，江阴的经济和社会事业建设取得了显著成就。2004年，全市完成地区生产总值638亿元、财政收入92.1亿元、全社会固定资产投资284亿元、工业总产值1897亿元、工业产品销售收入1823亿元，实现工业利税160亿元；全市有各类上市公司18家，占全国的百分之一，被证券界称为“华夏A股第一县”；目前全市有20多个产品市场占有率居全国第一，华西、三房巷、兴澄、阳光、法尔胜等9家大企业集团跻身“中国企业500强”；14家企业名列“中国民营企业500强”。在两个文明建设中已荣获国家卫生城市、国家环保模范城市、全国文化模范市、全国教育先进市、全国创建文明城市工作先进市、全国科技工作先进市、中国优秀旅游城市等50多项全国性荣誉称号。

城市一角

发达县域经济论坛

江阴市政府大楼

江阴港集装箱码头

江阴港夜景

开发区鸟瞰图

中国第一、世界第四的特大跨径钢悬索桥
——江阴长江公路大桥

江阴城市概貌

华西村

江阴市景

江阴鸟瞰

绿地

徐霞客故居

黄山湖公园夜景

海澜之家

法尔胜光子项目

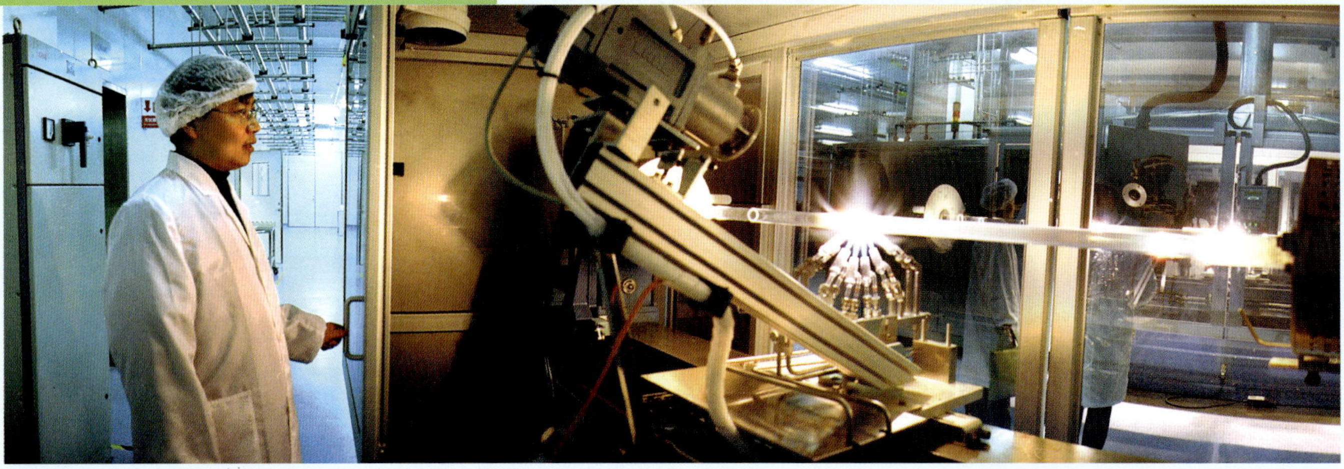

华联商厦

江苏

张家港市

中共张家港市委书记 曹福龙

张家港市人民政府市长 王翔

张家港市位于长江下游南岸，江苏省东南部，北濒长江，与南通相望；南近太湖，与无锡相邻；东连常熟，距上海98公里；西接江阴，距南京200公里，是沿海和长江两大经济开发带交汇处的新兴港口工业城市。原名沙洲县，1986年9月，撤县建市，隶属苏州市。全市总面积999平方公里，下辖8个建制镇、1个管理区，户籍人口86万人。境内有沿江岸线71.78公里，其中不冻不淤的深水岸线有33.7公里。依托优越的沿江岸线，建有国际贸易商港张家港港、全国唯一内河港型保税区江苏省张家港保税区和占地1.53平方公里的张家港保税物流园区。

1992年，在改革开放的历史进程中，张家港人培育、塑造了“团结拼搏、负重奋进、自加压力、敢于争先”的张家港精神。1995年5月13日，时任中共中央总书记的江泽民亲临张家港视察，并欣然为“张家港精神”亲笔题词。在张家港精神的激励下，全市先后荣获了80多项国家级荣誉称号，三个文明建设结出了丰硕的成果，被誉为“伟大理论的成功实践”的典范，2005年10月被中央文明委授予全国文明城市称号。

港城大道

江苏省委书记李源潮等领导视察张家港

弘扬张家港精神 再创张家港辉煌

张家港经济开发区

张家港保税区局内景

上海	96KM	Shanghai	96KM
南京	200KM	Nanjing	200KM
苏州	90KM	Suzhou	90KM
无锡	58KM	Wuxi	58KM
常州	55KM	Changzhou	55KM
南通	62KM	Nantong	62KM
扬州	155KM	Yangzhou	155KM

张家港行政区位图

世纪广场

江苏沙钢集团全景

110指挥中心

浦项不锈钢生产线

集装箱码头

张家港保税区化工品交易市场

张家港港（夕阳）

体育馆

(张家港)长江文化艺术展示周开幕式

步行街夜景

市区长安路夜景

张家港公园

张家港人民中路

江苏

常熟市

中共常熟市委书记　杨升华

常熟市人民政府市长　王建康

“世上湖山，天下常熟。”常熟是一座具有3000多年历史的国家历史文化名城，也是长江沿岸新兴的港口工业城市。全市总面积1142平方公里，辖11个镇（场），户籍人口104万。常熟以其悠久的人文历史、秀丽的山川景色，丰饶的物产资源享誉江南，素有“鱼米之乡”、“衣被天下”的美称，也因“沙家浜”而闻名海内外；更以其优越的区位条件、便捷的交通运输、完备的基础设施、独特的人文优势、优良的生态环境，成为投资创业、居住休闲的上佳之地。

改革开放以来，特别是进入新世纪以来，常熟牢固树立富民优先、内外并举、城乡一体、亲近自然、诚信至上五大理念，经济建设快速推进，社会事业全面进步，人民生活富足安康。2004年，全市实现地区生产总值565亿元，地方财政一般预算收入30亿元，工业总产值1308亿元。全市累计注册外资超过70亿美元，实际利用外资超过50亿美元，累计建办私营企业11000家，注册资本超过270亿元。常熟在最新的全国百强县市排名中位居第五位，先后荣获“国家卫生城市”、“国家园林城市”、“国家环保模范城市”、“中国优秀旅游城市”、“全国绿化模范城市”、“全国双拥模范城市”、“全国社会治安综合治理先进集体”、“创建全国文明城市先进市”等荣誉称号，并获得“中国最佳人居环境范例奖”，被联合国环境规划署评为“国际花园城市”。

常熟——国际花园城市（市民休闲广场）

商业街夜景

市民休闲品茶赏景

常熟理工学院

方塔园

全国文明村——蒋巷村

国家红色旅游经典景区——沙家浜

世上湖山 天下常熟（国家4A级景区——尚湖）

常熟港

国际服装城

高速互通

江苏省常熟经济开发区

江苏白雪电器股份有限公司

常熟开关制造有限公司

夏普办公设备（常熟）有限公司

江苏隆力奇集团有限公司

江苏波司登股份有限公司

广东

南海区

中共佛山市委常委、南海区委书记 刘海

南海区人民政府区长 李贻伟

佛山市南海区地处珠江三角洲腹地，东连广州，毗邻港澳；总面积1073.82平方公里，辖2个街道、6个镇，户籍人口109.7万，外来人口94万；境内水、陆、空交通网络畅达，公路密度达135.5公里/百平方公里。近现代史上，曾涌现出康有为、詹天佑、何香凝、黄飞鸿等杰出人物。

南海在历届全国百强县测评中均名列前茅。2004年实现地区生产总值547.8亿元，增长15.7%；工农业总产值1312.62亿元，增长19.5%；全部财政收入94.24亿元，增长14.1%；年末城乡居民本外币储蓄存款余额762.9亿元，城镇居民人均可支配收入16821元，农村居民人均纯收入8326元。南海是我国传统陶瓷业和近代纺织业的发祥地之一；民营经济发达，形成铝型材、纺织、陶瓷、内衣、五金、家电、汽配等知名产业以及"中国铝型材产业基地"、"中国铝材第一镇"、"中国有色金属名镇"、"中国面料名镇""中国内衣名镇"、"中国袜子名镇"、"中国日用五金之都"等一批产业基地和专业镇，创造中国名牌和国家免检产品共50个，广东省名牌、著名商标共48个。

南海是国家信息化试点城市、全国区域技术创新示范城市、国家卫生城市、中国优秀旅游城市、全国创建文明城市工作先进城市、中国龙舟运动之乡和中国龙狮运动之乡。全部镇（街道）均为省教育强镇和国家卫生镇，含4所高校在内的学校共239所，462家医疗机构100%覆盖全区224个行政村。社会养老、工伤、失业、职工基本医疗、农村基本医疗等保险制度已经形成。

南海大道景色

繁忙的三山港国际货柜码头

南海是中国日用五金之都

机械装备业

先进的陶瓷生产线

商贸发达的南海东部板块——巴黎春天商业步行街

现代生态型的南海西部板块——南海科技工业园一隅

蓬勃发展的高档房地产业

南海是中国铝型材产业基地

机械化生产的纺织企业

万顷洋现代农业示范区

国家级风景名胜区——西樵山

加速发展的汽车及零配件业
(福迪汽车总装车间)

领先的节能灯企业——雪莱特光电

中国空调五强之一的志高空调

精心制作风靡全球的玩具"芭比娃娃"

高科技的太平洋铜管产成品

赛龙夺锦

团结奋发的龙狮精神
在南海传承(少年醒狮)

浙江

萧山区

中共杭州市委常委、
萧山区委书记 王金财

萧山区人民政府区长 郑荣胜

萧山，位于浙江省北部，钱塘江南岸。总面积1420平方公里，总人口116.67万人。素有东海之滨、钱塘江畔的鱼米之乡的美称。

萧山历史悠久，人杰地灵。湘湖跨湖桥文化遗址将萧山历史推移到8000年前。春秋霸主城堡、西施故里足迹、夏代印纹陶窑等至今亦可寻觅。1988年1月撤县设市，2001年撤市设区，现属杭州市。

滚滚钱潮养育了这方热土，悠悠岁月见证了她的变迁。改革开放以来，萧山经济和社会事业取得了巨大的发展，综合实力日益增强。曾荣获“全国十大财神县(市)”、“中国明星县(市)”、“全国卫生城市”、“全国综合实力百强县（市）”等称号。2000年起，连续五年列全国十强县（市、区）；2003——2004年连续被台湾电机电子同业公会评为大陆最佳投资地第一名；连续多年列浙江省县（市、区）科技综合实力第一名。

21世纪的萧山，是“长三角”经济圈的重要组成部分。勤劳智慧的萧山人，正踩着新时代的鼓点，朝着“构建和谐新萧山”的目标，又一次扬帆启航，奔竞不息，勇立潮头！

美丽的家园，勤劳的人民，繁荣的经济，创业的天堂。开放的萧山，期待各方宾朋好友携手共创美丽、富裕的明天！

萧山新貌

北大门

新世纪广场

新区夜色

钱江三桥

农民新村

长廊雪景

云石飞瀑

人民广场夜景

杭州萧山国际机场

江寺牌坊

江寺

东方文化园

跨湖桥遗址出土的8000年前的独木舟

南宋官窑

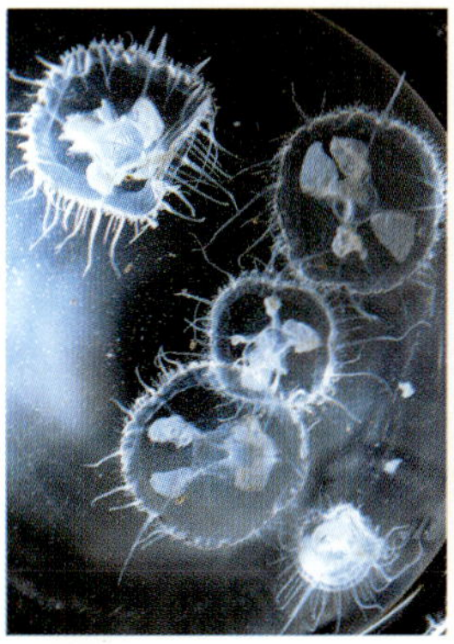
水中国宝桃花水母

萧山杜家杨梅

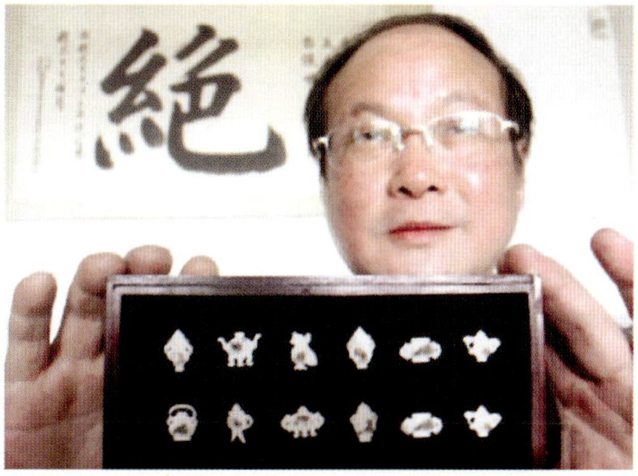

微雕

元宵灯会

万向集团

浙江（中国）花木城

大地网架数控加工三峡大坝闸门

太虚湖酒店

江苏

武进区

中共武进区委书记 沈瑞卿

武进区人民政府代区长 徐伟南

武进，已有2500年的历史，南濒太湖，西临滆湖，境内山水相依，风光秀丽。2002年4月，经国务院批准，武进撤市设区，现辖两个省级开发区、23个镇，面积1242.3平方公里，人口94万。改革开放以来，武进经济迅猛发展，已形成农业为基础、制造业为主体、内外贸相结合的经济格局，在历届“中国综合实力百强县（市）”评比中均名列前茅。2004年实现地区生产总值388亿元，同比增长22.8%，人均地区生产总值近5000美元；财政收入50亿元，增长24.1%。武进在全国百强县测评中名列第八。

在新一轮区域经济竞争中，武进勇立潮头，找准定位，紧紧围绕科学发展、协调发展、可持续发展这一工作主线，团结拼搏，开拓进取，既快又好地推进“两个率先”的进程。强势推进开发区、工业集中区建设，实现工业经济集聚集约发展；着力推进招商引资，努力提高经济国际化水平；加快推进城市建设，全面提升城市形象；扎实推进富民工程，迅速提高人民富裕程度；协调发展各项事业，努力构建和谐社会。全区上下正聚精会神搞建设，凝心聚力谋发展，奋力建设以人为本、全面协调可持续发展的新武进。

武进区行政中心

淹城鸟瞰

淹城门楼

十里花廊

武进高速公路

省级武进高新技术产业开发区

武进市民广场

座落于武进城区的常州大学城

华东地区最大的花木市场武进夏溪花木市场

武进人民医院

华东地区最大的灯具市场——邹区灯具城

国家级女子曲棍球基地——江苏武进曲棍球基地

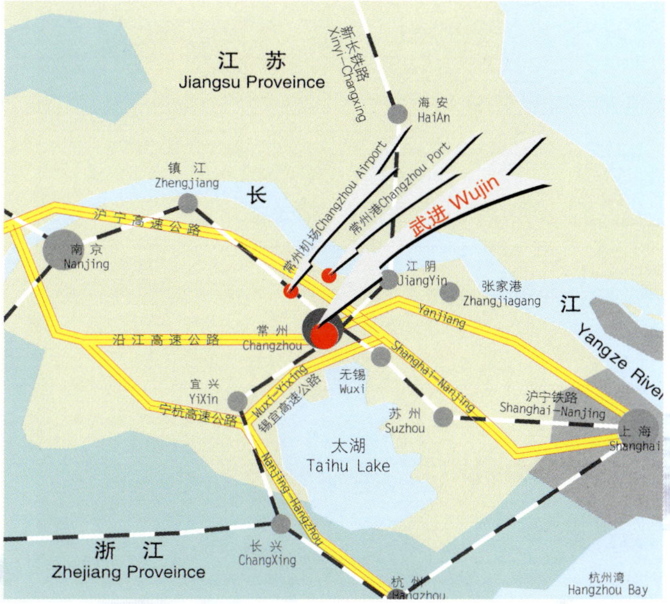

武进太湖湾旅游度假区

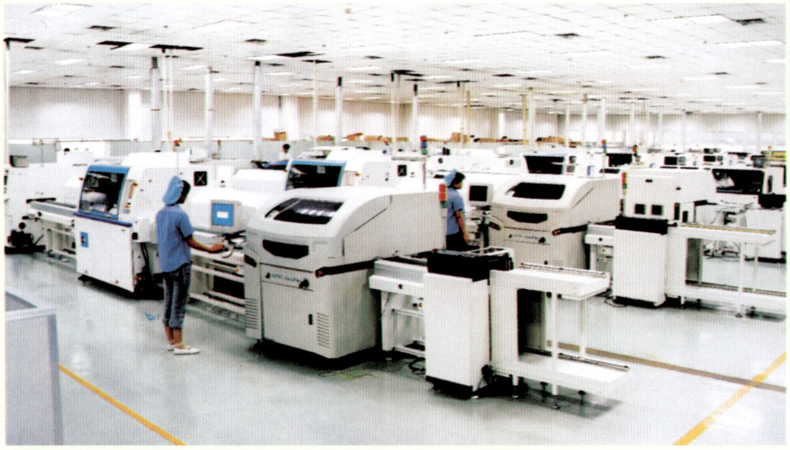

中国百强企业——江苏新科电子集团

明都夜景

国际津通工业园

国际知名企业博世力世诺（常州）有限公司

中天钢铁集团

浙江

绍兴县

中共绍兴县委书记 徐纪平

绍兴县人民政府县长 冯建荣

绍兴县位于杭州湾南岸，宁绍平原西北部，境内气候温和、土地肥沃、资源丰富、水陆交通方便。面积1177平方公里，下辖15个镇、4个街道、307个行政村，户籍人口70.3万，外来人口30万。2004年全县生产总值328.96亿元，增长16.5%，人均GDP达5750美元，居全省首位，财政总收入36.45亿元。

绍兴县是全国首批24个历史文化名城之一，在原始部落定居时代，属于河姆渡文化圈的绍兴就是中华文明的起源区域。从秦汉（公元前221年）到明清（公元1911年），绍兴一直是中国南方区域性的政治、经济、文化中心之一，历代名人荟萃，代有人杰。素有“江南明珠”、“丝绸之府”、“文化之邦”、“名士之乡”之美誉。

改革开放以来，绍兴县从一个农业大县、资源小县迅速发展成为全国经济强县和第一纺织大县，走出了一条符合科学发展观要求，具有时代特征、绍兴特点的发展路子。一是经济以工业为主体。全县基本实现了农村工业化，一二三产比例为4.9：66.5：28.6。民营经济发达，全县有上市公司8家，2004年全国民营企业500强，我县占20席。纺织产业集群优势明显，我县生产的纺织品占全国同类产品的15%，出口量占全国同类纺织品的近20%。产业升级、结构调整步伐加快，初步形成了“一主十大”（即：以纺织业为主体产业，新型建材、石油化工、汽车配件、纺织机械、金银饰品、皮塑橡胶、金属加工、化工医药、电子电器、酿酒食品等为十大支柱产业）的产业发展格局。与纺织产业相配套，我县柯桥形成了全球最大的轻纺专业市场——中国轻纺城，去年成交额达258亿元，有经营户1.2万户。二是城乡以统筹为主线。柯桥城市自“迁址建城”五年来，先后投入200多亿元，其中社会性投资占60%，建成区框架从12平方公里拓展到38平方公里，城区人口由11万增加到18万，实现了由江南集镇向新兴城市的跨越。坚持以城带乡，城乡基础设施日臻完善，全面小康新农村建设形象凸现，“三有一化”（有保障、有股份、有技能和村庄社区化）改革基本完成，惠及被征地农民17.6万人，覆盖率达94%。三是社会以和谐为主调。在加快经济发展的同时，大力推进各项社会保障和社会事业，率先实现了各种所有制企业职工养老保险（含工伤保险）、城乡居民最低生活保障、失地农民基本生活保障、农村新型合作医疗、“三无”老人集中供养等五项社会保障全覆盖，实现了社区公共卫生服务、村村通公交车、村村有便民超市、城乡居民清洁饮用水等四项社会事业全覆盖。人民群众安居乐业，致力打造“平安柯桥”，不断加强社会稳定工作，被评为全省平安县（市）先进单位。重视和加强环境保护，建成国内单体规模最大、日处理能力60万吨的污水处理厂，成为全国首批生态建设示范区，2003年又荣获“全球生态500佳”提名奖。

绍兴县城全景

绍兴县十大产业

新型建材：2008北京奥运会主会场鸟巢部件

新型建材：玻璃超薄生产线

汽车配件：金龙客车成品车

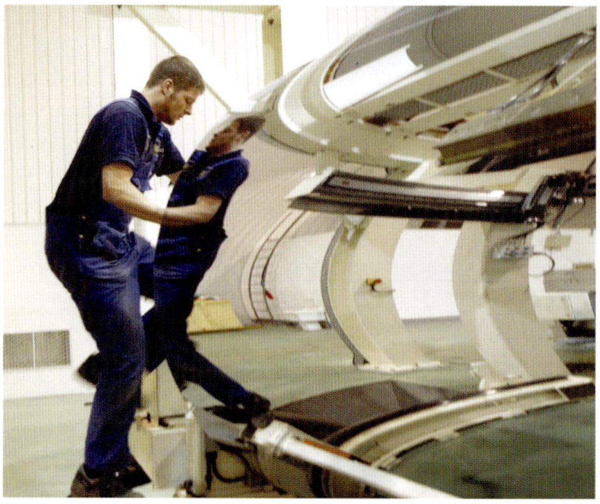

皮塑橡胶：欧亚薄膜——全国最大的BOPET产销基地

纺织业：数码轻纺

纺织业：车间一角

纺织机械：数控印花激光制网机

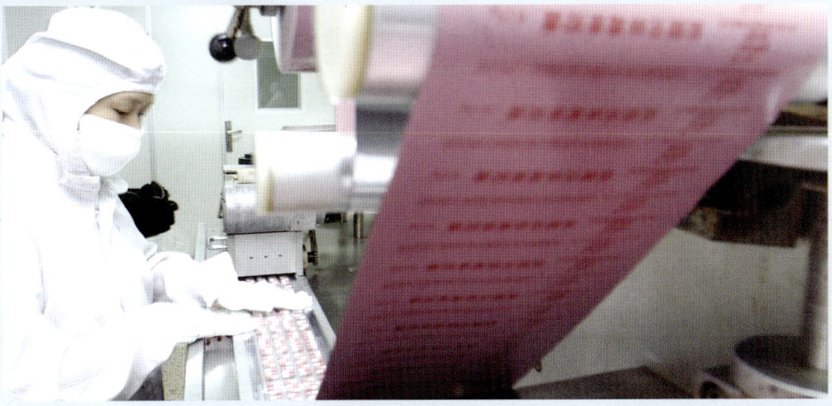

化工医药：亚太制药

黄酒食品

金银饰品

电子电器

金属加工

石油化工：一期60万吨PTA生产线，
世界上单线投资规模最大的PTA项目

绍兴县行政中心

县城一角

柯岩云骨

古纤道

柯岩戏台

江苏

太仓市

中共太仓市委书记 程惠明

太仓市人民政府市长 浦荣皋

太仓——长江之畔正在崛起的港口工业城市

太仓市位于江苏省东南端，东枕长江，南临上海，面积823平方公里，辖7个镇和太仓港经济开发区，户籍人口45万。

底蕴深厚的娄东文化传承并孕育了诚信、和谐、向上的太仓现代文明。2004年全市实现生产总值248.3亿元，财政收入31.76亿元，工业总产值542.6亿元，港口物流、能源原材料、石油化工、造纸、纺织服装、精密机械、汽车配件等产业优势明显。太仓人文、人居环境不断优化，已建设成为国家卫生城市、国家环保模范城市、国家文化体育先进市、全国生态示范区。

太仓自然条件优越，发展活力强劲。拥有“江苏仅有、中国难得、世界少见”的港口资源，傍依国际大都市上海、交通发达、基础设施完备的区位和环境优势。太仓人正以前所未有的热情和干劲，着力做好“以港强市”和“接轨上海”两篇文章，努力把太仓建设成为国家级港口工业城市和上海滨江卫星城市。

太仓，昔日郑和七下西洋的起锚地，如今正以更高的起点、更准的定位、更宽的眼界，昂首阔步，奋力前行。

太仓城区

太仓港集装箱码头

城市街景

开发大厦

沿江高速

青少年活动中心

郑和七下西洋起锚地

城市夜景

沙溪古镇

居民住宅区

墨妙亭

江南丝竹演奏

新浏河风光带

城区一瞥

街道夜景

同济科技园

艾伯纳工业炉（太仓）有限公司

中集集装箱生产线

五洋商城

花园酒店

中国生殖健康家庭保健培训中心

太仓德资企业专业工人培训中心

江苏

吴江市

中共吴江市委书记 朱民

吴江市人民政府市长 徐明

吴江市是江苏省南大门，地处苏浙沪两省一市交汇的长三角黄金腹地，东靠上海，南接浙江，西濒太湖，北依苏州。全市总面积1176平方公里，户籍人口78万，外来人口40万，现下辖2个省级开发区、10个镇、250个行政村。

吴江历史悠久，人文底蕴深厚，素有“鱼米之乡”、“丝绸之府”的美誉。全市30万亩粮田，40万亩水面，生产优质稻米和丰富的淡水产品。真丝绸生产量占全国总量的八分之一，出口量占全国总量的六分之一。吴江人民还以勤劳、聪慧，创造了世界文化遗产——同里退思园。

近年来，吴江以优化区域生产力布局为目标，坚持走产业集群发展之路，形成了以丝绸纺织、电子信息、电缆光缆、缝纫机、羊毛衫、彩钢板、日化、服装、电梯、汽车配件等构成集群产业体系，经济板块和集群产业各展所长、竞相发展。年产各类纺织品60亿米，中国东方丝绸市场居全国纺织专业市场第二位。电缆、光缆年生产能力均占全国生产总量的四分之一。世界500强企业中11家企业落户吴江。

吴江，是一座富有韵味和魅力的水乡城市，也是一座充满生机和商机的创业城市。吴江，将继续坚持以人为本，全面、协调、可持续发展战略，致力于打造一座生态与经济共荣的现代化和谐城市。

震泽慈云塔

纺丝

电脑生产

服装之乡

电子生产车间

让世界了解你直播同里

世界文化遗产同里退思园

同里杯围棋天元赛

同里湖大饭店(五星级)

太湖休闲

太湖蟹交易市场

肉鸽养殖基地

柳亚子故居

先蚕祠

小桥流水人家

静思院

亨通光电缆

芦墟电梯

众城鸭业

杨文头村农民公园

浙江

鄞州区

中共鄞州区委书记　寿永年

鄞州人民政府区长　徐立毅

宁波市鄞州区，原鄞县，2002年撤县设区，位于浙江省东部沿海，梁祝故事的发源地。区域总面积1380平方公里，辖17个镇、1个乡、4个街道、明州和望春2个省级工业园区，鄞州和滨海2个投资创业中心，76.78万人口。

改革开放以来，鄞州人民发扬“敢为、求实、争先”的精神，开拓奋进，扎实工作，经济社会各项事业蓬勃发展。2004年，全区实现地区生产总值277.9亿元，全社会人均生产总值达到36476元；财政一般预算收入达46.5亿元，剔除出口退税后，完成财政一般预算收入27.9亿元。

新的机遇孕育着新的希望，新的挑战激励着鄞州再铸新的辉煌，鄞州人民正以饱满的精神，以“创现代化强区，建生态型鄞州”为目标，紧紧围绕区委、区府提出的优化经济增长方式、优化产业结构的“双优”战略，积极投身新鄞州工程建设，努力实现鄞州区经济社会全面协调可持续发展，以优异成绩谱写鄞州改革开放和现代化建设的新篇章。

生态鄞州建设

鄞州区行政中心

鄞州区行政服务中心

民营企业成为吸纳人才的主战场——各地贤才青睐鄞州

中国蔺草之乡——鄞州

国内现存的唯一以印度阿育王命名的千年古刹——阿育王寺

与都江堰齐名的古代水利工程——它山堰

发展中的鄞州新城区

宁波（鄞州）高教园区

“放歌新鄞州”文化艺术节

（东钱湖）湖边晨练

第三届中国爱情节在鄞州梁祝文化公园举行

鄞州新农村——湾底村农民公园

“东南佛国”——天童寺

雅戈尔集团

雅戈尔宁波国际服装节在
全国品牌男装基地鄞州举行

杉杉集团

鄞州银行

中国首家农村合作银行

奥克斯集团产品展示中心

国家级高新技术企业——宁波海太机械制造有限公司工业园中心广场

福建

晋江市

中共泉州市委副书记、
晋江市委书记 李建国

晋江市人民政府市长 杨益民

品牌之都——中国晋江

晋江地处福建东南沿海，是福建省建设海峡西岸经济区的前沿区域、全国著名侨乡和台湾汉族同胞的主要祖籍地之一。全市陆域面积649平方公里，海岸线长110公里，现辖13个镇、6个街道、383个行政村，人口103万，旅居海外的侨胞和港、澳、台同胞200多万人，号称“海内外300万晋江人”。1992年撤县设市，2001年被福建省委、省政府列为中等城市。

改革开放以来，晋江弘扬“诚信、谦恭、团结、拼搏”精神，充分发挥侨乡优势，形成了竞争力较强的区域产业集群，构建了富有特色的产业发展环境，并逐步成为我国东南沿海重要的现代化制造基地和品牌之都。2004年，全市实现生产总值438.9亿元，财政总收入33.11亿元，在2004年全国百强县（市）社会经济综合发展指数测评中位居第13名，自1992年以来经济综合实力连年居全国前列、福建首位。目前，全市拥有15件中国驰名商标、18项中国名牌产品、2项中国出口名牌产品、27项国家免检产品，城市品牌入选“中国50家投资环境诚信安全区”。

晋江已培育纺织服装、鞋类、陶瓷建材、食品、轻工杂品等五大传统支柱产业，并初步形成化纤、车辆机械、纸制品、生物医药、新型材料等五大新兴优势产业，拥有较大的市场份额和较高的产业地位。其中，旅游运动鞋产量占全国的40%、世界的20%；食品业年产值占福建省的50%以上，糖果总产量占全国的近20%；外墙砖在国内市场占有率达65%，琉璃瓦产品几乎垄断全国市场；制伞业出口总值占全国的23.8%，是中国最大的伞业制造基地。先后荣获“中国纺织工业基地”、“中国拉链之都”、“中国鞋都”、“中国食品工业强县”等称号，磁灶镇、永和镇、东石镇、深沪镇、英林镇、龙湖镇和新塘街道分别被授予“中国陶瓷重镇”、“中国石材之乡”、“中国伞都”、“中国内衣名镇”、“中国休闲服装名镇”、“中国织造名镇”、“中国运动服装名镇”称号。

晋江以“现代化制造基地、商贸中心、滨海港口城市”作为城市发展定位，按中心市区组团、产业经济组团和滨海宜居组团将晋江作为一个城市整体来建设，适度超前构筑了能源、交通、通讯、供水和市政等五大基础实施网络。福厦高速公路穿境而过，市域公路密度名列全国前茅。建成50万伏输变电站1座、22万伏输变电站2座、11万伏输变电站15座，正在投建LNG发电厂和热电厂，成为全省电力设施配套最完整的区域之一。建成国家级一类开放口岸深沪港和围头港两个万吨级码头以及4D级泉州晋江机场。市区20万吨自来水厂投入运营；民用信息通讯技术与世界先进水平基本同步。

全力发展社会事业，逐步形成了经济社会互动共进的良好态势。首批通过省“双高普九”评估验收，荣获“全国现代教育技术试验市”、省“教育‘两基’先进市”等称号。建立全国第一个县级博士后工作站(引进博士后30名),设立专家活动中心、留学人员创业园。继1995年率先实现小康后，2001年又率先基本实现宽裕型小康。城市绿化覆盖率达35.2%，城市化水平达42%。村村通水泥公路，镇镇实现初级保健目标，有线电视、广播电台村村覆盖，城乡用电同网同价。确定每年12月18日为“晋江慈善日”，成立晋江市慈善总会，已募集善款1.1亿多元。

领导视察

保持共产党员先进性教育学习

领导接访

坚持依法治市

取之于民 用之于民

助学工程

晋江民俗节

繁忙的渔业码头

现代社区一角

晋江世纪公园

平安晋江

旧城改造新区

同一首歌走进晋江

首届中国伞节

港澳台大陆心连心

第四届全国陶瓷石材博览会

第七届中国国际鞋业博览会

世界男模大赛

男篮甲A联赛在晋江

山东

荣成市

山东省委书记张高丽同志视察荣成市

荣成之名为清雍正皇帝所赐，建国后设县，1988年经国务院批准撤县设市，现辖13个镇、1个管理区、6个街道、3个省级开发区、858个行政村、97个居委会，陆地面积1392平方公里，66.8万人口。

荣成地处山东半岛最东端，与韩国、日本隔海相望，是我国距离韩国最近的地区，最近处仅94海里。荣成三面环海，一面接陆，海岸线长500公里，拥有石岛、龙眼两个国家一类开放港口，不仅是全国第一渔业大县，而且是中国海洋渔业的硅谷，承担着20多个国家“海洋863”计划课题的研发任务。荣成还是全国闻名的“将军县”，副军级以上首长140多人。

改革开放以来，荣成的经济社会得到了快速健康发展，综合实力连续多年居山东县级首位。2004年，完成生产总值312亿元，固定资产投资151亿元，实际利用外资4亿美元，进出口总值8.9亿美元，财政总收入19.8亿元，其中地方财政收入10.6亿元。先后荣获国家环保模范城市、中国优秀旅游城市、国家园林城市、全国园林绿化先进城市、中国人居环境范例奖、CCTV首届中国魅力城市、全国城市环境综合整治优秀城市、全国社会治安综合治理模范城市、全国科技先进市等荣誉称号。

市区一角

这里是中国海岸太阳最早升起的地方

荣成市汽车工业

国家一类对外开放港口——石岛港

东方广场

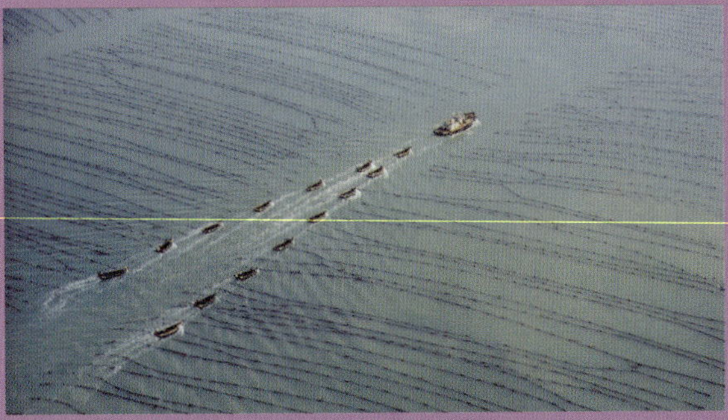

海上牧场

天鹅湖旅游度假区远眺

电子工业生产流水线

外企生产车间

工厂化养鱼车间

奶牛养殖业生产车间

荣获中国建筑最高奖“鲁班奖”的荣成博物馆

广播电视大楼

滨海公园

天尽头

“华力”电机生产线

青岛啤酒生产线

成山橡胶集团全钢子午胎生产车间

浙江

义乌市

中共义乌市委书记 楼国华

义乌市人民政府市长 吴蔚荣

义乌，地处浙江中部，属亚热带季风气候，四季分明，年平均气温在17℃左右，总面积1105平方公里。全市辖7个街道办事处、6个镇，总人口160余万，其中本地人口68万，外来创业人口75万，流动人口约20万。

义乌历史悠久，秦嬴政25年（公元前222年）置乌伤县，公元624年改称义乌，1988年撤县建市。义乌人杰地灵，名人辈出，著名的有“初唐四杰”之一骆宾王、宋朝抗金名将宗泽、金元四大名医之一朱丹溪及现代教育家陈望道、文艺理论家冯雪峰、历史学家吴晗等。

义乌地理位置优越，地处浙中腹地，南接广东、福建；北连上海经济区，面对太平洋黄金通道；东邻“东方大港——宁波港”；距中国最大城市——上海仅300公里，距浙江省会城市——杭州只有120公里。

中国义乌国际商贸城，是顺应市场国际化发展需要而建造的全新理念的现代化市场。一期建筑面积34万平方米，商位9000余个，2002年10月建成营业，主要经营饰品、花类、工艺品、玩具4大类商品。二期建筑面积100万平方米，商位1.3万个，其中一阶段60万平方米于2004年10月建成营业，主要经营五金、电子、电器、箱包、钟表、雨具等，二阶段40万平方米于2005年10月投入使用。国际商贸城一期、二期总投资60亿元，市场内90%以上的商位有外贸业务。

国际商贸城一期、二期采用国际大型商业中心先进的设计理念，设施精良，功能齐全，分商品采购中心、生产企业直销中心、电子商务中心、旅游购物中心等，汽车可直接进入每个楼层，周边配套建设了海关、金融、餐饮、仓储、物流、酒店等服务设施，是目前国内现代化、信息化、国际化水平最高的市场。

绣湖广场

会展中心

中国义乌国际小商品博览会

中国义乌国际商贸城

义乌中心城区

浙江义乌金绣花边有限公司

浙江义乌金绣花边有限公司成立于1997年，拥有瑞士产大型电脑绣花机40台套，年产各类花边1.5亿码，是国内刺绣行业的龙头企业。产品95%以上出口欧美、亚非等30多个国家和地区。2004年出口创汇2100万美元，实现利税3000万元。“金绣”商标是浙江省著名商标。

金绣花边厂区外景

金绣花边展示厅

浙江伟海拉链有限公司

ZHEJIANG WEIHAI ZIPPERS CO.,LTD

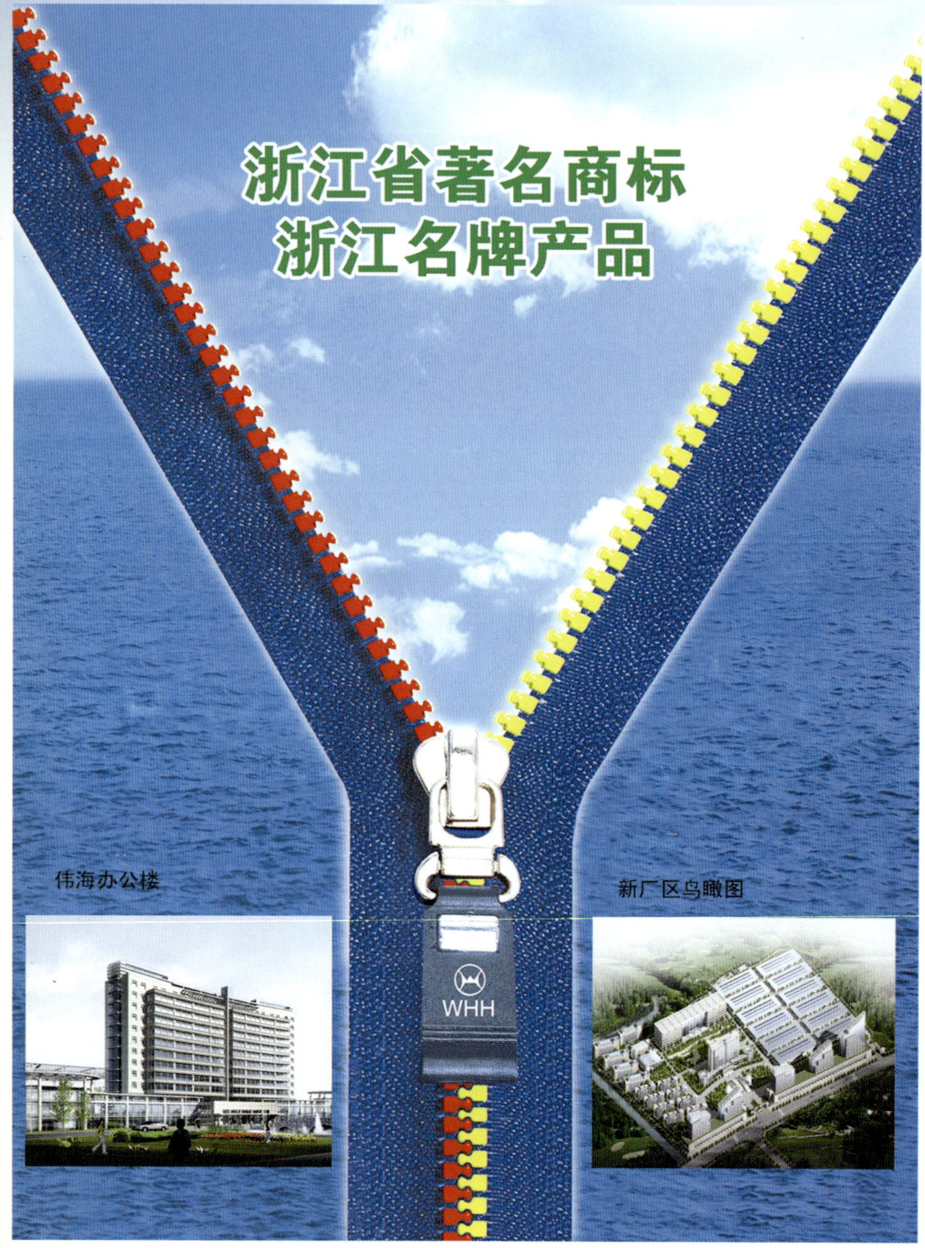

浙江伟海拉链有限公司专业生产各种拉链及拉链材料。现工3000名，厂区建筑面积20万平方米。引进先进设备3000多全自动生产线50多条，日产拉链400多万条。公司先后荣获拉链十大知名品牌”、“浙江省著名商标”、“浙江名牌”誉称号，企业资信等级每年被评为“AAA”级。产品有尼龙拉塑钢拉链、金属拉链、隐形拉链、编织拉链、双骨拉链、钅链及特殊拉链等，是中国最大的拉链生产基地、出口基地之公司将以最具竞争力的价格，准确的交货期向客户提供优质品和服务。

伟海拉链，伴您走向世界！

Zhejiang Weihai Zippers Co.,Ltd. is a specialized c with 20 years of manufacturing experience. The company cove floor area of 266,800 sq. m. and has more than 3000 sets of ad equipments and 50 automatic production lines with daily outp 4 million. The company specializes in exploiting and pro Weihai zippers, sliders and other accessories which include zippers, plastic zippers, metal zippers, invisible zippers, zippers, L-type zippers, rhindstone zippers ,artistic zipper various special zippers. Our company is one of factories wi most complete varieties and specifications at home, as well domestic largest production and export bases. We'll provid with quality products and service with our competitive price punctual delivery date.

Weihai Zippers accompany you around the world.

地址：浙江省义乌市戚继光路555号
New Factory Add: No.555, Qijiguang Road, Yiwu, Zhejia
电话 / Tel: 0579-5218888 5218288 5218088 5318818
传真 / Fax: 0579-5218116 5218076 5218066 5326569
Http: //www.whh.com.cn
E-mail: taohd@public.ywptt.zj.cn

浙 江

余杭区

中共余杭区委书记 何关新

余杭区人民政府区长 刘庆龙

杭州市余杭区位于浙江省北部、杭嘉湖平原南端，西倚天目山，南濒钱塘江，从东、北、西三面呈弧形拱卫杭州中心城区。全区总面积1220平方公里，辖14个镇、1个乡和4个街道，常住人口81.78万，流动人口约22万。余杭交通便利，沪杭、宣杭铁路、沪杭、杭宁高速公路、104、320国道和5条省道穿境而过，京杭大运河将之与周边城市紧密相联。

余杭历史源远流长，早在距今7000年—6000年间的马家浜文化时期，已有先民在此生息繁衍；距今四五千年前，孕育了"中华文明曙光"—良渚文化。余杭素称人文荟萃之地，曾养育了北宋大科学家沈括，近代民主革命先驱、国学大师章太炎等中华民族的精英，留下了陆羽、苏东坡、吴昌硕等名家的踪迹。余杭人文景观极为丰富，有历代文物遗存500余处，入藏各类文物4361件。

余杭具有鲜明的产业特色，目前已形成了纺织服装、机械电子、医药化工、建筑材料和食品饮料为主体的产业群和工业经济支柱，特别是纺织业逐步成为全国制造基地。2004年，余杭完成生产总值243亿元，比上年增长15.6%；实现财政总收入29.89亿元，其中地方财政收入16.76亿元，分别比上年增长30.7%和36.6%。城镇居民人均可支配收入达到15093元，农民人均纯收入达到7875元，分别增长16.8%、11.3%。

城区南大门

城区人民广场

临平全景

良渚博物馆全景

电网

余杭交通

中国江南水乡文化博物馆外貌

水乡晚景

运河上唯一的七孔桥广济桥

超山唐梅雪景(桂国栋拍摄)

效益农业——草坪

径山万寿禅寺

东来阁

赛龙舟

余杭滚灯参加法国尼斯狂欢节

余杭家纺

奥坦斯厂房夜景

老板集团荣列全国首批4A级标准化企业

华鼎织造车间
生产现场

华鼎集团现代化生产车间

山东

文登市

中共威海市委常委、文登市委书记 姜岱敏

文登市人民政府市长 王亮

文登市地处山东半岛东部，位于青岛、烟台、威海三个开放城市的中间，总面积1645平方公里，海岸线长155.88公里。1988年撤县设市，现辖14个镇、3个街道办事处、1个省级经济开发区，899个村（居）委会，人口64.6万。

2004年，全市实现生产总值267.9亿元，比上年增长19.6%，其中第一产业增加值完成23.7亿元，第二产业增加值完成163.1亿元，第三产业增加值完成81.1亿元，分别增长3.6%、19.8%、24.5%，三次产业占区内生产总值的比重分别为8.8%、60.9%、30.3%。工农业总产值736.5亿元，增长22.6%，其中，工业总产值688.8亿元，增长23%，农业总产值47.7亿元，增长16.6%。规模以上固定资产投资总额117.7亿元，增长45.7%。完成地方财政收入10亿元，增长44%。社会消费品零售总额48.2亿元，增长13.5%。综合实力在全国百强县中名列第18位。先后荣获“全国创建文明村镇工作先进市”、“国家环境保护模范城市”、“中国优秀旅游城市”、“全国卫生城”“全国计划生育优质服务先进市”、“全国科技进步示范市”、“中国工艺家纺名城”、“全国招商引资先进单位”、“全国粮食生产先进市”等荣誉称号。

市区一角

米山路东首

市区城北公园一角

新汽车站

市区抱龙河

威海国际机场

市中广场

阳光花园小区一角

新一中

利群超市

整骨病房大楼

开发区全景

同大集团新厂区

三力服装有限公司

艺达集团飞梭电脑绣花机车间

浙江

海宁市

中共海宁市委书记 俞志宏

海宁市人民政府市长 张金根

猛进如潮新海宁

海宁地处浙江省北部，杭嘉湖平原南端，似一颗璀璨的明珠，镶嵌在东海之滨钱塘江畔。美丽富饶的700平方公里土地，养育着64万勤劳智慧的海宁人民。

海宁享有“鱼米之乡、丝绸之府、皮衣之都、文化之邦、旅游之地”之美誉。作为典型的江南水乡，区位自然条件优越，物产丰富，自古繁华。如今随着以上海为龙头的长江三角洲地区的迅速崛起，已成为国内最富活力、最具开发潜力的投资热土之一。海宁是全国著名的“中国皮革之都”，同时又是全国主要的经编和家纺装饰布生产基地，分别被国家有关部门命名为“全国纺织产业基地县（市）”、“中国经编名城”。海宁历史悠久，人文荟萃，拥有得天独厚的文化旅游资源，孕育了富有特色的海宁地方文化，天下奇观涌起“潮文化”，千罗万眼映出“灯文化”，人才辈出汇成“名人文化”……

改革开放的海宁，经济发展，事业繁荣，社会稳定，人民安居乐业。2004年，全市实现生产总值229.47亿元，城镇居民人均可支配收入14921元，农民人均纯收入7399元，在全国县域经济社会综合测评排名中居第19位。2005年以来，全市上下紧紧围绕年初确定的各项目标任务，开拓进取，扎实工作，经济建设和各项社会事业继续保持了较快的发展势头。

抢抓机遇，加快发展，建设现代化新海宁，我们需要您的关心、支持和参与。开放的海宁，将以猛进如潮的坚定信念，海纳百川的开阔胸怀，竭诚欢迎广大有识之士前来观光旅游，经贸洽谈，投资兴业。

海宁城建新貌（沈达摄）

中国皮革城（李建生摄）

市区新貌（沈达摄）

喜看海宁新面貌（张庆中摄）

城市一角（王超英摄）

体育中心（李建生摄）

首届农民文化艺术节

（沈达摄）

海宁盐官一线潮（杨利斌摄）

海宁中国国际钱江观潮节（张庆中摄）

举行首届中国徐志摩诗歌——舞蹈

举行2005中国家纺博览会（沈达摄）

工业生产（沈达摄）

海宁农产品大赛（沈达摄）

鹭鸟（沈达摄）

山东

龙口市

中共烟台市委常委、龙口市委书记 于爱军

龙口市人民政府市长 董希彬

龙口市地处胶东半岛西北部，渤海湾南岸，是一座新兴的沿海开放港口城市。全市总面积893平方公里，辖13个镇(区、街)，62.8万人口。

自然资源十分丰富。境内已探明煤炭储量26亿吨，建有全国唯一的大型海滨煤炭基地，年产量700多万吨。沿海大陆架储藏着丰富的石油和天然气，属“富集型”油区，在渤海湾中部发现的PL19—3油田属于特大型整装油田，距龙口仅48海里，已探明地质储量为10亿吨，可开采储量约为6亿吨；距龙口48.6海里的渤南油气田位于渤海湾南部，已探明天然气储量225亿立方米，可开采储量为108亿立方米。南部山区盛产黄金，花岗岩、石灰石、铅锌、萤石、石英砂等矿产资源的储量也相当丰富。

综合实力明显增强。2004年度全国综合实力百强县排行榜中，我市比上年度上升4位，位居第21位。2004年，全市完成地区生产总值244.5亿元，比上年增长23.8%；实现地方财政总收入13.7亿元，其中地方财政收入8亿元，分别增长23.1%和32.3%；全社会固定资产投资135亿元，增长53.3%；合同外资4.5亿美元，实际利用外资1.9亿美元，出口创汇4.14亿美元，分别增长93.2%、265.7%和73.5%。

人民生活水平逐年提高。2004年，城市居民人均可支配收入达到10470元，农民人均纯收入5419元，分别增长12.6%和14%；人均公共绿地面积和住宅居住面积分别达到7.62平方米和16平方米；年末城乡居民储蓄余额达到121亿元，比年初增加9.5亿元，人均1.9万元。

龙口行政中心大楼

龙口经济开发区

龙口高新技术工业园

海滨经济园区一角

高新技术产品

百年电力

鲍鱼

龙口桑岛海参

龙口港深水泊位

丛林集团万吨挤压机

丛林集团球管出口

南山集团全景

南山高尔夫球场

广源果蔬

广源果蔬库容2万3千吨的冷风库

江苏

宜兴市

宜兴市位于江苏省西南端，苏、浙、皖三省交界处，东依太湖，东南邻浙江长兴，西南与安徽广德接壤，西北毗连金坛，居沪、宁、杭三角几何中心，是“长三角”辐射内地的重要门户之一，现为江苏省委、省政府重点发展的三级Ⅰ类新兴中心城市。全市总面积2039平方公里，城区面积33.5平方公里，总人口105.85万。全市辖21个镇，420个行政村，并拥有国务院批准设立的首家以环保产业为主的国家级环保科技工业园。

近年来，宜兴市经济社会始终在较高平台上保持快速健康发展态势，综合实力在全国百强县（市）中的排位逐年上升，率先发展和协调发展水平始终保持在全国前列。今后一段时期，是宜兴市为“十一五”发展开好头、起好步的重要时期，也是实现“两个率先”、全面建成小康社会的关键时期，更是争取早日实现“两个提升”、打造宜兴腾飞发展新形象的特殊时期。宜兴市将始终围绕“两个率先”目标，以科学发展观为指导，以经济建设为中心，以“四尊四创”精神为动力，以构建和谐社会为总揽，争先进位，争创一流，努力增创新优势，致力实现新腾飞，力争于2006年全面实现小康目标。

高楼鳞次栉比的现代化新兴中心城市

宜兴直通式海关监管点

漫山茶园生机勃．茶韵飘香

陶都夜景流光溢彩

素有“华东第一竹海”之称的宜兴市竹海风景区

江苏远东集团有限公司

国家级高新技术企业——江苏远东集团有限公司，产销连续多年居全国第一，名列世界电线电缆制造业中国入选企业第一名。

浙江

桐乡市

中共桐乡市委书记 陈越强

桐乡市人民政府市长 费建文

桐乡市地处杭嘉湖平原腹地，居沪、杭、苏金三角之中，是长三角的一颗璀璨明珠。全市总面积727平方公里，人口 66万，外来人口超过20万。1993年撤县设市，辖3个街道、9个镇和1个乡。市区规划面积60平方公里，建城区面积22.8平方公里。桐乡境内沪杭高速公路、320国道、京杭大运河等水陆交通主干道横贯，交通便捷，地势平坦，环境优美，物产丰富，人文荟萃，人才辈出，民风淳朴，素有“鱼米之乡、丝绸之府、百花地面、文化之邦”的美称。

改革开放以来，特别是近年来，桐乡经济持续快速发展，社会事业日新月异。桐乡是国务院批准的全国首批对外开放县(市)，是浙江省首批小康县市和全省17个扩权县市之一，是中国优秀旅游城市和浙江省级文明城市，是中国杭白菊之乡和中国民间艺术(漫画)之乡，桐乡已连续八次荣获“全国综合实力百强县（市）”称号，在全国2000多个县市中，综合实力排名第23位。2004年全市实现生产总值215.49亿元（人均达到32547元，折合3932美元)，财政一般预算收入15.96亿元（新口径)，其中地方一般预算收入8.32亿元，城镇居民可支配收入14201元，农民人均纯收入7082元。

城市新区风貌

科技会展中心

桐乡市客运中心

城市新区

省级标准学校——桐乡市第一实验小学

国家火炬计划桐乡新型纤维产业基地

中国十大历史文化名镇——乌镇

生态河道

全国4A级景区——乌镇夜景

统一规划的农民新村

舒适居住成为人们首选

养蚕是桐乡农村重要农副业

深秋采菊忙

漫画之乡举行学生绘画大赛

以文学巨匠茅盾命名的矛盾中学校景

市政广场

润丰商业步行街积极打造桐城商业新区

全国最大的羊毛衫集散中心——濮院毛衫市场

崇福皮毛市场年成交各类裘皮 400 多万张

市民休闲之地——北港河滨河广场

浙江

嘉善县

中共嘉善县委书记 高玲慧

嘉善县人民政府县长 何炳荣

嘉善县位于浙江省东北部，东接上海，北临江苏，有“浙江省接轨上海第一站”之称，具有得天独厚的区位优势、有着强劲的发展基础、具备了良好的创业环境和发展空间。

嘉善地嘉人善，物产丰富，境内河港纵横，一马平川。吴越文化源远流长，素有“鱼米之乡”、“银嘉善”之美称。全县面积506平方公里，辖11个镇，户籍人口38万，外来人口约25万，县城为魏塘镇。

近几年来，嘉善两个文明建设都取得了显著成效，先后荣获全国科技进步先进县、全国文化工作先进县、全国科普示范县、全国卫生县城、全国文明村镇创建工作先进县等国家级荣誉称号十多个，2004年全国百强县（市）社会经济综合发展指数测评位列第26名。嘉善是浙江省17个经济扩权县（市）之一，县经济开发区被誉为“浙江省最成功的台商投资区”，连续七年被浙江省政府评为省级先进开发区。

改革开放使嘉善初步形成了具有嘉善特点的经济和社会发展新格局。效益农业成绩显著，以木业家俱、五金机械、电子信息、纺织服装（服饰）四大主导行业为主的工业特色经济逐步扩大，外向型经济发展迅速，第三产业稳步发展，城市化战略得到有力推进。城乡建设投入进一步增加，各项事业全面发展，一个“经济强县、文化名县、现代化新城”的新嘉善正在形成。

2004年，全县实现生产总值124.93亿元，财政总收入13.04亿元，其中地方财政收入6.09亿元，城镇居民人均可支配收入为15201元，农村居民人均纯收入达到7067元。

水乡明珠——嘉善城雕

嘉善行政机关办公大楼

嘉善县城新貌

嘉善经济开发区

电子产品装配流水线

嘉兴海关嘉善办事处

嘉兴出入境检验检疫局嘉善办事处

纺织业引进国外先进设备和技术产品出口欧美

嘉善科创中心——高科技人才和产业的孵化基地

五金机械发展迅猛

亚洲第一、世界第三的家具制造企业——台升公司

元代大画家——吴镇故居梅花庵

古镇西塘

节日的嘉善之夜

获国家原产地标记保护的姚庄黄桃销北京、上海

获国家原产地标记保护的黄酒

获国家原产地标记保护的杨苗雪菜畅销江苏、浙江、上海超市

大棚蔬菜

中国鲜切花之乡——大云镇

浙江

平湖市

中共平湖市委书记 孙贤龙

平湖市人民政府市长 马邦伟

富庶美丽的平湖位于浙江省东北部，南濒杭州湾，东邻上海市，处于长江三角洲的黄金地带。全市陆地总面积537平方公里，海域面积1070平方公里，海岸线27公里。辖三街道七镇。总人口48.37万。

平湖历史悠久，自然条件优越，是江南有名的“鱼米之乡”，素有“金平湖”之美誉。改革开放以来，平湖经济社会持续快速发展。1988年被国务院列为沿海经济开放区，1992年跨入全国综合实力百强县（市）行列，1995年被浙江省委、省政府命名为首批小康县（市），2002年被浙江省委、省政府列为全省扩大经济管理权限的17个经济强县（市）之一。

平湖发展农业的自然条件十分优越，是国家级商品油、商品粮、商品猪生产基地，获“中国西瓜之乡”称号。平湖工业素以服装业闻名海外，服装行业年销售收入超百亿元，年产服装2.55亿件（套），是国内服装出口第一大县（市），被中国纺织工业协会和中国服装协会命名为“中国出口服装制造名城”。目前，平湖工业已基本形成了服装、光机电、纸业、箱包四大特色支柱产业和童车、洁具、五金机械等特色产业，以光机电为主的高新技术产业迅速成长，成为国家火炬计划平湖光机电产业基地和浙江省唯一的省级光机电高新技术特色产业基地。

近年来，平湖各项社会事业全面发展。2002年2月被评为浙江省教育强市。2003年，平湖市成为“浙江省文明城市”。2001？002年度获全国科技进步先进县（市）称号。2004年12月，国家环保总局正式命名平湖市为国家级生态示范区。

忆往昔，硕果累累，展未来，前景无限。平湖人民将进一步解放思想，抢抓机遇，扎实工作，努力把平湖建设成为“外向为主的经济强市、江南水乡的文化名城、城乡一体的港口新市”。

东方大港乍浦港

东湖美景 1

东湖美景 2

东湖美景3

国际服装时尚发布会

绿色农产品鲜蘑菇

江南第一瓜平湖西瓜

农民新村

浙 江

富阳市

中共富阳市委书记 佟桂莉

富阳市人民政府市长 戚哮虎

富阳市位于沪杭甬“金三角”交汇点，杭州的西大门。行政区域面积1831平方公里，辖4个街道15个镇6个乡，612个行政村，31个社区（居委会），人口62.8万，是一个“八山半水分半田”的丘陵半山区。

历史悠久，人杰地灵。富阳古称富春，公元前221年置县，1994年经国务院批准撤县设市。汉末孙坚、孙策崛起江东，孙权继业创建吴国，功垂后世；晚唐诗人罗隐，才华横溢，独树一帜；元代大画家黄公望结庐富春江畔，绘就传世杰作《富春山居图》；清代父子宰相董邦达、董诰，位极人臣，品致高洁；现代文学家郁达夫得富春江之灵气，椽笔挥洒，留下大量清丽诗文；在学术上卓有建树的周廷冲兄弟、越剧表演艺术家徐玉兰、骨伤科名医张绍富等，均为当代杰出人才。

经济发达，社会进步。近年来，大力实施“工业立市”和“开放带动”战略，形成了以通信器材、造纸业为龙头，新型建材、轻纺、机械、电子和运动器材等为骨干的工业行业体系。块状特色经济明显，球拍、织布、工艺品、电机电器等小产品闯出了大市场。科教文卫体等社会各项事业协调发展。

山青水秀，景色绮丽。“天下佳山水，古今推富春”。富阳地处“西湖——富春江——千岛湖——黄山”国家级黄金旅游线的前站，既赋山城之美，又具江城之秀，是典型的江南山水城市。罗隐碑林、黄公望结庐处、郁达夫故居等远近闻名、胜迹众多。

资源丰富，特产众多。富阳造纸业已有近二千年的历史，是闻名全国的“造纸之乡”。还是全国商品粮基地和重点产茶、产茧地区，芦笋、茶叶、豆腐皮、食用菌、竹笋、银杏、板栗、草莓等特产屡获奖牌，闻名遐迩。

交通便捷，环境优越。富阳距上海200多公里，离杭州萧山国际机场50余公里，320国道、杭千高速公路横贯全境，水陆交通便捷，区位优势明显。近年来，注重营造创业发展的良好环境，城市文明程度不断提高，经济社会发展和投资环境日臻完善。

海纳百川，猛进如潮。富阳正以前所未有的魅力和活力融入到长江三角洲经济圈中。富阳人民热忱欢迎海内外朋友到富春江畔投资兴业、观光旅游，携手共创更加美好的明天。

富春江畔的璀璨明珠

城市建设

春江花园

和谐之美

鹳山雪景

东吴公园

超五星级——富春山居度假村

郁达夫公园

空中花园

光纤预制棒生产

飞鹰赛艇

交通便捷

天润发超市

东坞山豆腐皮

球拍之乡

造纸生产车间

城市夜景

童趣

农家小院

亚太地区第一大洞厅

江边小船

同一首歌走进富阳

龙门古镇

公园夜景

浙江

海盐县

中共海盐县委书记、县人大主任 武亮靓

海盐县人民政府县长 黄卫书

海盐，置县于秦，因“海滨广斥，盐田相望”而得名。位于浙北富庶的杭嘉湖平原上，东濒杭州湾。全县陆地面积507.3平方公里，海域面积537.90平方公里，拥有53.5公里的黄金海岸线。全县辖8个镇、104个行政村，人口38.8万。

海盐通江达海，地理位置十分优越。北距上海100公里、南至杭州98公里，境内公路、水路网络交织，有沪杭快速通道、乍嘉苏高速公路和五级航道六平申线等。随着杭州湾跨海大桥、绍嘉高速跨江大桥和杭浦高速公路的规划建设，海盐将成为沪、杭、苏、甬四大城市的区位中心和沪杭、苏甬双线的枢纽，形成至四城市一小时交通网络。

“一桥飞架南北，天堑变通途”——杭州湾跨海大桥，全长36公里的跨海大桥穿越杭州湾万顷碧波，其北桥堍就在海盐县境内。大桥世界第一的长度，美伦美奂的壮观造型及海上观光平台、观光塔等功能设计，将成为县内一个具有国际品牌的旅游亮点。

海盐现代化建设与时俱进，连续5年跻身“全国百强县前50名”，相继获得全国体育先进县、全国科技工作先进县、全国文化先进县、省教育强县、省文明县城等称号，并跨入浙江省首批小康县行列，2004年名列全国百强县第30位。

海盐，一颗耀眼的璀璨明珠正在长三角熠熠生辉。

走进海盐——山海湖融一体的自然风光

海盐县城新桥路新景

海盐水乡景色

采茶

海盐远眺

全国十大名园——绮园一角

人美景更美——南北湖风景区水上表演

海盐滚灯

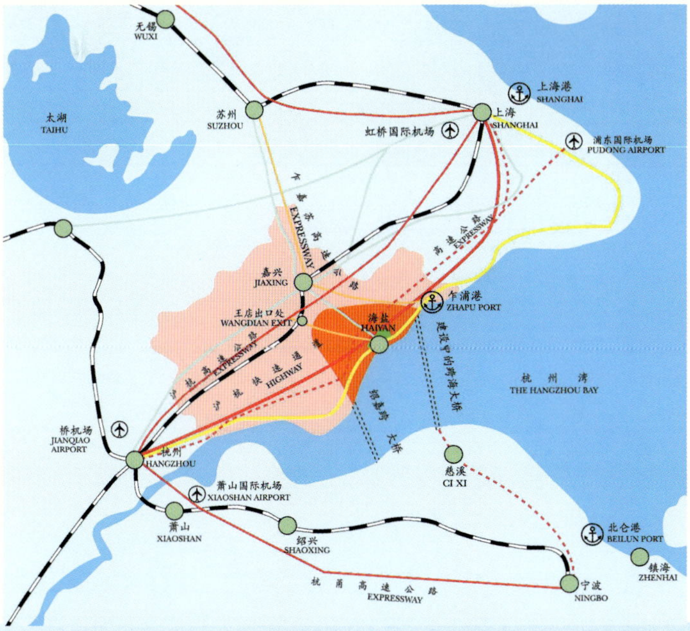

老外社区学扇舞

海盐县新萌制衣有限公司

新萌制衣公司车间

秦山核电站外景

浙江

乐清市

中共乐清市委书记 黄正强

乐清市人民政府代市长 潘孝政

乐清市位于浙江省东南沿海，是温州市下辖的县级市。它东濒浩淼的东海，南临瓯江。全市陆地面积1174平方公里，海域面积270平方公里。乐清置县于东晋宁康二年(公元374年)，1993年撤县设市，现有人口116万，辖21个建制镇、10个乡，市人民政府驻地乐成镇。

乐清是中国首批沿海对外开放城市之一，1993年跨进全国综合实力百强县(市)行列。2004年全市生产总值252亿元，工业总产值545亿元，财政总收入24亿元，人民生活水平达到国家制定“小康”生活标准。

乐清资源优势突出，国家级风景名胜区北雁荡山和中雁荡山，联袂构成了一条滨海山岳型的旅游画廊。雁荡山史称“东海第一山”，以“山水奇秀”著称于我国十大名山之中，素有“海上名山”、“寰中绝胜”之誉。乐清湾是国内罕见的“海上牧场”，拥有海涂20余万亩，浅海水域18万亩。盛产黄鱼、带鱼、鲳鱼、墨鱼、弹涂鱼和梭子蟹、蛸蛘、蛏子、对虾等，是一个鲜活的经年收获的海湾。被称为乐清海上门户的黄华七里港区，是我国20个重点港口之一。海岸线长142公里，可建造万吨级以上泊位36个，主航道150多年来恒稳不变，是宁波至厦门一线唯一而适中的深水港区。

乐清是“温州经济模式”的发祥地。早在20世纪70年代中期，家庭作坊、个体工业已在乐清市兴起，80年代出现了股份合作企业，现已逐步走向规范化，并已向集团化方向发展。股份合作经济给乐清工业经济发展开创了“黄金时代”，全市现已建成工业小区25个，标准厂房310万平方米，有近1500家企业进入工业园区，分布在104国道乐清段两侧，构成长达50多公里的“工业走廊”，集团公司51家，其中38家为全国无区域集团，6家企业跨入了全国知名乡镇企业行列，形成了以低压电器、电子、机械、仪表、服装、皮革、船舶修造、工艺美术等为主导行业的工业体系。

土地适度规模经营为乐清首创，并且发展势头强劲，目前，全市1/3以上耕地掌握在3200多户规模经营户手里，其中经营百亩以上的各类农场352家，土地适度规模经济继续朝着农田园林化、设施机械化的方向发展。乐清教育、文化发展迅速，民间办学极富特色，现有民办中小学和职业技术学校29所，幼儿园548所，建立了乐清广播电视台，创办了《乐清报》，涌现出了一批有影响的艺术家，乐成和虹桥两镇还被命名为浙江省“东海文化明珠”。

21世纪的乐清，将以其优越的地理位置、良好的基础设施和强大的综合实力，成为集工贸、旅游、港口为一体的现代化中等城市。

乐清旭洋大道

乐清湾海涂

乐清七里港港口

乐清夜景

划龙舟

乐清市长虹村公园

雁荡山大龙湫

乐清中雁荡山

乐清民间艺术

细纹刻纸

乐清农田

乐清虹桥电子元件车间

柳市电器产销基地

浙江

德清县

县委书记杨建新(左)和县长刘国平(右)在研究工作

创建经济强县 建生态德清 构和谐社会

浙江省德清县地处长三角腹地、东望上海，南接杭州，北靠太湖，西枕天目山麓。全县总面积936平方公里，辖11个乡镇，总人口42.4万。

德清历史悠久，人文荟萃，山清水秀，旅游资源丰富。在近1800年的建县历史中，德清孕育了沈约、姚思廉、孟郊、管道升、俞平伯、沈西苓等一大批历史文化名人。中国四大避暑胜地之一的国家级风景名胜区莫干山座落于县境西部，位于德清中部的下渚湖，是浙北第一湿地，也是浙江五大内陆湖中唯一保持原始风貌的景区。

改革开放以来，德清经济和社会各项事业发展迅速。2000年、2001年、2002年、2003年、2004年分别位列“中国最发达100县(市)”第93位、第59位、第48位、第45位、第36位，先后进入全国农村经济综合实力百强县、全国生态农业示范县、全国科技工作先进县、全国体育先进县、全国科普示范县、全国文化先进县以及浙江省文明城市、浙江省首批科技强县、浙江省首批小康县、浙江省首批教育强县，并被浙江省委、省政府规划为全省首批提前基本实现现代化县(市)之一。2004年，全县实现生产总值105.32亿元，全县人均生产总值首次达到3000美元。一二三产比例为9.8：57.3：32.9，财政总收入12.33亿元，农民人均纯收入6545元，城镇居民人均可支配收入13452元。

近年来，德清树立和落实科学发展观，创新破难，全面实施“开放带动、接轨沪杭”战略，深化“强工业、精农业、扩城市、兴三产”四个工作重点。工业经济结构日趋合理，形成了生物（医药）化工、工业、新型纺织、特色机电四大新兴主导产业。农业培育了特种水产、早园笋、畜禽、蚕桑四大特色主导产业。德清的第三产业已成为经济的重要增长点，县城4个投资超亿的商品市场已投入营业，1个投资超亿元的市场正在筹建中，“名山湿地、休闲德清”的旅游品牌已经打响。城市建设步伐加快，中心城市建成区面积达17平方公里，城市化水平达到45%，城市绿化覆盖率达47%，城市品位得到提升。

2005年，德清实施“项目推进年”活动，推进经济增长方式转变，提高县域经济竞争力，创经济强县、建生态德清、构和谐社会，推动德清经济社会发展新跨越。

春晖公园

省级经济开发区
——浙江莫干山经济开发区

浙北第一湿地、浙江五大内陆湖中唯一保持原始风貌的景区——下渚湖

农村新貌

景观大道

千秋广场夜景

德清国家级风景区——莫干山云雾

白鹭群飞

群龙飞舞

德清特产

清溪花鳖

“山伢儿”早园笋

特色农产品——西瓜

特色农产品——枇杷

上市公司——德华兔宝宝厂景之一

山东

蓬莱市

中共烟台市委常委、
蓬莱市委书记 刘树琪

蓬莱市人民政府市长 刘炳国

蓬莱市位于胶东半岛最北端，濒临渤、黄二海，总面积1128.6平方公里，人口44.6万，辖7个镇、5个街道、1处省级经济开发区、1处省级旅游度假区。

蓬莱是区域经济强县。近年来，蓬莱市始终坚持科学发展观，大力实施“抢抓机遇，巧借外力，膨胀总量，跨越发展”战略，明晰了“港口立市、旅游兴市、酒业富民”的产业发展思想，进一步优化经济结构，推进产业升级，加快城市化进程，努力营造发展合力，全市经济和社会各项事业步入跨越发展的快车道。预计2005年，全市实现生产总值166亿元，地方财政收入6.5亿元。在新一届全国百强县测评中排名第40位。

蓬莱是著名的历史文化名城。早在旧石器时代，就有人类繁衍生息，秦皇汉武留下寻仙足迹，汉武帝命名并筑城，苏东坡知五日登州，民族英雄戚继光出生此地并建立了不朽功勋。2100多年以来，一直是胶东地区政治文化和经济中心，神仙文化、精武文化、港口文化和海洋文化四大文化，为蓬莱积淀了浓厚的历史文化底蕴。

蓬莱是美丽的海滨风景旅游城市。这里有“海市蜃楼”奇观和“八仙过海”美传、有美丽的海滨自然风光，素以“人间仙境”著称于世。这里文物古迹众多，历史文化积淀深厚，有中国古代四大名楼之一的蓬莱阁，有我国迄今保存最完整的中国古代水军基地——蓬莱水城，有民族英雄戚继光的故居，有亚洲最大的蓬莱海洋极地世界，年接待中外游客200多万人次。预计2005年，全市景区实现门票收入1.8亿元，综合收入21.6亿元。

蓬莱是重要的港口城市。蓬莱港的前身登州港，是我国古代四大古港之一，是海上丝绸之路的起点和隋唐时期中外文化交流的桥头堡。目前已建成港口3处，拥有蓬莱新港、栾家口港两个国家一类开放口岸，在建和建成的万吨级以上泊位11个，其中5万吨级的6个，10万吨级的1个，年吞吐能力1000万吨以上。依托港口优势和广阔的腹地，蓬莱市坚持以港兴市，规划建设两个临港工业区，重点发展石化、造船、能源、建材等工业和汽车及零部件产业。目前全市临港工业引进外资超过200亿元。

蓬莱是资源富集的城市。蓬莱为全国三大优质酿酒葡萄产区之一，围绕打造“中国葡萄酒名城”的品牌，规划了35万亩酿酒葡萄种植基地，建设了18公里葡萄长廊。先后引进中粮长城、天津王朝、新天国际、云南香格里拉、香港华鲁、菲律宾康达、意大利罗迪、德国阿尔玛、英国登龙等国内外知名葡萄酒企业投资。预计2005年全市葡萄酒生产能力达到10万吨，葡萄种植面积达10万亩，干酒生产能力、产量均居全国县级第一，成为世界七大葡萄海岸之一。蓬莱是我国黄金重要产区，年产黄金16万两，是全国第三大黄金生产县（市）；蓬莱是我省重要的水产品产区，年水产品产量25万吨。

水城

蓬莱小海

海市蜃楼

戚继光故里

丹崖仙境

蓬莱阁夜景

蓬莱阁

蓬莱阁近景

八仙聚会

八仙塑像

蓬莱市存钢模具有限公司

万寿机械

民和牧业

康爱特维迅精细化工有限公司

山东

即墨市

中共即墨市委书记　张洪训

即墨市人民政府市长　李宽端

即墨市位于山东半岛西南部，东临黄海，南依崂山，是一座历史悠久的沿海开放城市，春秋战国时期就是齐国的通商名衢，秦代置县，隋朝建城，至今已有1400多年的建城史。全市现有陆地面积1780平方公里、海岸线183公里、海域面积2517平方公里、24个岛屿，辖18个镇、4个街道办事处、1个省级经济开发区、1个省级旅游度假区、1个省级高新技术产业开发区，1033个村庄，108.2万人口。

近年来，即墨市坚持以邓小平理论和“三个代表”重要思想为指导，以科学发展观统揽全局，围绕建设大青岛“重要一极”的奋斗目标，充分发挥得天独厚的区位优势、资源优势和特色经济优势，凝心聚力，干事创业，推动了全市经济和社会各项事业全面协调可持续发展。2004年，全市完成地区生产总值235.7亿元，增长18.9%；财政总收入18.8亿元，增长33.3%；全社会固定资产投资122.3亿元，增长49.8%；实际利用外资5.2亿美元，增长62.8%；实际利用内资65亿元，增长35.4%；外贸出口12.3亿美元，增长29.2%；各项存款余额127.7亿元，比年初增长17.5%；各项贷款余额77.8亿元，比年初增长11.7%；农民人均纯收入5013元，增长14%。全国县域社会经济综合发展指数测评居全国百强第43位。

田横岛鸟瞰

省委书记、省人大常委会主任张高丽率全省科学发展情况第二次交流现场会观摩团来即墨市考察

杜世成来即墨调研

省级经济开发区大楼

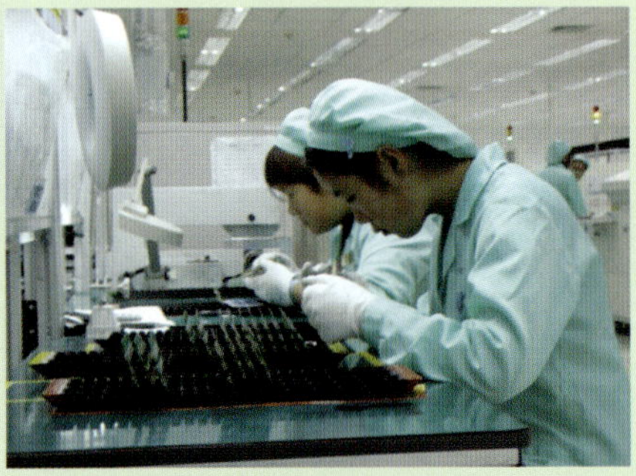

创新科技

公路

墨河

墨河公园广场

TCL 大项目

天泰旅游综合开发项目

拉美议长访问亨达集团

即发集团

即发工业园全景

2005年新落成的即发大楼技术中心

即发集团生产车间

全国闻名的服装市场

山东

邹城市

中共邹城市委书记 刘仲本

邹城市人民政府市长 朱庆安

邹城市地处山东省南部，辖14个镇、3个街道，889个村居，境域面积1613平方公里，总人口112万。2004年，全市地区生产总值实现233.32亿元，同比增长20.6%；地方财政收入实现10.0016亿元，同比增长26.9%。

邹城历史文化悠久，是孟子故里、国家历史文化名城，拥有“三孟”（孟庙、孟府、孟林）等国家级重点文物保护单位3处，省级重点文物保护单位7处，素有“孔孟桑梓之邦，文化发祥之地”的美誉；煤电资源丰富，煤炭地质储量41亿吨，全国特大型企业兖矿集团、全国最大的坑口发电厂邹县发电厂及山东省重点培植的煤电联产企业里能集团均在境内，是国家重点能源工业基地；基础设施完备，城市道路、供水、供电、供气等设施配套完善，建有人民广场、文化广场、体育公园、污水处理厂等一批现代公益设施；经济社会发展迅速，农村经济形成区域化、特色化格局；工业经济形成煤化工、铝业及有色金属、玻纤纱及复合材料、生物工程、机械制造、食品加工等六大产业链，被列为山东省工业强县市之一；第三产业发展迅速，已成为鲁南地区重要的现代物流基地；先后被评为中国明星城市、全国科技进步先进市、全国社会文化先进市和山东省经济强市。

邹城正按照“三个率先”、“一个进位”的总体要求，大力推进“国家历史文化名城、山水园林生态城市、循环经济型强市”建设，力争尽快把邹城建设成为经济发达、事业繁荣、环境优美、社会和谐的现代化城市。

★国家历史文化名城
★山水园林生态城市
★循环经济型强市

邹城经济开发区

科澳铝业公司

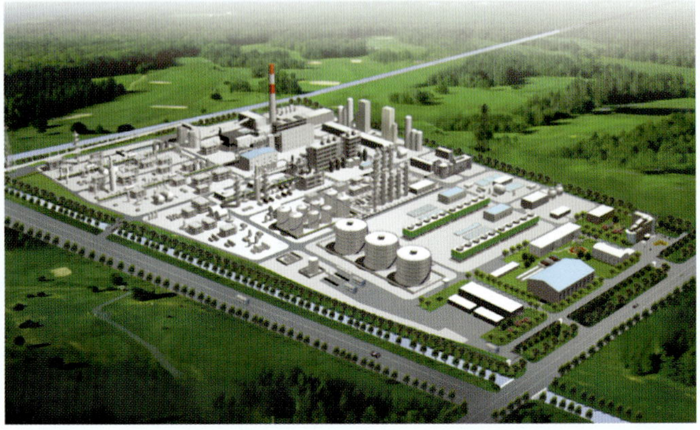

在建50万吨甲醇项目

山东里能工业园

设计装机容量454万千瓦、全国最大的坑口电厂——邹县发电厂

年产原煤4000万吨、全国特大型煤炭企业——兖矿集团

邹城市区

治理后的采煤塌陷地

齐鲁名校邹城一中

邹城高级职业技术学校

东方圣都副食商城

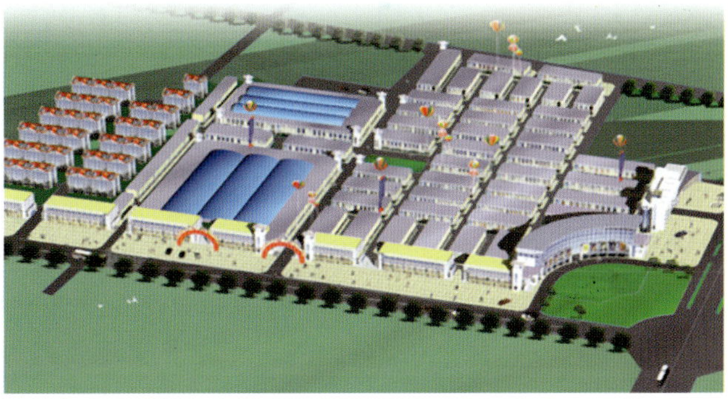

义乌商贸城（邹城）

五宝庵山森林公园

峄山五华峰

山东省规模最大的县级博物馆

亚圣殿

邹城夜景

浙江

长兴县

中共长兴县委书记、县人大主任 邵毅

长兴县人民政府县长 刘国富

长兴位于浙江省西北部，与苏、皖两省接壤，东濒太湖，西倚天目。全县面积1430平方公里，辖10镇6乡，现有人口62万。

长兴文化源远流长，底蕴深厚。早在秦皇郡治开前，称之“吴根越角”的一方山水，已经演绎了许多的春秋故事。长兴是陈朝开国皇帝陈霸先的故乡。茶圣陆羽在长兴写就了旷世巨作《茶经》。明朝吴承恩在长兴县丞任上为写作《西游记》积累了大量素材。长兴民间艺术蓬勃发展，有代表国家出访东南亚各国的民间艺术奇葩“百叶龙”。

长兴交通发达，区位条件十分优越，是浙苏皖地区的一个重要的交通枢纽，自古以来被称为“三省通衢”。与上海、杭州、南京、苏州、无锡、常州等长三角大中城市相距均在200公里之内。长兴交通便利，有一条黄金水道（长湖申运河）、两条国道（104国道、318国道）、三条铁路（宣杭铁路、长牛铁路、新长铁路）、杭宁高速及正在规划建设中的杭长、申苏浙皖、申嘉湖四条高速，构成了水、公、铁立体交通网。浦东、虹桥、萧山、碌口四大国际机场，上海、宁波、乍浦三大国际港口更加拉近了长兴与世界的距离。

长兴资源广博，物产丰富。长兴名特优新产品十分丰富，有闻名海内外的“太湖四珍”：银鱼、白壳虾、鲚鱼、大闸蟹；有久负盛名的“长兴四宝”：银杏、栝楼、青梅、板栗；有令世人称绝的“品茗三绝”：紫笋茶、紫砂壶、金沙泉等。长兴旅游资源独特，“金钉子”地质遗迹、古银杏和扬子鳄这三个上亿年的珍稀自然遗产，被誉为“古生态三绝”，全球罕见。

长湖申航道

区位图

金钉子

陈武帝像

长兴港夜景

八都岕

金陵路夜景

职教中心

金陵高级中学

长兴实验初中

杭宁高速

党校

龙山大道

开发区海陆新都汇

顾渚茶

栝楼

中国扬子鳄村

龙山新景（甘农港公园）

龙山飞瀑

太湖泉生态园

大自然花园

河北

迁安市

中共唐山市委常委、迁安市委书记 姚自敏

迁安市人民政府市长 刘桂东

迁安是一个半山区县级市，总面积1208平方公里，总人口67.7万，共辖19个镇乡、1个城区街道办事处，534个行政村、10个居委会。1996年10月撤县设市。

区位优越，交通便利。迁安位于河北省东北部，地处环渤海、环京津一级经济开发区内，京沈高速公路出口距市中心12公里，西距北京市195公里、天津市160公里，东距秦皇岛市75公里，南距京唐港90公里、与唐山市相距90公里。境内有铁路4条，公路有国道2条，省道3条，县道6条，交通十分便利。

综合经济实力雄厚。1990年以来，迁安综合经济实力一直位列河北省前十名，1995年跃居全省20强之首，自2002年以来已连续三年位列全省县级30强之首，2005年中国百强县(市)中居第52位。2004年全市实现生产总值178.4亿元，完成全部财政收入21.2亿元。

矿产资源丰富。已探明矿藏达20多种。其中，金属矿藏主要是铁，储量达27.2亿吨，矿石品位在30%左右。铁精粉年产量1000万吨以上，连续15年居全国县级首位。

工业发达。已形成冶金铸造、水泥建材、地毯服装、造纸包装、医药食品、电线电缆、化工等七大支柱产业。2004年全市工业产值超千万元企业达到149家，超亿元的44家，利润超千万元企业50家。

历史悠久，旅游资源丰富。迁安古为幽州地，商为孤竹国，春秋时为山戎令支国，秦朝时为离支县，西汉时改为令支县，辽时取名安喜县，金大定七年(公元1167年)更名为迁安县。历史上有名的伯夷叔齐让国、老马识途等典故就发生在迁安。境内建有4个旅游风景区，其中白羊峪、龙山两个旅游区被列为省级旅游区。

行政办公中心

城市一角

市内公路

钢城大桥

黄台湖公园

农民新居

乡级卫生院

白洋峪长城

炼钢车间一角

现代化中药萃取生产线

农业苗木、花卉、水果、蔬菜四大工程

住宅小区

弘业服装生产车间

弘业地毯公司机织地毯车间

戴尔特公司印刷包装车间

迁安锦江饭店

迁安增州钢管

冀东电线电缆车间

河南

巩义市

中共巩义市委书记 穆为民

巩义市人民政府市长 乔建宏

巩义市位于中原腹地，南依嵩山，北濒黄河，东瞻河南省会郑州，西望九朝古都洛阳，总面积1041平方公里，人口79.3万人。自1992年以来，巩义市综合经济实力连续13年位居河南省县（市）首位、连续八届跻身全国百强县（市）行列，是全国综合改革试点县（市）。

巩义历史源远流长，文化底蕴深厚。境内有裴李岗、仰韶和龙山文化遗址70多处，拥有北魏石窟、北宋皇陵、杜甫故里、康百万庄园等国家、省、市级文物保护单位100多处，是河南省历史文化名城。

巩义矿产资源丰富，工业经济发达。初步形成了煤炭电力、金属冶炼、耐火材料、水泥建材、化工化纤、机械设备、电线电缆等七大支柱产业，涌现一批诸如豫联集团、竹林集团、永安铝电、永通钢联、明泰铝业等规模大，实力强，效益好，主业突出的企业集团，工业在三次产业中的比重已达76%。

巩义交通便利，电讯快捷，电力充足，商贸、文娱医疗设施齐全。陇海铁路、连霍高速、310国道和豫31省道纵横交织；通讯网络完备；大型超市、星级宾馆、会展中心、公园、博物馆、图书馆、体育馆、广播电视等服务设施齐全；教学设施完善，教育质量全国一流；人民医院和中医院均为甲等，被世界卫生组织授予“爱婴医院”。

巩义市区夜景

巩义市行政中心办公大楼

巩义文物 北魏石窟

巩义浮戏山风景区雪花石

蜚声中外的唐三彩
Tri—coloured Glazed Dottery of Tang Dy—nasty—wellknown throughout the world

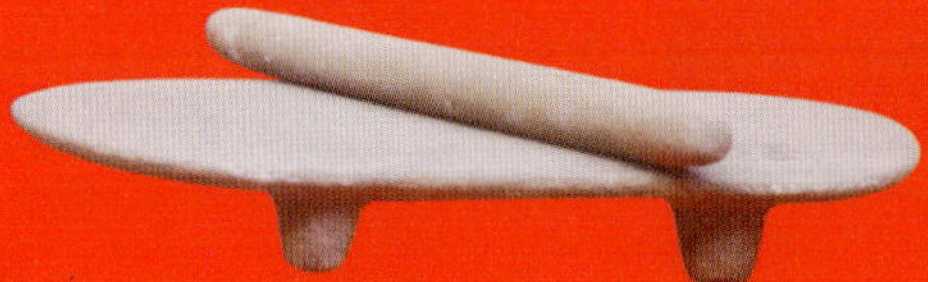
距今七八千年的裴李岗文化——石磨磐
Stome mill of Feiligang Ancient Culture with a history of7000—8000years

汉代铜薰炉
Copper Smoking Stove of Han Dynasty

隋代石砚
Inkstone of sui Dynasty

豫联集团

豫联集团生产区

豫联集团生产车间

豫联集团集控室

竹林庆州企业集团

竹林村全景

竹林村被授予迪拜奖

明泰铝业

公司办公大楼

厂区

明泰运行中的（1+4）热连轧生产线

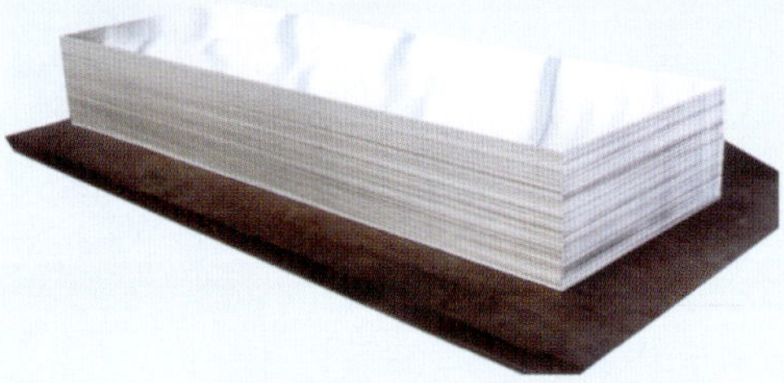
合金铝板
Alloy aluminum plate

热轧深冲料
Hot tolled draw piece

瓶盖料
Caps trip

箔材成品
Finished foil products

电缆箔
Cable foil

卷材成品
Finished coil products

铝塑板基
Aluminum plastic baseplate

空调箔
Air—condite

PS 板基
PS baseplate

山东

莱州市

中共莱州市委书记 刘延林

莱州市人民政府市长 林建宁

发展中的现代化海滨园林城市——莱州

莱州市位于山东半岛西北部，濒临美丽富饶的渤海湾，总面积1878平方公里，辖11个镇、5个街道办事处，1040个村(居)，86万人。1988年撤县建市，是首批沿海对外开放城市之一。2004年，全市实现地区生产总值198.3亿元，境内财政总收入11.1亿元，地方财政收入5.7亿元，实际利用外资1.68亿美元，外贸进出口3.67亿美元，金融机构各项存款余额达到140.1亿元，社会消费品零售总额51.4亿元，城镇居民人均可支配收入9815元，农民人均纯收入4840元。

莱州历史悠久，风光绚丽。自古就有“齐鲁之甲胜，天下之名疆”的美誉，一直是山东半岛地区重要的政治、经济、文化中心，秦始皇、汉武帝、宋太祖等都曾在此留下过足迹。莱州被誉为“龙的故乡、金的海岸”，境内东海神庙遗址、文峰山魏碑石刻、大基山道士谷、金海岸等众多景观遥相辉映，让人流连忘返。

莱州资源丰富，物华天宝。现已发现各类矿产资源30多种，其中黄金储量约占全国的1/6，滑石、菱镁石储量居全国第二位，卤水可开采储量居山东省之首；莱州海岸线长108公里，盛产鱼、虾、贝、藻类等海产品300多种。目前，莱州已经被命名为“中国石都”、“中国草艺品之都”，成为中国黄金生产基地、盐化工基地、石材加工出口基地、商品粮生产基地、海珍品养殖加工基地、中国月季之乡、中国玉米良种之乡。

莱州基础设施完备，城市建设日新月异。威乌高速公路、206国道、大莱龙铁路贯穿全境，国家一级开放口岸莱州港4个5万吨级泊位正在建设，明年吞吐能力可达到1500万吨；在全国率先实施了“现代化生态型水系联网规划”，完成了城乡电网扩容改造工程，境内水、电等资源供应充足。市区建成区面积达到27平方公里，城市人口23万人；城市配套基础设施完善，污水集中处理率、集中供气率、集中供热率、垃圾无害化处理率分别达到48.7%、92.8%、92.4%和100%。

莱州产业门类齐全，经济发展迅速。工业形成了机电、石材、黄金钢铁、盐及盐化工、工艺品五大支柱产业，农业形成了种苗、果蔬、畜牧、水产四大产业，第三产业形成了物流、商贸、旅游三大产业，全市规模以上企业达到326家，首批进入“中国农村综合实力百强县（市）”和山东省30个经济强县行列。

莱州坚持以人为本，构建和谐社会。在经济跨越发展的同时，加快推进生态市建设，推动科技、教育、文化、卫生、劳动保障等各项社会事业全面发展，先后被评为全国科技进步先进市、国家卫生城市、全国文化先进地区、全国环保模范城市、全国园林绿化先进城市、全国民政工作先进市、全国计划生育优质服务先进市、全国社会治安综合治理先进市。

莱州广场

莱州市会展中心

立交桥

横贯莱州的威乌高速

莱州大基山

莱州港一角

莱州电力

莱州广场夜景

莱州雕塑公园

莱州文峰山景区

莱州四大海鲜

对虾

文蛤

梭子蟹

竹蛏

海边浴场

莱州大光明铅笔系列产品

莱州环球石材雕塑

莱州特产

莱州黄金

莱州月季

莱州玉雕

莱州草制工艺品

莱州苹果

莱州大粒盐

河北

三河市

中共三河市委书记 李刚

三河市人民政府市长 张金波

三河因泃河、洳河、鲍邱河三水流经县域而得名。全市总面积643平方公里，有山有水有平原，耕地总面积53.9万亩。现辖10镇2区（河北省级燕郊经济技术开发区、国家级农业高新技术园区）4个街道办事处，395个行政村街。总人口47.8万人，其中非农业人口14万人，占29.3%。人口出生率7.3 ‰，人口自然增长率3.6‰。

三河历史悠久，气候宜人。三河春秋战国时属燕，秦属渔阳郡，汉属幽州潞县，唐武德二年（627年）置临泃县，唐开元四年（716年），建三河县，清康熙年间，曾在三河燕郊建造行宫，为皇帝拜谒东陵往返歇息之所，素有"天子脚下、御驾行宫"之美称。建国后，先后隶属于河北省通县专区、唐山区、唐山市、天津市、天津专区、廊坊地区、廊坊市。1993年3月，经国务院批准撤县设市。三河境内拥有辽代宝塔、皇叔院、唐代白果树、千年古槐、唐王点将台等多处古迹。三河属暖温带半湿润大陆性季风气候，四季分明，年平均气温12.1度，气候宜人，整体环境质量良好。

三河区位优越，交通发达。三河地处首都东大门，市区西距北京58公里、南距天津125公里、东到唐山121公里，是京、津、唐三大城市构成的金三角的核心地带，在京津冀一体化和环渤海经济圈中居重要地位。102国道穿腹而过，京秦、大秦两条电气化铁路横贯东西，西北直通首都机场，东南连接天津、京唐两大港口，形成了陆海空立体交通网络，可谓半小时能上天、一小时可入海。在以三河为消费中心的150公里市场范围内，囊括了北京、天津、唐山、廊坊等大中城市，消费人口达1.2亿，是目前我国北方最具实力的、潜力最大的、辐射面最广的消费市场之一。

三河经济发展，社会进步。全市经济实力连续12年居廊坊市首位，连续7届进入"河北十强"，2000—2004年连续5年进入全国最发达县市。先后被国家和省命名为"全国科技百强县（市）"、"全国文化工作先进市"、"全国教育改革先进市"、"省级卫生城市"、"省级文明城市"。2004年地区生产总值完成120亿元，同比增长13.3%；财政收入完成10亿元，同比增长19.85%；全社会固定资产投资49.8亿元，同比增长22.6%；规模以上工业实现增加值25.6亿元；全社会消费品零售总额完成22.6亿元，同比增长16%；城镇居民人均可支配收入达到10138元，农民人均纯收入达到5046元，分别增长9.7%和8.0%；城乡居民储蓄余额达58.8亿元，人均12301元。

体育馆

三河电厂

三河市图书批销中心

花卉大棚

三河北城新貌

华电亿力硅单晶多线切割项目奠基仪式

神威药业

汇福粮油食品制作有限公司

福成养牛场

汉王制造有限公司

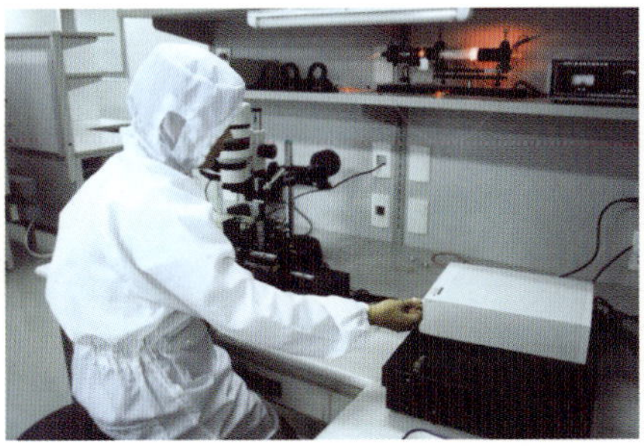

世维通车间

精益制造车间

和平铝材门窗车间

富士星光有限公司

信息产业部第四十五研究所

华堂国际高尔夫球场

华北科技学院

五星级涉外大酒店——燕苑国际度假村

燕郊全景

浙江

桐庐县

中共桐庐县委书记　邵胜

桐庐县人民政府县长　陈祥荣

“潇洒桐庐郡，江山景物妍”。桐庐县位于浙江西北部，地处钱塘江中游，隶属于杭州市，属长江三角洲经济区域，是国务院批准的第一批沿海地区对外开放县。境内总面积1825平方公里，辖7镇、4乡，2街道，39.44万人。

桐庐投资环境优越，水陆交通便捷。距杭州市区80公里，美丽的富春江穿境而过，横贯桐庐的杭（杭州）千（千岛湖）高速公路2005年底将开通，驾车从桐庐到杭州市区的“大门”只需40分钟。桐庐县域内已形成了“40分钟交通圈”。

桐庐是“西湖——富春江——新安江——千岛湖——黄山”国家级黄金旅游线上的一颗璀璨明珠，境内山水秀美，旅游资源得天独厚，素有“潇洒桐庐”的美誉。1982年被列入国家级风景名胜区以来，逐步发展成旅游大县。现已形成溶洞奇观、文化陶冶、乡情体验、野趣度假、休闲娱乐等各具特色的景点20余处，配套功能基本完善。桐庐已成为“观光旅游、休闲度假、投资创业”的好地方，是上海和杭州的后花园。

近年来，桐庐县坚持科学发展观，注重统筹发展，按照强化招商、优化结构、深化服务、美化环境，努力构筑社会发展新优势的工作思路，大力实施工业化、城镇化两大战略，县域经济综合实力明显增强，社会事业协调发展，城乡面貌日新月异，人民生活安居乐业，生态环境更加优越，桐庐已走上和谐发展之路。

看今朝，富春更秀丽，桐庐更潇洒。2004年桐庐再次跻身全国百强县(市)行列，并从上年的第92位前进至72位，名次跃升20位。

景色如画的桐庐

桐庐县行政中心一角

中国制笔之乡——分水镇

320 国道

05 省道和 16 省道交汇处

现代工业企业

供电网络

省级经济开发区

浙江省桐庐中学校园

桐庐县城一角

现代农业园区

东汉古迹——严子陵钓台

桐庐新农村

浙江富春江水电设备有限公司生产车间

服装生产车间

中国针织名镇——横村镇

红灯笼乡村家园全景

红灯笼乡村家园木屋全景

江苏

海门市

中共海门市委书记 徐永兵

海门市人民政府市长 汤仲飞

江苏省海门市古称东布洲，设县至今已有一千多年历史。海门东揽黄海，南倚长江，西靠开放城市南通，北连广袤的江海平原，素有“江海门户”之称。全市总面积1149平方公里，人口102.33万，现辖22个乡镇，一个省级重点经济开发区。

海门是国务院最早批准的对外开放县市之一，经济社会发展迅猛，先后荣获“国家卫生城市”、“国家环保模范城市”、“全国科技进步示范市”等50多项国家级殊荣，是全国闻名的“科技之乡”、“纺织之乡”、“建筑之乡”、“教育之乡”和“长寿之乡”，已连续六年进入全国百强县（市）行列。

海门人文荟萃，先后涌现出清末状元、教育实业家张謇，书画家王个簃，中国农工民主党前主席季方，翻译家、文学家卞之琳等名人。

海门享有“江滨乐土、粮棉故里”的美誉，农林牧副渔五业兴旺。海门水产资源极为丰富，盛产驰名海内外的刀鱼、河豚、文蛤等。

海门发展勇立潮头，经济建设突飞猛进。2004年，海门市以“苏中地区比领先、长三角上比超前、百强县中比进位”为目标，经济建设实现了“七个第一”，即：全市人均地区生产总值列苏中县（市）第一，地方一般预算收入列苏中县（市）第一，注册外资实际到帐列苏中县（市）第一，社会消费品零售总额列苏中县（市）第一，人均居民储蓄存款列苏中县（市）第一，农民人均纯收入列苏中县（市）第一；经济形势呈现出“七大亮点”，即：三次产业协调发展，利用外资首次进入全省八强，外经外贸继续实现高位攀升，建筑经济继续保持全省领先，民营经济实现突破性增长，项目投入总量创历史新高，支柱经济、板块经济做大做强。

海门位于国际大都市上海的北侧，与上海的直线距离仅61公里，是名副其实的“北上海”。随着浦东到崇明的越江通道和崇明到海门的崇海大桥（位于海门市区东侧）实施进程的加快，海门与大上海之间将实现“天堑变通途”，长江入海口将形成一条南北贯通的大通道，从海门到浦东不到一个小时，海门将成为苏北地区与浦东经济接轨的第一桥头堡。

江海明珠——海门

海门港万吨级杂货运码头

海门市审批服务中心

开发区中心区

国家级农业标准化园区无公害绿色食品生产基地一角

海门城市夜景

江苏省四星级高中——江苏省包场高级中学

宁启高速公路

江苏省海门实验中学

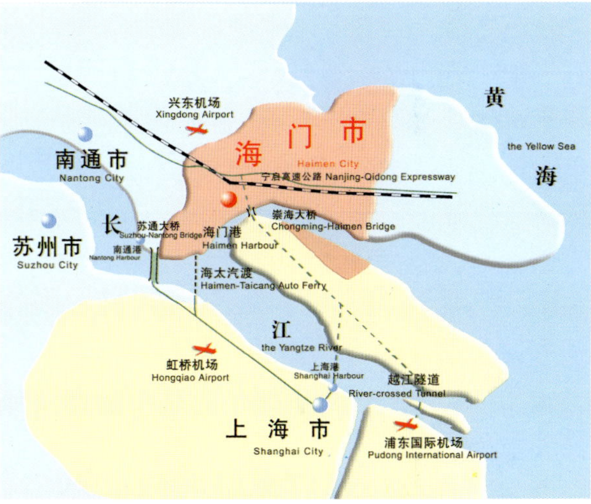

海门市区位图

海门高等专科学校

“鲁班奖”获奖工程——上海金茂大厦

中国叠石桥国际家纺城

设施一流的光华国际大酒店

国家重点高新技术企业——通光集团有限公司

山东

乳山市

中共威海市委常委、
乳山市委书记 赵熙殿

乳山市人民政府市长 李洪义

乳山市位于山东半岛东南端，面积1668平方公里，海岸线长185公里，人口58万，辖2个省级开发区、14个镇和1个街道办事处，是中国综合发展百强县。

乳山市环境优美，拥有山巨山禹山国家森林公园、国家“AAAA”级银滩旅游度假区等众多景观，是“国家环境保护模范城市”、“中国优秀旅游城市”，是最适合人类居住的城市之一；物产丰富，以生产贝类、名贵鱼种著称，是胶东水果大市；是全国第5大黄金生产市；区位优越，地处青岛、烟台、威海腹地，与日、韩隔海相望，青威高速公路、309国道、济威铁路横贯全境，市区至青、烟、威三市路程均在1个半小时以内；载体完善，“四横四纵一环”的区域公路框架，与青威高速公路、309国道实现了贯通连接，规划建设的18平方公里的省级经济开发区和起步区控制面积10平方公里的省级银滩旅游度假区，设施配套，服务到位，构筑起了环城工业隆起带；经济与社会、人与自然和谐发展，先后荣获“全国首届安全诚信城市50佳”、“全国科技工作先进市”、“全国科技实力百强县（市）”、“中国特色魅力城市200强”、“全省精神文明建设工作先进市”、“全省社会治安综合治理先进市”、“全省双拥模范市”等荣誉称号。

城区一角

省委书记张高丽在乳山视察城区规划

城区南立交

市区东方广场

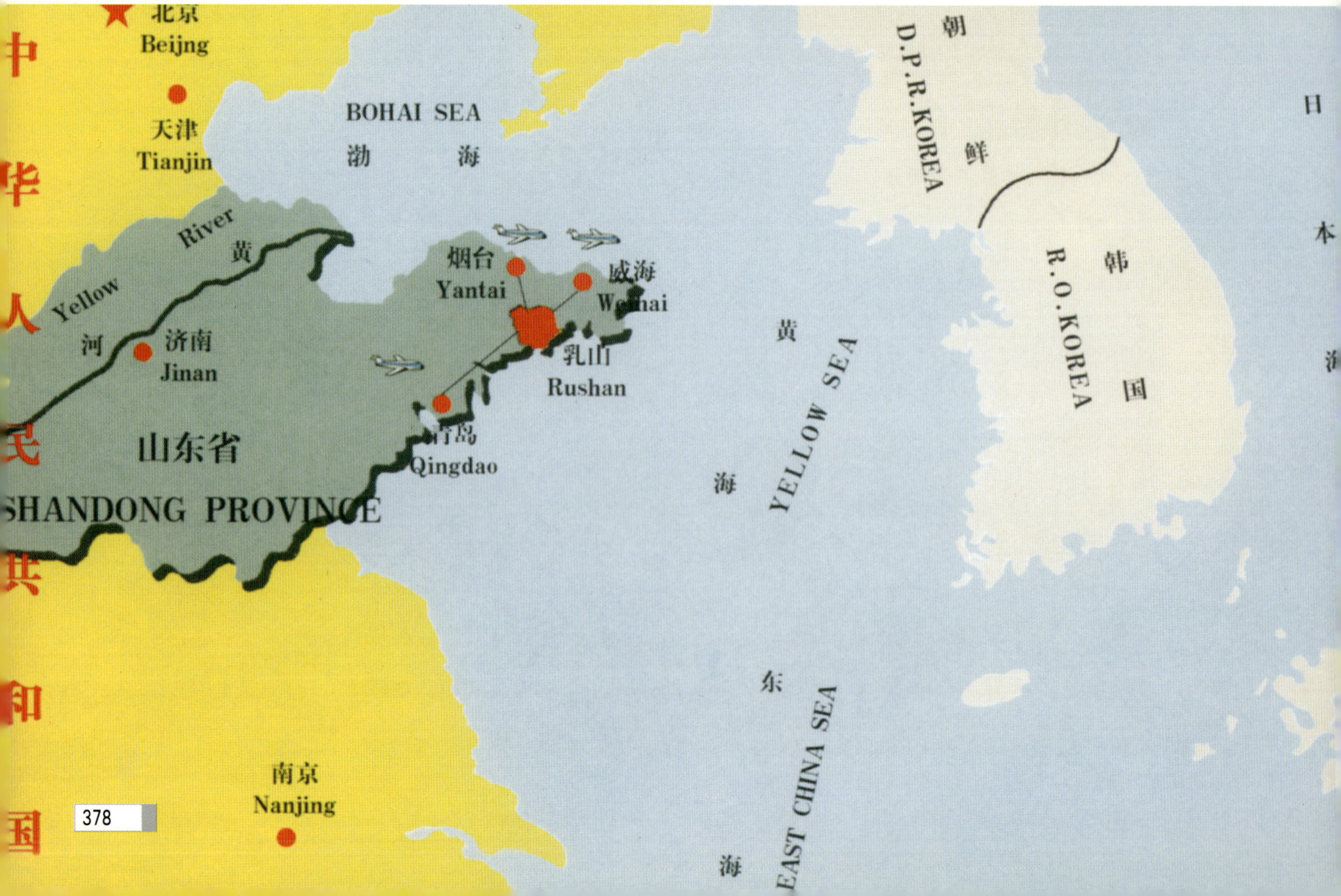

国家AAAA级旅游度假区

大乳山风景区福地养生园

岠嵎山国家级森林公园石景千年古猿

市区夜景

中国最大的果汁生产企业——国投中鲁公司

月圆花好纺织有限公司车间一角

环宇化工集团车间一角

城西纺织染整园韩资企业一角

山东

诸城市

中共诸城市委书记　刘德成

诸城市人民政府市长　邹庆忠

诸城地处鲁东南，总面积2183平方公里，辖23处乡镇（街道）、1个省级经济开发区，106万人，1987年撤县建市，是国务院确定的全国沿海对外开放城市、综合体制改革试点市和乡村城市化试点市。

诸城历史悠久。始称东武，汉代置县，宋代称密州，是密州州治所在地。宋代大文豪苏轼曾任密州太守两年，在这里写下了《水调歌头·明月几时有》等千古绝句。诸城人杰地灵。上古名君“三皇五帝”之一舜帝，孔子的女婿、春秋七十二贤之一公冶长，《清明上河图》作者张择端，清代体仁阁大学士、宰相刘墉等都是诸城人。在近现代文学史上，涌现出了王统照、臧克家、王愿坚等一批文化名人。党的“一大”代表、山东党组织最早的组织者和领导者王尽美，也诞生在这里。诸城又称“龙城”，地下恐龙化石蕴藏丰富，被誉为“世界之最”的鸭嘴龙化石就出土并陈列于诸城。

改革开放以来，全市上下坚定不移地高举改革旗帜、大做发展文章，三个文明建设取得了丰硕成果，先后创造了商品经济大合唱、贸工农一体化、农业产业化、中小企业改革、为民服务联动等一批成功的“诸城经验”，先后有26位党和国家领导人到诸城视察。近年来，诸城市牢固树立和认真落实科学发展观，围绕提前十年实现全面建设小康社会的奋斗目标，深入实施工业化、民营化、国际化、城镇化“四化”战略，与时俱进，创新实干，全市经济社会持续快速健康发展，开创了三个文明建设的崭新局面。2004年，全市完成生产总值176.4亿元，比上年增长19.5%；实现财政总收入11.7亿元，增长33.1%；全社会固定资产投资完成118亿元，增长87.6%；城镇居民人均可支配收入7103元，农民人均纯收入5008元，分别增长11.2%和17.9%。

诸城市城区一角

市领导在外招商

市领导与外商签约

和平街街景

沧湾公园

恐龙公园一角

恐龙博物馆的巨大诸城鸭嘴龙化石

和平街潍河大桥

中国驰名商标
“新郎—希努尔”
服装产品展厅

北汽福田诸
城 汽 车 厂
“时代轻卡”
生产线

北汽福
田公司
诸城汽
车厂

诸城繁华中学与美国康州普林威尔中学结为友好学校

市人民医院综合大楼

中国驰名商标
“得利斯”低温
肉制品

山东泸河集团公司

诸城外贸集团公司

义和车桥有限公司生产
的高空作业升降平台出
口美国阿普瑞特公司

日商独资企业——山东仁木有限公司

山东

广饶县

中共广饶县委书记 徐春福

广饶县人民政府县长 王玉波

兵圣故里——山东广饶县

地理人口：广饶县位于黄河三角洲南部，濒临渤海莱州湾，处于山东半岛城市群经济带和环渤海经济圈的重要位置。全县总面积1138平方公里，辖6镇4乡2个办事处、1个省级经济开发区，553个行政村，48万人口。

历史文化：广饶自秦设县，先后称乐安、千乘、琅琊，历史悠久，人杰地灵，文化灿烂，是孙武出生地、吕剧发祥地、齐笔原产地，孕育了兵圣孙武、汉相倪宽、西汉经学创始人欧阳生、元代名将綦公直、明代会元李舜臣等一批历史名人，孙武文化、古齐文化、吕剧文化源远流长。境内文化古迹和人文景观众多，至今已有5800多年历史的傅家、五村遗址为大汶口文化鲁北型的发祥地；全国重点文物保护单位南宋大殿是山东省保存最完整且年代最早的木构建筑；春秋时期齐国乐安故城遗址柏寝台被称为"齐鲁第一台"。广饶县具有光荣的革命传统，流传和保存了全国最早的《共产党宣言》中文译本，中共延集、刘集支部是全国最早成立的农村党支部之一。

资源环境：广饶县自然资源丰富，素有"海滨广斥，饶有鱼盐"的美称，石油、天然气和地下卤水储量丰富。全县土地广袤，交通便利，建设了地方铁路、海关陆路口岸，基础和环境优势日益突出，具备良好的投资创业环境。

发展现状：在经济社会发展过程中，坚持走以工业为主体，工业拉动、工农联动、城乡互动的路子，逐渐步入了科学发展、统筹发展、和谐发展的快车道，社会经济综合发展指数居全国百强县第80位。先后被表彰为全国体育先进县、初级卫生保健先进县、科技进步示范县、粮食生产先进县、无公害蔬菜生产示范基地县、绿化百佳县，山东省工业产品结构调整示范县、农业产业化经营先进县、生态县建设示范县、发展民营经济先进县、精神文明建设工作先进县。

发展前景：围绕"把广饶建设成为经济繁荣、环境优美、社会和谐，最适宜居住、最适宜创业，全国县域经济最发达地区之一"的目标，全县下上将坚持以落实科学发展观、构建和谐社会、建设节约型社会三大主题统领全局，进一步加快实施工业强县、农业立县、商贸兴县、城乡联动、文化促动"五大战略"，做好做活膨胀经济总量、优化经济结构、转变增长方式三篇文章，努力在全面建设现代化强县中加速崛起。

金岭集团化工园

东青高速公路广饶大王互通立交

首届中国广饶·孙子国际文化节开幕式

孙武像

正和集团

大海集团纺织生产车间

华泰集团40万吨新闻纸生产线

万亩良棉生产基地

齐鲁明珠——大王镇

大王镇地处东营市南部，与潍坊、淄博两市相邻。全镇总面积122平方公里，辖97个行政村，8.7万人口。大王镇曾诞生有山东省最早的农村党支部，保存有第一版的《共产党宣言》中译本。近几年，先后荣获全国先进基层党组织、全国农村"三个代表"重要思想学教活动先进集体、全国乡镇企业示范区、全国精神文明创建活动先进单位、全国小城镇建设示范镇、全国财政系统先进单位、中国花木之乡、全国重点镇、全国文明村镇等30多项国家级和省级荣誉称号。2004年，全镇实现境内财政总收入4亿元，农民人均纯收入达到4610元。

大王镇工业企业发展迅猛。全镇重点企业集团——山东大王集团是国家级乡镇企业集团、省银桥工程重点企业、全国企业500强，下辖华泰、科达2家上市股份公司，拥有华泰、信义等年产值超10亿元的企业5家，超5亿元的企业10家。全镇形成了造纸印刷、轿车配件、化工电子、轮胎橡塑、建筑建材等多行业齐头并进的发展格局。

大王镇农业调整成效显著。全镇重点培植蔬菜、花卉、林木、畜牧四大主导产业。山东凯银集团是农业产业化国家重点龙头企业、国家引进国外农业生态成果示范推广基地、省高新技术企业，其"凯银"牌绿色食品畅销国内外市场。

大王镇小城镇建设日新月异。全镇完成各类城镇建设投资36.5亿元，开发居住楼46.5万平方米，商住楼35.6万平方米，镇区公共绿地42万平方米，镇区人口近5万人，建有晨光等9处现代化城镇小区，开通了全市首家镇级公交车，实现了水、电、交、暖、教、医、讯全面配套，城镇功能日趋完善。

立足新起点，实现新发展。大王镇将以优质的服务，优美的环境，宽广的胸怀，诚信的理念，热忱欢迎社会各界人士来大王参观、考察、投资、创业，共创美好明天。

广饶县大王镇

率先建设全面小康

山东省委书记张高丽（右二）在广饶县委书记徐春福（左一）和县委常委、大王镇党委书记燕振诚（右一）陪同下到大王镇华泰集团参观

企业夜景

大王镇一角

江苏

六合区

南京市副市长、六合区委书记 陈维健

地处南京北大门，滨临长江，中贯滁河，总面积1485平方公里，人口86万。公元前221年置棠邑，公元584年(隋)更名六合至今，2002年5 月由原六合县和原大厂区合并成立六合区。境内保存羊角山及庙山遗址、长芦寺旧址、周代编钟等文物古迹，拥有世界地质奇观——桂子山石柱林、中华一绝——雨花石，金牛湖、大泉湖、灵岩山等风光优美。各类特色农副产品丰富，无公害蔬菜、特种水产及富硒系列农产品等享誉市场。

六合区是省、市沿江开发的重点区域，以建设南京新的制造业中心为重点，国家级重化工基地——南京化学工业园正在长江北岸崛起，省级六合经济开发区和一批市级开发区发展势头强劲。现已形成重化工、精细化工、钢铁、纺织、机械五大产业板块，是扬子石化、南钢、南化、南京热电厂与华能电厂等大型、特大型企业云集之地。"交通城"优势明显，宁通、宁连高速公路和长江二桥连接线在境内交汇，正在建设的宁淮、宁蚌、滨江高速与宁启铁路、长江深水港和即将完工的西气东输工程，将进一步优化区内投资环境。"农民的好支书"李元龙是全区践行"三个代表"重要思想涌现出的先进典型。

六合大交通构局

扬子巴斯夫生产基地

六合经济开发区

扬子石化夜景

现代企业生产流水线

扬子石化码头

扬子巴斯夫液体化工码头

六合火车站

农业观光休闲农庄

现代化小区（一）

现代化小区（二）

茶叶生产基地

农业蔬菜基地

六合雨花石

合欢花开

吹萧抚琴引风来

江南金秋

大寿（白石写意）

六合特色美食

蟹黄汤包

六合牛脯

六合猪头肉

活珠子

龙池鲫鱼

六合文化饮食节

六合蟹黄汤包节

六合凤南商业街

六合金年华商场

六合商贸购物一条街

浙 江

宁海县

中共宁海县委书记 林静国

宁海县人民政府县长 马晓晖

国家级生态示范区——宁海县

宁海位于长三角经济区的南麓、浙江东中部沿海，北接上海、杭州，南邻温州、台州，为计划单列市宁波市属县，是国家第一批沿海对外开放地区之一，县域总面积1880平方公里，总人口58.3万，下辖14个镇乡和4个街道。

宁海历史悠久，西晋太康元年（公元280年）置县，距今已有1725年，历史上曾涌现出胡三省、方孝孺、柔石、潘天寿等一大批志士名人，是明代大旅行家徐霞客所著《徐霞客游记》开篇地。

宁海依山傍海，山海资源丰富，素有“七山一水二分田”之称，森林覆盖率达到62%，是宁波市首个国家级生态示范区。全县海岸线长176公里，滩涂浅海面积42万亩，是浙江省海水养殖面积第一大县。

宁海境内生态休闲旅游资源丰富，宁海温泉是全国三大优质温泉之一，天然生态山水景观野鹤湫、梁皇山等景区风光旖旎，前童古民居保持了较好的明清古民居群风貌，伍山石窟石破天惊、独具匠心，正在开发的强蛟群岛、茶山、雁苍山等，均为生态休闲的良好景区。

宁海区位优越，交通便捷，距宁波栎社国际机场66公里、北仑港90公里，同三线沿海高速公路和省道甬临线纵贯县境，正在建设的甬台温铁路穿境而过，境内象山港、三门湾内码头资源丰富。

有史以来，憨直、朴实的宁海人民用勤劳和汗水浇灌起富饶的土地。改革开放以来，在中共宁海县委和县政府的领导下，宁海县经济和社会各项事业保持持续快速健康发展，跻身全国综合实力百强县行列，相继获得省级文明城市、省级教育强县、省级卫生县城称号。2004年，全县实现生产总值115.3亿元，财政收入达到13.7亿元；城镇居民人均可支配收入14379元，农民人均纯收入6104元。

城市晚霞——徐霞客大道夜景

高新科技产品宁海制造

希望的田野——浙江东海岸10万亩绿色农产品基地

同三高速公路穿境而过

蓝天碧水绿树——城南大溪揽景

浙东大峡谷——天河生态景区鸟瞰

宫式明清古居群——前童古镇

石破天惊——伍山石窟

中华戏曲一绝——平调耍牙

国画大师潘天寿——潘天寿广场一角

生态型的城市公寓——华庭家园

自宁海出西门
——徐霞客塑像

节日——第三届中国徐霞客开游节开幕式

浙江国华宁海电厂效果图

山西

河津市

市委书记雷郭堂（左二）、市长刘振华（右二）、市人大主任杨万良(左一)、市政协主席王锡义(右一)在煤焦化工园区调研。

三晋首富、全国百强——河津市

河津地处秦晋豫三省交汇处的“黄河金三角”地区，依山傍水，物华天宝，人杰地灵。仅原煤储量就达350亿吨，丰富的矿产资源致富了36万人民；甜美的水资源滋润着593平方公里的沃土，可利用量达350亿立方米。

2001年初，调整后的河津市委、市政府领导班子，坚定不移地贯彻党中央科学发展观的战略，按照省委、省政府调整产业结构的重大决策，确定了“龙门三跳”的发展战功略和奋斗目标。即：第一跳，当三晋县级首富市；第二跳，跻身全国经济百强县市行列；第三跳，建设现代化新型工业城市。如今，前两跳已经实现，河津人民正大力打造煤电铝、煤焦化、焦铁铸三大产业链模式，依靠产业链模式建设三大工业园区：河津铝工业园区、铸造工业园区、煤焦化工业园区。

河津市委、市政府立足政府创造环境，企业创造财富，良好的人文环境已转化为优越的投资环境，引来山西铝厂、山西华泽公司、河津电厂的改扩建工程和王家岭煤矿等国家重要投资项目，总投资额将达到150亿元，形成了以煤、电、铝为龙头的三大产业航母。

河津市委、市政府大力改善市民居住生活环境，重点建设了龙门广场，供气供暖“双供”工程，建设功能完善的居住小区面积达30万平米，城市人均居住面积达到25平米。为加快经济发展，相继新建连接秦晋豫的候禹高速公路，连接东西的108国道，连接南北的209一级公路等十多条经济大动脉，形成公路铁路水路联网联运，快捷通畅的高密度运输体系。

2002年，河津市生产总值达到42.2亿元，财政总收入4.6亿元；2003年，全市生产总值完成73.2亿元，财政总收入8亿元，2004年，全市生产总值超过100亿元，财政收入突破16亿元大关。两年成为三晋首富，三年跻身全国百强县市，四年财政收入翻了三番。2006年全市生产总值将达到200亿元，财政收入达到32亿元，实现六年翻四番的目标。2010年，全市生产总值将达到300亿元，财政收入达到60亿元，实现十年翻五番的目标，并跻身全国经济百强县市的前50名。

如今，市委、市政府正在带领全市人民满怀豪情地开始新的征程，以建设速度河津、现代河津、绿色河津、小康河津、人本河津、平安河津为载体，决心在不长的时间内把河津建设成为一座经济持续发展，社会全面进步，人民生活富裕，生态环境良好的新型现代化工业城市。

山西省委书记张宝顺（左一）在运城市委书记黄有泉（左二）、河津市市长刘振华（右二）的陪同下，在山西三联集团调研。

山西省委书记张宝顺（左三）、山西省省长于幼军（右三）在河津市委书记雷郭堂（左一）、河津市市长刘振华的陪同下，在山西铝厂28万吨电解铝车间调研。

山西省委书记张宝顺（前排左二）在运城市市长胡苏平（前排右二）、河津市委书记雷郭堂（右一）的陪同下，在龙门大桥施工现场调研。

河津市行政中心

四通八达的侯禹高速公路

河津市的城市道路绿化

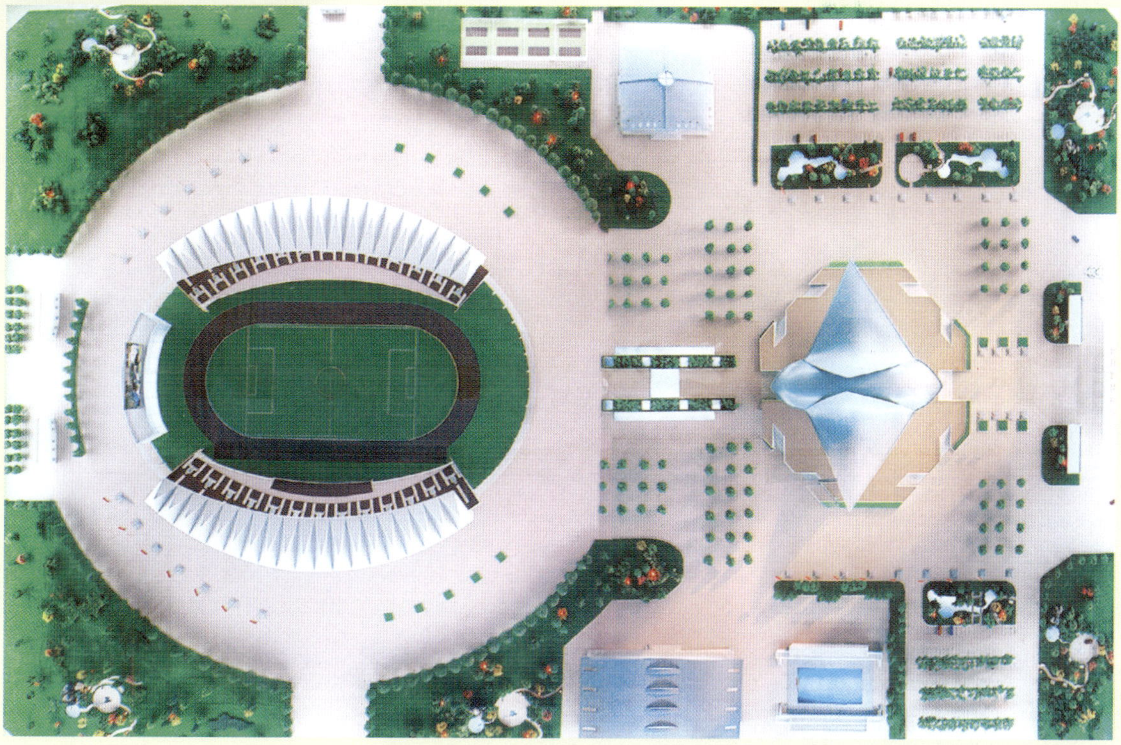

建设中的河津市体育中心规划图

到2008年将形成250万千瓦发电能力的河津电厂

全国首家煤电铝联产模式的山西振兴集团的成品铝锭

年产1000吨的现代化生产煤矿王家岭煤矿

全国最大的民营煤焦化产业山西阳光集团的生产外景

亚洲最大的铝工业基地山西铝厂的蒸发器

成为国际化铸造加工基地的山西三联集团的发动机缸体

江苏

通州市

市委书记陈照煌(左一)市长葛亮(右二)
向省委书记李源潮汇报工作

江海明珠——通州市

通州市滨江临海，地处江苏东南部长江三角洲北翼，与苏州隔江想望，与上海灯火相邀。全市辖区面积1166平方公里，户籍人口127.14万人。辖23个镇和1个省级经济经济开发区。

通州市区位独特，水陆空交通便捷，新长铁路和宁通、宁启、沿海高速公路穿境而过；预计2008年建成通车的苏通长江公路大桥，让通州融入上海一小时都市圈；城区距中国十大港口之一的南通港30公里，海运与世界各地相通；南通机场位于城区西郊，班机直飞北京、广州等地。

改革开放以来特别是近几年，通州坚持发展是第一要务，积极抢抓机遇，以科学发展观统领经济社会发展全局，加快调整经济结构和转变经济增长方式，立足科学发展，着力自主创新，完善机制体制，促进社会和谐，全市经济建设、政治建设、文化建设、社会建设和党的建设得到长足发展。通州市委、市政府坚持以人为本和全面协调可持续发展，率领全市人民弘扬和践行“自信、包容、求实、创造”的新时期通州城市精神，紧紧围绕“以工兴市、全面小康”和“两个率先”目标，全力推进民营经济、招商引资、农民增收和环境建设四项重点工作，加快建设资源节约型和环境友好型社会步伐，深入实施市场化、工业化、国际化、城镇化、知识化战略，着力打造诚信通州、法治通州、崇学通州、绿色通州和数字通州“五张名片”，全市三个文明建设取得丰硕成果。2004年，通州生产总值突破200亿元，连续八届跻身全国经济综合实力百强县(市)。

银河大桥

通州城区

鱼米之乡——农业生产条件优越，蔬菜园艺发达，江、海、河产品丰富。项目农业，龙头企业建设强势推进。2004年实现农业总产值34.68亿元，增长12.9%。

广场夜景

人民公园

激情广场

中国名牌——大富豪啤酒

项目农业

南通港德油脂有限公司

通州市银河面粉有限公司

纺织之乡——通州的纺织工业占整个工业经济总量的40%，拥有全国最大的家纺中心——中国南通家纺城。家纺产品在全国市场占有率达5%，并远销世界各地。

紫罗兰产品——西班牙风情

乔德产品——金玉良缘

二甲蓝印花布亮相“激情广场”

南通恒祥纺织服装有限公司

南通华伟运动服饰有限公司

中国家纺城剪影

建筑之乡——累计获得“鲁班奖”27个，是江苏鲁班奖总数的近四分之一。拥有一级建筑师109人，获特级、一级资质企业14家，10多万建筑工人遍布全国25个省、市、自治区。

鲁班像

江苏省通州职业高级中学

江苏省通州高级中学

崇学之乡——通州人民崇尚学习，重视教育，有着深厚的文化底蕴。拥有各类学校181所，其中“四星”级高中3所，国家级重点中等职业学校一所，在校学生18.5万人，九年义务教育普及率100%，高考上线率98.3%。

南通亚华船舶制造有限公司

南通蛟龙机械有限公司

南通江海电容器有限公司

江苏中联科技集团

河北

武安市

中共武安市委书记 王俊祥

武安市人民政府市长 孟广军

武安西倚巍巍太行，东望华北平原，位于晋冀豫三省交界地带，1989年撤县建市，总面积1806平方公里，现辖22个乡镇、502个行政村，人口71.8万，是河北省“十强县(市)”。

武安历史悠久。西汉初置县。距今约7500年的“磁山文化”发源于此，是中华民族文化发祥地之一。革命战争年代，邓小平、刘伯承、薄一波等老一辈革命家曾生活和战斗在这里，晋冀鲁豫中央局、一二九师司令部以及人民日报社都曾驻于武安。

武安物产丰饶。境内有煤、铁、大理石、铝钒土、石灰石等矿产资源20余种，尤以煤铁为最，煤炭可采储量2.9亿吨，是全国58个重点产煤县（市）之一，铁矿石可采储量2亿吨，为全国四大富铁矿基地之一。武安山川秀美，旅游资源丰富，不仅有磁山文化遗址、宋代舍利塔、汉代冶铁遗址和晋冀鲁豫中央局、人民日报社旧址等，而且有京娘湖、古武当山、长寿村等一批闻名遐迩的风景名胜，景区内山深林茂，幽谷清泉，奇峰峻石，风景如画，人文与自然景观交相辉映，为东太行旅游度假胜地。武安农副产品众多，“武安山羊”品种优良，瘦肉型猪获得了进入北京等大城市的“绿卡”，花椒、板栗、核桃等各类干鲜果品享有盛名，有“中国小米之乡”的美誉。

武安交通便利。地处河北南大门，自古便为西通“三晋”、东出太行的交通要冲，也是北联京津、南接中原的纽带。邯长铁路横贯全境，境内有18个客货混用站，为全国县（市）数量之最。309国道横贯东西，邢都公路纵穿南北，正在修建的青（岛）红（其拉甫）高速公路也将穿越全境，目前全市已实现了村村通油路，境内公路通车里程达 1311公里，公路密度达到每百平方公里73 公里。

武安广场

武安区位图

铁路

建材市场

中兴路西段景色

金色花园小区

阳光小区

嘉馨园

西石门蔬菜基地

贯庄生态森林公园一景

西岭湖公园一景

西岭湖公园

京娘湖一景（高峡平湖）

武安市文安钢铁有限公司

河北东山冶金工业有限公司

河北普阳钢铁有限公司

文丰钢铁（集团）有限公司

河北新金钢铁有限公司

河北

鹿泉市

鹿泉市人民政府市长 安树国

鹿泉市位于河北省中西部，西倚太行山，东邻省会石家庄市，面积603平方公里，辖8镇4乡和1个省级高新技术产业开发区，208个行政村，人口36万。历史源远流长。鹿泉建县已有一千多年的历史，古时被誉为"晋冀咽喉"、"三省通衢"。区位优势明显。市区距石家庄市中心15公里，距石家庄市民航机场20公里。境内有京广、石太、大宋铁路，市内上等级公路通车里程达410公里。产业特色鲜明。培育发展了新型建材、乳业、信息产业、制药业和旅游业等五大特色主导产业。基础设施日益完善。拥有数字微波光缆传输网络，移动通讯基站达到24座，拥有变电站15座，变电总容量达91万KVA，电力供应充足，绿化覆盖率达到25.2%，自来水普及率达99.7%。发展环境优越。实行了"一口对外、封闭管理"、网上互联审批、集中收费、进企业收费罚款备案公示、窗口审批一次性告知和AB角接待等制度，成立了外来企业合法权益保护委员会。2000－2004年，鹿泉市社会经济综合发展指数连续5年跻身全国"百强"；2004年县域综合经济实力位居河北省"三十强"第5；2004年有4个乡镇、34个村分别入围石家庄市"十强乡镇"和"百强村"。2004年，全市生产总值完成112亿元，财政收入5.67亿元，农民人均纯收入4913元。

鹿泉市人民政府

城区新貌

华夏第一龙壁——千龙壁

全国最大的门坊建筑——南天门

抱犊寨——天池

曲寨村

抱犊寨卧佛

连心亭

鼎鑫水泥集团

石家庄三鹿乳品有限公司

现代化奶牛养殖

挤奶

奶牛养殖

现代化奶牛养殖场

江苏

高淳县

中共高淳县委书记 刘以安

高淳县位于江苏省西南端，隶属南京市。全县总面积802平方公里，辖8个镇（1个街道）、1个开发区，总人口42.5万。境内西部为水网圩区，固城湖、石臼湖水域辽阔，水质清新；东部为丘陵山区，游子山、小茅山森林葱郁，风光秀丽，是首批“全国生态示范区”。高淳历史悠久，文化灿烂，特色鲜明，拥有“全国武术之乡”、“江苏省建筑之乡”、“中华民间造船水运第一县”等称号。清乾隆皇帝下江南时，赐予高淳“江南圣地”的美誉。

近年来，高淳县紧紧围绕“工业强县、生态立县、特色兴县”发展战略和“工业强县、湖滨新区、边贸中心”发展定位，认真落实科学发展观，致力打造外源内生的产业特色、滨湖透绿的城市特色、蓝天碧水的生态特色、吴风楚韵的人文特色，走出了一条切合高淳县情、具有鲜明特色的科学发展之路。工业经济在南京地区独树一帜，拥有中国制造企业500强红太阳集团、全国陶瓷行业出口创汇大户高淳陶瓷等2家上市公司。高淳开发区是省级外向型农业综合开发区，现已发展成为产业集群、要素集聚、项目集中、以现代制造业为主要功能的湖滨城市东部新区。水产业尤其是螃蟹等特种水产养殖享誉全国，“固城湖”牌螃蟹为全国第一个有机螃蟹品牌。高淳旅游资源丰富，边界贸易发达，拥有高淳老街等一批国家3A级特色景区，是江苏省商贸十强县（市）。

政府大楼

县城全貌

宁高高速

高淳夜景

县城一瞥

湖滨新区

游子山风光

“中华民间造船第一县”名不虚传

千年老街

竹

生态茶园

固城湖螃蟹

“日出斗金”的固城湖

古运河上赛龙舟

长乐抬龙

红宝丽全景

红太阳集团

高淳大市场

江苏

仪征市

中共仪征市委书记　卜宇

仪征市人民政府市长　陈扬

仪征市位于江苏省中部，南濒长江，北倚淮水，是南京和扬州之间的唯一节点城市，是生态型现代滨江工业城市。仪征市辖11个乡镇，总面积901平方公里，总人口59万。仪征是一座有着2500多年历史的文化古城，隋唐起即成为漕盐纲运中转之处，唐宋时已成为著名的工商城市和园林城市，清朝初期为两淮一带有名的繁华富庶之地，素有“风物淮南第一州”的美誉。1986年撤县建市后，仪征经济建设和各项社会事业迅猛发展，1992年、1995年先后两次获得全国卫生城市荣誉称号，1996年分别获得全国城市环境综合整治优秀城市、全国平原绿化百佳县（市）、全国科技先进县（市）荣誉称号，2002年分别获得国家级生态示范区和江苏省文明城市荣誉称号，2003年被评为全国质量兴市先进市，2004年被评为中国百强县（市）。

仪征具有得天独厚的区位优势，是水路、公路、铁路、输油管路、输气管路五路通衢的交通枢纽城市。宁通高速公路、宁启铁路横贯东西，泗大线省道纵穿南北，鲁宁输油管道、甬沪宁输油管道直达仪征江岸，国家西气东输工程主干管道从仪征过江。仪征还是一个港口城市，全市有27.6公里长江岸线，地质和水深条件优越，建有6个万吨级码头、13个千吨级码头，最大可停靠7万吨级船，年原油吞吐量2000万吨、液体化学品吞吐量500万吨、散货和集装箱吞吐量200万吨。随着沿江高等级公路和润扬长江大桥陆续建成通车，仪征的区位优势将进一步凸现。

仪征具有丰富的矿产资源。主要有玄武岩石料、型砂、砾石（球石、花彩石、雨花石）、泥炭、天然矿泉水、石油和地热。其中，雨花石产品远销美国、日本、欧洲及东南亚地区。农业主副产品有大米、小麦、油菜籽和菜鹅、茶叶、水果、席草、长江特种水产。

盛成广场

街头小景

街心公园

市民广场夜幕

扬子广场

汽车产业

化工产业

船舶制造业

公园小景

仪城河风光

白沙公园古堡

天宁古塔

白羊山森林公园

便捷的交通

博物馆

月塘雨花石

采摘茶叶

黑龙江

双城市

中共双城市委书记 李学良

双城市人民政府市长 裴君

双城于1814年建城设治，因境内有金代达禾、布达二座古城而得名。1988年经国务院批准撤县设市，1997年划归哈尔滨市管辖。全市幅员面积3112平方公里，辖9镇15乡246个行政村，总人口80万，其中城镇人口20万。

双城是黑龙江省的南大门，京哈、拉滨两条铁路和同三、京哈、哈前、哈大四条公路穿境而过，距哈尔滨国际机场仅30公里。

双城是东北历史名城，是满族发祥地之一。解放战争时期第四野战军前线指挥部设在双城。市内有承旭门、魁星楼、观音寺、双城堡火车站、承旭公园、希望广场等人文景观。

双城是全国闻名的粮食生产大县。2004年全市粮豆薯总产达到30.7亿斤，连续13年位居全省前列。奶牛存栏和鲜奶产量居全国县（市）第一位。

双城是全国食品工业百强县。自1990年成功引进瑞士雀巢公司后，通过不断加快城市基础建设，营造宽松经济发展环境，强力招商引资，杭州娃哈哈、台湾旺旺、南京雨润、北京汇源果汁、江苏菊花味精、山东富荣集团等一大批高附加值、高技术含量、高经济效益的食品工业企业相继落户双城。

石油开发是双城的又一新兴产业，初步探明双城的油、气资源地质储量在5000万吨以上。目前，已打井280眼，年产原油10万吨。

双城市党政办公中心

李学良书记在中国食品工业百强县表彰奖励大会上作经验介绍

双城人工湖

市标塔

临江乡油井

东北民主联军（四野）前线指挥部旧址

火车站（1902 年建）

永旭门（1868 年建）

魁星楼

双城市新世纪希望广场

八家子小米

水稻

新胜蛋禽批发市场

花园白酒

播种友谊 收获希望

丰禾10号

科技示范基地

瑞麦公司由新加坡旺旺控股有限公司投资1000万美元兴建

山东万杰集团投资建成年产1.5亿米仿真布和哈博大学项目

娃哈哈食品有限公司

杭州娃哈哈集团计划投资2亿，上液体奶，瓜子等项目，5个项目全部达产后，年可实现税金1.18亿

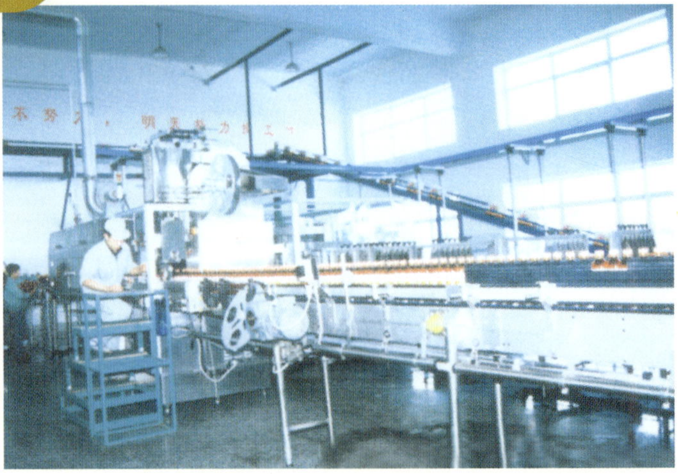

娃哈哈公司茶饮料生产线

雀巢产品

中瑞合资双城雀巢有限公司

雀巢公司生产车间

江苏

阜宁县

中共阜宁县委书记 祁彪

阜宁县人民政府县长 尹金来

阜宁位于黄海之滨、苏北平原，徐淮、里下河、沿海三大农业区交汇处。县域面积1439平方公里，人口106万，辖20个镇、1个省级经济开发区和1个生态化工园。是全国商品粮生产基地县、全国粮食生产先进县、全国绿化模范县、全国科技工作先进县、全国食品工业强县，享有中国淮剧之乡、建筑之乡、苗猪之乡的美誉，被列为国家级星火技术密集区。

阜宁交通便捷，毗邻沿海高速、京沪高速、宁连及宁靖盐高速公路；204国道和新长铁路穿越县境。

阜宁工业经济特色明显，已形成纺织服装、机械电器、医药食品、化工塑胶、玻璃建材等五大支柱产业，正在着力打造纺织服装大县，旅游用品、精细化工基地县和稀土之城、手工玻璃工艺品之都。2004年，全县完成生产总值70.5亿元，实现财政收入4.6亿元。

阜宁全面加快对外开放，发展喜人。近几年，先后有十多个国家和地区的外资企业来阜宁投资兴业，美国伊士曼、阿波罗公司、柏威集团，香港协鑫集团、鸣泰集团、众豪集团、星河乐器公司、德顺公司，国内上市公司兰生集团、法尔胜集团、希望集团、黄河集团等一批知名企业纷纷落户阜宁。2004年，全县实施千万元以上项目141个，其中5 000万元以上项目13个，超亿元项目8个，注册外资实际到帐2194万美元。

美丽的南城风光

宽阔明净射阳河穿城而过

流光溢彩

希望之区

古河特产协会

苏香牌阜宁大糕　名牌特产

阜宁大糕 盐阜特产

盐城市苏香食品有限公司是苏北地区具有较大规模的食品加工龙头企业，是盐阜地区唯一通过ISO9001国际质量体系认证的大糕生产企业，所生产的大糕以软、甜、香特点，深受城乡居民的青睐，畅销江苏、上海、浙江、山东等省市。苏香牌阜宁大糕先后获得盐城市和江苏省名牌产品、江苏省著名商标。

Yancheng Suxiang Foodstuff Co.Ltd., the only foodstuff producer with ISO9001 certificate in North Jiangsu Province, is a large-scaled enteoprise. The sliced cake it produces is quite popular with saftness, sweetness and fragnance. It sells well in Jiangsu, Shanghai, Zhejiang and Shandong. Suxiang Brand sliced cake has been awarded with Yancheng and Jiangsu brand product.

盐城苏香食品有限公司
Yancheng Suxiang Foodstuff Co.Ltd.
电话(TEL)：0515-7792669　7793237

协鑫热电

新马荡　醉蟹

阜宁县马家荡地区有5万多亩荡滩面积，荡区水清如镜，生态环境优美。“新马荡”牌醉蟹选自荡区个大膏满、壳青脐白的大青蟹精制而成，其味鲜嫩，风味独特，营养均衡，卧盘似活，是佐餐助欲、馈赠亲友的理想佳品。主牌要原料——马荡牌大青蟹2001年被中国国际农博会认定为名牌产品。

联系人：孙成龙　电话：0515-7671888

There are more than 50000mu marshes in Majiadang area of Funing County. In these marshes ,water is as clear as mirror. Biological environment here is very beautiful "Xinmadang" brand liquor-preserved crabs are the refined products made from big ,greasy ,black shell white-stomach crabs from the marshes With its tender and delicious taste balaced nutrition vivid and lifelike shape in dishes it is an ideal gift and meal its mail raw materid Madang brand cradentitled famous brand on 2001 C hina International Agricultural Exhibition

Contacting person:Sun Cheng Long　Tel:0515-7671888

新马荡醉蟹——佐肴佳品

智斗

宁富集团　宁富牌肉制品

阜宁县是江苏省养猪第一大县，年出栏商品猪160万头。本地区三元商品猪瘦肉率高，口味好，符合国际生产标准。宁富集团盐城半味食品有限公司是省30个重点产业化龙头企业之一，年加工肉制品3000吨，“宁富”牌肉制品是江苏省名牌、中国国际农博会名牌产品，其系列快餐肉制品深受大中城市居民的喜爱。

法人代表：嵇新亮　电话：0515—7212252

宁富六喜圆世界之最

NingfU meat prOductS
Funing County is the No. 1 Countymaiormg In raising pigs of jiangsu Province. Annually outputs 1. 6 million pigs. The local Sanyuan marketable pig has high proportion lean ment and has a delicious taste. It meets with the international standard. Funing Ningfu Foodsfuff CO.,Ltd iS one of the maijor 30 leading enterprises in the province. the company Can process 3000 tons Of, meat products per year. “Ningfu” brand meat products have been rated aS top brand in Jiangsu province and as top brand products in China International Agriculture Exhibition. its snack meat products series are very popular with inhabitants in big and middleCities.
Legal representiVe:Ji Xin Liang　Tel:0515-7212252

苏北最大的粮油批发交易市场

古河粮油批发市场

稳定的粮食生产

我县粮食生产常年稳定在150万亩，总产超过60万吨，被农业部表彰为“全国粮食生产先进县”。

黄河故道 水果飘香

黄河故道，十里飘香
“桃缘”果品，国家金奖

白天不见村庄 晚上不见灯光

年植树1500万株，累计蓄积量130万立方米。“全国绿化模范县”代表了我县近年来植树造林的丰硕成果。

“朦胧”甲鱼 野生化养殖增收入

改进饲养方法，采用野生化饲养甲鱼，其品质似野生甲鱼，其市场价格一路看好，“朦胧”野生化甲鱼曾获得农博会的金奖。

全国肉类产量百强县 江苏第一大县 中国苗猪之乡

“阜宁草鸡”名扬大江南北

家禽年饲养5000万只，其中草鸡年饲养在1200万只以上，阜宁草鸡以其独特的鲜美 口味在沿江苏南地区享有盛誉。“阜宁草鸡”、“宏翔蛋品”获北京农博会金奖。

绿海科技 “双芦”芦笋

年生产绿芦笋5000余吨，芦蒲镇是中国种子集团最大的优质芦笋生产示范基地。

合东棉花交易市场

盐城合东棉花交易市场地处阜宁、射阳、滨海三县交界处，有丰富的棉花资源，年可加工籽棉60万担。

江苏

响水县

中共响水县委书记 周德祥

响水县人民政府县长 朱斌

响水县位于江苏的东北部。县域面积1378平方公里，总人口56万。下设12个乡镇，1个省级外向型农业综合开发区。1966年建县，是江苏省最年轻的县份之一，曾荣获全国粮棉生产先进县和江苏科技推广先进县称号。1988年被国务院批准为对外开放县，

响水属亚热带气候，温和湿润，四季分明。年平均降水量895.3毫米左右，年平均日照2399.7小时，适应多种动植物生长。

响水交通便捷，位置优越。东临黄海，与日本、韩国相距250多海里，204国道和沿海大通道以及大运河横贯全境。境内的陈家港为国家二类开放口岸，灌河是苏北唯一没有建闸的天然入海潮汐河道，既可建成苏北最大的海滨旅游观光带，又有极好的航运条件，被专家誉为“苏北黄埔江”，具有极高的开发价值。

响水自然资源十分丰富，境内盛产粮、棉、油、猪等多种农产品，农业产业特色明显，形成了林木、蔬菜、特水、畜禽为特色的四大主导产业，曾被国家农业部门授予“中国浅水藕之乡”的称号。境内滩涂广阔，有43.1公里长的海岸线，240万亩的潮上带、潮间带，潮下带可供开发，盛产海盐及对虾、文蛤等200多种海淡水产品，尤以中华绒毛蟹和四鳃鲈鱼最为出名。

响水工业主体经济已具规模，形成纺织、化工、机械、轻工、医药、电子、建材等门类较为齐全的工业体系。出口产品有17大类、300多个品种，外销30多个国家和地区。江苏新金兰纺织制衣有限公司为全国最大的色纺纱生产基地；龙达轴承座有限公司是全国规模最大、品种最全的外球面轴承座生产厂家，创汇连续十年全国第一。这里环境优越、服务一流，为客商理想的投资热土。陈家港化工园区已形成较大规模，为苏北运行质量最好的省级化工园区，环保已通过省级达标验收，区内项目已达60多个，投资总额达70多亿。响水经济开发区亦在苏北享有盛名，入区项目已达130多个，完成投资达50多亿。

流光溢彩的响水县城夜景

繁华热闹的响水街景

欧式风情的滨江路步行街

奔腾不息的灌河潮雕塑

国家级示范高中——江苏省响水中学校园一角

日处理达 50000 吨的陈家港化工园区污水处理厂

顶天立地的陈家港热电厂

陈家港热电厂码头

陈家港化工园区全景

蓝天白云下的响水灌河码头

幽静清新的黄圩镇竹林

郁郁葱葱的大有万亩人造森林

十万亩荷藕地，成为该县农业经济新增长点

年产60万吨的优质淮盐

致富农民的波尔山羊养殖

天然环保的康神奶牛养殖厂

环境优美的盐城泰日针织服装有限公司

气势恢弘的江苏题桥纺织制衣有限公司

苏北最大的化工企业——江苏裕廊化工有限公司

南北合作的农业龙头企业——响水桂花鸭生产基地

安徽

怀远县

县委书记张孝成（左1）在谋划县域经济发展

县长秦仲鑫（左2）视察农业生产情况

怀远县地处淮河中游，辖19个乡镇、365个行政村，总面积2326平方公里，耕地面积188万亩，总人口126万人。

怀远地理位置优越，交通十分便利。地处中西部地区的过渡地带，承东启西，横贯南北，东与蚌埠市相连，南与淮南市相接，西与亳州市相邻，北与徐州市相望。距蚌埠机场仅10公里，津浦铁路从东侧经过，206国道、307、225省道、合徐高速公路、界阜蚌、蚌宁高速公路穿境而过并在县城东侧互通立交，淮河、涡河、等河道排列其间、常年通航，乡乡通油路、村村通公路，形成了水陆空立体交通网络。

怀远资源丰富，发展潜力巨大。属温带半湿润季风气候区，年平均气温15.4℃、降雨量900.9mm，雨量充沛，土壤肥沃，既有丰富的农副产品资源，又有一定的建材资源，也有一定的能源资源，还有底蕴深厚的旅游资源。怀远是全国商品粮生产基地、安徽省杂交稻制种基地、蔬菜生产基地、水产品生产基地，盛产优质水稻、小麦、玉米、蔬菜、棉花、油菜、花生、淡水鱼、螃蟹、畜禽等，怀远石榴、白莲坡贡米、纯王牌杂交稻种、梅桥大青豆、芡河螃蟹等名牌农产品倍受市场青睐。拥有化工、酿造、机械、建材、造纸、纺织、食品等工业门类，产品千余种，其中乳泉石榴酒、华润啤酒、象牌铲运机、文峰收割机、淮岭复合肥，以质优畅销全国。县城座落在淮涡两水交汇、荆涂两山对峙处，水绕山环，林幽泉清，荆山为“城中山”，涡河为“城中河”。荆涂山风景区是安徽省重点旅游风景区，集宗教文化、自然景观、人文景观为一体。邮电通讯、电力设施完善，西气东输管道从境内穿过并设立供气站，商业、文化、教育、卫生、金融等服务设施配套齐全，建立了较为发达的程控电话、光缆通讯、无线通讯和电力供应网络，蓄积了一定的后发优势。

怀远历史悠久，文化渊源流长。怀远早在唐虞时代就是涂山氏国的聚居地，大禹治水曾会诸侯于涂山，娶涂山氏为妻，留有三过家门而不入的美丽传说。白乳泉、禹王官、启王官、启母石、卞和洞等名胜古迹吸引历代文人墨客登临怀古，留下许多千古绝唱。民间盛行花鼓灯歌舞，蜚声中外，被誉为“东方芭蕾”。

怀远充满生机，正在崛起。全方位实施外向带动战略，以招商引资和发展民营经济为抓手，进一步改善投资发展环境，在用地、税收、贷款、审批程序等方面给予更多的优惠和方便，逐步使经济由内向型向外向型发展。华润集团、广厦集团、古井集团等一批国内外上市公司和客商纷纷入驻怀远，开发开放呈现良好的发展态势。

怀远，充满生机，潜力巨大；怀远，不仅以优惠的政策，更以优良、优质的服务，广迎天下客。怀远这块热土，热忱欢迎您——海内外的朋友，前来大展宏图。

壮丽恢宏的行政中心

被誉为“天下第七泉”的百乳泉雪景

高速公路立交桥

大禹治水雕塑

涡河三桥夜景

渔光山色一

渔光山色二

黄淮海农田保护区农林网

香糯可口的优质大米——白莲坡贡米

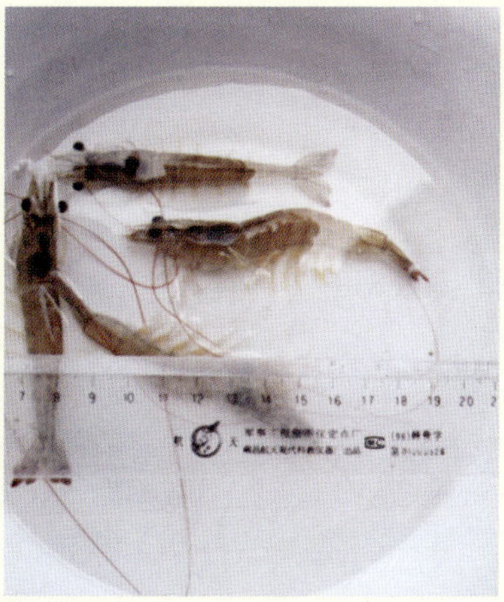

盛产淡水虾

淡水螃蟹

怀远特产

久负盛名的怀远石榴

被誉为“东方芭蕾”的花鼓灯

被誉为“东方芭蕾”的花鼓灯

丰收的田野——小麦丰收

丰收的田野——棉花生产

丰收的田野——水稻丰收

农业产业化龙头企业——大宏纺织集团

合资企业——安徽华润啤酒有限公司

获食品博览会金奖产品的金涂山牌烧全鸡

5

第五部分 | 年度发展之星

昆山市

Kunshanshi

2004年，昆山市出口总额达1283981万美元，位列全国第一；昆山市实际利用外资金额达95534万美元，位列全国第一；昆山市生产总值增加额达1409607万元，位列全国第一；昆山市人均生产总值达89662.3元，位列全国第一，人均财政总收入达9537.2元，位列全国第一；人均地方财政一般预算收入达4949.3元，位列全国第一。

外贸出口总额全国第一

实际利用外资额全国第一

生产总值增加额全国第一

人均生产总值全国第一

人均财政总收入全国第一

人均地方财政一般预算收入全国第一

Shundequ

顺德区

各项税收总额全国第一

农民人均纯收入全国第一

城乡居民储蓄存款余额全国第一

2004年，顺德区各项税收总额达1066547万元，位列全国第一；顺德区农民人均纯收入达8819元，位列全国第一；顺德区城乡居民储蓄存款余额达6832240万元，位列全国第一。

Jiangyinshi

江阴市

生产总值全国第一

工业增加值全国第一

规模以上工业总产值全国第一

第二产业增加值全国第一

第三产业增加值全国第一

地方财政一般预算收入全国第一

2004年，江阴市生产总值达6379375万元，位列全国第一；江阴市工业增加值达3724200万元，位列全国第一；规模以上工业总产值(现价)达16545462万元，位列全国第一；江阴市第二产业增加值达3931000万元，位列全国第一；江阴市第三产业增加值达2295200万元，位列全国第一；江阴市地方财政一般预算收入达375408万元，位列全国第一。

Changshushi

常熟市

2004年，常熟市环境污染治理本年完成投资总额达118390万元，位列全国第一。

环境污染治理
本年完成投资总额全国第一

南海区

Nanhaiqu

财政总收入全国第一

民用汽车拥有量全国第一

2004年，南海区财政总收入达942352万元，位列全国第一；南海区民用汽车拥有量达135599辆，位列全国第一。

Wujinqu

武进区

规模以上工业企业个数全国第一

2004年，武进区规模以上工业企业个数达1897个，位列全国第一。

荣城市

Rongchengshi

水产品产量全国第一

2004 年，荣城市水产品产量达 1230000 吨，位列全国第一。

Shuangchengshi

双城市

奶类产量全国第一

2004 年，双城市奶类产量达 546020 吨，位列全国第一。

6

第六部分 | 榜上有名

2004年度全国百强县(市)社会经济综合发展指数测评结果

县　名	综合位次	综合指数	发展水平		发展活力		发展潜力	
			位次	指数	位次	指数	位次	指数
昆山市	1	113.304	1	127.638	1	99.856	15	63.020
顺德区	2	111.644	2	123.473	4	98.419	4	69.848
江阴市	3	108.387	3	123.413	21	89.110	32	59.495
张家港市	4	107.845	4	123.130	19	89.545	48	57.666
常熟市	5	104.955	5	118.376	13	94.565	59	56.834
南海区	6	104.029	6	114.566	32	85.582	3	70.400
萧山区	7	93.904	7	104.137	24	88.760	114	54.529
武进区	8	90.601	8	97.296	17	90.532	20	61.375
绍兴县	9	88.667	9	96.089	11	95.436	153	53.302
太仓市	10	88.486	10	95.085	7	97.250	99	55.083
吴江市	11	87.791	11	93.676	2	99.661	89	55.482
鄞州区	12	83.975	12	89.208	10	95.972	120	54.228
晋江市	13	83.144	13	88.733	6	97.353	247	51.039
荣成市	14	82.497	14	86.988	25	88.709	39	58.686
义乌市	15	80.769	15	85.180	28	86.501	51	57.584
余杭区	16	79.571	16	84.745	40	83.152	113	54.615
慈溪市	17	78.579	17	82.207	14	93.414	134	53.790
文登市	18	77.704	18	80.762	27	87.908	50	57.652
海宁市	19	76.020	19	79.433	26	87.927	135	53.680
余姚市	20	75.847	22	77.457	3	99.502	105	54.885
龙口市	21	75.465	20	79.303	36	84.339	159	53.041
宜兴市	22	74.641	21	78.833	57	79.420	160	53.041
桐乡市	23	73.827	24	77.139	46	82.187	133	53.838
石狮市	24	73.676	23	77.198	55	80.307	67	56.424
三水区	25	72.346	28	73.313	23	88.830	45	58.192
嘉善县	26	72.267	30	73.081	8	97.116	109	54.725
诸暨市	27	72.208	25	75.300	43	82.675	202	52.031
平湖市	28	71.731	32	71.872	5	98.058	77	55.839
富阳市	29	71.389	26	74.491	67	77.678	144	53.453
海盐县	30	70.539	29	73.085	60	78.722	104	54.889
玉环县	31	70.106	31	72.976	45	82.313	294	50.115
温岭市	32	69.111	27	73.757	132	69.164	378	48.529

续表 1

县　名	综合位次	综合指数	发展水平		发展活力		发展潜力	
			位次	指数	位次	指数	位次	指数
胶州市	33	68.361	36	69.496	15	92.148	311	49.570
胶南市	34	68.351	35	69.600	34	85.253	186	52.560
乐清市	35	68.287	33	71.449	127	69.714	163	52.922
德清县	36	67.519	40	68.032	33	85.576	118	54.352
扬中市	37	67.440	37	69.228	102	72.310	27	59.878
增城市	38	67.060	38	68.984	69	77.527	213	51.848
瑞安市	39	66.490	34	69.910	120	70.134	354	48.843
蓬莱市	40	66.486	45	66.440	30	85.692	94	55.245
高明区	41	66.475	50	65.611	9	96.426	61	56.754
上虞市	42	66.044	41	67.854	54	80.312	323	49.310
即墨市	43	65.815	44	66.480	12	95.043	532	46.486
永康市	44	65.768	48	65.755	37	83.907	102	54.965
邹城市	45	65.763	42	67.075	75	76.168	155	53.256
丹阳市	46	65.633	39	68.633	197	64.159	177	52.714
章丘市	47	65.596	47	65.989	59	79.099	90	55.479
崇明县	48	65.299	56	64.338	92	73.901	10	64.593
寿光市	49	65.286	54	64.897	39	83.548	73	56.157
兖州市	50	64.827	51	65.370	90	73.934	65	56.538
长兴县	51	64.510	46	66.045	86	74.291	230	51.395
迁安市	52	64.396	49	65.754	153	67.197	74	56.128
福清市	53	64.248	43	66.622	161	66.850	223	51.604
新会区	54	63.882	61	62.969	53	80.671	47	58.085
奉化市	55	63.737	52	65.347	79	75.538	329	49.208
东胜区	56	63.719	63	62.235	18	90.420	22	60.898
惠阳区	57	63.678	62	62.898	41	83.060	78	55.805
巩义市	58	63.313	55	64.599	97	72.981	231	51.361
招远市	59	63.041	58	63.388	47	81.685	277	50.391
金坛市	60	62.996	59	63.067	82	74.782	93	55.367
密云县	61	62.765	70	60.942	44	82.659	30	59.725
库尔勒市	62	61.595	60	63.028	164	66.606	220	51.686
嵊泗县	63	61.117	53	65.172	289	58.425	128	53.925
溧阳市	64	60.962	66	61.511	119	70.167	181	52.617
象山县	65	60.956	69	60.968	49	81.375	344	48.928
东阳市	66	60.882	65	62.090	81	74.941	503	46.929

续表2

县 名	综合位次	综合指数	发展水平		发展活力		发展潜力	
			位次	指数	位次	指数	位次	指数
莱州市	67	60.760	68	61.407	78	75.804	362	48.732
温江区	68	60.683	73	60.336	42	82.861	214	51.843
新昌县	69	60.647	67	61.415	91	73.913	335	49.048
三河市	70	60.526	77	58.930	56	79.622	60	56.832
桓台县	71	60.524	74	60.302	64	78.523	256	50.834
桐庐县	72	60.425	85	58.270	29	85.764	70	56.294
海门市	73	60.268	64	62.164	129	69.475	573	45.998
乳山市	74	60.207	71	60.607	89	73.954	300	49.998
临安市	75	59.988	76	59.792	70	77.464	273	50.469
诸城市	76	59.945	78	58.860	38	83.746	234	51.222
海城市	77	59.710	57	63.424	194	64.234	1068	40.651
斗门区	78	59.595	86	57.623	16	90.784	123	54.089
靖江市	79	59.425	79	58.773	103	72.098	108	54.763
广饶县	80	58.980	84	58.415	88	74.222	192	52.433
六合区	81	58.904	88	57.392	140	67.951	23	60.772
宁海县	82	58.901	83	58.532	51	80.819	417	47.866
河津市	83	58.885	72	60.341	273	59.338	189	52.510
通州市	84	58.725	75	59.950	165	66.544	400	48.150
绥芬河市	85	58.617	87	57.602	72	77.437	14	63.641
双流县	86	58.255	82	58.605	73	76.264	571	46.031
鹤山市	87	58.194	95	56.756	31	85.612	266	50.651
武安市	88	57.870	90	57.227	96	73.116	219	51.709
邹平县	89	57.804	98	56.315	68	77.579	156	53.244
鹿泉市	90	57.677	91	57.205	113	71.252	158	53.043
长岛县	91	57.575	97	56.466	50	81.016	21	60.915
石河子市	92	57.416	103	55.888	106	71.957	42	58.605
开平市	93	57.303	115	54.602	20	89.461	199	52.247
宁河县	94	57.213	96	56.553	101	72.337	195	52.393
惠安县	95	56.829	80	58.770	313	56.766	428	47.749
长乐市	96	56.666	92	57.163	295	58.048	151	53.329
高淳县	97	56.621	89	57.354	323	56.157	150	53.345
静海县	98	56.511	106	55.586	118	70.254	182	52.585
仪征市	99	56.279	110	54.999	114	71.205	146	53.434
莱西市	100	56.113	114	54.618	71	77.444	261	50.764

2004年度全国粮食生产百强名单

位次	县　名	产　量	位次	县　名	产　量	位次	县　名	产　量
1	榆树市	2325000	35	新民市	848529	69	三台县	700981
2	公主岭市	2202038	36	唐河县	847391	70	东台市	700424
3	农安县	2175046	37	泗洪县	844938	71	濮阳县	700389
4	梨树县	2084000	38	利辛县	828310	72	涟水县	694803
5	昌图县	1702490	39	固始县	821215	73	夏邑县	694371
6	扶余县	1650028	40	上蔡县	813076	74	息县	688618
7	肇东市	1605670	41	临泉县	809593	75	江津市	680551
8	五常市	1581540	42	伊通满族自治县	802500	76	郸城县	679901
9	德惠市	1569027	43	监利县	801626	77	科尔沁左翼中旗	678929
10	双城市	1535128	44	枣阳市	799745	78	鄱阳县	670020
11	长岭县	1302399	45	襄阳区	785652	79	正阳县	669655
12	前郭尔罗斯蒙古族自治县	1255446	46	丰城市	781127	80	钟祥市	669487
13	讷河市	1124931	47	太和县	778950	81	虞城县	666100
14	巴彦县	1101058	48	黑山县	765657	82	西平县	663108
15	兴化市	1086592	49	法库县	760084	83	简阳市	660116
16	霍邱县	1062123	50	仁寿县	758120	84	盱眙县	658020
17	滑县	1049919	51	南昌县	755726	85	如皋市	652418
18	九台市	1031619	52	射阳县	753480	86	仙桃市	646646
19	怀远县	1013597	53	灵璧县	753264	87	宾县	646091
20	寿县	1003681	54	开鲁县	752927	88	衡阳县	643278
21	涡阳县	1001387	55	邓州市	752424	89	灌云县	642980
22	东海县	998245	56	呼兰区	751743	90	桦南县	642168
23	沭阳县	982069	57	太康县	751468	91	阜宁县	638315
24	永城市	926309	58	安岳县	751042	92	五河县	634831
25	阜新蒙古族自治县	906909	59	莫力达瓦达斡尔族自治旗	750419	93	衡南县	634530
26	平度市	906890	60	如东县	738889	94	淮阳县	631011
27	富锦市	906234	61	舒兰市	737220	95	天长市	630762
28	颍上县	902558	62	合川市	729135	96	新蔡县	624621
29	蒙城县	894429	63	商水县	727243	97	肥东县	622235
30	定远县	877901	64	庐江县	721724	98	邳州市	620294
31	湘潭县	857177	65	中江县	712117	99	庆安县	620142
32	海伦市	856383	66	阜南县	710384	100	彰武县	616731
33	濉溪县	856357	67	萧县	704507			
34	宁乡县	853192	68	泗县	701803			

2004年度全国棉花生产百强名单

位次	县名	产量	位次	县名	产量	位次	县名	产量
1	阿拉尔市	126269	35	华容县	35200	69	怀远县	23546
2	射阳县	100062	36	东台市	35183	70	鹿邑县	23500
3	大丰市	68975	37	宁河县	33880	71	嘉祥县	23472
4	巨野县	61385	38	东光县	32855	72	萧县	23391
5	巴楚县	60000	39	唐河县	32827	73	高青县	23322
6	夏津县	59650	40	公安县	32699	74	冀州市	23257
7	乌苏市	57237	41	利津县	32605	75	丰县	23064
8	威县	55610	42	新野县	32596	76	敦煌市	22989
9	沙雅县	55000	43	灌云县	32581	77	垦利县	22865
10	图木舒克市	54518	44	武城县	32578	78	伽师县	22500
11	玛纳斯县	53370	45	成武县	32351	79	澧县	22412
12	莎车县	52500	46	新和县	31822	80	高唐县	22341
13	沙湾县	51098	47	临猗县	31728	81	文安县	22233
14	库车县	49028	48	大荔县	31497	82	仙桃市	22219
15	无为县	47972	49	精河县	31259	83	南县	22160
16	阿克苏市	47328	50	太康县	31248	84	枣强县	22143
17	阿瓦提县	45972	51	金塔县	29668	85	西华县	22064
18	尉犁县	45107	52	邹平县	29065	86	广饶县	21990
19	库尔勒市	43492	53	故城县	28794	87	望江县	21955
20	天门市	43245	54	宁津县	28700	88	兴化市	21503
21	郓城县	42540	55	石河子市	28604	89	成安县	21420
22	单县	42129	56	扶沟县	28552	90	轮台县	21358
23	无棣县	40755	57	疏勒县	28309	91	梁山县	21312
24	温宿县	40460	58	乐陵市	27530	92	昌吉市	20806
25	南宫市	40090	59	博乐市	27505	93	吴桥县	20692
26	惠民县	39377	60	临清市	27092	94	冠县	20178
27	邓州市	39327	61	安乡县	27042	95	响水县	20115
28	陵县	39116	62	蒙城县	26990	96	淮阳县	20100
29	沾化县	38998	63	宿松县	26538	97	彭泽县	20017
30	金乡县	38791	64	鄄城县	25300	98	博兴县	19700
31	呼图壁县	37444	65	永济市	25161	99	汉川市	19631
32	潜江市	36884	66	民勤县	25016	100	鄢陵县	19586
33	曹县	36611	67	邱县	24830			
34	麦盖提县	35350	68	深州市	24549			

2004年度全国油料生产百强名单

位次	县　名	产　量	位次	县　名	产　量	位次	县　名	产　量
1	正阳县	237766	35	海门市	96180	69	桃源县	72999
2	平度市	209129	36	全椒县	93645	70	乳山市	72677
3	襄阳区	175242	37	三台县	93607	71	文登市	72186
4	邓州市	170332	38	监利县	93297	72	镇平县	72144
5	固镇县	167110	39	红安县	92877	73	宣汉县	71674
6	滑县	162623	40	枣阳市	92232	74	邹城市	71481
7	肥东县	151471	41	胶南市	91585	75	武川县	70813
8	灵璧县	150475	42	汝南县	91449	76	大丰市	70777
9	固始县	141254	43	定远县	89670	77	招远市	70474
10	滨海县	139296	44	澧县	88723	78	中江县	69761
11	钟祥市	135086	45	莒县	88256	79	东海县	68774
12	仙桃市	135076	46	通州市	88055	80	松滋市	67799
13	方城县	124440	47	中牟县	87118	81	民权县	67623
14	五原县	120502	48	长丰县	86804	82	当涂县	66511
15	唐河县	119689	49	新沂市	86739	83	淅川县	66197
16	莒南县	116035	50	莱阳市	85157	84	遵义县	66003
17	天门市	115481	51	淮阳县	85125	85	诸城市	65393
18	即墨市	114600	52	无为县	84885	86	浠水县	64956
19	盱眙县	113119	53	乌拉特前旗	84281	87	郓城县	64230
20	沙洋县	112949	54	怀远县	84040	88	新野县	63805
21	大名县	112783	55	额尔古纳市	83771	89	和县	63763
22	昌图县	111461	56	沂水县	81699	90	尉氏县	63551
23	五河县	111296	57	临河区	81101	91	延津县	63311
24	莱西市	110968	58	泌阳县	80236	92	开封县	63109
25	寿县	107468	59	荣成市	80091	93	清丰县	62900
26	肥西县	104553	60	泗县	79204	94	定州市	62843
27	宜城市	102273	61	扶余县	76956	95	沭阳县	62320
28	东台市	100367	62	高密市	75948	96	苍山县	62145
29	启东市	100265	63	宁阳县	75799	97	南部县	61896
30	潜江市	100124	64	海阳市	75613	98	确山县	61818
31	公安县	99851	65	当阳市	75291	99	冠县	61187
32	蒙城县	99617	66	剑阁县	74672	100	鄄城县	61101
33	费县	99568	67	内黄县	74285			
34	临沭县	97759	68	沂南县	73186			

2004年度全国肉类生产百强名单

位次	县　名	产　量	位次	县　名	产　量	位次	县　名	产　量
1	德惠市	482094	35	唐河县	140668	69	潢川县	119881
2	农安县	447193	36	阜宁县	140379	70	临泉县	119438
3	公主岭市	382176	37	海城市	140039	71	台安县	118909
4	榆树市	314691	38	衡南县	139652	72	大兴区	118136
5	诸城市	295091	39	舒兰市	139055	73	南部县	117879
6	平度市	284367	40	辽中县	138409	74	巴彦县	116968
7	梨树县	227271	41	九台市	137842	75	邛崃市	116360
8	昌图县	200372	42	渠县	137640	76	伊通满族自治县	116224
9	信宜市	191821	43	普兰店市	135403	77	襄阳区	115697
10	安岳县	186784	44	兴宾区	134569	78	宝坻区	115612
11	高密市	179240	45	洞口县	134244	79	灵璧县	115243
12	博白县	173855	46	桃源县	134206	80	太康县	114655
13	宁乡县	173654	47	开原市	133667	81	乐至县	114561
14	仁寿县	173318	48	新泰市	130826	82	梁山县	114542
15	中江县	166476	49	宣汉县	130187	83	即墨市	114499
16	湘潭县	166147	50	昌邑市	129896	84	荣县	114442
17	梅河口市	163881	51	新兴县	129500	85	讷河市	113132
18	蓟县	163816	52	西平县	129440	86	资中县	113022
19	简阳市	162248	53	浏阳市	127923	87	肥西县	112555
20	高州市	160191	54	三台县	127405	88	定远县	111565
21	安丘市	159516	55	北宁市	127348	89	射洪县	111098
22	长沙县	156746	56	阜新蒙古族自治县	126790	90	武冈市	110871
23	霍邱县	154263	57	正阳县	126455	91	寿光市	110751
24	宣威市	152302	58	大竹县	126285	92	玉田县	110352
25	汨罗市	151724	59	湘乡市	126038	93	绥中县	110102
26	邓州市	148999	60	藁城市	125876	94	淇县	109838
27	黑山县	147829	61	东台市	123658	95	新民市	109457
28	前郭尔罗斯蒙古族自治县	147320	62	宜宾县	123230	96	武胜县	108285
29	呼兰区	146848	63	利辛县	123051	97	滕州市	108193
30	肇东市	146000	64	富顺县	122949	98	胶南市	107987
31	达县	145010	65	庄河市	121887	99	廉江市	107715
32	固始县	143497	66	定州市	121693	100	岳阳县	107406
33	莱西市	143208	67	化州市	121031			
34	衡阳县	141454	68	磐石市	120167			

附　录

县域社会经济综合发展指数计算方法

1. 指数所反映的经济意义

每个指数值的范围是介于0到100之间，在单项指数中，每一个指数值代表一个县在该方面的水平高低，指数为100代表基期年度的最好水平。在综合发展指数值中，每个指数值代表一个县在该年度综合发展的水平和程度，指数的高低反映的是一个县(市)发展的综合水平的高低，在年度和年度之间，该指数既可以进行横向比较，又可以进行纵向比较，既可以反映它的相对变化程度，又可以反映它的绝对变化程度。

2. 指数的计算过程

在确定测评指标体系以后，我们将根据主成分分析和定性分析相结合的办法，对每一个县(市)的综合发展指数进行测评，计算过程如下：

首先，对原始数据进行标准化处理。将原始数据同趋化和无量纲化；

其次，计算相关系数。对标准化后的每两个指标变量间计算相关系数，这样就可以得到一个相关系数矩阵。

第三，计算其相关系数矩阵的特征值和特征向量；

第四，选择综合反映该经济现象的主分量；

第五，确定该主分量对应的特征向量的元素值为各变量的权数；

第六，计算指数值。以以上确定的权数对经过标准化后的数据进行加权合成，从而得到反映各因素发展水平的综合指数；

最后，以各因素的指数值进行加权合成，计算出县(市)社会经济发展的综合指数。

综合指数 ＝0.5＊发展水平指数

$+0.2 * = \sqrt{\text{发展水平指数} * \text{发展活力指数}}$

$+0.3 * = \sqrt{\text{发展水平指数} * \text{发展潜力指数}}$

县(市)社会经济综合发展指数主要指标解释

发展水平:

1. 地区生产总值:是按市场价格计算的地区生产总值的简称。指县、市范围内所有常住单位在一定时期内生产活动的最终成果。

2. 地方财政收入:指地方财政一般预算收入,包括:增值税25%、营业税、企业所得税与个人所得税地方分享部分、资源税、城市维护建设税、房产税、印花税、城镇土地使用税、土地增值税、车船使用和牌照税、屠宰税、农业税、农业特产税、耕地占用税、契税、其他各项税收、国有资产经营收益、国有企业计划亏损补贴、行政性收费收入、罚没收入、专项收入、其他各项收入。不含基金收入。

3. 非农产业比重=(第二产业增加值+第三产业增加值)/地区生产总值

4. 经济密度=国内生产总值/行政区域土地面积

5. 人均地区生产总值=地区生产总值/年末总人口

6. 人均地方财政收入=地方财政一般预算收入/年末总人口

7. 农民人均纯收入:是总收入扣除相应的各项费用支出后,归农民所有的收入。它既可以用于生产、非生产投资,改善物质和文化生产,以及用于再分配的支出和节余的收入。这个指标用来观察农民实际收入水平,以及农民扩大再生产和改善生活的能力。

8. 城镇职工平均工资水平=城镇在岗职工工资总额/城镇在岗职工年平均人数

9. 每万人拥有社会福利院数床位数=社会福利院数床位数/年末总人口

10. 每万人中的医院、卫生院床位数=医院、卫生院床位数/年末总人口

11. 每万人拥有医院、卫生院技术人员数=医院、卫生院技术人员数/年末总人口

发展活力:

1. 地区生产总值发展指数=当年地区生产总值/上年地区生产总值

2. 工业企业发展速度=当年规模以上工业企业总产值/上年规模以上工业企业总产值

3. 实际利用外资额与GDP之比=当年实际使用外资额/地区生产总值

4. 出口总额与GDP之比=出口总额/地区生产总值

5. 外资企业比重=规模以上外资及港澳台商投资企业产值/规模以上工业总产值

6. 每百户居民民用汽车拥有量=民用汽车拥有量/年末总户数

7. 每百户的电话拥有量=本地电话用户/年末总户数

8. 人均各项贷款=年末金融机构各项贷款余额/年末总人口

9. 人均基本建设投资完成额=基本建设投资完成额/年末总人口

10. 投资变动率=当年基本建设投资完成额/上年基本建设投资完成额

发展潜力:

1. 地方财政收入占地区生产总值比重=地方财政一般预算收入/地区生产总值

2. 人均科教文卫事业费支出=(科学支出+科技三项费+教育支出)/年末总人口

3. 农业劳动生产率=第一产业增加值/农林牧渔业劳动力

4. 工业劳动生产率=规模以上工业总产值/规模以上企业从业人员年平均人数

5. 耕地产出率=种植业增加值/年末实有耕地面积

6. 人均耕地面积=年末实有耕地面积/年末总人口

7. 公路密度＝境内公路里程/行政区域土地面积

8. 有效灌溉面积占耕地面积的比重＝有效灌溉面积/年末实有耕地面积

9. 每万人中的中学生人数＝普通中学在校学生数/年末总人口

10. 人均公共图书馆图书藏量＝公共图书馆图书总藏量/年末总人口

11. 每万人专利申请数＝全年专利申请数/年末总人口

12. 每个教师负担学生数＝(普通中学在校学生数＋普通小学在校学生数)/(普通中学专任教师数＋普通小学专任教师数)(逆指标)

注:以上计算指标都未考虑各指标单位。